折射集
prisma

照亮存在之遮蔽

由南京大学郑钢基金资助出版

廣松 渉

マルクス主義の哲学

マルクス主義の哲学

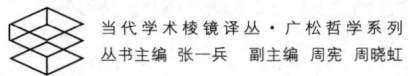
当代学术棱镜译丛·广松哲学系列
丛书主编 张一兵　副主编 周宪 周晓虹

马克思主义的哲学

［日］广松涉 著

邓习议 译　张一兵 审订

南京大学出版社

《当代学术棱镜译丛》总序

自晚清曾文正创制造局,开译介西学著作风气以来,西学翻译蔚为大观。百多年前,梁启超奋力呼吁:"国家欲自强,以多译西书为本;学子欲自立,以多读西书为功。"时至今日,此种激进吁求已不再迫切,但他所言西学著述"今之所译,直九牛之一毛耳",却仍是事实。世纪之交,面对现代化的宏业,有选择地译介国外学术著作,更是学界和出版界不可推诿的任务。基于这一认识,我们隆重推出《当代学术棱镜译丛》,在林林总总的国外学术书中遴选有价值篇什翻译出版。

王国维直言:"中西二学,盛则俱盛,衰则俱衰,风气既开,互相推助。"所言极是!今日之中国已迥异于一个世纪以前,文化间交往日趋频繁,"风气既开"无须赘言,中外学术"互相推助"更是不争的事实。当今世界,知识更新愈加迅猛,文化交往愈加深广。全球化和本土化两极互动,构成了这个时代的文化动脉。一方面,经济的全球化加速了文化上的交往互动;另一方面,文化的民族自觉日益高涨。于是,学术的本土化迫在眉睫。虽说"学问之事,本无中西"(王国维语),但"我们"与"他者"的身份及其知识政治却不容回避。但学术的本土化绝非闭关自守,不但知己,亦要知彼。这套丛书的立意正在这里。

"棱镜"本是物理学上的术语,意指复合光透过"棱镜"便分解成光谱。丛书所以取名《当代学术棱镜译丛》,意在透过所选篇什,折射出国外知识界的历史面貌和当代进展,并反映出选编者的理解和匠心,进而实现"他山之石,可以攻玉"的目标。

本丛书所选书目大抵有两个中心:其一,选目集中在国外学术界新近的发展,尽力揭橥域外学术20世纪90年代以来的最新趋向和热点问题;其二,不忘拾遗补阙,将一些重要的尚未译成中文的国外学术著述囊括其内。

众人拾柴火焰高。译介学术是一项崇高而又艰苦的事业,我们真诚地希望更多有识之士参与这项事业,使之为中国的现代化和学术本土化做出贡献。

丛书编委会
2000 年秋于南京大学

凡 例

1. 作者的注释分为两类，一类是带括号的引文注释，一类是带*号的说明性注释，均放置在正文中。

2. 译者的注释分为两类，一类是引文注释（一般与作者正文中带括号的引文注释相对应），一类是说明性注释，均放置在脚注中。

3. 马、恩著作中文版的引文，采用《马克思恩格斯全集》第二版；若相应文献目前不见于该版，则采用《马克思恩格斯文集》或《马克思恩格斯全集》第一版。

4. 其他图书的引文，尽可能采用已有的中文出版物。

目录

Ⅰ 马克思主义的地平

3 / 学术文库版序言
5 / 序　言

第一部　马克思主义哲学的地平

9 / 第一章　什么是马克思主义唯物论
46 / 第二章　超越"近代"思想地平的结构
49 / 　第一节　近代世界观的地平及其特点
58 / 　第二节　"世界—之中—存在"与"历史—之中—存在"
68 / 　第三节　科学主义的超越与架构展开的视座

第二部　马克思主义与人的问题

81 / 第三章　唯物史观中的人的问题
81 / 　第一节　资产阶级人类观的个人主义与集体主义
89 / 　第二节　黑格尔学派的人类观及其批判性继承
101 / 　第三节　马克思主义人类观的特点与人类革命的问题
118 / 第四章　马克思主义与"存在"问题

第三部　马克思主义与自由的问题

133 / 第五章　历史规律与个人自由
133 / 　第一节　决定论的问题式
144 / 　第二节　历史规律的贯彻方式

152 / 第三节 规律性的存在结构
160 / 第四节 "历史—之中—存在"的自由性
169 / 第六章 唯物史观与阶级斗争史观

第四部 马克思主义与"物象化"论

186 / 第七章 《资本论》的"物象化"论
196 / 第八章 从"异化论"到"物象化论"

附 论 马克思主义研究的视角

219 / 附论Ⅰ 马克思主义的地平与物象化论
230 / 附论Ⅱ 为了马克思主义认识论
249 / 追记 对良知力的批评的回应
255 / 后记 写在第十次印刷之际

Ⅱ 马克思主义的理路：从黑格尔到马克思

259 / 新版序言
262 / 代序言

第一部 辩证法的存在观与逻辑

267 / **第一章 马克思主义辩证法的理路**
268 / 第一节 支撑近代理性主义的世界观构图
275 / 第二节 黑格尔辩证法的三位一体性
286 / 第三节 先验唯心论的地平与黑格尔辩证法
292 / 第四节 马克思主义辩证法的理路及其地平
305 / **第二章 上升法的存在论认识论的地平**
306 / 第一节 上升法的方法论问题性的钥匙
314 / 第二节 上升程序的存在论背景的棱线
324 / 第三节 上升法的展开之逻辑结构的要点

第二部　黑格尔与马克思的连环

337 / 第三章　异化论的逻辑的问题机制

366 / 第四章　黑格尔的社会思想与马克思

366 / 第一节　三个预备性作业

373 / 第二节　类和个人的问题性

380 / 第三节　社会概念的脉络

388 / 第四节　市民社会的扬弃

第三部　国家—社会与历史规律的存在

399 / 第五章　"市民社会—国家体制"的视角

419 / 第六章　历史规律存在的问题论机制

420 / 第一节　历史的主体

422 / 第二节　自由与必然的问题

425 / 第三节　规律的统治的机制

428 / 第四节　生态系统的社会编制

431 / 第五节　历史规律与物象化

435 / 附论一　为了近代理性主义的历史相对化

444 / 附论二　全体主义意识形态的陷阱

472 / 名词索引

488 / 译后记　广松哲学与关系思维

I
马克思主义的地平

学术文库版序言

本书《马克思主义的地平》,由劲草书房于1969年初次出版,在这二十多年间,有幸得到读书界的欢迎,作为"现役"的图书而留存下来。我相信在今后一段时期内,本书仍将作为"现役"的图书而存在下去。

非常感激旧出版商劲草书房的理解和情谊,以及新出版商讲谈社的厚意。高桥洋儿为本版写了解说。衷心感谢他在百忙的教学当中为本书所做的解说。

本版除订正了旧版存在的二三处错排、更改了几处修辞之外,内容方面仍按旧版。笔者当然不会自诩本书是已无修改余地的完美图书。但是,我想暂且撇开赞同本书与否的问题,由于频繁谈到其中的内容,只要基本观点没有改变,就应保持旧版原貌。或许有人嘲笑说这缺乏发展性,但笔者还是坚持没必要对本书的解释和论证做质的改变。所以,最终不做任何修订。

对笔者来说,本书是特地以自己的基本视角阐明马克思主义世界观特点的读物,是马克思主义论领域的首要著作。虽然笔者出版了关于马克思的思想形成过程的实证研究书和《资本论》的解释书,他的历史观和革命论的研究书等与马克思相关的十多本拙著,但希望把本书看作《物象化论的构图》(岩波书店,1983年版)〔《广松涉著作集》第13卷〕的续篇。

说到马克思主义,一直以来,坊间有所谓"马克思列宁主义"是主流,与此相对,作为"异端"的"西方马克思主义"是支流的说法。近年来这种情况稍有变化。可是,即便如此,基本上依然延续着这一构图。因此对笔者来说，我所做的工作是指出无论是以往的"主流派"还是"异端派"，双方都误解了马克思的范式，继而还原、摆正马克思的思想原像。

笔者并不主张只要正确解释、还原马克思的思想就万事大吉。重要的是继承发展。本书不满足于还原性的解释，关于笔者自身是如何继承发展的，也打算阐明大致的方向。

在这一学术文库版中，本书引文出处仍依照第一版。当时，马克思恩格斯新历史考证版全集(Neue MEGA)尚未出版。不仅如此，甚至著作集(MEW)亦尚未完成。因此，即便同是马克思恩格斯的著作，在写作所收录的论文时所依据的是最好的文本，著作集(MEW)、旧历史考证版全集(Alte MEGA)或著作选(Ausgewählte Werke)等，出处未能保持一致。

如果现在考虑统一体例，虽然理应新 MEGA 已出版部分就根据出版部分，其他部分则依据 MEW，但即使这样，也必须按别的方式对待《德意志意识形态》。此外，由于《1844 年经济学哲学手稿》(以下简称《1844 年手稿》)、《德意志意识形态》和《自然辩证法》等，与文本批判的问题相关，不能只是机械地替换引文版本和页码就完事。

这样，经过诸多考虑的结果，我决定引文出处仍按旧版。至于马克思恩格斯之外的人物，例如费尔巴哈、鲍威尔和赫斯等，虽然今天其著作已有更好的版本，也仍旧不加替换。

本书中的"物象化""物化"一词，是作为黑格尔学派所谓观念的 sich sachlich machen 或精神性东西的 sich zum Ding machen 的译词来使用的，在与马克思所谓的 Versachlichung、Verdinglichung 的译词这一术语相区别的场合，只有联系上下文才能判断。由于遵循依照旧版的原则，因此还遗留这一难点，无论如何，请联系上下文加以区别、解读。

在这一学术文库版成书之际，承蒙旧出版商劲草书房的诸位，特别是富冈胜以及讲谈社的池永阳一的帮助。另外，还得益于今夏在学术文库出版部工作的高瀨玲子的促成。末了，聊表感恩之意。

广松涉
1990 年冬

序　言

近年来，我国理论界重新提出了超越"近代世界观"这一问题。对论者们来说，虽然并非采取将"西方近代的没落"的视野置换为"第三世界"来思考这个问题的做法，视角也未必相同。笔者所谓的"近代世界观"，我想可以置换为与历史的社会结构体的资本主义时代相适应的意识形态的地平，在这一意义上的"资产阶级意识形态的地平"一词。眼下这一"近代"资产阶级世界观的地平本身，真正到了应被重新追问，真正应被超越的时候。我想这个判断恐怕没什么大错吧。

当思考这种课题意识时，不禁让人深切地想起马克思恩格斯开拓的新世界观的地平。确实，他们不曾以体系的形式讲述这一新世界观。新地平的开拓者们谁也没有那么做，他们在某些方面，还未能百分之百地避免旧用词、旧构想的残余。在某种意义上，也许至多可以说他们"不过是历史的先驱"。或许正因为如此，很遗憾，他们的思想的继承者们，才不能自为地把握创始人开拓的新地平，把"马克思主义"降低到"近代世界观"的平面，并在这一范围内尝试使之"体系化"。

但是，在笔者看来，马克思恩格斯通过对"资产阶级世界观""整个意识形态性"的总体相对化而超越了它，开拓了新视界。导致马克思主义从根本上扬弃资本主义制度的，就在于此。本书的主题，就是这一"马克思主义的地平"的自为化。

从本书的形成过程来说，如书后"初印一览"所看到的，本书由修改编纂已发表的论文而成，未必是基于一贯的写作计划而完成的东西。

本来，或应按新体例来起稿，添加数章讨论方法论，特别是《资本论》的辩证法和所谓"自然辩证法"的问题，以及社会观、国家观的主题，然而，这是很少有人去看的东西，就任其以类似论文集的形式出版，祈望专家批评指正。

在修改之际，笔者也曾努力把握各篇之间的脉络，尽可能消除重复，不过由于原稿具有其自身的结构，很遗憾没能完全实现这一所期的作业。结果，在某种意义上，本书反倒无妨从任意一章读起。

若不忌画蛇添足，笔者还有一个请求，在与上述主题的关系中，本书抱持不同于先前出版的两书的论证态度。在前两书中，致力于早期马克思主义的文献学的、文献解释学的再构成，着意勾勒促成马克思恩格斯思想形成的历史社会情况和当时的思想状况，完全是实证的、历史的讨论，本书则提出了笔者部分稍微生硬的拙劣"解释"。读者若能基于体察到前书的"历史再构成"与本书的"解释"的维度差异，联系两书各自的维度给予批评指正，则实属有幸。

最后，感谢劲草书房编辑部的阿部礼次、宫永捷在本书成书过程中给予的帮助。在此，谨致由衷的谢意。

作　者

1969 年 5 月

第一部

马克思主义哲学的地平

第一章
什么是马克思主义唯物论

在今天,"唯物论"一词,往往被当作马克思主义的代名词而通用。然而,什么是马克思主义唯物论?果真如此吗?古代唯物论和18世纪所谓的机械唯物论与马克思主义唯物论,在唯物论的维度上有何不同?不得不说,"苏联马克思主义"所流传的**所谓**"辩证唯物论",即使具有辩证法的**内核**,也与18世纪的庸俗唯物论并无二致。

我们固然不想仅仅围绕语义和定义展开争论。问题是,在"苏联马克思主义"所做的片面化教条化的"解释"中,马克思主义被降低为负面意义上的"科学主义"的一个典型,并且不断衍生出作为其补充物的"人本主义"的解释,这种科学主义VS人本主义的地平①,最终无从把握马克思主义世界观。这就是说,那意味着并没有理解,在今天的历史时代中,马克思主义为什么是"不可超越的哲学"(萨特)。

我们之所以重新追问马克思主义唯物论及其思想意义,只不过是为了阐明马克思主义尽管远未达到体系的完成,而又为什么说"在我们的时代是不可超越的哲学"。

马克思恩格斯一开始就绝没有使用"唯心论和唯物论"这一"歧义的说法"。他们也并非直接从黑格尔的唯心论走向费尔巴哈的唯物论。最初,他们使用的是观念论和实在论(Idealismus und Realismus),唯心

---

① 地平(Horizont),本义为"地平线",引申为"视域""视阈""视界"。

论和唯物论(Spiritualismus und Materialismus),这在今天也是学院派常用的一对概念。在发觉黑格尔主义的错误之后,他们热诚地志于近代观念论和实在论的扬弃与统一,近代唯心论和唯物论的扬弃与统一,在这一作业过程的某种层面上,他们交错使用这两对概念,转而使用"唯心论 VS 唯物论"这一说法。他们之所以把古代这种形式的哲学纳入范围,使"唯心论—唯物论"这对概念固定化,是因为这对应于他们与之回旋的世界观的地平本身。

为了弄清这当中的情况,真正超越近代意识形态的视界,确认马克思恩格斯开拓的新地平,我想从追认他们的世界观视野的确立过程开始。

(一)

众所周知,青年时期的马克思恩格斯可谓是从"唯心论"的极端观点出发的。首先我们必须回顾那是怎样的唯心论。这一回顾,可以使我们知道什么是他们后来将之与自己的观点对质的唯心论,以及他们对当时逐渐开始成为问题的关于"存在与本质"问题的最初处理。

即便同是从唯心论出发,恩格斯是依照 D. 施特劳斯之流去解释黑格尔哲学的①,马克思则根据 B. 鲍威尔来理解黑格尔哲学。若考虑到黑格尔左派的第一旗手施特劳斯与对其进行批判继承的鲍威尔之间的争论——所谓"实体与自我意识"的争论,马克思和恩格斯可谓抱持"观点的两极"。

高中"退学"之后,就参加当时德国"唯一"的反体制文化运动"青年德意志派"(Das junge Deutschland)(vgl. MEW, E rgänzungsband, 2. Teil, S. 365f., S. 395f.),并以弗里德里希·奥斯渥特的笔名展开华丽论战的 18 岁"名士"恩格斯,政治上公然主张暴力革命的激进主义

---

① 在 1839 年 10 月 8 日写给巴门友人威廉·格雷培的信中,恩格斯谈道:"我是个施特劳斯派,我是个可怜的诗人,在天才的大卫·弗里德里希·施特劳斯的羽翼下藏身。"(《马克思恩格斯全集》第 47 卷,人民出版社 2004 年版,第 241 页)

(*ibid.*, S. 425f.),思想上通过施特劳斯而实现与信仰诀别(*ibid.*, S. 419),转向黑格尔主义(*ibid.*, S. 435)。这里,我们仅以他抵达柏林之后,在《德意志电讯》上用奥斯渥特的笔名发表的一篇文章,以及引起当时很大轰动的两本匿名小册子,最终完成所谓"反谢林论"三部曲①就足以说明。

三部曲所讨论的问题是,"黑格尔哲学的消退"开始之后,在柏林大学与克尔凯郭尔、布克哈特和巴枯宁等人一起旁听普鲁士反动新政府聘请的老年谢林讲座的恩格斯,从自己所理解的黑格尔哲学的观点批判后期谢林。

谢林的黑格尔批判的重点是本质与存在的问题,这——正如费尔巴哈也从别的角度所指出的——击中了黑格尔主义的唯心论的"要害"。黑格尔的理性哲学,关于本质——是什么?虽然教导说——quid, was,但关于实存——是否存在?则不曾告诉 quod, daß。② (Schelling: *sämtliche Werke*, Bd. XIII, S. 57f.; Engels, *ibid.*, S. 164f., S. 181)例如,天马的**本质**,那是天马,由马体和鸟翅组成,其翅膀强大,支撑翅膀的筋肉强劲……这种事情,无论具有怎样的逻辑必然规定,却无法证明这是**实存**,是现实的存在。理性无法教导实存。形而下的事情的存在,如康德所说的,由感性经验所教导。但是,谢林要讨论的问题是,尤其形而上的人格神的存在,这是通过超越理性的"启示"才能够知道的。(Schelling: *ibid.*, S. 95f.; Engels, *ibid.*, S. 195f., S.

---

① 1841年秋,恩格斯在柏林服兵役期间,作为旁听生在柏林大学听哲学课,参加了青年黑格尔派的柏林小组,先后写下了《谢林论黑格尔》《谢林和启示》《谢林——基督哲学家》和《一个旁听生的日记》。(《马克思恩格斯全集》第2卷,人民出版社2005年版,第323-419页)

② 恩格斯发现,关于黑格尔的理性哲学,谢林"从经院哲学的原理出发,要把事物区别为 quid 和 quod,把什么(Was)和是这样的(daß)区别开来。他说,理性教导我们,事物是什么;经验向我们证明,事物是**这样的**"(《马克思恩格斯全集》第2卷,人民出版社2005年版,第344页)。quid 是拉丁语代词。在经院哲学中,quid 指"本质",quod 指"实存"。在海德格尔哲学中,造物者意义上的存在,称为"本有"或"实存"(existence),即"现实存在";被造者意义上的存在,称作"存在者"或"存在"(Being)。

237f.）后期谢林与曾使自己的观点得到继承发展的黑格尔主义的理性哲学、消极哲学相对，致力于启示哲学、积极哲学。

这种"积极哲学"的内容，尽管确实陈腐，但从存在与本质的区别这一论点来看，如克尔凯郭尔所正确指出的，并且如多年后恩格斯也发觉的那样，确实是极为重大的论点，是切中黑格尔主义之"要害"的东西。可是，黑格尔自身对于这一点毫无省察。对他而言，本质和存在（概念和存在）的统一，不过是将此理解为无限者（神）的一个特点（vgl. z. B. *Enzyklopädie*, §51），当中支撑着他的是绝对精神的哲学的现实性。但是，正因为如此，假如这一点坍塌的话，黑格尔的整个体系就不过是精神的空中楼阁。关于这个问题，21 岁的恩格斯做了如下处理。

> 迄今为止，任何哲学给自己规定的任务都是要把世界理解为合乎理性的。凡合乎理性的，当然也是必然的；凡属必然的，便应当是现实的或者终究应当成为现实的。① （*ibid.*, S. 180）

> 黑格尔的范畴不仅被称为据以创造这个世界的事物的模本，而且也被称为产生这些事物的创造力……谢林又一次把观念看成世界之外的本质，看成人格化的上帝，这是黑格尔连想都没有想过的。黑格尔认为观念的实在性不外是自然界和精神……黑格尔的辩证法这一强有力的、永不静止的思想推动力，不外是纯思维中的人类意识。② （*ibid.*, S. 190f.）

就这样，恩格斯指出绝对理念这种理性的东西，必然是现实的——至少应当成为现实的——在此意义上，稍微简便地复述了"合理的即现实的"这一黑格尔的大命题，通过指出绝对理念不是超自然的人格神，"实际上不过是自然和精神"，一举打通了谢林提出的"黑格尔不能说明事物的现实的存在"的非难。当然，恩格斯承认"黑格尔体系的宗教哲

---

① 《马克思恩格斯全集》第 2 卷，人民出版社 2005 年版，第 344 页。
② 《马克思恩格斯全集》第 2 卷，人民出版社 2005 年版，第 356 - 389 页。

学方面使谢林有理由揭示青年黑格尔学派早已发现并认可的前提和结论之间的矛盾"①(*ibid*., S. 197)，然而他严肃地指出，"在一切自行发生的地方，如在黑格尔那里，神的人格化是多余的"②(*ibid*., S. 217)。

尽管他受到施特劳斯和鲍威尔的双重影响，却把绝对理念**重新解释**为实际上不过是"人类的意识""人类的自我意识"。

>……这圣物就是人类的自我意识……这种相信观念万能，相信永恒真理必胜的信念，这种即使遭到全世界的反对也永远不动摇、永远不让步的坚定信心，就是每一个真正的哲学家的真正的宗教，就是真正的实证哲学即世界史哲学的基础……观念，人类的自我意识就是那只奇异的凤凰。③(*ibid*., S. 219ff.)

被重新解释为人类的自我意识的绝对理念——其现实化、物象化的东西是"自然和精神"。对理念的信仰，即是对其自我实现过程即世界史的信仰。基于理念（人类自我意识）的拜物化可谓颠倒的泛神论。一言以蔽之，早期恩格斯的唯心论的内容，就是把黑格尔哲学中作为"主体即实体"的绝对精神看作"人类的自我意识"，就是将整个宇宙史的总过程视为这一理念的物象化。

作为马克思出发点的唯心论，我们通过他在鲍威尔"指导"下写作的博士论文《德谟克利特的自然哲学和伊壁鸠鲁的自然哲学的差别》就可知一斑。

伊壁鸠鲁通常被看作古代唯物论的代表——并且数年后马克思自己也承认这一点——写作博士论文时的马克思将伊壁鸠鲁看作一位具有强烈自我意识的哲学家，一位唯心主义者。

>对德谟克利特来说，原子只是一般的、经验的自然研究的

---

① 参见《马克思恩格斯全集》第2卷，人民出版社2005年版，第364-365页。
② 《马克思恩格斯全集》第2卷，人民出版社2005年版，第389页。
③ 《马克思恩格斯全集》第2卷，人民出版社2005年版，第393页。

普遍的客观的表现。因此……是经验的结果。与此相反,伊壁鸠鲁的原子,并非那种客体性、物质性的东西,"原子论作为**自我意识的自然科学**业已实现和完成,有了最后的结论,而这种具有抽象的个别性形式的自我意识对其自身来说是绝对的原则"①(MEGA,1. Abt.,1. Bd.,1. Halbbd.,S. 52)。"伊壁鸠鲁哲学的原则……是自我意识的绝对性和自由。"②(*ibid.*,S. 51)

"原子这种个别性形式的自我意识",并非只是主观的意识,没有实在性的念想,如黑格尔的"理念"那样,是现实的具体的定在③。可是,由于伊壁鸠鲁那里的自我意识(原子)仅仅被理解为特殊性,没有被理解为普遍的自我意识(如人类的自我意识),因此难免存在诸多矛盾。但是,在讨论"最高的实在"天体的时候,马克思指出,伊壁鸠鲁虽然缺乏首尾连贯,却达到了正确的见解。

> 我们已经看到了,整个伊壁鸠鲁的自然哲学是如何贯穿着**本质**和**存在**、**形式**和**物质**的矛盾的。但是,在天体中这个矛盾消除了,这些互相争斗的环节和解了。在天体系统里,物质把形式纳入自身之中,把个别性包括在自身之内,因而获得它的独立性……在原子世界里,就像在现象世界里一样,形式同物质进行斗争:一个规定取消另一个规定,正是在这种矛盾中,抽象的、个别的自我意识感觉到它的本性被对象化了……由于物质把个别性、形式纳入它的自身之中,就像在天体中的

---

① 《马克思恩格斯全集》第 1 卷,人民出版社 1995 年版,第 64 页。
② 《马克思恩格斯全集》第 1 卷,人民出版社 1995 年版,第 62—63 页。
③ "定在",是黑格尔《逻辑学》中的一个概念。在黑格尔看来,"存在"是没有任何规定性的纯粹的无,当"存在"过渡到有特定规定性时,就成为"定在"。(参见黑格尔:《小逻辑》,贺麟译,商务印书馆 1980 年版,第 200 页)中文"存在"一词,在西方思想史中常被区分为诸如"此在"(Dasein)和"如在"(Sosein)、"实存"(existence)和"质存"(essence)等不同的概念,以表达不同的存在方式。

情况那样,物质就不再是抽象的个别性了。它成为具体的个别性、普遍性了。①(ibid., S.50)

马克思并不期望伊壁鸠鲁的天体论实现其自身,他执着于其"普遍的自我意识"的观点。这种自我意识,不只是普遍者,它还是"内在地包含了特殊性的具体的自我意识",也不只是主观的意识,或只是地上的事物,它还使包含天体而成为万物的自己对象化、物化,是具体的定在的东西,是质料和形式、存在和本质的完全统一体。这样,马克思将伊壁鸠鲁的"原子"**重新**解释为鲍威尔之流所解释的"普遍的自我意识"——黑格尔的绝对精神,以此理解其"主体即实体,实体即主体"。*

* 这里应该注意的是,马克思意识到了存在和本质的区别与统一。这一点在前面的引文中也有出现,他写道:"当我们思索存在的时候,什么存在是直接的呢?自我意识。"②(ibid., S.80)

另外,形式与物质、本质与存在的统一这种讨论和志趣,在《黑格尔法哲学批判》(1843年)中论述的时候也有出现。(ibid., S.435f.;MEW, Bd.1, S.331f.)在《论犹太人问题》中以类与个体、本质与存在的统一、合一的形式提出"人类解放"的主张的时候也出现过。(ibid., S.599f.;MEW, Bd.1, S.370)

如上所述,尽管马克思和恩格斯的阅历和论题不同,但他们都是从唯心论的观点出发——充满神秘主义地把包含天体在内的森罗万象看作"人类普遍的自我意识"("绝对精神")的物象化——从两人的后期思想来看,这是做梦都无法想象的。

(二)

马克思恩格斯之所以能摆脱唯心主义,这与他们各自的自我批判相关。

恩格斯写作《反谢林论》之后的两年间,虽说也有精彩的创作活动,

---

① 《马克思恩格斯全集》第1卷,人民出版社1995年版,第61页。
② 《马克思恩格斯全集》第1卷,人民出版社1995年版,第101页。

但并未留下哲学的省察的记录。不过,在1843年秋写作的《评卡莱尔》中,他将卡莱尔反对人们不相信作为"人类之魂"的"理性"的观点,归结为并非反对"不相信圣经的启示",而是反对"不相信世界史的圣经"的"具有泛神论思想方式的施特劳斯"①(MEW, Bd. 1, s. 439, s. 543),并援引费尔巴哈的话指出,"泛神论也是不可能产生的!泛神论本身就是基督教的结论"②(ibid., S. 544)。

毋庸赘言,"不相信世界史的圣经",以及"施特劳斯式的泛神论",这确实曾是恩格斯自己的观点!费尔巴哈"他正在把自己的本质当作一种异己的本质来朝拜,并加以神化"③的话,较之于以往的宗教,毋宁说更直接地切合恩格斯曾经所谓的把人的自我意识(理念)神化,理念的全能之类的观点。

关于前后具体的情况与背景,且让与另著《恩格斯论》,若是先下一个结论,那么我想,恩格斯一方面以卡莱尔为"反面教师",另一方面汲取费尔巴哈的教诲,对自己以往"施特劳斯式的泛神论"的观点进行自我批判。

但是,恩格斯并没有由此直接转变为费尔巴哈"唯物论"的立场。

> 唯物论不抨击基督教对人的轻视和侮辱,只是把自然界当作一种绝对的东西来代替基督教的上帝而与人相对立。④(ibid., S. 500)

> 反对基督教的抽象主观性的斗争促使18世纪的哲学走向相对立的两极:客体性同主体性对立,自然同精神对立,**唯物主义**和**唯灵论**对立……18世纪没有解决……实体和主体、自然和精神、必然性和自由的对立,这种对立是历史一开始就予以关注的,它的发展寓于历史之中;但是,18世纪使对立的

---

① 《马克思恩格斯全集》第3卷,人民出版社2002年版,第516页。
② 《马克思恩格斯全集》第3卷,人民出版社2002年版,第519页。
③ 《马克思恩格斯全集》第3卷,人民出版社2002年版,第517页。
④ 《马克思恩格斯全集》第3卷,人民出版社2002年版,第443页。

双方完全截然相反并充分发展,从而使消灭这种对立成为必不可免的事。①(ibid., S. 551f.)

如引文所述,恩格斯致力于扬弃主观和客观、精神和自然、唯心论和唯物论、"观念论和实在论"②(ibid., S. 553)的对立矛盾。但是,他当时还没能够将这一意向具体地理论化。

那么,马克思这边的情况如何呢?他也是在博士论文完成之后,有三年时间——虽说在《莱茵报》和《德法年鉴》上发表了多篇论文——没有直接触及**狭义**的哲学世界观。从《德法年鉴》发表的与卢格的往返书信来看,他很长时间内并未消除鲍威尔之流的"自我意识哲学"。但是,在1844年春写作《1844年手稿》的时候——在前年的论稿《黑格尔法哲学批判》中,超越了费尔巴哈指出的"黑格尔颠倒了主词和谓词"这一曾引起其共鸣的场域——发觉了"自我意识的观点"的片面性和局限性,而自觉地转变到费尔巴哈的立场。

鲍威尔在"宇宙的运动只有作为自我意识的运动,才能实际上成为自为的运动,从而达到同自身的统一"的观点中③(vgl. Bacer: *Das entdeckte Christentum*, zit. V. Marx. in MEW, Bd. 2, S. 148),认为形式和质料、本质和存在的真正统一性,只在于普遍的自我意识。与此相对,费尔巴哈则主张"自然是与存在没有区别的实体,人是与存在有区别的实体。没有区别的实体是有区别的实体的根据——所以自然是人的根据"④(Feuerbach: Vorläufige Thesen zur Reform der Philosophie, *Sämtliche Werke*, neu herausgegeben v Bolin u. Jodl, Bd. Ⅱ, S. 239)。

《1844年手稿》中的马克思,对费尔巴哈赞不绝口。虽说如此,但他也并非完全接受费尔巴哈的上述观点。如前年给卢格的书信所谈到

---

① 《马克思恩格斯全集》第3卷,人民出版社2002年版,第527-528页。
② 参见《马克思恩格斯全集》第3卷,人民出版社2002年版,第529页。
③ 《马克思恩格斯全集》第3卷,人民出版社2002年版,第313页。
④ 费尔巴哈:《关于哲学改造的临时纲要》,洪潜译,生活·读书·新知三联书店1958年版,第16页。

的,马克思不满意费尔巴哈"强调自然过多而强调政治〔社会〕太少"①,眼下尤其成问题的是,费尔巴哈没有阐述自然与人的真正的统一。诚然,费尔巴哈也每每谈到自然与人的统一,"对象是人的本质的展现,是人真正实现了的客观自我"(*Sämtliche Werke*, Bd. Ⅵ, S. 6)。在其他场合,归根结底是以"精神与自然的真正统一只是意识"②(Bd. Ⅱ, S. 232)这种静态的意识(认识)的统一而告终。

此处,让人再次想起黑格尔辩证法的动态统一性。马克思高度评价黑格尔现象学的"伟大之处"在于,"黑格尔把人的自我产生看作一个过程,把对象化(Vergegenständlichung)看作非对象化(Entgegenständlichung),看作外化和对这种外化的扬弃;可见,他抓住了劳动的本质,把对象性的人、现实的因而是真正的人理解为他自己的劳动的结果"③(MEGA, 1. Abt., 3. Bd. S. 156f.),试着继承这一自我异化和自我回归的逻辑。

但是,当继承这一逻辑的时候,必须变换主体概念。作为黑格尔辩证法中"主体即实体"的展开的承担者的绝对精神,如鲍威尔所理解的那样,不过是"人的自我意识",因此,黑格尔哲学即便描述了整个世界史的过程,归根结底始终是"在自身内部的纯粹的、不停息的圆圈"④,并不包含现实世界。(*ibid.*, S. 163f., S. 166f.)因此对马克思来说,将作为辩证法的总过程之承担者的"主体即实体",改作费尔巴哈式的"将自然作为自己的非有机肉体的人","人的自然存在……是自为的,故而是类存在"的"人",这是因为,只要其不能保证辩证法的动力

---

① 参见《马克思恩格斯全集》第47卷,人民出版社2004年版,第53页。
② 费尔巴哈:《关于哲学改造的临时纲要》,洪潜译,生活·读书·新知三联书店1958年版,第9页。
③ 参见《马克思恩格斯全集》第3卷,人民出版社2002年版,第320页。
④ 《马克思恩格斯全集》第3卷,人民出版社2002年版,第333页。

(dynamism),就得效法莫泽斯·赫斯①将其**重新**解释为自我活动、劳动主体,将其活性化。

通过运用主体概念和自我异化的逻辑——这固然遗留着其写作博士论文时期诸如"作为普遍的自我意识的原子"的思考和逻辑——马克思展开了"人化的自然""自然的人化","世界历史不外是人通过人的劳动而诞生的过程,是自然界对人说来的生成过程","即人对人说来作为自然界的存在以及自然界对人说来作为人的存在"②(*ibid*., S. 85ff., S. 125)这一宏大体系的论述。

这一哲学的立场*,扬弃了"主观主义和客观主义""唯心论和唯物论"的对立,"既不同于唯心主义,也不同于唯物主义,同时又是把这二者结合的真理"③(*ibid*., S. 121, S. 160),"自然主义等于人道主义,人道主义等于自然主义"④(*ibid*., S. 114)。

* 关于《1844年手稿》中社会经济事实的具体讨论与这一哲学观点的关系,请参照拙文《马克思主义与自我异化论》⑤(收录于《马克思主义的形成过程》,《广松涉著作集》第8卷)。

在这段时间里,马克思恩格斯虽说并不满意费尔巴哈"下半身是唯物论,上半身是唯心论"这一割裂的"自我分裂",但由于立志于实现黑格尔主义的构想——主观主义和客观主义、观念论和实在论、唯心论和

---

① 莫泽斯·赫斯(Moses Hess, 1812—1875),也译为摩西·赫斯,德国小资产阶级政论家,"真正的社会主义"的代表人物之一。主要论著有《论货币的本质》《行动的哲学》和《人类的圣史》等。中文出版物有《赫斯精粹》,邓习议编译,方向红校译,南京大学出版社2010年版。
② 莫泽斯·赫斯:《赫斯精粹》,邓习议编译,方向红校译,南京大学出版社2010年版,第131页。
③ 莫泽斯·赫斯:《赫斯精粹》,邓习议编译,方向红校译,南京大学出版社2010年版,第167页。
④ 莫泽斯·赫斯:《赫斯精粹》,邓习议编译,方向红校译,南京大学出版社2010年版,第120页。
⑤ 广松涉:《唯物史观的原像》,邓习议译,南京大学出版社2009年版,第212-229页。

唯物论的辩证统一,因而采取了将其强拉到费尔巴哈的解读上来的姿态。

这一姿态的共同性,不难推知其中的**一个契机**是当时 1844 年 8 月马克思恩格斯在巴黎的邂逅过程中"惊人地达成一致意见"。实际上,翌年 2 月公开出版的合著《神圣家族》也**基本上**贯穿着同样的姿态。

> 黑格尔的体系中有三个要素:斯宾诺莎的实体,费希特的自我意识以及前两个要素在黑格尔那里的必然充满矛盾的统一,即绝对精神。第一个要素是形而上学地改了装的、同人分离的自然。第二个要素是形而上学地改了装的、同自然分离的精神。第三个要素是形而上学地改了装的以上两个要素的统一,即现实的人和现实的人类。① (MEW, Bd. 2, S. 147)

> 施特劳斯立足于斯宾诺莎主义的观点,鲍威尔立足于费希特主义的观点,两人各自在神学的领域内彻底地贯彻黑格尔体系……只有费尔巴哈才立足于黑格尔的观点之上而结束和批判了黑格尔的体系,因为费尔巴哈消解了形而上学的绝对精神,使之变为"以自然为基础的现实的人";费尔巴哈完成了对宗教的批判。② (ebenda)

> 唯灵论和唯物主义原先的对立在各个方面都已经决出胜负,并且被费尔巴哈一劳永逸地克服。③ (*ibid*., S. 99)

如此处所看到的,在《神圣家族》中,马克思恩格斯为"唯心论和唯物论的辩证统一"而阅读费尔巴哈,标榜"现实人道主义"的立场④(vgl. *ibid*., S. 7)。然而,突破这一水准的一个强力而重要的因素业已在《神圣家族》中酝酿,恩格斯甚至不待其出版就踏出了下一步。

---

① 《马克思恩格斯文集》第 1 卷,人民出版社 2009 年版,第 341 - 342 页。
② 《马克思恩格斯文集》第 1 卷,人民出版社 2009 年版,第 342 页。
③ 《马克思恩格斯文集》第 1 卷,人民出版社 2009 年版,第 296 页。
④ 《马克思恩格斯文集》第 1 卷,人民出版社 2009 年版,第 253 页。

（三）

马克思恩格斯的世界观（哲学的世界观）质的飞跃过程，是与他们的历史观、社会观的发展互为表里的。而从最初的文脉来看，这缘于他们发现其所依据的"实体即主体"的概念——作为"斯宾诺莎的实体"和"费希特的自我意识"的黑格尔费尔巴哈式的统一的"人"——具有一个决定性的难点。

恩格斯途经巴黎回到家乡后过了两三个月，在 11 月读到旧友麦克斯·施蒂纳的著作《唯一者及其所有物》，对其中诸多对费尔巴哈的批判深有同感。

施蒂纳批判说，费尔巴哈指出了主语和谓语的颠倒，"人是自己的上帝"（Homo homini Deus est）。但是，由于光是将谓语与主语相替换，这就又将身体的个人的"人的本质"抬高到"上帝"的位置。曾经作为上帝的谓语的"全能""爱""世界的创造者"等，眼下被用作"人"的谓语，人成了全能者，人成了自然的生成者（世界的创造者）。身体的个人，依旧跪拜人的本质——施蒂纳主张我们必须将个人定位为具有肉体发肤、必须饮食的个人。

恩格斯指出，施蒂纳所说的作为个人的个人、"唯一者"，不过是近代资产阶级社会的原子化的个人，他的哲学不过是一种个人的利己主义。他在给马克思的信中写道：

> 施蒂纳摒弃费尔巴哈的"人"……是正确的……费尔巴哈的"人"无疑还戴着抽象概念的神学光环。进到"人"的真正途径是与此完全相反的。我们必须从"我"，从经验的、肉体的个人出发……我们必须从个别物中引出普遍物，而不要从本身中或者像黑格尔那样从虚无中去引申。① 简言之……我们必

---

① 参见《马克思恩格斯全集》第 47 卷，人民出版社 2004 年版，第 329－330 页。

须从经验论和**唯物论**出发。①（MEGA，3. Abt.，Bd. 1，S. 6f.）

正如这封信所提到的，恩格斯现在终于明确意识到**本质**的"人"与**存在**的"人"的区别，在从存在出发这一点上，他与施蒂纳的观点一致。他必须从唯名论的观点"经验论和唯物论"出发。这里所谓的"唯物论"，毋庸赘言，并非以往所谓"将自然与人绝对对立起来"的"唯物论"，而是在从普遍的理念（本质）引申出个别的现实存在（实存）的观点**这一意义上**的与唯心论的对立概念。在这封信中，恩格斯开始摒除以前的"观念论和实在论""唯心论和唯物论"这对概念，现在开辟了"唯心论VS唯物论"这一用词。

马克思起初不同意恩格斯的提议（Vgl. *ibid.*，S. 9），他自己是通过别的途径认识到费尔巴哈的"人"具有的缺陷。作为其机缘，虽然这固然与施蒂纳、恩格斯相关，但其中尤其源自当时与之密切交往的莫泽斯·赫斯的启发。赫斯说：

> 费尔巴哈的"现实"的人一词，有时设想为市民社会的个别化的人……有时设想为社会的人、"类的人"或"人的本质"，想要把这种本质赋予作为个人的人……但是，作为类的任何人要实现自己，只有在一定的社会……即人通过自我活动而形成的一定社会中才能够成为现实的东西，在本源上"人的本质是社会的本质"。（Hess：*Philosophische u. sozialistische Schriften*, hrsg. V. Cornu u. Mönke, S. 384, vgl. S. 330ff.）

如从著名的《关于费尔巴哈的提纲》所看到的，1845年春，马克思也指出在费尔巴哈那里个人与类的不协调，批判"他所分析的抽象的个人，不是属于一定的社会形式的"，因此，他一方面"假定出——孤立的——人类个体"，另一方面，"所以，他只能把人的本质理解为'类'，理

---

① 参见《马克思恩格斯全集》第47卷，人民出版社2004年版，第330页。

解为一种内在的、无声的、把许多个人纯粹自然地联系起来的共同性",规定"人的本质并不是单个人所固有的抽象物(Abstraktum)",人的存在〔人的本质〕"是一切社会关系的总和"。①

要从费尔巴哈关于人的本质规定的人的概念中摆脱出来,需要马克思作出决定性的转变。如赫斯也指出的那样,类与个体,本质与存在的统一这种特权性的性质,在黑格尔那里被规定为无限者(神)的特点,在黑格尔左派当中,则完全原样继承了作为上帝的真实态的"人类""普遍的自我意识""人"。(后期谢林致力于实现本质与存在的特权性的统一这个大前提,施蒂纳对此进行了自我批判。)虽说马克思从写作博士论文以来大致意识到了"本质与存在"的问题,但他最终没能走出黑格尔左派的藩篱,作为个人的人与作为类的人,人的存在与本质的统一——在《黑格尔法哲学批判》中是凭借一种独特的"民主制国家",在《德法年鉴》的两篇论文中是凭借"人类解放"——不久又凭借类存在(Gattungswesen)②的自在自为态,而《1844年手稿》的宏大构图则是凭借巧妙地挪用费尔巴哈所谓的"现实的人"的双重性。然而,现在马克思发现费尔巴哈的"类存在"不过是作为抽象的一般性(Abstraktum)的普遍,并非"作为存在的本质"。若是如此,所谓"主体即实体"的自我异化与自我回归的世界史过程的"自然的人化""人化的自然"的生成,就必须将其看作与鲍威尔派同样悖理*而予以排除。

* 马克思在《神圣家族》中通过那著名的"果品"的例子,揭露了黑格尔以及鲍威尔派的"思辨结构的秘密"。马克思发现鲍威尔派首先是从苹果、梨、草莓等具体的、现实的存在抽象出"果品",然后将这事反过来,把现实的苹果、梨、草莓等称作"果品"的存在方式,"创造"出现实的果品。"思辨哲学家之所以能完成这种不断的创造,只是因为他把苹果、梨等东西中为大家所知道的、实际上是有目共睹的属性当作由他发明的规定塞了进来,因为他给只有抽象的理智才能创造出来的

---

① 《马克思恩格斯文集》第1卷,人民出版社2009年版,第501页。
② "Gattungswesen"一词,意为"类存在""类本质",该词在马克思的早期著作中较为常见。

东西,即抽象的理智公式起了现实事物的名称,最后,因为他把从苹果的观念过渡到梨的观念这种他自己的活动,宣布为绝对主体即'果品'的自我活动。这种办法,用思辨的话来说,就是把实体了解为主体,了解为内在的过程,了解为绝对的人格。"①马克思将鲍威尔派哲学所谓"主体即实体"的"自我意识"揶揄为上述"果品",以此揭开思辨结构的秘密。当时的马克思尚未察觉费尔巴哈的"人"乃"现实的本质"或"果品"。而现在,发现费尔巴哈的"类存在"的"人"不过是抽象(Abstraktum)的"果品",就其视之为自我异化与回归的主体而言,可以知道与鲍威尔派一样,不过是"思辨的结构"。

关于这一问题的详细讨论,请参阅拙稿《唯物辩证法转换何以可能》及《马克思主义与自我异化论》②——均收录于拙著《马克思主义的形成过程》。

马克思曾经打算以《1844年手稿》为基础撰写《政治经济学批判》——这与出版商列斯凯的合同有关,为此付出了近一年的努力——而最终不得不放弃,其缘由如他利用其他机会详述的那样,从逻辑根基来说,可以归结为缘于上述情况。他遇到若不"把我们从前的哲学信仰(Gewissen)清算一下"③(vgl. MEW, Bd. 13, S. 10),就不能再前进一步的困境。

对马克思来说,打开这一隘路的作业过程,并且也对包括恩格斯而言关于费尔巴哈的人以及施蒂纳的"人"的秘密的阐明,《关于费尔巴哈

---

① 《马克思恩格斯文集》第1卷,人民出版社2009年版,第279-280页。

② 参见广松涉:《唯物史观的原像》,邓习议译,南京大学出版社2009年版,第212-229页。

③ 参见《马克思恩格斯全集》第31卷,人民出版社1998年版,第414页。马克思从1843年底开始钻研政治经济学,在1844年春天完成了《1844年手稿》。1844年9月—11月,由于《神圣家族》的写作,马克思至同年12月才回到对政治经济学的研究。1845年2月1日,马克思与出版商列斯凯签订了《政治经济学批判》两卷本的出版合同,并在1845—1846年做了大量关于英法经济学著作的摘要、大纲和札记。1846年8月1日,马克思在给列斯凯的信中谈到拟调整写作计划,"因为我认为,在发表我的正面阐述以前,先发表一部反对德国哲学和迄今的德国社会主义的论战性著作,是很重要的。为了使读者对于我的同迄今为止的德国科学根本对立的经济学观点有所准备,这是必要的"(《马克思恩格斯全集》第47卷,人民出版社2004年版,第383页)。这部"论战性著作",即马克思于1845—1846年与恩格斯合著的《德意志意识形态》。1847年2月,出版商取消了《政治经济学批判》的出版合同。

的提纲》前后形成的历史观的定型化的作业过程——乃是赫斯参与执笔,马克思恩格斯正式合作的《德意志意识形态》的写作。

(四)

《德意志意识形态》现存的原始文本(Urtext),是从批判费尔巴哈那里自然与人的割裂开始的。

"他没有看到,他周围的感性世界……是工业和社会状况的产物。"①(*Deutsche Ideologie*, Urtext. Handschrift, S. 8)他特别谈到"自然科学的直观",是"只有物理学家和化学家的眼睛才能识破"②的客观存在的自然,理解为与人互不相关的"自古以来就存在,永恒不变的东西"(*ibid.*, S. 9, u. S. 8),这种自然,不过是与人割裂的知性的抽象化的杜撰。现实的感性的自然界,"是工业和社会状况的产物,是历史的产物,是世世代代活动的结果"③。恩格斯断言:"这种活动、这种连续不断的感性劳动和创造、这种生产,正是整个现存的感性世界的基础……当然,在这种情况下,外部自然界的优先地位仍然会保持着,而整个这一点当然不适用于原始的、通过自然发生的途径产生的人们。但是,这种区别只有在人被看作某种与自然界不同的东西时才有意义。此外,先于人类历史而存在的那个自然界,不是费尔巴哈生活于其中的自然界;这是除去在澳洲新出现的一些珊瑚岛以外,今天在任何地方都不再存在的、因而对于费尔巴哈来说也是不存在的自然界。"④(*ibid.*, S. 8, u. S. 9f.)

如在上述引文中所看到的,即便《德意志意识形态》也绝没有放弃曾经的课题。即依然保持着通过纠正以"脱离人的经形而上学改造的

---

① 参见《马克思恩格斯文集》第1卷,人民出版社2009年版,第528页。
② 《马克思恩格斯文集》第1卷,人民出版社2009年版,第529页。
③ 《马克思恩格斯文集》第1卷,人民出版社2009年版,第528页。
④ 《马克思恩格斯文集》第1卷,人民出版社2009年版,第529-530页;参见广松涉编注:《文献学语境中的〈德意志意识形态〉》,彭曦译,南京大学出版社2009年版,第19页。

自然"为原理的客观主义（在此意义上的庸俗唯物主义），以及以"脱离自然的经过形而上学的改造的精神"为原理的主观主义（在此意义上的唯心主义），以实现两者及其前提的辩证统一的课题，批判费尔巴哈在这方面的工作——撤回以前的评价——全然付诸阙如。

现在的课题是，立足该课题的正确视角进行独特的理论化——从题材来说，正确地**重新把握**黑格尔主义多半通过神秘的意识的方法来把握的事态。

黑格尔及其学派，对于我们眼前展现的世界，无论社会抑或自然，人类活动的产品，都是基于意识的形式来理解。他们把社会及其历史，看作法国启蒙思想及其"实现"的大革命，以及斯坦因改革以来的普鲁士，在应该到来的德国革命中原则化，看作政治的、社会的理念物象化过程。

即便说到大自然，那也绝不是纯粹的自然。田园自不待言，即使说到森林，那也是耕作（文化化）、栽培及拓径的人工产品。住宅、器具、衣服和食品，我们周围的物质世界，都是人工产品，无不是人们将预先所持观念物象化的产物。

世界绝不是如认识论者或科学家所设想的那种自身的存在，而是人们所持观念的物象化的存在！

上述情况，是现象中的"事实"。但是，即便说到**人们**观念的物象化，对于个人而言，世界绝不是**他的**观念的物象化。能够称作人们活动的物象化的，是世代相传的作为"类"的人们，其与"人类"相关。

这里，出现了问题。（α）如果定位为作为**个人**的人，世界是自在存在。可是，（β）如果定位为作为**类**的人，世界是自我活动的物象化产物。这一似是而非的矛盾，无论是在将后者的主体（Subjekt）求诸抽象的"一般意识"的康德那里，还是在将之抬高到"绝对精神"的黑格尔那里，只要通过他们的方法能够与"个人"相结合，就没有什么特别的问题。然而，在黑格尔左派中，由于逐渐将后者的"大主体"引入现实的人，缺失了德国唯心论的"整合性"，逐渐凸显出（α）和（β）的二极性。虽说只要在人这种特权的存在者的个别与类,贯彻着存在与本质的统一这种默认的大前提,就保证了(α)和(β)的模糊的统一。可是,费尔巴哈通过强调自然的自在存在性而苦恼于(α)(β)的二极性,诱发施蒂纳和赫斯否认这一大前提本身。这样,现在就涉及意识(α)(β)的二极性问题。

为了解开这一似是而非的矛盾,必须重新正确把握两个命题中的人,即个人与类,以及两者的关系。(α)中作为个人的人,是具备一定的精神和肉体的纯粹个人,是舍去一切社会历史规定性的抽象个人(因而,这不过是18世纪唯物论和科学主义的设想的人!),无论怎样把握其总和,也决不能与(β)的事态相连接。另一方面,作为(β)的人,被实体化(hypostasieren),依照"主体即实体""实体即主体"而转化。确实,能够将人类概括为"类"。但是,这一"类"的总括,对于属于其中的个人,必须谨记世界是"自在"的。可是,当将"类"实体化为独立的主体,就出现上述情况,丧失了世界的自在性。因此,"人类""人的自我意识"及"人",总被祭祀在世界的造物主的位置,不能与(α)相连接。可是这里,可以说无论是"作为个人的人"还是"作为类的人",原本不过是基于知性的抽象概念(Abstraktum),不是现实的人。问题是,这种知性抽象,掩盖了人类的历史性**行为**与个人**行为**的有机联系,以及个人怀有的观念、意识的存在拘束性。因而,即便个人亦使自我活动对象化,对人类而言对象亦具有自在性。

由是,马克思恩格斯通过批判费尔巴哈,重新对人进行真实的、现实的把握。

> 费尔巴哈仅仅限于在感情范围内承认"现实的、单个的、肉体的人",从来没有看到真实存在着的、活动的人,而是停留

于抽象的"人"。① (*ibid.*, Urtext, S. 10)

上述论证,与前面介绍的作为"工业和社会状况的产物的自然"的论点一起,或许似乎是从(β)立场批判费尔巴哈的(α)立场。然而《德意志意识形态》并没有采取诸如《1844 年手稿》的(β)立场,而是定位于"每一个过着实际生活的,需要吃、喝、穿的个人"②(vgl. *ibid.*, S. 11f.),在此意义上,毋宁说更接近施蒂纳的(α)立场,最终,马克思恩格斯对于(α)和(β)均未予采纳。* 他们之所以批判费尔巴哈,是因为"没有从人们现有的社会联系,从那些使人们成为现在这种样子的周围生活条件来观察人们——这一点且不说,他还从来没有看到现实存在着的、活动的人,而是停留于抽象的'人'"③(*ibid.*, S. 10),停留在"自然"以及"自然科学的直观"仿佛是"固定不变"的东西这种知性的抽象上④(vgl. *ibid.*, S. 8f.)。

* 《德意志意识形态》——由于这一问题在其他场合有过详述,此处限于篇幅稍做注释——不仅对《1844 年手稿》中诸如"类存在"的自我异化与自我回归这种构想进行了自我批判,而且阐明了是基于何种情况及程序产生的这种"颠倒的现象"。同时,还说明了(α)、(β)是如何产生的。⑤ (vgl. *ibid.*, S. 20f., 25f., 30f., 33f., 55f., 68. d. Handschrift; MEW, Bd. 3, S. 405, 475f., etc.)

现实存在的人、身体的个人,在一定的自然的、社会的、历史的关系中——这种关系,既不是他自己创造的,也不是他所能选择的——进行对象性活动。人们通过"他们的生产与再生产""不同于蜜蜂与蜘蛛筑

---

① 参见《马克思恩格斯文集》第 1 卷,人民出版社 2009 年版,第 530 页。引文中的"存在"(existence),日文原文译为"实存"(现实存在)。与此相应,"存在主义"(existentialisme),日文译为"实存主义",是以个体的"现实存在"(而非"人的本质")作为哲学的中心的哲学立场的总称。
② 《马克思恩格斯文集》第 1 卷,人民出版社 2009 年版,第 541 页。
③ 《马克思恩格斯文集》第 1 卷,人民出版社 2009 年版,第 530 页。
④ 《马克思恩格斯文集》第 1 卷,人民出版社 2009 年版,第 529 页。
⑤ 参见《马克思恩格斯文集》第 1 卷,人民出版社 2009 年版,第 163 页以下。

巢"的目的意识性活动,对自然进行**加工改造**。①（ibid., S. 19, S. 14. vgl. *Das Kapital*, 1., Bd, 1. Kap., 4. Absch.; *Zur Kritik d, politischen Ökonomie*. Vorrede）历史活动"不通过人的意识就不能做任何事情"。但是,意识（das Bewußtsein）,原本是"被意识到了的存在"（das bewußte sein）——因而这一命题,并非说认识对象是认识的主观映像。实际上"人们的**存在**就是他们的现实生活过程"②（ibid., {5.} Bogen d. Handschrift）。在此意义上"存在决定意识"。话说"意识一开始就是社会的产物"③（ibid., S. 14）,"不用说感觉甚至连幻想"（vgl. MEW, Bd. 8, S. 139）也被共同主观化、社会化。作为人们有意识地进行对象性活动的生产实践,是以"前一代传给后一代的大量生产力、资金和环境"为基础的,对这种"历史传下来的东西"的改造,"也预先规定新的一代本身的生活条件,使它得到一定的发展和具有特殊的性质"④（*D. Ideologie*, Urtext, S. 24）。"这种观点表明:人创造环境,同样,环境也创造人。"⑤（ibid., S. 25）人是生产的主体,也是前一代所生产的主体。

人们面对历史赋予的世界（geschichtlich-geschickt-werdende Welt）,作为关系方对其施行"由存在所决定"——被抛于上手存在（Zuhandenheit）性的历史世界中存在——的共同主观性、社会性的对象性活动。这种可谓"历史—之中—存在"的根本结构的地平展开的现

---

① 参见《马克思恩格斯文集》第1卷,人民出版社2009年版,第162页;《马克思恩格斯文集》第5卷,人民出版社2009年版,第208页。
② 《马克思恩格斯文集》第1卷,人民出版社2009年版,第525页。
③ 《马克思恩格斯文集》第1卷,人民出版社2009年版,第533页。
④ 《马克思恩格斯文集》第1卷,人民出版社2009年版,第545页。
⑤ 《马克思恩格斯文集》第1卷,人民出版社2009年版,第545页。

实世界，不是科学主义的现成存在（Vorhandenheit）①——即"形而上学地改了装的、同人分离的自然"②，而是"历史的自然""自然的历史"③（*ibid*., S.8）。在那里，人们一开始就是以共同主观性的存在方式进行"自然历史化"的对象性活动，是历史的被抛性存在，而不是自我生产（Selbst-Herstellung）的存在。

在《德意志意识形态》中，自然与人的统一、社会现象以及世界史，就是从这一根本视角进行观察的。

《德意志意识形态》开拓的从唯物史观视角出发的这种"历史—之中—存在"结构*的地平，绝不是把作为唯物辩证法的第一哲学运用于历史，也不只是关于历史这一宇宙的另一半的部分知识。它既是狭义的历史开始作为历史而得以揭示的地平，也是马克思主义的整个世界观的地平，这一唯物史观的视角正是马克思主义唯物论的基本机制（Grundverfassung）**。

* 关于其性质与内容的详述，请参照本书第二章《超越"近代"思想地平的结构》。

** 现在，成为东德哲学界"争论"之导火线的 H. 赛德尔的论文 Helmut

---

① "Vorhandenheit"（"现成存在"），日文译为"物在"。与此对应的概念是"Zuhandenheit"（"上手存在"），日文译为"用在"。这两个概念源自海德格尔，中文原译为"当下在手状态"或"现成在手状态"。（参见海德格尔：《存在与时间》，陈嘉映、王庆节译，生活·读书·新知三联书店1987年版，第86页）我们可以参照萨特的"自在存在"和"自为存在"来理解这两个概念。"自在存在"（être-en-soi）的特点为是其所是（过去）、存在（自足）、自在（不包含任何关系。它是不通透的，所以也不与自身发生关系）。对人来说，自在是无法逃避的，是荒谬的、无意的，它使人感到苦闷、烦恼、孤寂、厌倦、恶心、恐惧甚至绝望。与"自在存在"相对应的是"自为存在"（être-pour-soi），其特点为是其所不是（未来）、非存在（虚无）、超越。自为是通过虚无和否定从自在中产生出来的。相对于胡塞尔的"意识作用—意识内容—意识对象"的三项图式的前一项，萨特强调人的意识的作用就在于否定、分辨、分离，通过虚空背景而让事物显现于意识之中，意识活动就是虚无化（即通过否定来肯定），这种虚无化打开了原本不通透的自在存在。（参见萨特：《存在与虚无》，陈宣良等译，生活·读书·新知三联书店1997年版，第21、111页）

② 《马克思恩格斯文集》第1卷，人民出版社2009年版，第342页。

③ 《马克思恩格斯文集》第1卷，人民出版社2009年版，第529页。

Seidel：Vom praktischen und theoretischen Verhältnis der Menschen zur Wirklichkeit, *Deutsche Zeitschrift für Philosophie*，1966，10.，尽管有着人本主义倾向的缺陷，但无论如何，在"社会主义圈"内部已出现认为马克思主义的根本视角在于唯物史观这一点是值得关注的。另外，赛德尔的这篇论文已译载于《思想》1968年第7期。

（五）

但是，"历史—之中—存在"作为"结构"，如果将"自然辩证法"置于其适用范围之外，或者，将其推及无法想到的时间点来看，就不能采用吗？后期的马克思恩格斯，特别是晚年的恩格斯不是克服了"历史的自然""作为工业和社会状况产物的自然"之类的观点吗？即使撇开史前不谈，果真可以说乃至**天体**界都是"历史的自然"吗？

要回答这一系列应有的疑问，必须考察马克思主义的唯物论与18世纪的唯物论的严格区别的特点，预先厘清"唯心论""唯物论"的一般规定。

众所周知，恩格斯在《费尔巴哈论》中谈到，"全部哲学，特别是近代哲学的重大的基本问题，是思维和存在的关系问题"①，"什么是本原的（Das Ursprüngliche）？是精神，还是自然界？……哲学家依照他们如何回答这个问题而分成了两大阵营。凡是断定精神对自然界来说是本原的（Ursprünglichkeit），从而归根到底承认某种创世说的人（而创世说在哲学家那里，例如在黑格尔那里，往往比在基督教那里还要繁杂和荒唐得多），组成唯心主义阵营。凡是认为自然界是本原的，则属于唯物主义的各种学派"，并附言说"除此之外，唯心主义和唯物主义这两个用语本来没有任何别的意思"②。（*Marx-Engels Ausgewählte Schriften*，Ⅱ，Dietz Verlag，S. 343f.）

这段著名的话，乍一看非常清晰，但未必透明。他说凡断定精神的

---

① 《马克思恩格斯文集》第4卷，人民出版社2009年版，第277页。
② 《马克思恩格斯文集》第4卷，人民出版社2009年版，第278页。

本原性"归根到底……承认创世说",可是在"以某种方式的创造"中,精神与自然是什么关系?精神在什么意义上是"本原的"?

我们认为,关于"哲学家那混乱而荒唐的创世说",目前可有一个大致了解。在欧洲**哲学**中,创世说作为一个问题,归根结底在于基督教的合理化,它常与柏拉图理念论的一定变种相结合。在《圣经》的创世神话中,上帝与被造物犹如工匠与作品的关系,连"上帝创造天地的时候,立在哪里?使用什么材料进行创造的?"这种大众的疑问也回答不了。因此哲学家们援用柏拉图哲学所谓的理念,即通过如下方法对创世说进行"哲学"的说明:现象世界是模像(影像)的原像(原物)——"理念"——的产物,作为超自然存在的理念是上帝思维中的观念——作为有限者的人的观念停留于主观观念——据说在上帝那里,思维、观念直接体现作为客体的物,上帝认为"要有光"①,因而创造了光……云云。

关于哲学家,至少在黑格尔那里,以这种方法于头脑当中展开的创世说,我们从恩格斯《反杜林论》中的如下语句可见一斑。

"黑格尔是唯心主义者,就是说……在他看来,事物及其发展只是在世界出现以前已经在某个地方存在着的'观念'的现实化的**反映**。"②(*Anti Dühring*, Dietz Verlag, S. 28f.)

这段文字,并且暗示着恩格斯所谓的唯心主义——目前与认识论的唯心论无关——是理念主义之谓。回头看来,费尔巴哈打破当时常用的说法而采用"唯心主义・唯物主义"这对概念,缘于其对深入研究的莱布尼茨的沿用。即莱布尼茨在经院哲学所谓的形式主义者(formalist)的意义上,称呼柏拉图为唯心主义者(理念主义者)、伊壁鸠鲁为唯物主义者(质料主义者),费尔巴哈沿用这一用词,断言黑格尔的客观唯心论是唯心主义(观念主义),将"自然、实在基于观念而存在这一黑格尔的说教",置换为"存在具有其根据于自身"或者"物质

---

① 参见《圣经》"创世纪"第1章第14节。
② 《马克思恩格斯全集》第26卷,人民出版社2014年版,第27页。

(Materi，质料)具有自身存在性"这一唯物主义。1844年，马克思恩格斯放弃了此前的用词而采用"唯心主义·唯物主义"这对概念，无须援引《神圣家族》的著名语句，那是效仿费尔巴哈的这一想法。即便从这一经过来看，可以肯定恩格斯所谓的唯心主义主要具有"理念主义"的含义。

在历来"公认"的解释中，也与忽视上述情况相关，往往认为恩格斯所谓的唯心主义的典型是主观唯心论（这时，是与庸俗唯物论相对的！），但各种事实表明，他是把黑格尔的客观唯心论看作唯心主义的典型（这时，是与马克思主义的唯物论相对的！）。

我不想就恩格斯是否认为哲学史上存在主观唯心论——主观唯心论本身是论敌所贴的标签，既然思维是宇宙精神（Universal Spirit＝God）的观念，也就不可能倡言那种容易引起误解的主观唯心论——这一问题展开讨论。但是，主观唯心论是不存在创世说（造物主）插足的余地的，即使其坚持精神的本原性也并不意味着"从而……承认创世说"。因此，就算历史上存在主观唯心论，也无法为恩格斯所谓唯心论的"定义"所涵盖。（因此，在前述所谓两大阵营之处，探讨的是"精神"〔nous〕与现实世界的关系；关于"**我们**〔人〕**的思维**""我们的表象和概念"与现实世界的关系，是作为思维与存在的关系的"另一方面"，继续就此展开论述。）

当考虑到这一意义上的"理念主义"时，也就能够理解客观唯心论所谓"本原性"（Ursprünglichkeit）的含义。

恩格斯往往在关系含义上使用"本原性"与"反映摹写"一词，例如"黑格尔的出发点：精神、思维、观念是**本原的东西**，而现实世界只是观念的**摹写**……"的用语①（vgl. Dialektik d. Natur）。这原本是与理念主义的构想相联系的用语，"原像的东西"与"本原性"不可能直接等值。问题的重点是，作为原像的理念（通过此后的哲学展开，它与"本质""普

---

① 《马克思恩格斯全集》第26卷，人民出版社2014年版，第503页。

遍的类"相结合），赋予现象世界即现世世界以存在性，是"事物由是得以存在的东西"。这大概是唯心主义之所以"断定精神的本原性，从而归根到底以某种方式承认创世说"的原因吧。

这样，与所谓作为先验存在的"理念""本质""类"才是真实在，它赋予现实的各种存在物以存在性的唯心主义相对，所谓唯物主义，目前概而言之，认为"物质""存在""个体"才是真实在，其自身具有存在性，在此意义上，这不过是承认物质的本原存在性的学说。恩格斯大概是以"理念倒是现实存在的反映"的观点作为反题，*自《德意志意识形态》以来反复阐述的"唯物主义坚持**真实**地观察现实事物"的观点，也是在此意义上而言吧。所谓"真实"（wie sie sind）地观察，意为不同于实证主义的经验主义的陈词滥调的层次，不是将现实的事物看作观念的"化身""反映"等，而是事物通过其自身具有存在性。

* 恩格斯的这一论证，在"苏联马克思主义"中往往被理解为认识论上的"摹写说"。可是，这原本是对主张"现实事物是理念的反映"的唯心主义颠倒上帝与人——人不是上帝的摹写，上帝是人的摹写——的关系的批判，这里丝毫没有认识论的含义。超越的理念，客观上并非实在，而不过是哲学家"头脑中的思想"。在此意义上，恩格斯采用了黑格尔以理念为原则的包含辩证规律性的"理念"，是哲学家头脑中映现的"现实存在的摹写"这一**通俗的用语**（从认识论上的摹写说的观点而言，这里所说的"现实存在"已不是"知觉映像"的原物本身！），并且在此意义上，讨论精神与自然何者为本原之中的"精神""思维"，结合精神（nous）的意义与个人精神的意义，呈现出与唯物主义者所谓的精神相对的物质本原性之间"二者择一"（alternativ）的局面。可是"正统派"的解释——详细的讨论，拟于今后作主题性探讨——此处，却错误地认为具有认识论上的摹写论的含义。

关于这当中的情况，可以从恩格斯拒斥由普遍导出个别的做法，从唯**名**论的视角坚持"经验论和唯物论"观点的书信，"唯名论是唯物论的最初形态"这一在《社会主义从空想到科学的发展》中也再登《神圣家族》的论证，以及与杜林站在康德主义的立场坚持"形式"（Form, forma, 形相）的世界统一性相对，提出反论"世界的统一性在于物质"的著名命题等,得到旁证。

但是,这里我不想深入这一问题,而停留于唯物论的自然和精神、存在和思维的积极性关系的范围,只要能确认其中马克思主义唯物论的"种差"就足够吧。

(六)

为了认识马克思主义唯物论的"识别的特点",以恩格斯对"18世纪的唯物论"的批判为线索不失为简便的方法。如众所周知,其批判的锋芒指向18世纪唯物论是"非辩证的"——它不是将自然置于其历史的发展过程中加以把握,而是片面地量化,使各个概念、要素结合,将因果作机械的固定,不是将必然性和自由置于其统一关系中加以把握,等等。既然马克思主义唯物论与辩证法是不可分离的,不用说*这是极为重要的论点,但是,由于不能深入关于遗稿《自然辩证法》的复杂问题的关系,这里,我想着眼于他对18世纪**唯物论本身**的批判。

* 遗稿《自然辩证法》,是步入中年的恩格斯花了十多年时间写成的东西,其中有着很大的思想变化,他自己也承认含有自相矛盾的论点。可是,在斯大林时期**重新**"编辑"的现行"底本"中,掩盖了其中的这一情况。我们认为,当仍旧援用以这一遗稿为材料的旧版(*Marx Engels Archiv*,Ⅱ,1927),撇开大部分遗稿的主题性探讨来阐述马克思主义的辩证法(特别是自然辩证法)时,难免存在一些悲喜剧的状况。

恩格斯批判庸俗唯物论。科学家认为将来"终有一天我们肯定可以用实验的方法把思维'归结'为脑中的分子运动和化学运动;但是这样一来难道就穷尽了思维的本质吗?"[①](*Dialektik der Natur*, *ibid*., S.167)

关于"物质",他有如下阐述:

---

① 《马克思恩格斯全集》第26卷,人民出版社2014年版,第611页。

我们也不知道什么是物质(Materie)！当然不知道,因为物质本身还没有人看到过或以其他方式体验过；只有现实地存在着的各种物(Stoffe)才能看到或体验到。物、物质无非是各种物的总和……"物质"这样的词**无非是**简称。① (*ibid.*, S. 237)

物质本身(als solche)是纯粹的思想创造物和纯粹的抽象。当我们用物质概念来概括各种有形地存在着的事物的时候,我们是把它们的质的差异撇开了……如果自然科学试图寻找统一的物质本身,试图把质的差异归结为同一的最小粒子在结合上的纯粹量的差异,那么这样做就等于要求人们不是看到樱桃、梨、苹果,而是看到**水果本身**。② (*Anti Dühring*, Dietz Verlag, S. 470)

黑格尔已经证明,这种见解,这种"片面的数学观点",这种认为物质只在量上可以规定而在质上从一开始就相同的观点,"无非是"18世纪法国唯物主义的"观点"。它甚至倒退到毕达哥拉斯那里去了。③ (ebenda)

以上阐述,在"苏联马克思主义者"眼里,恩格斯岂不是蜕变为马赫主义？确实,前面引述的一系列段落,几乎逐字逐句与马赫的论证一致！在通常基于洛克的观点责难休谟主义的一部分"唯物主义者"看来,当然难以理解,不过在对18世纪唯物论的**批判层面上**,恩格斯提出与马赫相同旨趣的论点,这一点也不奇怪。

恩格斯究竟想说什么呢？物质的"多质性"或"物质"不是现实存在,意识不能归结为大脑的物理、化学(大脑生理学亦然！)运动,他并非单说这种非常普通的事情。无须引证他批判"把'意识''思维'当作某

---

① 参见《马克思恩格斯全集》第26卷,人民出版社2014年版,第574-575页。
② 参见《马克思恩格斯全集》第26卷,人民出版社2014年版,第586页。
③ 参见《马克思恩格斯全集》第26卷,人民出版社2014年版,第587页。

种现成的东西,当作一开始就和存在、自然界相对立的东西"的构想这一《反杜林论》中的观点①(*ibid.*, S. 40),他确实拒斥"18 世纪"的世界观——如后面所涉及的,这实际上不过是近代意识形态一般的地平——用反复援引的表述来说,他拒斥割裂思维与存在、精神与自然,对其进行"形而上学的改造",使其彼此对立的观点,强调应该采取"历史—之中—存在"的结构,"人本身是自然界的产物,是在自己所处的环境中并且和这个环境一起发展起来的"②(ebenda)。

聚焦于马克思主义的唯物论与 18 世纪唯物论的更具体的对立点,也有助于详述上述论题。

从 18 世纪唯物论的观点看来,其主张在"历史—之中—存在"中展开的思想映象的世界,"在客观上受到历史状况的限制,在主观上受到得出该思想映象的人的肉体状况和精神状况的限制"③(*ibid*, S. 41),若掺杂主观规定就"已不是客观的东西",只有呈现"自然科学的直观"的"单质的物质世界"才是真正的"客观世界"。与此相对,恩格斯指出,所谓"自然科学的直观",原本是历史的社会的产物,是"世界—之中—存在"④的一个变量。

可是,这样的话,"物自体"岂不是不可知?

关于"物自体"的问题,恩格斯有如下回答。"对于这一点,黑格尔早就回答了:如果你知道了某一事物的一切性质,你也就知道了这一事物本身……还可以补充一句:……这些不可理解的事物,由于科学的长足进步,已经接二连三地被理解、分析,甚至重新制造出来了,我们当然

---

① 《马克思恩格斯全集》第 26 卷,人民出版社 2014 年版,第 38 页。
② 《马克思恩格斯全集》第 26 卷,人民出版社 2014 年版,第 38-39 页。
③ 《马克思恩格斯全集》第 26 卷,人民出版社 2014 年版,第 40 页。
④ "世界—之中—存在"(In-der-Welt-sein),中文原译为"在世界之中存在"。海德格尔以此描述"此在的基本机制"(参见海德格尔:《存在与时间》,陈嘉映、王庆节译,生活·读书·新知三联书店 1987 年版,第 65 页)。与此相对,在本书中,广松极为重要的一个理论目标是凸显马克思主义哲学地平的"历史—之中—存在"的基本机制。(见本书第二章第二节)

不能把我们能够制造的东西当作不可认识的。"①（Ausgewählte Schriften，Ⅱ，Dietz Verlag，S. 91）

这一"回答"作为对康德的批判是否切中要害，目前不是我们所要讨论的问题。就近代哲学的大前提而言，确实，直接赋予我们经验性意识的东西是"表象"（意识内容），不是物自体。若固守这个大前提，上述"回答"就失去依据，"历史—之中—存在"中展现的世界就被贬低为"表象的世界"。然而，该大前提（Satz des Bewußtseins）本身是有问题的。

基于笛卡儿的心物分离理论，以及以此为基础的与主体—客体—图式（Subjekt-Objekt-Schema）相联系的近代哲学的大前提，形成了主观主义（Subjektivismus）与客观主义（Objektivismus）的对立，以及"摹写说"与"结构说"的对立，进而产生"物自体"或"他我认识"问题的诸多难题。

然而，如前面所引述的，恩格斯批判"把'意识''思维'当作一开始就和存在、自然界相对立的东西看待"的构想，并拒斥这一近代哲学的大前提本身。

这样，恩格斯通过拒斥"历史—之中—存在"中展现的世界"不过是表象"或"这样的话物自体是不可知"之类观点的"不合理的虚假前提"，获得（aneignen）历史地展现的世界的自在自为的存在性。（先前引用的，犹如18世纪唯物论的主张"我们也不知道什么是物质！……'物质'这样的词无非是简称"的说法，也必须从这一角度来理解。）相对于18世纪的唯物论，马克思主义唯物论的决定性差异，归根结底，可以说是相对于近代哲学的地平本身的不同态度设定的。

在马克思主义唯物论中，我们的意识与存在，可谓作为函数的关系项的结构性因素，完全是在辩证法的动力学中加以把握的。而其他登场的某些哲学思想，即便是从现象的问题层面出发，如马赫主义之流所看到的那样，一旦进入阐述现象的被中介性的阶段，最终又回到近代的

---

① 《马克思恩格斯文集》第3卷，人民出版社2009年版，第507页。

主客图式(Subjekt-Objekt-Schema),或身心图式(Leib-Seele-Schema)。与此相对,马克思主义唯物论,把人的存在方式理解为对象性活动,理解为历史性、社会性的共同主观化的"被抛"的对象性活动,通过这种对象性活动的动力学,通过这种"反对—客体化"(Objektion-Objektivation)为现象的被中介性奠基。这时,"虽然保留了自然的优先性",但史前尚未被历史化的自然,就像"您少年时代的头盖骨,虽然以前确实曾经存在过,但已不再存在于任何地方"一样,已不再存在于任何地方,自在的自然(Natur an sich)与对于我们的自然(Matur für uns)的区别,是"人与自然的区别只有在人被看作某种与自然界不同的东西时才有意义"的自为化。当致力于阐明自为的自然(Natur für sich)的被中介性,以往的哲学,特别是"近代哲学",将认识论中截断的中介项和被中介项作存在的截断和双重化了,要探求自在的自然本身(科学便是以对此的探究为己任),从马克思主义唯物论的**哲学**世界观的角度来说,只要不将上述知性的抽象性截断加以固定化,诸如天体界,实际上,是历史性、社会性、共同主观性地展开的 Natur für sich。〔行文有点冗长乏味,但为了引起重视还是想补充几句,上述议题绝不是抢夺**科学家所谓**的"自然的自在性""与人无关地存在的客观的自然",更不是贬低表象(意识内容)的世界。之所以有这种"担心",是考虑到之于近代哲学暗中肯定的**错误的**大前提,马克思主义正确地超越了这一错误的前提而开拓了上述新地平,望读者牢记这一点。〕

  毕竟,马克思主义的唯物论,历史性、社会性、共同主观性地展现的世界,其历史性是在历时性、共时性的共同活动主观的"对象性活动"的"反对—客体化"(Objektion-Objektivation)中存在的。[①] 这里所说的社

---

  ① "共同主观性"是胡塞尔后期现象学中的一个概念,也译"主体间性"。协动,即"共同活动"。"被抛",是海德格尔《存在与时间》中使用的一个概念,意为生存作为此在的基础,决定了人的任何可能性,而生存的事件即为人的"被抛状态"。从海德格尔关于人的存在的"被抛性"来看,这是"主体客体化";就康德关于"人是目的,不是手段"的人性论而言,这是作为主体的人"抵制—客体化",即"客体主体化"。

会性,是"物质生活过程"(materialer Lebensprozeß)的物象化的存在规定性,存在的被抛性原本是共同主观性的存在方式,"我思"(cogito)在原理上是通过"我们思"(cogitamus)而被把握。(关于这一点,请参照拙文《世界共同主观性的存在结构》,《思想》1969年第2期,收录于《广松涉著作集》第1卷。)所谓"存在决定意识",即基于上述的结构关系,在此意义上,"意识是被意识的存在"(Das Bewußtsein ist das bewußte Sein)。

什么是马克思主义唯物论?为了对其进行严格的规定,毋庸赘言,应该参考"辩证法"及其他诸多规定。就其最根本的特点而言,可以规定为**上述含义上的**坚持"历史—之中—存在"的基本机制(Grundverfassung)的观点。

(七)

马克思主义的唯物论,也绝不是已完成的体系。确实,马克思恩格斯从新的视角开拓了早期的主题,并大致使之结果,根据其观点,在某些领域,确实留下了一些模糊的讲述。甚至在留下这些空白领域之前,连哲学的世界观的基本问题的层面,也有待于往后的若干研究。因此,"存在决定意识"是通过什么机制呢?意识的本原的社会性、共同主观性是如何存在的?来不及重新追问这两三个问题,马克思主义的创始人只能暂且以"备忘录"的形式来设定论点——为了反对将马克思恩格斯的观点教条化,并对其完全拳拳服膺的那种风潮,我们必须特意说明这一点。

诚然,所谓"真实"和"历史的自然"这两个命题,难以看作具有完全的统一逻辑。即便说都是历史的自然,也涉及通过阐明其与田园或天体界的差异的课题,进而真正解决黑格尔左派所遇到的"矛盾"[本章第四节谈到的(α)和(β)]等重大问题。恩格斯的遗稿《自然辩证法》的**某些**观点之所以存在严重的破绽,实际上也与上述问题相关,另外,即使从他在某些问题上动摇于康德主义的"结构说"的方向的事实*来看,由于没有注意到这一问题而导致恩格斯自己的"前意识"的出现。

＊在《反杜林论》删去的准备材料中,他谈到"两类经验:外在的、物质的经验,以及内在的经验——思维规律和思维形式。**思维形式**的一部分也是通过发展**继承下来的**"——这里所说的"思维形式"是与将杜林所谓的"Weltschematismus"置于脑海的康德意义上的"思维形式"相通的——并举例说,"数学公理对欧洲人来说,是不证自明的,而对布须曼人和澳大利亚黑人来说,肯定不是这样"①(*ibid.*, S. 418)。这里的考虑是,具有"继承下来"(正如其字面意义那样!)的"思维形式"的欧洲人和布须曼人,有着不同的现象世界"结构"——恩格斯也许觉得这不对,因而将之删除,但从中可以看出他由"摹写说"而逆转为"结构说"的心态,这一事实是值得牢记的。

关于这一点,通过"苏联马克思主义"摹写说方向的解释,可以说出乎意料地确立了大致的"整合性"。这种"解释"的线索确实散落于后期恩格斯的著述中,其中既掺杂着从德国唯心论到黑格尔左派所流传学统的用词,也介入培根在经院哲学意义上使用的"形式"(forma)这一用词,与这些异质性内容并存的是,当着眼于马克思恩格斯的新用词而援引其早期文献时,"苏联马克思主义"的解释体系,与"中国马克思主义"就此的解释即便存在程度上的差异,也实在牵强。实际上,与此相反的"人本主义"的解释早就提出来了。

我们对这双方有着不同看法,这里的问题是,如果这两种解释是正当的,在**哲学的**世界观层次(**这种意义上的**思想史层次)上,马克思主义与"空想社会主义"之间的层级差就消失了。即即使马克思主义在社会思想这一点上格外伟大,但在哲学的世界观的层次上并没有超越近代资产阶级意识形态的地平——人本主义与科学主义的相互影响(Wechselspiel)的地平——就不应该断定为"当代不可超越的哲学"。＊

＊详细的讨论留待下一章,这里我仅想摘录构成目前所讨论问题的前

---

① 《马克思恩格斯全集》第26卷,人民出版社2014年版,第347-348页。

提——在哲学家之间毋宁说是属于"常识"的事情——的几个论点。

（一）与中世纪将万物看作一种生物——灵魂与肉体不可分割的统一体——的生态的世界观相对，笛卡儿通过精神与物质的二元区分使心物分离。（如前所述，恩格斯拒斥这种以二元分裂为前提的构想！）

（二）自然界成为没有灵魂的机械物质，精神成为优越的"我的意识"，个性的、个人的意识。（"历史的自然"以及"意识的本原性的社会性、共同主观性"是与之相对的反题！）

（三）这里，精神与物质的关系，不是以往那种"形式与质料"（附带说一下，"灵魂作为肉体的形式"）的关系，而是能知—能动的主体（Subjekt）与所知—所动的客体（Objekt）的关系。这样，**才确实形成近代的主客关系的地平**。

（四）这种主体—客体（Subjekt-Objekt）关系，在与"意识的命题"的紧密联系中，形成两项中的一方夺取另一方的实体性的自存性而使之归属于己方的两极性对立运动，产生将主体（Subjekt）理解为一般主体（subjectum）的主观主义，与将客体（Objekt）理解为一般主体（subjectum）的客观主义这种对抗性分裂。

（五）近代的主体（Subjekt）①，原本是个性的、人称性的，通过将其作为一般主体（subjectum），使形成承认主体是本质和存在、类和个人的**高度统一**的观点成为可能，并产生将这种"大主体"理解为一般主体（subjectum）的"人本主义"的典型。（其极致是黑格尔左派意识形态的某种存在方式！）

（六）另一方，近代的客体（Objekt），是通过撤除过去作为运动与质的差异之原理的灵魂（anima）、形式，不光使之机械化，并且使之单质化（量化）。这里，产生客观的唯物主义者（materialist）采取中立态度的客观主义（Objektivismus）的**分**

---

① "Subjekt"有"主体""主词"两种含义，广松这里应该是在前者的意义上使用该词。与此相关，亚里士多德称只能作主词不能作宾词的东西为"实体"（ousia）。康德进一步区分了主词是逻辑学上的形式逻辑概念，实体为认识论上的本体论概念，实体只能适用于范畴的经验运用，不能作先验的运用，否则会导致"灵魂""宇宙"和"上帝"这三大理念幻相，这是康德《纯粹理性批判》中的"现象可知，物自体不可知"的要旨。黑格尔为了克服康德哲学中现象与物自体的矛盾，提出了"实体＝主体"的基本原则，如《神圣家族》中所指出的，"把实体了解为主体，了解为内在的过程，了解为绝对的人格。这种了解方式就是黑格尔方法的基本特征"（《马克思恩格斯文集》第1卷，人民出版社2009年版，第280页）。另据维基百科的解释，"实体可被看成一包含有子集的集合。在哲学里，这种集合被称为客体"，就此而言，也可以与黑格尔反向地提出"实体即客体"的命题，其原理仍可由"主体客体化""客体主体化"得到说明。

野,形成将数量化的客体的规律联系与结构理解为对象(objectum)的"科学主义"。(18世纪唯物论是其古典形式!)

我们的观点是,马克思主义通过拒斥(五)这种作为典型人本主义的黑格尔主义和(六)这种作为古典形式的18世纪的唯物论,拒斥(一)(二)的大前提本身,正式确立了(三)的地平,直接超越了(四)的一般相互影响(Wechselspiel)。

可是,作为落后国家的德国,而且是1848年资产阶级革命以前的德国,近代无产阶级几乎还不存在的时候的德国人,谈超越所谓资产阶级意识形态的地平,这不是时代错误吗？近代哲学,即便竞相百花齐放——古希腊哲学、中世纪欧洲思想、平安时期的日本思想等,这些虽是其内部产生的"独创性"思想,但终究是在同等意义上应被看作站在某种时代的同一构想的地平——归根结底,不过是笛卡儿开拓的地平内部的"舞蹈",虽说今天在"哲学家"当中被广泛承认,但要说马克思主义划时代地超越了笛卡儿的近代哲学而开拓了新地平,这无论如何岂不有些勉强？实际上,连作为先进国家的英法的"社会主义思想",终究不也只是适应笛卡儿的地平、近代资产阶级意识形态的地平吗？

落后国家思想的优势,我们可以用马克思主义作为这一事实最为彻底的例子。

在当时的德国,确实由于其落后性,近代意识形态的世界观尚未以其纯粹形式取得统治地位。一方面,如《德意志意识形态》所表白的那样,不是以近代的心物分离的方式考察自然界,而是潜在地将其看作充满精神的、灵魂的东西,非机械的、生物态的东西。另一方面,可以说还残留着投身于共同体的人,作为近代的**自我**的独立以前的"天国的共同的人",在根本上是与神相通的人这种想法。这种内在地掺杂着前近代的土壤,迈向**观念**的近代化的步伐的东西,即是德国唯心论的展开,作为其结果的黑格尔哲学实际上是一种奇妙形式的近代意识形态。即使撇开黑格尔辩证法内部隐藏的那种生物态世界观,描绘绝对精神的自我异化与自我回归的各个阶段的万象是"浪漫而理性主义的"——从泛神论这一点来说是前近代的,就绝对精神与自觉的人相通这一点而言是超近代的——黑格尔宏大的哲学,是不可能在先进国家如英国、法国出现的意识形态。从纯粹的近代构想,那是无论如何也产生不出的东西。虽说如此,那也不是前近代与近代的调和,而是出色的前后一贯的体系。通过绝对精神在其自身引入前近代的主体,随着**纯粹的**近代主义"观念世界"乃至充其量只触及"自然界表层"的人本主义的主观主义把整个世界极度地夸大为自己的产物,据此,笛卡儿的心物二元分裂、主观 VS 客观原理的不可通约性,经由绝对唯心论的视角而解消。

这种将绝对唯心论的"主体即实体"的绝对精神解释、**重新**解释为"人"的步履,催生了黑格尔左派。随着在更具体、更现实及更近代的自我方向上把握"人",如上所述,人与自然——虽然残留着浪漫的统一意向——难免有再次两极化的倾向。

早期马克思恩格斯为了真正确立抵抗这种两极化的"唯心论与唯物论的真实统一","自然主义=人道主义","人道主义=自然主义"①——绝不是要自觉超越笛卡儿式的二元分裂——若从黑格尔左派的展开方向来看,毋宁说是"逆行"。(施蒂纳及其后的鲍威尔派的近代个人主义这一方是"正系发展"。)不过,人与自然的根本统一的把捉,近代的主客二元对立的观点,与自我和他我原理上的不可通约性的观点,虽然是异质的构想,但上述情况出乎预料地蕴含其萌芽。他们受这种"叛逆"的意向与心态支撑,拒斥 18 世纪唯物论的构想,"主观唯心论"没有出现在他们的范围圈,也拒斥施蒂纳之流的个人主义。但是,这时,将"人"黑格尔主义式地理解为"主体即实体",在他们的时代已经过去了。如前所述,他们已不可能再采用黑格尔主义式的人本主义。

这种思想史的状况,不仅催生了 18 世纪的唯物论与意识内在主义的唯心论的相互影响(Wechselspiel)的近代意识形态的纯粹地平,而且同时也使得"侥幸"*超越折射着德国唯心论的人本主义、主观主义的可谓极致的构想成为必然。

---

① 《马克思恩格斯全集》第 3 卷,人民出版社 2002 年版,第 297 页。

＊虽是无用的假设,假如早期恩格斯的关注领域甚至涉及天体界,事情也许将以另外一种样态展开。费尔巴哈之流所谓的"作为人的非有机肉体的自然"的关注对象,可谓一个便利的条件。还有,受黑格尔"认识论批判"的影响,虽然当时认识论的风潮(这里总之容易捕捉近代的构想与图式)已经消退,大概也可为参照。

另外,作为拒绝旧式的构想与主题而确立新的视角的实例,我们还能举出作为牛顿物理学背景的构想。如《自然哲学的数学原理》第 3 卷中所看到的,牛顿怀有近似中世纪经院哲学的实体形式的想法,认为物质的"内在实体"是"精气"。因是之故,他确立了有着多种多样性质的诸物之基本单元的"质量"这一物理学的基本概念。还有,他将并非近距连锁作用而是作为远距瞬间作用的万有引力等这种"违背常识"的作用,视为作为物之本体的"精气"的精神感应。

这时,一并应予注意的一点是,无论是马克思主义的场合,还是牛顿物理学的场合,支撑并促使其形成的旧构想,并未影响到新的问题域的体系内部。(请参照拙文《马赫哲学与相对论》——马赫《认识的分析》译者附录——的关于牛顿的地方,《广松涉著作集》第 3 卷)

体现确立这种"必然的侥幸"的东西,那就是——与我们以"历史—之中—存在"这一象征性语言称呼的基本机制（Grundverfassung）相联系的——马克思主义的唯物论观点。

这样,在我们看来,通过在**那个**时代,存在**那个**德国,不,确实在**那里存在**——本章没有涉及社会条件,也没有深入辩证法所具有的与"近代的分析理性的逻辑"的异质性——马克思主义也援引其历史性（geschicklich）的形成情况,但并未停留于近代主体—客体的地平,以及事物存在 VS 个人意识的地平的单纯异质性,而是阐明主观主义与客观主义的相互影响（Wechselspiel）之必然化的"近代世界观与构想本身"的意识形态基础,将其作为在一定社会历史条件下的"历史—之中—存在"的一种必然性存在方式加以了解、去除（entfernen）,以开拓超越它的新地平。正是在这一点上,我认为马克思主义的唯物论具有划时代的思想史意义。

第二章
超越"近代"思想地平的结构

　　随着结构主义的初次登场,马克思主义阵营内部很久以来持有的人本主义VS科学主义的对立迎来了新的局面。但是,人本主义和科学主义难道不是近代意识形态——与资本主义时代相适应的意识形态一词的精确意义上的"资产阶级意识形态"——的两极化形态?无论人本主义还是科学主义,以及两者的对立,在古代和中世纪绝不可能存在。这种对立,是基于近代意识形态的大前提才得以形成的,另外,只要没有扬弃这一大前提,就必然产生宿命性的对立。可是,作为倡导资产阶级社会的实践性扬弃的马克思主义思想,不是从总体上超越了近代资产阶级意识形态,开拓了新的地平?*并且,就此而言,不是确实扬弃了人本主义VS科学主义的对立?然而,马克思主义的历史,若是在与人本主义VS科学主义的对立交织在一起,并且现在重新产生这种对立,那么马克思主义不就丧失了自己开拓的地平,乃至堕落(Verfallenheit)为资产阶级意识形态的地平的表白?

　　很遗憾,我们不得不回答"是的"。

　　* 如众所周知的,萨特谈到"哲学首先是'上升'的阶级意识到自我的一种方法","哲学只要它们表达的历史时代未被超越",那种哲学"就不会被超越",在此意义上,"马克思主义是我们时代不可超越的哲学"。① 他列举了自17世纪以来,作为第一时代的笛卡儿和洛克的哲学,第二时代的康德和黑格尔的哲学,第三时代的马克思的哲学,认为这三种哲学是其各自时代的"不可超越"的哲学。

但是,他没有说明为什么是马克思主义——而不是空想社会主义和"真正社会主义"——那样的哲学,进而也没有探明这三种哲学"作为孕育各种思想之沃土的文化地平"的特点。假如他予以阐明了的话,他岂不觉得自己的哲学属于第一、第二时期?!

斯大林批判之后,在第二、第三国际时期,也就能够理解人本主义抬头的历史经过。这种人本主义,不只是复活早期马克思的异化论,在特定时段,也不难理解其与存在主义的结合。另外,"结构主义流派"提出他们的科学主义以与之对立亦不足为奇。我们之于"教条主义"的排斥,具有为两者"辩护"的用意。然而,在下述讨论中,我想,不用说为两者辩护,即便关于各个论点的争论也不作深入探讨,而以仅限于实际地冲击两者对立所依据的地平本身,探究马克思主义之所以超越该地平的缘由为课题。

可是,使人本主义VS科学主义的对立得以形成的地平,即近代意识形态的大前提的扬弃这一意向,如今已不是马克思主义的特许专卖。姑且不谈实际上是否超越了近代意识形态,我们可以列举鲜明地提出这一意向的思想家海德格尔。

海德格尔由于自觉地确立了这一姿态,因此提出了如下关于马克思主义的说明。

"因为马克思……深入到了历史的本质性层次,所以马克思主义的历史观比其他的历史学优越。但因为胡塞尔没有,据我看来萨特也没有在存在中认识到历史事物的本质性,所以现象学没有、存在主义也没

---

① 萨特:《辩证理性批判》,林骧华、徐和瑾、陈伟丰译,安徽文艺出版社1998年版,第28页。

有达到这种本质性,在这种本质性中才可能有资格与马克思主义对话。"①(*Über den Humanismus*, 1947, Lizenzausgabe, S. 27)

这段文字,写于意识到萨特写有将海德格尔作为同类项处理的《存在主义是一种人道主义》(1946年版),②还没有预感到不肖"弟子"萨特"变节"之类的时候。此后,看到萨特别说与马克思主义"对话",甚至还企图"填补"它,马克思的几个"不肖弟子"共同以"填补"的姿态出现,恐怕这使海德格尔不由得哑然!

无论如何,海德格尔通过上述文字将马克思评价为苏格拉底之后所有哲学家中最杰出的思想家。(vgl. Vorträge und Aufsätze, 1954; Was heist Denken? 1954; *Holzwege*, 1950, S. 193f.)存在主义的英雄——虽然他自己拒绝这种称呼——海德格尔如此高度评价马克思,断言无论是恩师胡塞尔还是"弟子"萨特都没有达到能够与马克思主义对话的层次,这是为什么?一言以蔽之,那就是马克思开拓了超越近代的地平,与此相对,他们两人却仍旧停留于那一范围。

那么,什么是近代意识形态一般的地平?我们首先要明确这一点(第一节),其次,看看海德格尔是如何尝试超越这一地平,在与此的对比中,确认马克思主义之所以超越人本主义的地方(第二节),以及同时何以超越科学主义的地方(第三节),总之,马克思主义在其开拓的扬弃人本主义 VS 科学主义的对立的地平上,厘清了今后体系建构的应有视角。

---

① 海德格尔:《关于人道主义的书信》,《海德格尔选集》上册,孙周兴译,上海三联书店1996年版,第383页。此处引文中的省略号略去的文字为"在体会到异化的时候",广松大概意在凸显其关于唯物史观"从异化论到'物象化论'的地平"的逻辑。(广松涉:《唯物史观的原像》,邓习议译,南京大学出版社2009年版,第32-46页)

② 中文版见萨特:《存在主义是一种人道主义》,周熙良等译,上海译文出版社1988年版。

第一节　近代世界观的地平及其特点

人本主义 VS 科学主义的对立地平的产生，一般将之归结于"近代（世）*哲学之父"笛卡儿开拓的哲学地平，这在今天可以说已成"定论"。本节的课题是概观这一地平，一览人本主义与科学主义相互对立的原因。

*以下在修辞上，使用"近世"和"近代"两词，在内容上并无不同的特殊含义。①

（一）

在笛卡儿哲学二元地划分"精神"与"物质"的时候，其象征性地体现了与旧世界观的本质性决裂。

"精神"和"物质"这对概念，确实很久以来一直存在。但是，无须引证中世纪所谓的"实体形式"（forma substantialis）等，认为万物是一种灵魂的东西，整个万物可谓是一种生物的看法，马克斯·舍勒所说的"生物态世界观"（biomorphe Weltansicht）就是亚里士多德经院哲学的世界观。今天作为"常识"的精神与物质的严格区别，显然属于近代的意识形态。

笛卡儿的精神与物质的严格二元区分，革新了精神（或人）的概念，以及物质（或自然）的概念。

从物质的自然方面来看，以前"生物态世界观"认为具有万物之形式的生物由于"心物分离"而剥离了灵魂，成为机械性的存在。笛卡儿自己很快通过象征性地提出"动物机械论"，认为物质是没有灵魂的机

---

① 日本近代中国学创始人内藤湖南提出的"宋代近世说"认为，"唐代是中世的结束，宋代则是近世的开始"。

械性自然。这里,自然界(1)作为没有灵魂的机械性体系,(2)因而可以看作力学的原因(动力因)①与结果的关系。(因此在"生物态世界观"中,运动被看作一切寓于其中的灵魂、意志负载的属性。若是万物寄宿着灵魂,就将不断打破基于其**意志行为**的因果性自然规律,而难以体现"自然科学的规律观",以及"自然科学"吧。由笛卡儿的心物分离开始,异质于亚里士多德经院哲学之流的自然哲学的"自然科学"已成为可能。)并且,由于自然服从科学的"因果规律",(3)通过认识并利用这一规律,人能够统治自然。即培根意义上的"知识就是力量"。(目前,这里以农耕和畜牧为主的产业时代中的劳动对象和劳动资料——植物、动物,以及作为"孕育作物的大牛"的大地,还有这些作巫术般感应的劳动过程!关于诸如此类的理解,与关于近代制造工业中的劳动对象和劳动过程的理解的差异,我不想深入指出它有着怎样的反映。无论如何,自然,之所以并非通过巫术般神秘的力的作用,而是完全通过物理作用而得以成为加工、制作的材料,是与心物分离相联系的。)并且,必然服从机械性因果规律的无灵魂的自然,(4)不具有内在的目的,也缺乏内应上帝之命令的环节——至少对于一度的被造物,换句话说在牛顿所说的"第一推动力"之后——也没有特意干涉的必要。(5)这样,只要涉及事的自然,就已无须仰赖"恩宠之光",而完全通过"自然之光"即人的知性就可知道,毋庸假借"圣经的真理"的"事实的真理"可以通过"经验"而认识。

"精神"方面也难免有决定性的变化。由一切物的东西纯化而来的精神,(1)成为纯粹的意识。在笛卡儿那里,精神是"实体",即被看作一种东西(res cogitans),通过把这种实体理解为凭借其自身而独立存在的东西(ens per se),在一度实现的二元分裂中,精神去掉了实体的性质而逐渐发挥纯粹的作用。作为纯粹的意识作用的精神,(2)尤其

---

① 亚里士多德在其《形而上学》中提出"形式因""质料因""动力因"和"目的因",这是事物存在、发展与终结的"四因"。

是**我的**东西,作为**我的**意识,具有个体性。然而能称为"我"的——就设定上帝而言——尤其只有人,(3)精神完全成为人固有的东西。

这种为之一新的"精神"和"物质"的相互关系也相应地随之一变。中世纪经院哲学世界观的基础,精神与物质是地上万物的两个构成因素,除了上帝和天使之外的万物,都是由精神和物质构成的。但是,这时,精神是"形式"(forma)的"构成因素",物质是"质料"(materia)的"构成因素","灵魂是肉体的形式"。(即便说心物的生物态的统一,也不能源于近代风格的想法,类推出生命即形式的看法。)可是,随着心物的分离,精神完全成为人所固有的东西,自然物乃至动物都被看作机械性的体系,质料形式论的世界观崩溃了,认知能力、意识行为的能力这种精神的"性质"成为完全只是属于人的东西,与作为能知—能动的人相对,物质是所知—所动。

这里,精神(人)与自然(物质)的关系,形成完全异质于古代和中世纪的形式—质料关系的能知(能动)与所知(所动)的关系,即近代意义上的 Subjekt(主观、主体)与 Objekt(客观、客体)的关系。以这种主客关系——与古代以来的灵魂—物质关系,以及特定意义上的能知—所知关系有着完全不同的性质和层次的这种主客关系——为中心的世界观的地平,这不过是一种近代世界观的地平。

支撑近代意识形态之根本的这一理解结构——与资本主义时代相适应的意识形态这种原理意义上的"资产阶级意识形态"的这一地平——统治着占近代社会压倒性的大多数人口。的确,"统治阶级的思想在每一时代都是占统治地位的思想"[1](《德意志意识形态》)。人们思考的是,放弃这种与心物分离相联系的这一根本理解之类那正是非科学的!非近代的!愚蠢的!那正像中世纪的人们甚至不能怀疑经院哲学神学的生物态的世界观——若是怀疑或提出不同看法就被当作狂人对待!——与这是同样道理。当然,确实正因为那是"地平"。居于

---

[1] 《马克思恩格斯文集》第1卷,人民出版社2009年版,第550页。

第二层次地平的动物绝对无法理解第三层次世界的地平。我想这或是无聊的闲谈,恐怕在此之前,重新清理自己的层次,只有这样才能"理解"。近代意识形态的地平与马克思主义的情形,确实是典型的事例。但是,为了理解这一点,还必须稍微深入地考察资产阶级意识形态的根本构想及其图式。

(二)

岂止近代世界观中存在"肉体的二义性",事物一般原本就是二义的。

我写字的这张桌子,脚边的猫,窗外的那棵树,那边的太阳等,任何事物都已不是"形式加质料",而是暂且作为"主观的东西加客观的东西"来理解。

实际的事物,并非纯粹是客观的。因为颜色、气味等是主观的东西。但是,也并非纯粹是主观的。当然,与梦或想象中的事物不同,现实事物不光是颜色、气味等的集合,因为它们有着承载主观"性质"的实质。然而,主观的东西与客观的东西似乎能够截然分离。

首先,颜色、气味等,一切知觉的诸性质可拉到主观(主体)一侧。留下作为残基的事物本身。从"我们能够直接认识的东西是作为意识之直接条件的意识内容"这一近代哲学的大命题(Satz des Bewußtseins)来看,这种被分离的"事物本身"是不可知的,甚至连它的存在也是可疑的。因此,"事物本身"被排除。但是,这时,还存在着可以看见距离窗户数米远的树木这一事实。在排除事物的实体性这一程序中,与其说知觉映像被拉到眼前,毋宁说可谓剔除、摈弃了知觉**表层**背后的实质。当排除这种知觉对象物的实体性,事物(虽说是表层,即知觉映像)成为与普通的"观念"(心象)同类的意识内容。因而,只要它是"意识内容",就是由主观所"构成"的,就可能具有秩序。这里,(α)世界万物都是意识内容。不过,作为其次级分类项,形成了具有良好秩序的稳定的"意识内容体系"(常人所谓事物的世界)和无良好秩序的非稳定"意识内容的世界"（常人所谓的梦和精神世界）这两种观点的分歧。

这种唯心论的观点，并不否认常人所谓的"外界"或"他人"的稳定性存在。而只是拒绝在感性性质"背后""设想"的"事物本身"这种"形而上学的实体"。被赋予了感性经验的树木依然"存在"于距离窗户数米远的地方。在此意义上，唯心论不能夺走一丝一毫的常识。然而，这种观点虽说承认"他人"的存在，但只要按照排除事物的实体性的程序，"他人"也就并非外在于我的内在"意识内容"的东西，主观唯心论便得以整合自洽。（虽然一旦承认近代哲学的大前提，要驳倒主观唯心论，在逻辑上是不可能的事，但在哲学史上，主张彻底唯我论的主观唯心论哲学家，并不存在。）

基于对主观唯心论倾向的排斥，以及对所谓"具有良好秩序"的怀疑而形成对立的观点。

在将"意识内容"看作"具有良好秩序"的人看来，只要不介入上帝这种前近代的东西，那若要撇开人，是不可能的。可是，人即使能够"构造"狭义的观念即具有秩序的"概念"或想象，就感性的知觉而言，至少在一定程度上，无论如何只能被动地应对，不可能由自己随意构造。知觉，它自身若不依靠无知觉的**物质本身**的刺激也不可能存在。感性的知觉，独立于主观的物质是客观存在的，以及意识内容反映了一定的客观事实性，确实是一个直接的根据。这里，(β) 世界是独立于主观的客观实在。并且，形成了意识内容的两个次级分类项，即知觉与观念，客观实在的直接反映与间接反映的差异性对应这两种观点的分歧。

在这种实在论的观点看来，意识内容即使包含知觉，也混杂主观的错误，但这种错误在原理上是有可能矫正的，因而有可能把握客观实在的真相。该观点认为，只要意识内容能够正确地反映客观，因而可谓具备透视客体本身真相的通路，只要使意识内容发生变化的"精神实体"或"纯粹作用"具有把握客观的原理可能性，就可以将之暂且搁置于括号中。与其这样说，毋宁说主张用一义①性的方法将意识内容归属于客观实在的观点，这种观点即是最彻底的客观实在论的形态。

上述两种观点，若极限性地进而言之，就得放弃作为出发点的"事物的二义性"，即一方面对事物去客观化而较之一元化地归结于意识内容，另一方面对事物去主观化而将之归结于客观实在，前者抽去了知觉对象性的独立存在，后者自我意识一义性地归属于客观实在，凭借残留的最小值，主—客图式并没有坍塌，这是历史的实情。并且，双方互相排斥对方极限化形式的怪诞，而坚持自己的观点。前者认为后者经验对象背后并不存在形而上学的物自体，后者认为前者借助抽去经验对象的在场性的方法，两者互相诋毁对方是自我欺骗。可是，从第三者的视角看，确实"知觉映像"所处的位置，虽说存在一方面是"事物"的场所，另一方面是"主观内部"的不同，而在基于相同构想高声争论事态上的同一事情这一点上则是相近的。（参照本书第 269 页）(α)(β)这两种观点，其地位关系就像两条蛇相互吞食对方的尾部以组成一个圆环。

至此，虽然无暇详细指出（α)(β)这两种观点的相互影响（Wechselspiel）形成近代意识形态认识论的基础的经过，但目前我想指出的事实是，(α)和(β)是基于近代的主—客关系的同一地平，其中一方侧重**主观**，词语本来意义上的"**主体即实体**"，即"自身即是真正的存在并由此使他物存在的东西"的观点，另一方侧重**客观**，采取与"主体即实体"相对的立场，形成在此意义上的主观主义和客观主义的二元对立。

（三）

关于近代世界观的地平上的主观主义与客观主义的相互对立，我们通过上一小节联系认识论的基本场面对其形成经过做了一番考察。至于这种对立更具体的面貌，因为其与近代意识形态的各领域是相通

---

① 义，即义理。一义，即一法中或一句中之一义。"菩萨摩诃萨处于王位求正法时，乃至但为一文、一字、一句、一义生难得想"（《华严经》卷27）。其对应的词语为二义、多义。

的，没必要进行详细的列举证明吧。

在哲学史上，近代通常被称为"认识论的时代"，近代哲学，其本身即使不是认识论的说教，也大致是以认识论的主—客图式为基本结构的。尽管这不限于**哲学**。作为实际事实，我们仅引证**所谓**人本主义与科学（特别是自然科学）就足够吧。关于前者，作为主体的人在与认识论上的人的同一结构的图式中，被当作人的价值世界、意义关系的一般主体即实体（hypokeimenon）；关于后者，物质性自然，尽管是前意识的，也被当作基于该主—客图式关系的实体（hypokeimenon）。

只要从认识论的构想理解主观主义（Subjektivismus）一词，我们就想将把人看作实体的各种意识形态称为"人本主义"。毋庸赘言，从对近代技术文明的基本理解到历史主义，都贯彻着这种意义上的"人本主义"。

但是这里，作为后面论述的伏笔，我想联系作为"人本主义"的典型之一的黑格尔左派意识形态，再补充几句。

人，不仅从中世纪的上帝的咒语中解放出来，而且凭借自己占据着上帝位置在"人本主义"那里达到了极致。黑格尔左派，的确通过强调"上帝"其实是作为"人类""人类的自我意识""作为类的人"，将"人"抬到了上帝曾经占据的位置。上一小节考察的（α）观点，也与认识论场面的构想相关，即便认为世界具有生成的秩序，所谓的世界终究不过是"精神世界"，所谓的主体也并非自我之外的东西。可是，延续德国唯心论展开的黑格尔左派，通过强调人的**类本质**和**个体的实存**具有**高度统一**，作为"大主观"的人，的确，被赋予泛神论的神性，"主体即实体"。这样，人，不单是将世界表象（vorstellen）为主观，而且是生产（herstellen）的"主体即实体"，至此，"人本主义"发展到极致。*

---

*关于青年马克思恩格斯有一段时间可谓这种极端人本主义的代表人物，请参阅前一章（本书17－25页）。

我们使用与前面规定的"人本主义"相对的"科学主义"一词，为了保证使用这一说法的权利,关于"科学",应该在此再说上几句。

Science(科学)一词,虽是源自拉丁语 scientia 的译词,但与作为"总体知识"——实质上是神学——的"分科之学"是完全异质的。科学主要是近代性意识形态。

人们通常说古希腊罗马蕴含"科学"的萌芽,好像这是原始的科学。但科学也不是近代飞跃地**发育**的,而应该说是新生的。毕达哥拉斯定理,在毕达哥拉斯教团中,绝非今天的几何学**知识**。炼金术和化学,占星术和天文学,即使存在历史的联系,那也是异质的**知识体系**。即使《圣经》确实有着与共产主义暗合的各种语句,并且实际上早期共产主义者是以此为依据,正如脱离支撑《圣经》构想的体系而将之看作共产主义思想的先驱是错误的,正如共产主义主要是近代社会的产物,科学主要是近代的产物。作为科学的科学,只是基于近代意识形态的地平——不光是产生这种意识形态的社会历史条件,还有通过反映它,新的知识体系开拓出作为知识储备而构筑的地平——而形成并存在。

科学主义,是一种探求近代所理解的作为客体的实体(hypokeimenon)的观点,然而,科学主义并不等于客观实在论。所谓"客观的东西"的内容,伴随着某种限定。

我们在前面各小节中,指出了对与心物分离相关的"物质"界的根本理解已发生变化,作为必然服从因果规律的机械体系的自然,虽然通过"经验认识"而接触可知的自然,但这种近代的自然,具有一种去灵魂化的一元性同质化。(笛卡儿为物质设定"广延性"这种本质规定,通过这一点,从几何学上进行单质化〔量化〕,很快这成为一种象征。)基于这种东西所理解的自然界是所知(Objekt,客观),世界是量的关系(Ratio,理性)。这里,形成一种作为实体之残基的物质性(Materialität)本身不是问题的态度。科学,就是采取这种态度,作为合理的经验知识的体系,在此意义上,数量化的客体的规律性联系和结构被作为对象。

自为地坚持这种科学的自在世界观——这不尽是单纯的实证性或合理性——作为一种哲学观点的意识形态,这无非是我们所说的"科学主义"。

这种规定意义上的科学主义构想，所谓"社会科学""人文科学"自不待言，甚至认为与"精神科学"也是相通的，以致深刻渗透着所谓的"常识"，我想这已无指出的必要。（当然，生物学主义的反驳历来就存在，19世纪末，科学内部也进行了种种自我批判。另外，结构主义，尽管大体上是科学主义的一种典型形态，可是其哲学基础并非一义的，而是包含基于科学主义的自我批判的分支。但是此处，不应是深入探讨这些问题的地方。）我们认为，这里应该注意的一点是，所谓"18世纪的唯物论"，正是力学主义的机械唯物论，是科学主义的一种典型形态。

如上述讨论业已阐明的，所谓"人本主义"和"科学主义"，即便不是**直接**基于主体—客体—图式（Subjekt-Objekt-schema），也是处于与笛卡儿的心物分离相联系的近代世界观的地平上才能够存在。并且两者形成与前面（α）（β）一样的"两条蛇的圆环"。从人本主义的观点**来看**，科学主义念叨的对象，即使不是个人的产物，那也是认识论的主观构成的产物，所谓科学的实在，不过是拜物教化的反映的概念体系。虽说是彻底的机械论——所谓机械，原本是人基于与自己的目的相应的自我意义而制作的"人的产品"——将世界作为人的产品，至少是以此为基准的一种观察视角，不过是人本主义的一种形态。这样一来，人本主义吞掉了科学主义。可是另一方面，从科学主义的观点**来说**，人本主义念叨为实体（hypokeimenon）的"人"，其实，不过是客观实在及其规律的傀儡。人充其量是"会思考"的机械体系。这样，这次反过来，人本主义吞掉了科学主义。这种矛盾（Widerspruch）的地平，就是近代意识形态的地平，* 所谓人本主义和科学主义就是基于相互影响（Wechselspiel）的地平之上的两极化形态。

* 参照岩波讲座《哲学》第8卷，第Ⅱ、Ⅲ、Ⅶ篇。本节岂止净是胡乱地"不拘师说"，在某种根本观点上甚至是标新立异，不过也有类似笔者那样揭示近代意识形态的地平及其特点，下村寅太郎的著作及上述三篇文章的作者的著作、论文中，有很多相关的论述。

第二节 "世界—之中—存在"与"历史—之中—存在"

对于近代意识形态的地平及其世界理解,海德格尔是如何把握的,又是如何尝试超越它的?我们首先来对此做一番考察,通过与他的对照,阐明马克思主义超越"近代的地平"的理由。在这一节中,我想确认其与"人本主义"的关系。

(一)

海德格尔并非仅仅将近代意识形态置于人本主义当中来考察。他关注近代特有的"主观主义与客观主义的矛盾"(Die Zeit des Weltbildes, in *Holzwege*, 1950, 4. Aufl., 1963, S. 81)。但是,他对近代的把握,归根结底倾向于人本主义一侧,具有"世界历史"的特征。在他那里,人是实体—主体,世界是通过人的"前在、此在"而设想、生产(vorgestellt-hergestellt)的东西,是在此意义上的"观看"(*ibid.*, S. 82)。

自《存在与时间》(1927年)以来,海德格尔设立的"在—世界—之中—存在"(In-der-Welt-sein),确实可以说是与近代相对的基本机制(Grundverfassung)。

所谓"世界—之中—存在",不是存在于世界这个场所中之谓,而是计划、利用、行事、制作、询问,等等,要言之,所表达的是此在(人)的烦的结构①(*Sein und Zeit*, 10. Aufl., S. 56f.)。这里所说的世界,绝不是一开始就现成存在(简而言之,科学家眼中映现的裸露的事物)的,在"世界—之中—存在"的烦中打交道的存在者是上手存在(即具有"为

---

① 海德格尔:《存在与时间》,陈嘉映、王庆节译,生活·读书·新知三联书店1987年版,第70页。

了……某物"的意义性、价值,可谓工具的存在者),这种东西不断地形成具有"为了作"(Um-Zu)的指示关系的总体结构①(ibid., S. 69f.)。

"世界—之中—存在"的人在"本质上是共在","眼下没有脱离他人的孤立的自我"②(ibid., S. 120, S. 119)。"自我存在,只要具有共在这一本质结构,那就是作为与他人打交道的共同此在而存在。"③(ibid., S. 121)与他人的关系,有别于上手存在的"烦心"——虽然它们终究源于同根的思虑这种存在结构——称为"麻烦"。不过,作为此在的人,即使每每是各种各样的"我",在日常平均状态中无论自己还是他人也都难说有着"人"这种存在方式。"此在首先是常人而且通常一直是常人。"④(ibid., S. 129)"实际的此在首先存在于平均地得到揭示的共同世界中。'我'……首先是常人方式中的他人,是从常人方面而且是作为这个常人而'被给予'我'自己'的"⑤(ebenda)。"此在的世界向着常人所熟悉的某种因缘整体把相遇的存在者开放出来,而其限度是由常人的平均状态来确定的。"⑥(ebenda)

海德格尔从上述情况的把握和分析出发,展开他一流的"基础存在论",我们目前关心的,不是他最终的论题,而是关于"世界—之中—存在"的"当下"把捉。

我们承认,海德格尔的"世界—之中—存在",与作为影像的世界VS作为超越的主观的人这种近代世界观(人类观)有着异质的"根本

---

① 海德格尔:《存在与时间》,陈嘉映、王庆节译,生活·读书·新知三联书店1987年版,第86页。
② 海德格尔:《存在与时间》,陈嘉映、王庆节译,生活·读书·新知三联书店1987年版,第148、146页。
③ 海德格尔:《存在与时间》,陈嘉映、王庆节译,生活·读书·新知三联书店1987年版,第148页。
④ 海德格尔:《存在与时间》,陈嘉映、王庆节译,生活·读书·新知三联书店1987年版,第159页。
⑤ 海德格尔:《存在与时间》,陈嘉映、王庆节译,生活·读书·新知三联书店1987年版,第159页。
⑥ 海德格尔:《存在与时间》,陈嘉映、王庆节译,生活·读书·新知三联书店1987年版,第159页。

结构"。人们确实在作为共同此在的上手存在的世界"之中—存在",虽然目前首先不是以个人的"我",而是以一种可谓去个人的"人"这种存在方式表现出来。

当然,这是基本事实,作为事情本身,绝不是海德格尔的新发现。但是,近代世界观对这一事实性视而不见,更不以此为根本结构。不仅如此,就近代世界观的根本图式、近代意识形态的默认的大前提而言——与中世纪的世界观的图式没有说明太阳中心说的事实和进化论的事实同样——甚至也没有说明承认这一事实为一种现象。

近代世界观——如上所述,与之形成对比的是,中世纪世界观,万物在本原上是生物态的——万物是既无色无臭,也无价值无意义的"现成存在",这是其基本存在方式,上手存在的存在方式,不过是现成存在体系的广大无边的大宇宙之一隅所生的偶然性从属存在方式。海德格尔原本并不是要否定科学的、现成存在世界的存在。他定位于对我们而言,世界原本带有意义性、事情(适在)性这一基本事实,科学的现成存在的看法也不过是"世界—之中—存在"这一根本性结构的"一个变量"①,力图实现根本观点的转换。

作为共同存在的"人"的存在方式,即使是所有的人都承认的日常事实,其与近代人的概念(意识概念)在原理上的不相容,显而易见是不可能从近代的理解来说明的条件。近代的理解,人、意识,一开始就是个性的、个人的——即使可以要求本质的、先验的共同性(isomorphism)并强辩**共同主观性**——不可能说明**共同**主观性。海德格尔,定位于人一开始就具有的共同存在、共同主观性,将个性的人称性存在方式理解为"人"的"一个变量"。

海德格尔用以超越近代的地平的东西绝不只是以上论点,我们应注意他自己在后续各章谈及的存在哲学的思考,这里暂且留意以上析

---

① 从空间上看,科学的现成存在若是"常量",那不过是"世界—之中—存在"的一个"变量";从时间上说,过去若是"常量",那也只是现在的一个"变量"。现在与将来的量的关系亦然。

取的这一因素,以此与马克思主义的场合作一个对比。

(二)

马克思恩格斯,确实不具有近代意识形态的总特征,因而没有提出与之对立的主题性备用方案。但是,实际上他们也曾提出过。

"感性世界",即科学家和常人所谓的意义的"现实世界",绝不是"某种开天辟地以来就已存在的、始终如一的东西",而是"工业和社会状况的产物,是历史的产物,是世世代代活动的结果"①(*Deutsche Ideologie*, I, S. 8, Handschrift)。

马克思恩格斯在上一章亦援引的那种"历史的自然""历史形成的自然"(vgl. *ibid.*, S. 15),是以此作为我们本原的所与②世界。他们批判费尔巴哈的唯物论:

> 这个"纯粹的"自然科学也只是由于商业和工业,由于人们的感性活动才达到自己的目的和获得自己的材料的。这种活动、这种连续不断的感性劳动和创造、这种生产,正是整个现存的感性世界的基础……当然,在这种情况下,外部自然界的优先地位仍然会保持着,而整个这一点当然不适用于原始的、通过自然发生的途径产生的人们。但是,这种区别只有在人被看作某种与自然界不同的东西时才有意义。此外,先于人类历史而存在的那个自然界,不是费尔巴哈生活于其中的自然界;这是除去在澳洲新出现的一些珊瑚岛以外,今天在任何地方都不再存在的、因而对于费尔巴哈来说也是不存在的自然界。③(*ibid.*, S. 9f.)

---

① 《马克思恩格斯文集》第1卷,人民出版社2009年版,第528页。
② "所与",意为所"给予的条件""给予的事物"。在广松哲学中,与"所与"相对应的术语为"所识",如《存在与意义》中关于"现象的所与—意义的所识""实在的所与—意义的价值"的表述。
③ 参见《马克思恩格斯文集》第1卷,人民出版社2009年版,第529–530页。

以上显示的"历史的自然"的自然观,不正是近代"世界观"的极致? 的确,这种观点不仅"表现"了自然的存在性,并且它不就是一种通过人而"创造出来的东西吗"? 若先从结论来说,回答是"否定"的。

马克思恩格斯在一段时期内,作为黑格尔左派的一员,可以说确实抱有"人本主义"的极致的观点,乃至提出以类存在的人为"主体即实体"的"人所生成的自然"说。但是,如上一章所追溯的,他们对人的类与个体、本质与存在的高度统一这种黑格尔学派的命题进行自我批判,拒斥对人作"主体即实体""实体即主体"这种思辨的世界结构,对黑格尔左派的人本主义进行自我批判,然而并没有倒退为科学主义的客观主义,而是开辟了新的视角。他们联系进行"对象性活动"的"实践"主体的肉体个人,并从社会的被抛性存在来把握这一主体。

上述引文是"逆转"后的论证,当中的人(为了与大的主观相区别而特意逐一以复数形式书写)是在被抛性中加以把握的,但绝没有海德格尔所采取的计划、创造等样态的"之中—内在"(烦)那种乍一看的主观主义倾向。所谓的"历史化"的活动,无非是"被抛的计划"。

就马克思主义而言,人并非作为主观观想而在理论上(theoretisch)与客观相对,而是渗透着历史性(geschichtlich)的社会关系,其生命的被抛所从事的生产与再生产的历史性(geschicklich)的对象性活动这种根本存在方式,设定了如上可谓"历史—之中—存在"的根本结构的视角。

毋庸赘言,马克思主义原本就是把人理解为社会的共同存在(*Grundrisse*, Dietz Verlag, S. 395; *Das Kapital*, MEW, Bd. 23, S. 437f.)。人的本质,是"社会关系的总和"①(MEW, Bd. 3, S. 6)。"意识是被意识到了的存在。"②但是,这时所谓的"存在"并非认识客体之谓,而是意为"人们的存在就是他们的现实生活过程"③(*Deutsche*

---

① 《马克思恩格斯文集》第1卷,人民出版社2009年版,第501页。
② 《马克思恩格斯文集》第1卷,人民出版社2009年版,第525页。
③ 《马克思恩格斯文集》第1卷,人民出版社2009年版,第525页。

Ideologie，I，Bogen{5})。所谓意识，不过是被意识的"历史—之中—存在"。因此，意识，一开始就是"社会的产物"①(ibid.，S. 14)，感觉或幻想是社会化的共同主观化(vgl. MEW，Bd. 8，S. 139)。

然而，就马克思主义而言，意识并非人的第一义的东西。这是《德意志意识形态》中恩格斯写下的著名语句："在我们已经考察了原初的历史的关系的四个因素、四个方面之后，我们才发现：人还具有'意识'。但是这种意识并非开始就是'纯粹的'意识。'精神'从一开始就很倒霉，受到物质的'纠缠'。"②因为"语言是现实的意识"，"语言和意识具有同样长久的历史"，"语言是……既为别人存在……因而也为我自身而存在的、现实的意识"③(ibid.，S. 14)。毕竟，马克思主义将意识置于本质上"受物质的'纠缠'"的共同主观的面貌中，一开始就将其理解为前个人的东西。

以上，我们通过与海德格尔的对比，选取考察了马克思主义理论和思想财富的两三个方面，通过"历史—之中—存在"与历史的自然和历史性(geschicklich)实践、存在的被抛性的关系，本质性的社会共同主观的非个人的人及其意识的观点与海德格尔的"世界—之中—存在"、上手存在的历史性(geschicklich)的烦的关系和日常性的非个人的人的共同此在等的关系，比照前面所指出的它之所以超越近代世界观的根本图式和构想的讨论，可以看出为什么说马克思主义超越了——目前保守地说，至少与前面所考察的海德格尔有着同等程度——近代世界观的图式和人本主义的主观主义的构想。

(三)

我们并不打算在这里对海德格尔哲学本身与马克思主义进行比较。但是，为了表明马克思主义超越近代的地平的原因，我想在这一限

---

① 《马克思恩格斯文集》第 1 卷，人民出版社 2009 年版，第 533 页。
② 《马克思恩格斯文集》第 1 卷，人民出版社 2009 年版，第 533 页。
③ 《马克思恩格斯文集》第 1 卷，人民出版社 2009 年版，第 533 页。

度内尝试做若干的对比。

在海德格尔看来,日常的"世界—之中—存在"之"作为人的自己"成为主体,这不是本真的存在方式。向平均的、非本真的"人"的沉沦（Verfallenheit）,作为笼罩横亘于无的深渊之桥梁的自我真实态的不安的东西,人具有亦将其作为一种形态的计划可能性。此在,从作为"世界—之中—存在"的被抛性来看,可以说是被抛的谋划（geworfener Entwurf）,所谓采取自我存在的态度的实存,归根结底即在于此。作为"此在"终极的存在结构的烦的本质特征,的确有着被抛的计划,有着向死而生,听从良心呼唤的先行决断性（laufende Entschlossenheit）。人,在先行决断性中超脱,朝作为孤独者的本真自我而"觉醒"。

马克思主义所立足的本原的共同主观性,以及本原的非人称性的"意识",原本不是超个人的形而上的意识。意识表现为"在历史发展的进程中,而且正是由于在分工范围内社会关系的必然独立化,在每一个人的个人生活同他的屈从于某一劳动部门以及与之相关的各种条件的生活之间出现了差别"[1]（*Deutsche Ideologie*，Ⅰ，S.56）。这种独立的东西不外是阶级意识。在以往的历史中,"某一阶级的各个人所结成的、受他们的与另一阶级相对立的那种共同利益所制约的共同关系,总是这样一种共同体,这些个人只是作为一般化的个人隶属于这种共同体,只是由于他们还处在本阶级的生存条件下才隶属于这种共同体,他们不是作为个人而是作为阶级的成员处于这种共同关系中的"[2]（*ibid.*，S.58）。无产阶级的阶级意识,基于对所与历史条件的自为把握,现在正是计划"共同参加的集体"的建设（共产主义革命）,在实行它的过程中,自在自为地实现共同主观的此在。这决定了无产阶级应在"历史—之中—存在"中实现它。

从两者论证的比较来看——虽说其中可看出某种意料之外的类似

---

[1] 《马克思恩格斯文集》第1卷,人民出版社2009年版,第571页。
[2] 《马克思恩格斯文集》第1卷,人民出版社2009年版,第573页。

脉络——马克思主义充分阐述与"历史—之中—存在"相应的此在的自在自为化，与此相对，不得不说，高唱孤独者的本真自我的海德格尔特意将"世界—之中—存在"蒸发了。

将非人称性的"人"作为**非本真的**存在方式而予以拒斥，海德格尔提出本真性的"先行决断性"、"实存"孤独者的自我——特意将他建立的上手存在的世界和共同此在看作充满罪障的插曲而加以消解——一心面向(gegenstehen)"存在"，在此意义上，在"对象"(Gegenstand)的存在 VS "烦"(Sorge)这一意向性中对峙的意识，却是作为本原的个人的自发(决断)性的纯粹意识！海德格尔不久就回归到近代的"意识—对象"(Subjekt-Objekt)的图式。

关于这当中的情况，海德格尔计划的哲学革命，即作为存在论的存在论的确立，若能够将其纳入作为地平的时间性—历史性的范围，将会更加明朗。

他说，此在，在先行决断性中超脱沉沦，作为孤独者的本真自我的将来，那是此在的"曾在"(Gewess)的"当前"(Gegenwärtigen)，"将来"(Zukunft)、"曾在""当前"的统一现象(gewesende-gegenwärtigende-Zukunft)，是本原的时间性(通常的时间，"未来""过去""现在"即基于此)。

海德格尔所谓的历史性，就是以这一时间性为具体场面的。他区分了记述的历史与发生的历史，进而将后者划分为历史性、宿命和世界史这三个因素。所谓"天命"(Geschick)是与共同此在共有的历史状况，所谓"世界史"是包含上手存在和现成存在的发生的历史，所谓"历史性"是作为孤独者的此在的先行决断性的表现。在海德格尔那里，"历史性"正是使其他两个因素存在的最根本的东西，"世界史"充其量是作为"历史性"(也称作"命运"〔Schicksal〕)的存在结构，进一步说不过是作为"先行决断性"的机缘。

就这样，海德格尔归根结底将作为存在者的"发生"的世界史蒸发，分馏了作为孤独者的"自我"和"存在"(与"存在者"〔Seiendes〕相区别的特别意义上的"此在"〔das Sein〕）。即便说世界的历史，那也不具有"存在"之光作为折射的媒介之外的意义。上手存在、共同此在……人……世界史，关于这些的新颖言说落为抽离"实存"及"存在"的插曲。

当然，以上这些以不了了之的形式反映于《存在与时间》当中，关于战后的海德格尔或许应予别样的评价。即使同样是"实存"（Existenz）①，作为"绽出之生存"（Ek-sistenz），他也不同于萨特的"实存"。当在中世纪经院哲学以来的语义上使用"存在与本质"（existentia et essentia）时，近代的世界观，科学主义自不待言，客观在本原上只有作为"本质"（essentia）才称其为对象，能称作"存在"的东西则主要限于作为主观的人（意识）。因此，当拒斥萨特早期以来"意识内容的神话"，拒斥笛卡儿的"我思"（cogito）的观点，强调"存在先于本质"时，那确实是近代人本主义、主观主义的浪花！海德格尔断然排斥萨特式的实存②（Über den Humanismus, S. 37f.），就存在之绽出这一意义而明确记作"绽出之生存"（Ek-sistenz），以与"实存"相区别，这是问题的关键。

但是，当把这种"绽存"（Ek-sistenz）当作"听从"并面向它伫立的"存在"的上帝时（也因此，后期海德格尔将"存在"称为"Gottheit" "Gott" "der Gott"。Vgl. *ibid*, S. 37），这毋宁说是一种前近代的构想。

确实，海德格尔自觉地致力于超越近代世界观的地平。但是，他一方面建构"世界""历史"的动力结构座架，另一方面又贬斥它，以上帝的"存在"和作为孤独者的"自我"，将其抽离中止。③ 上帝的存在和孤独者的自我感应，确实，前一因素并非近代的，后一因素并非中世纪的。

---

① "实存"（Existenz），即"现实存在"，中文亦译为"存在""生存"。为了既根据日文原文，又兼顾中文语境的约定俗成，本书酌情选择其中一种译法。

② 参见海德格尔:《海德格尔选集》上册，上海三联书店1996年版，第373页。

③ 海德格尔的这种哲学基调，应该与古希腊诺斯替主义关于现实世界是完全堕落和虚无、柏拉图主义把超感性世界认定为真实存在，把感性生成世界贬低为非真实的虚幻世界，尼采宣布上帝死了，否认一切存在之真实意义以及施特劳斯指出现代文明在道德价值层面逐渐陷入"猪的城邦"等西方传统虚无主义思潮不无联系（参见刘森林:《虚无主义与马克思:一个再思考》，《马克思主义与现实》2010年第3期），而广松并没有认识到这一点。

但反过来说,前一因素是中世纪的,后一因素是近代的！海德格尔的此在,不同于教堂里与同胞共同与上帝神交的中世纪人,而独自一人与上帝面对。这种神性存在内在于一切存在者,是一种缘此而在的泛神论的存在,而不是基督教的中世纪的人格神。确实,海德格尔立足于近代的妄自尊大的人本主义、主观主义的自我批判。但是,作为上帝的存在之绽出的孤独者的他,不就是近代化的中世纪人,中世纪化的近代人？由是观之,这是他难以真正超越近代的原因。*

* 关于海德格尔哲学的局限和缺陷,笔者从原佑教授的讲座和著作、渡边二郎的《海德格尔的存在思想》和《海德格尔的存在思想》这两部著作及大野木哲的论稿中得到很大启发——但终究是启发,本文中的错误之处不用说应由笔者负全部责任。

与此相反,马克思主义通过将共同主观的、前个人的,并且"受到物质的'纠缠'"的存在方式理解为本原上的本真存在方式而去近代,真正在其具体性中把握发生的"历史","历史"开始成为**世界观问题的主题**——这正如近代"自然与人"(客体的自然和主体的人)之问是针对中世纪形而上学的世界结构和天命之问,智者(sophist)苏格拉底的法律习惯(nomos)之问是针对前苏格拉底哲学的自然(physis)之问那样,**从根本上转换了问题的对象和视界**。

唯物史观建构的"历史—之中—存在"这一视角的根本结构,绝不是将作为唯物辩证法的第一哲学"适用"于历史的东西,也不只是关于历史的(与自然并列的宇宙的半面)一个方面的部分知识。那的确是马克思主义的整个世界观的地平。

并且,马克思主义不单是转换了"时代的问题"。通过贯彻"历史—之中—存在"的基本机制(Grundverfassung),定位为作为存在者的历史、历史的自然——因此,相对于近代的个人及其契约性社会关系的理解,天意的显现这种中世纪的理解,无法把握历史——开拓了将历史作为历史来阐明的途径。通过这一点,马克思主义还阐明了近代世界观及其构想的意识形态的基础,将其理解、疏离(entfernen)为一定历史条件下的"历史—之中—存在"的必然性存在方式之一，形成了不仅应该对它进行**理论**的超越，而且应该从根本上基于历史性（geschicklich）的条件对作为历史的近代社会本身进行**实践**的扬弃的思想。

当从近代的超越的视界两相比较，较之于海德格尔，马克思主义之所以具有决定性的优势，进而言之，前面看到的"世界历史"这一海德格尔的近代理解所蕴含的片面性——其根源在于，仅仅是围绕意识形态，而将作为历史的近代（社会）本身置于其范围之外，甚至连这一范围，近代的人道主义、主观主义也占很大比重，没有从总体上把握近代意识形态的地平。

为了进一步议定这一点，接下来必须联系其与科学主义的关系来展开讨论。

第三节　科学主义的超越与架构展开的视座

马克思主义以唯物论为立场。这岂不是与主观主义相对立的客观主义？从早期"马克思主义"向后期马克思主义的飞跃，不是与从人本主义向科学主义的转换相适应？与类似应有的疑问相呼应，马克思主义同时也超越了科学主义，对这些问题的考察是本节的课题。

（一）

科学主义从存在的对象性来理解世界的本原性。可是，马克思恩格斯所谓除去"新出现的一些珊瑚岛以外"给予我们的"感性世界"是"历史的自然"，作为自然的自然"已不再存在，因而，不可能是我们的感性确知（sinnliche Gewißheit）的对象"。乍一看，马克思主义的这一命题很"奇怪"，从科学主义的观点来看，或被反问说这是一派胡言，"像银河系、星云、广袤宇宙，这一切都是'历史的自然''是工业和社会状况的产物'？"这种反问，恰如面对近代的动物机械论者及近代的构想反问说："像暴风雨或雷鸣,也是上帝的机械作用?""历史的自然"这一命题,是与"历史—之中—存在"的根本结构相适应的,与科学主义的看法原本是不同的层次。

视自然界为现成存在的科学主义的看法,从本原上说,是"历史—之中—存在"这一根本结构的一个变量,在本真上是基于忽略"自然的历史化""对象性活动"的参与之方法的考虑。但是,通过将这一派生变量的结构当作根本结构那种沉沦的错觉——虽说科学主义原本不知"历史—之中—存在"这一高阶的地平,因而对此毫无察觉——产生科学主义的世界观的结构。

当然,马克思恩格斯不曾明确说明这一点,没有对科学主义的超越作主题性的阐述。非但如此,他们的一些阐述甚至为科学主义的"解释"提供了机会。因此,这里我想首先从空想的预防开始。

马克思恩格斯迫切需要针对早期社会主义思想的空想性提出科学性的反题,另外,也遇着有必要对于当时的德国特别根深蒂固的宗教的非科学、非理性主义的思潮提出科学的实证性和合理性的反题。确实,由于存在这层关系,他们留有可以理解为"科学主义"的阐述。然而,他们绝不是全盘肯定既有的科学,对于乌托邦的空想性及宗教的非科学性的批判,不可能直接意味着设定科学主义的立场。

为了确认这一点,我们来看一下作为科学主义的"解释"的最大论据的《反杜林论》的论证本身就足够。当然,当把科学"消解"为哲学云云的该论证放在上下文中来理解时,我们可以知道该论证本身毋宁说是拒斥科学主义的论据。

> 一旦对每一门科学都提出要求,要它们弄清它们自己在事物以及关于事物的知识的总联系中的地位,关于总联系的任何特殊科学就是多余的了。于是,在以往的全部哲学中仍然独立存在的,就只有关于思维及其规律的学说——形式逻辑和辩证法。其他一切都归到关于自然和历史的实证科学中

去了。①

这几乎可以说是同义反复的当然命题。不过,上述文字中附着了怎样的前提条件呢?

在以往的自然科学中,各个领域之间,甚至连各个领域内部也没能阐明其"总联系"。"描绘这样一幅总的图画,在以前是所谓自然哲学的任务。"②(*Marx-Engels Ausgewählte Schriften*, Dietz, Bd. Ⅱ, S. 363)然而,随着"自然科学的……巨大进步,我们现在不仅能够说明自然界中各个领域内的过程之间的联系,而且总的说来也能说明各个领域之间的联系了,这样,我们就能够依靠经验自然科学本身所提供的事实,以近乎系统的形式描绘出一幅自然界联系的清晰图画……今天,当人们面对自然研究的结果,只要辩证地从它们自身的联系进行考察,就可以制成一个在我们这个时代令人满意的'自然体系'"③(ebenda)。那么,这一作业,是通过自然科学家自身而进行吗?不。如《反杜林论》的"旧序言"所说,"今天的自然科学家在理论的领域中,在迄今为止被称为哲学的领域中,实际上也同样是半通的"④。若是如此,提交给"实证的科学"的自然以及历史的"辩证法的""总联系"的课题,今后就仍将保留。可是,在克服非辩证法的分离——其最初的东西是心物的二元分裂——中面貌为之一新的辩证法的"实证的学问",已不是**所谓的**科学(Fach-Wissenschaft),而是有着新性质的综合性学问。

这样看来,恩格斯先前的命题,与其说绝不是论述所谓"消解为科学",毋宁说是拒斥作为科学的科学主义,力图扬弃科学与哲学的二元性(关于这一点,请参照《自然辩证法》中关于海克尔批判的处所)。

为了了解这当中的情况,我想通过设立新的细目来展开积极的论证。

---

① 《马克思恩格斯全集》第 26 卷,人民出版社 2014 年版,第 28 页。
② 《马克思恩格斯文集》第 4 卷,人民出版社 2009 年版,第 300 页。
③ 《马克思恩格斯文集》第 4 卷,人民出版社 2009 年版,第 300 - 301 页。
④ 《马克思恩格斯全集》第 26 卷,人民出版社 2014 年版,第 498 页。

(二)

如前面所指出的,科学主义的古典形态是机械唯物论。根据恩格斯的说法,"18 世纪以前根本没有科学"①(MEW, Bd. 1, S. 551),"18 世纪上半叶的自然科学……在一般的自然观上大大低于希腊古代……我把 18 世纪的唯物主义者也算入这个时期"②(*Dialek u. Natur, Marx-Engels Archiv*, Ⅱ, S. 243)。尽管"18 世纪的唯物主义现在就以这种形式继续存在于自然科学家和医生的头脑中"③(*Marx-Engels Ausgewählte Schriften*, S. 347)。

对于这种 18 世纪的唯物论,即科学主义的古典的典型,恩格斯作了一贯的批判性交锋。

早期的恩格斯说,"18 世纪科学的最高峰是唯物主义"④(MEW, Bd. 1, S. 551),它"只是把自然界当作一种绝对的东西……而与人类相对立"⑤(*ibid.*, S. 500)。"自然同精神相对立,唯物主义同唯灵论相对立,抽象普遍、实体同抽象单一相对立","没有解决……实体和主体、自然和精神……的对立"⑥(*ibid.*, S. 552)。

思想形成时期的恩格斯,拒斥将自然绝对化并把自然与人对立起来的片面唯物论,致力于唯物论和唯心论的辩证统一。早期的马克思也是力图实现以"形而上学地改了装的、同人分离的自然"为原则的客观主义与以"形而上学地改了装的、同自然分离的精神"为原则的主观主义的辩证统一。⑦(*Heilige Familie*, MEW, Bd. 2, S. 147)

如先前主题所追溯的,这一主题是经过某种曲折的结果,是以"历

---

① 《马克思恩格斯全集》第 3 卷,人民出版社 2002 年版,第 527 页。
② 《马克思恩格斯全集》第 26 卷,人民出版社 2014 年版,第 469－470 页。
③ 《马克思恩格斯文集》第 4 卷,人民出版社 2009 年版,第 281 页。
④ 《马克思恩格斯全集》第 3 卷,人民出版社 2002 年版,第 527 页。
⑤ 《马克思恩格斯全集》第 3 卷,人民出版社 2002 年版,第 443 页。
⑥ 《马克思恩格斯全集》第 3 卷,人民出版社 2002 年版,第 528 页。
⑦ 《马克思恩格斯文集》第 1 卷,人民出版社 2009 年版,第 342 页。

史—之中—存在"为结构的马克思主义的唯物论观点。

后期的恩格斯,由于有着如此的经过,联系对杜林的批判,这样写道:"如果完全自然主义地把'意识''思维'当作某种现成的东西,当作一开始就和存在、自然界相对立的东西,那么结果总是如此……可是……人本身是自然界的产物,是在自己所处的环境中并且和这个环境一起发展起来的。"①这一著名的阐述,即使原本不是自觉地与近代科学主义的地平本身的对立,也是拒斥近代主客二分的大前提,不过是更加根本地采取"历史—之中—存在"的结构的表白。

这一点在他对康德的"物自体"的批判中也有表现:

> 对于这一点,黑格尔早就回答了:如果你知道了某一事物的一切性质,你也就知道了这一事物本身……还可以补充一句:在康德的那个时代……他可以去猜想在我们对于各个事物的少许知识背后还有一个神秘的"自在之物"。但是这些不可理解的事物,由于科学的长足进步,已经接二连三地被理解、分析,甚至重新制造出来了,我们当然不能把我们能够制造的东西当作不可认识的。②(*Marx-Engels Ausgewählte Schriften*, Bd. Ⅱ, S. 91)

关于物自体的上述阐述,乍一看不太恰当。这全然不是康德批判。但是,其前提局限于康德的主客分离,以及近代的心物二分和"意识的命题"。从这一大前提来说,它只是直接给予我们感性知觉(影像),在原理上不可能真正知道实物本身。就此而言,只要承认外物的实在,康德的物自体就是逻辑的必然,只要共有该前提,批驳当然就不成其为批驳。然而,必须看到恩格斯先前的论证,是基于拒斥这一前提本身。不然的话,乍一看,就全然无法理解如下这种与前面相矛盾的阐述。

---

① 《马克思恩格斯文集》第9卷,人民出版社2009年版,第38-39页。
② 《马克思恩格斯文集》第3卷,人民出版社2009年版,第507页。

我们也不知道什么是物质！当然不知道，因为物质本身还没有人看到过或以其他方式体验过；只有现实地存在着的各种物(Stoffe)才能看到或体验到。物、物质无非是各种物的总和……"物质"这样的词**无非是**简称。①（Dialektik u. Natur, Archiv, Ⅱ, S. 237）

物质本身是纯粹的思想创造物和纯粹的抽象。②（Anti-Dialektik, ibid., S. 470）

现在将先前的物自体批判放在一起考察就很清楚。恩格斯要说明的是，只要人们通过因时而"作"的方法展开实践，那就必定立足于历史化地展开的"内在存在"于世界的根本结构的地平，从这一观点来看，物自体，以及在**本原上**脱离主观的所谓客观的东西原本无非是一种虚构，所谓物质本身之类的东西，不过是科学主义的变态结构，是近代的二元分裂得出的"纯粹抽象"。

根据同样的观点，恩格斯也拒绝"将意识归结为大脑的分子运动"这一庸俗唯物论观点。确实，从他们的地平和图式来看，"终有一天我们肯定可以用实验的方法把思维'归结'为脑中的分子运动和化学运动；但是这样一来难道就穷尽了思维的本质吗？"③（Dialektik u. Natur, ibid., S. 167）

"历史—之中—存在"展开的世界"受到历史状况的限制……人的肉体状况和精神状况的限制"④（Anti-Dühring, ibid., S. 471）。这种"精神结构"，受到共同主观、历史和社会的制约。因而，面向我们真实展开的世界——在恩格斯批判康德的物自体的意义上，是被认识的物自体的世界——在本原上是共同主观化的历史化的世界。

从那种主客二分的大前提出发，认为这个如实展开的世界只是"思

---

① 参见《马克思恩格斯全集》第 26 卷，人民出版社 2014 年版，第 574－575 页。
② 《马克思恩格斯全集》第 26 卷，人民出版社 2014 年版，第 586 页。
③ 《马克思恩格斯全集》第 26 卷，人民出版社 2014 年版，第 611 页。
④ 《马克思恩格斯全集》第 26 卷，人民出版社 2014 年版，第 40 页。

想映像",将之与"物质"世界双重世界化,18 世纪唯物论的世界观得以成立。与此相对,马克思恩格斯的确拒斥"物自体—知觉映像—意识作用"这种近代世界观的图式,进而言之,拒斥以"形而上学地改了装的、同自然分离的精神"①为原则的立场,通过真正拒绝如反复援引的"一开始就严格区别精神与物质的设想",超越这种悬设。(关于这一点,请参照拙著《世界共同主观性的存在结构》。)

马克思恩格斯对于 18 世纪之流的机械唯物论的观点的批判——暂且撇开其非辩证法性质的批判——确实表明了这一点,因而与其说是科学主义的构想,毋宁说是与其所据地平本身的批判性超越相联系。大概,这就是马克思主义在科学主义的**构想**的批判性超越中存在的原因。

(三)

虽说同样是"科学主义",在今天它确实已经与古典(机械唯物论)的形态未必泛通。自 20 世纪初以来,科学主义的内部形成了一种自我批判的倾向。

严格说来,应该预先考察一下这一"自我批判",将之与"结构主义"一并进行分析,探讨其科学主义构想的方法论层面。当时,恩格斯对 18 世纪唯物论的非辩证法性质的批判,大概首先是所谓"科学主义的自我批判"的论点,遗稿《自然辩证法》展开的论证作为对"科学主义"的批判,较之上一小节考察的内容有着远为宽泛的范围和具体性,接下来我们要确认其成为可能的缘由,才能够给予比上一小节的结论更具体的证实。

然而,为了深入这一点,难办的事情是,首先必须进行文献学的预备性作业——斯大林时期重新"编辑"的遗稿《自然辩证法》的原型的复原、分析和考证。

---

① 《马克思恩格斯文集》第 1 卷,人民出版社 2009 年版,第 342 页。

因此，这里，我想省略对此的深入探讨，而避免不必要的误解，对其包含的两三个问题做几点说明。

虽说马克思主义确实开拓了超越近代意识形态的地平——正如近代意识形态绝不是由笛卡儿一气完成的体系化的理论一样——但远不是体系的完成（只要想到新地平的开拓，是远比完善体系的作业格外重要的大事业，那就绝不成其为贬低马克思恩格斯的理由）。基于马克思恩格斯开拓的新地平所展开构架体系的作业，在萨特所说的意义上，马克思主义是"不可超越的哲学"，是贯穿整个时代的历史性（geschicklich）课题。

基于新地平的自为体系，不可能不包含辩证地扬弃以往的见识。这就类似于椭圆是以所谓圆锥曲线（抛物线、椭圆、双曲线）为自己的截面，一般的，三次立体图形将作为其截面的二次平面诸图形包含于自己之内，并且，这种包含，就像非欧几里得几何学颠覆了以往"几何学定律是纯粹定在的形而上学世界的存在"这种存在观，而以公理重新认识传统（conventional）的存在一样，或者，就像牛顿开拓了以作为"上帝的直观"（sensorium Dei）的绝对空间（时间）与"观测者"相对化的相对论的世界一样——若不将以往的见识作为特殊情况而包含于自身，就不可能扬弃根底的存在观和构想本身。拒斥科学主义的存在观和构想的包含科学的诸成果的作业，当然以此为指向。并且，这一作业，必须通过以往的地平中所接受的相应方法进而探明所要"说明"的问题的问题性。当然，连神话也已发生问题的问题性，更何况是思考人本主义、科学主义的地平和构想。

那么，以往的"人本主义 VS 科学主义"的地平、构想和图式，是"历史—之中—存在"的何种截面呢？接受以往这一地平的问题的问题性，将其"成果"包含于自身的基本视角可设定在哪里？

作为"历史—之中—存在"的人，不单是作为人而行动的，用社会学家的话来说，是在一定的地位和作用（status and role）中，以及"强制"（contrainte）的思维和行动的方式（manières de penser et de faire）中活动的。人们的"谁"（wer）原本是社会性、历史性和共同主观性的,那种作为①"谁"的人们日常在不断地行动。另外,由"历史—之中—存在"展开的真实世界的各个分节态,在本原上具有确切的意义（Prägnanz der Bedeutung）,必定作为"什么"而存在。要言之,"历史—之中—存在",从其最抽象的初始（anfänglich）层次而言,有着所谓作为谁的某人与作为什么的某物相对——或者,所谓 etwas als Etwas gilt einem als Jemandem——四肢性的结构关系（关于这一点,请参阅拙稿《历史世界的共同活动的存在结构》,收录于《世界共同主观性的存在结构》）。

而且,所谓的四项,也不是先在于关系的项,而是项只是作为先在的结构关系的因素而存在。然而,将四项当中的二项作平面的割裂,并对这二项加以实体化,使得形成近代的世界图式（Welt-Schema）。并且,在那里,人的（历史化的）"对象性活动"的创造的自发性和被抛的制约性,为意识形态所反映,体现着通过各种方法要消解这种二义性的分析理性的意向,在其范围内积累了一定的有效见识。

我们以所谓的四肢结构关系的被中介性为严格研究的起点,通过

---

① 以广松之见,"作为"（als,として）是比实体性的"是"更深层的逻辑规定,关系主义（关系思维）取代实体主义（实体思维）是 21 世纪哲学发展的趋势。参见法国哲学家保罗·利科后期的一部重要著作即《作为一个他者的自身》（佘碧平译,商务印书馆 2013 年版）。在心理学教材中,读者经常会看到一些"两可图",譬如作为杯子的头像,作为头像的杯子,等等。在《资本论》中,马克思谈到价值形式的形成过程:1 件上衣是作为 20 码麻布的价值镜,商品不能直接表现自己的价值（社会的东西）,但能够迂回地以他种商品体（自然的东西）为自己的价值镜。"通过价值关系,商品 B 的自然形式成了商品 A 的价值形式,或者说,商品 B 的物体成了反映商品 A 的价值的镜子（Werthspiegel）。"（参见《马克思恩格斯全集》第 44 卷,人民出版社 2001 年版,第 67 页）这里,我们若联系广松从"作为"（关系）的维度对马克思价值形式论所做的精彩分析,当能更清晰地发现反ě关系:"价值形式论的基本机制,归根结底就是,相对于 A 的自为的（B as [b]的产品）b as [b]等同于（他为的 A as [a]自己的产品）a as [a]的事态,等同于 b as [b]（als ein Produkt des B as [B]）gilt A für sich als etwas Identisches mit a as [a]（als ein Produkt des A as [A]）的四肢结构事态。"（参见广松涉:《资本论的哲学》,邓习议译,南京大学出版社 2013 年版,第 117 页）

由此的上升性展开,预计能够适应辩证地包含近代的见识于自身的"课题"。

但是,这里,我想就此以凸显马克思主义之所以超越"人本主义 VS 科学主义"的地平,发掘其架构展开的视角而暂且搁笔。

第二部

马克思主义与人的问题

第三章

唯物史观中的人的问题

毋庸赘言，唯物史观中的人的把捉是与社会结构的把捉不可分割的。但是，这里，我想聚焦于往往被一笔带过的"唯物史观中的人的问题"，从这一侧面使马克思主义的地平自为化。

第一节 资产阶级人类观的个人主义与集体主义

当谈到"人""社会"的时候，我们总是采取"近代"的既有观念，在其框架内思考。确实，正是在"近代世界观"中，"人"才作为人而被自觉，"社会"才作为社会而被意识。有鉴于此，脱离这里所谓的既有观念来思考，是既不可能也没根据的。当然，马克思恩格斯的新"人类观"也可以据此归结为既有的"资产阶级"的"理解"。因此，我们认为，首先得确认关于"近代的人类观"的特质的简要论点，在此基础上，考察马克思恩格斯是如何与之对决的。

（一）

近代的人类观，一言以蔽之，根据不同的视角，可以反映出各种不同的特点。

这里，我想首先考察其与社会国家的关系，从亦可谓"人—社会"观这一应有的视角来澄清几个论点。

第一，人，可以理解为相对于社会国家的一般主体。尽管这种一般主体不单是主体之谓，主体（υποκειμενον）是真正以自身为本原的实在且使他物存在这一意义上的"实体""基质"。不过，说人是一般主体，这未必是"社会唯名论"——只有个人是实在的，"社会"只不过是"名称"的唯名论（nominalism）——意义上的观点。近代的人类—社会观的根基也可大致形成"社会实在论"（realism）的观点。但是，这并非亚里士多德"城邦（polis）先于个人"的理解，"社会国家"归根结底依赖个人而存在，充其量是第二性的存在，那不过是行为的"自成其类的综合"（synthèse sui generis）。

第二，人被设想为具有本原的共同性（isomorphism），并且被认为在特别意义上是作为个人（individuum）的人。关于人的 égalité, equality——"平等"这一译语使 equal 这种原本的激进变得含糊——的理解，普遍认为个人具有个性的特征，尽管在身体、容貌和性格等方面有着某些现象上的不同，但在某种本质性格上，"人格"是相等的。因此，在亚里士多德、经院哲学中，姑且不论生物学的个体，作为社会的人格，奴隶或农奴是不被看作"人"的，毋庸赘言，人的同构的平等性的理解，无论如何是近代的事情。同构的个人（individuum, individual），正如其字面 individcal 所显示的，是不可分割的东西，是希腊语 ἄτομον（Atom，即"不可分割的东西"、原子）的译词，不可分割的物体即实体，亦即独立的自我存在者（esse per se）。并且，以这种原子式个人（individuals＝Atom）的集合体来理解社会，即近代社会在其本质结构上，作为同构人格的个人主义即原子主义（individualism＝atomism），是作为一个体系而存在的。但是，这未必等值于机械论的体系，而是可形成某种社会有机体说。虽说如此，人格是第一性的、本原上的自我存在，这始终是其设定（unterstells）的含义。

第三，人被理解为近代高智力的人（homo sapiens et faber），被看作"自由的主体"。作为技术人（homo faber）的自由"主体"，未必与近代意义上的决定论不能相容。也因为如此，近代社会哲学之父霍布斯强调："自由与必然是相容的。比如水顺着河道往下流，非但是有自由，而且也有必然性存在于其中。人们的自愿行为情形也是这样。这种行为由于来自人们的意志，所以便是出于自由的行为。"①近代人类观中，当人被理解为"智人"（homo sapiens）时，这种智慧即培根所谓的"知识就是力量"，"只有遵循自然的规律才能支配自然"，人类作为智人使这一点得到保证。关于智人（homo sapiens）作为近代的"主观"而存在的存在方式，虽然不曾通过别的机会深入阐述，但智人（homo sapiens）原本就是作为技术人（homo faber）的存在方式的一个因素，近代高智商的人（homo sapiens et faber），就是培根、霍布斯式的"自由的主体"。

虽说近代的人性（human nature, humanité, Humanität）被赋予了诸多规定，但若要追溯"人类—社会"观的根本，至少可看出其内容就是上述三种含义中的个人（individuum）人格性的"主体即实体"（Subjekt＝Substanz）。

关于"人类—社会"观的思想特点，可以从所谓"森林的比喻"的线索来阐明其"理解的结构"。树木与森林，众所周知，类似个人与社会的关系，有两种相反的看法。

从一方的观点来看，所谓森林不过是树木的集合体。但若是离开全部的个别树木，森林将一无所留。因此在极端的情况下，认为"森林之类的东西并非实在。只有个别的树木是实在的"。即使不是这种极端的情况下，既然森林只是树木的总和，那么就可认为它充其量是第二性的"存在"。森林的存在终究不过是由个别树木派生的东西。这种在亚里士多德的意义上，个体"先于"总体的观点即是以下所谓的个人主义（Individualismus）。

从另一方的观点来看，森林是第一性的存在。这种观点也承认，确实，如果没有树木也就没有森林，在此意义上，森林的存在于时间上不

---

① 霍布斯：《利维坦》，黎思复、黎廷弼译，商务印书馆1985年版，第163页。

可能先于树木。但是,这一观点首先强调,砍伐掉一些个别树木,或者,将若干个别树木改植其他树木,森林却依然作为"同样"的森林而存续。但这一观点的要点在于,某种树木,只有在大树的树荫下,乃至只有在"共生"中,才能生长存在,独木是不可能"生存"的。即使不是同一种类的树木,通过森林、生长的方法、树枝的形状以及其他某种存在方式而存在(So sein),也全然不同于独木的情况,以及其他条件下的情况。所谓树木,不是抽象的存在,不能离开所与所(so und so)之间的具体存在方式。无论如何,只要抽象地使"树木""实体化",将个人(individual)看作能够独立自存的存在,前面个人主义的讨论就大致上是成立的。但是,这种设想本身是错误的。撇开树木的动力学的有机性相互关系,不可能抽象地阐明"树木"的存在。在此意义上,可以说"森林先于树木",云云。我们将这种观点称为集体主义(Totalismus)。

以上列举的两种见解,即个人主义和集体主义的对立,但只要这种古代哲学以来的各种语境中表现的"近代观点"之主流视每个人为个人(individual)性的一般主体,关于个人与社会国家的关系,归根结底采取的是第一种观点。

近代的"人类—社会"观承认,个人受社会的影响,基于社会的存在而改变现实的具体存在方式,这是无法否定的。但是,在人格的共同性、相等性(égalité)的层次上,即相对于个人即一般主体(individuum=subjectum)的人的本质存在而言是偶有的。正如个人的容貌、性格、知识和风俗之类的规定性相对于"人格"的存在性是偶有的,在原理上为无关紧要(gleichgültig)的。在此意义上,近代的"人类—社会"观采取拒绝集体主义的个人主义的观点。(不难看出,"近代的社会哲学之父"霍布斯的自然状态[the state of nature, natural condition of mankind]的理论以及他的社会契约[social contract]的思想就是这种个人主义构想的直接表现。)

古希腊和中世纪欧洲的人类—社会观,尽管也有希腊时期的某些例外,不用说亚里士多德、奥古斯丁、托马斯·阿奎那等众所周知的观点,集体主义是其根本理解。

这里,从集体主义向个人主义的转换,具有近代的"人类—社会"观的思想史意义——此处未涉及与近代世界观及科学主义的世界观所理解的要素主义、原子论构想的关系——个人主义正是近代的"人类—社会"观的根本特点。

(二)

唯物史观——继承德国浪漫主义和黑格尔主义的先驱——使近代欧洲的个人主义观点再次自觉地转向集体主义观点。

马克思说:"人是最名副其实的政治动物($ζωον πολιτικον$),不仅是一种合群(gesellig)的动物,而且是只有在社会中才能独立(成为个人)的动物。"①(《政治经济学批判》导言)这里所谓社会动物的规定,不用说遵循的是亚里士多德关于人的定义。亚里士多德并非只是将其理解为"族群"(ethnos)或"同伙"(Koinonia),而是确实将之置于"城邦"(polis)②的动物这一规定中来理解人。如众所周知的,人的这一规定在中世纪经院哲学的巨星托马斯·阿奎那那里得到了继承:社会和政治的存在(animal sociale et politicum)。在此意义上,马克思的立言未必是什么特别的观点。*

---

① 参见《马克思恩格斯全集》第 30 卷,人民出版社 1995 年版,第 25 页。《政治经济学批判》导言写于 1857 年 8 月,在马克思生前并没有发表。它是马克思为出版《政治经济学批判》即《1857—1858 年经济学手稿》而撰写的,虽带有未完成的草稿性质,却具有非常重要的意义。关于人是什么,除了马克思引述亚里士多德所谓的"人是天生的社会动物",哲学史上较为著名的论点还有"人是万物的尺度"(普罗泰戈拉),"人,一半是天使,一半是野兽"(《圣经》),"人是能制造劳动工具的动物"(富兰克林),"人是有意识、有理性的实体的东西"(费尔巴哈)。中国先秦时代也有"人者,仁也"(孔子),"有仁、义、礼、智四端者谓之人"(孟子),"人之所以为人者,非特以二足而无毛也,以其有辩也"(荀子)等论述。

② 亚里士多德:《政治学》,吴寿彭译,商务印书馆 1965 年版,1253a5。

＊无须引证古希腊"人是自我反思的动物"①(苏格拉底),"人是没有羽毛两脚直立的动物"(柏拉图)的规定,亚里士多德关于人的定义并未成为通识。在中世纪经院哲学中,人尤其被放在与"上帝"的关系中来理解,托马斯的定义并没有成为主流。但是,希腊时期的人类观等——也因此,伊壁鸠鲁从他的原子论的构想出发思考一种社会契约(συνθήκη)——尽管有个别例外,在近代以前,并不存在将作为个人的个人理解为一般主体的构想。在此意义上,亚里士多德、托马斯的人类—社会观在近代以前可谓默认的一般看法。

这种人的规定,尽管是古代和中世纪的有力的人类观,但是与"近代"的人类观进行交锋,则是马克思自身才明确意识到的。

"被斯密和李嘉图当作出发点的单个的孤立的猎人和渔夫,属于18世纪的缺乏想象力的虚构。这是鲁滨孙一类的故事,这类故事绝不像文化史家想象的那样,仅仅表示对过度文明的反动和要回到被误解了的自然生活中去。同样,卢梭的通过契约来建立天生独立的主体之间的关系和联系的'社会契约'(contrat social),也不是以这种自然主义为基础的。这是假象,只是大大小小的鲁滨孙一类故事所造成的美学上的假象。其实,这是对于16世纪以来就做了准备、而在18世纪大踏步走向成熟的'市民社会'的预感。在这个自由竞争的社会里,单个的人表现为摆脱了自然联系等,而在过去的历史时代,自然联系等使他成为一定的狭隘人群的附属物。这种18世纪的个人,一方面是封建社会形式解体的产物,另一方面是16世纪以来新兴生产力的产物,而在18世纪的预言家看来(斯密和李嘉图还完全以这些预言家为依据),这种个人是曾在过去存在过的理想;在他们看来,这种个人不是历史的结果,而是历史的起点。因为按照他们关于人性的观念,这种合乎自然的个人并不是从历史中产生的,而是由自然造成的。"②(同上)

那么,斯密、卢梭的印象,是对18世纪现实的合理表述吗? 乍一

---

① 此句原话当为"没有经过反思的生活是不值得活的"(The Unexamined Life Is Not Worth Living)。

② 参见《马克思恩格斯全集》第30卷,人民出版社1995年版,第24-25页。

看，就现象而言，确实，马克思说："我们越往前追溯历史，个人就越表现为不独立。"①反过来说，时代越往后，个人就越表现出独立化，乃至表现为"只有到18世纪，在'市民社会'中，社会联系的各种形式，对个人来说，才表现为只是达到他私人目的的手段，才表现为外在的必然性"②。在此意义上，18世纪的表象大体上具有社会历史根据。然而，我们绝不能被这一自在的现象所迷惑。

马克思说："产生这种孤立个人的观点的时代，正是具有迄今为止最发达的社会关系的时代。"③

基于这种省察，在表达过社会动物（ζωονπολιτικον）的观点之后，马克思接着谈道："如果不是巴师夏、凯里和蒲鲁东等人又把这种看法郑重其事地引进最新的经济学中来，这一点本来可以完全不提……"④

已无须更多的引证，马克思有意识地与"18世纪"的人类观及19世纪上半叶经济学亦以之为前提的人类观交锋，规定了人在本质上是社会动物，拒斥我们先前规定的**意义上**的个人主义并进而表明集体主义的观点。

这时，毋庸赘言，马克思并非简单地回归到亚里士多德的人的规定。

那么，马克思的特质在哪里？为了了解这一点，以及确保后续论述的素材，接下来让我们将目光转向《关于费尔巴哈的提纲》的著名段落。

（三）

"费尔巴哈把宗教的本质归结于人的本质。但是，人的本质不是单个人所固有的抽象物，在其现实性上，它是一切社会关系的总和。费尔巴哈没有对这种现实的本质进行批判，因此他不得不：(1)撇开历史的

---

① 参见《马克思恩格斯全集》第30卷，人民出版社1995年版，第25页。
② 《马克思恩格斯全集》第30卷，人民出版社1995年版，第25页。
③ 参见《马克思恩格斯全集》第30卷，人民出版社1995年版，第25页。
④ 《马克思恩格斯全集》第30卷，人民出版社1995年版，第25页。

进程，把宗教感情固定为独立的东西，并假定有一种抽象的——孤立的——人的个体。（2）因此，本质只能被理解为'类'，理解为一种内在的、无声的、把许多个人自然地联系起来的普遍性。因此，费尔巴哈没有看到'宗教感情'本身是社会的产物，而他所分析的抽象的个人，是属于一定的社会形式的。"①

我们不知道这篇著名《提纲》确切的写作经过。但是，当时围绕施蒂纳的"唯一者"和费尔巴哈的"类存在"，马克思、恩格斯和赫斯之间确实交流过意见。个中详情且让与另著《恩格斯论》的相应处所，无论如何，马克思与赫斯、恩格斯一起批判费尔巴哈的人的规定中个人与类的双重化和抽象性——此后立马撤回先前所著《1844年手稿》及《神圣家族》中对费尔巴哈的赞美——转而将人的本质规定为"社会的共同活动""社会关系的总和"。

这种关系主义的人的本质规定，已经远比亚里士多德、托马斯的集体主义激进，并且也远大于他们的范围。

确实，如从古希腊的酒神赞歌所看到的，人是经由两户（θυρα）而降生的。

即第一次是经由肉体的母体所生，第二次是经由城邦（polis）所生才最终成其为人。然而附有限定条件的亚里士多德承认个人的原子（αυτόνομος），托马斯也认为人与人之间的存在性归根结底由"上帝"所决定。在他那里，类似"具有语言的动物"、理性的动物（animal rationale）或"宗教的人"（homo religiosus）这种另一方面的"本质规定"并不依存于人的存在的社会性。马克思在《1844年手稿》中则强调"精神，无论就其内容或就其存在方式来说，都是社会的"②。

——因此，赫斯指出："我们神秘地称之为'精神'的东西，其本质正

---

① 《马克思恩格斯文集》第1卷，人民出版社2009年版，第501页。
② 参见《马克思恩格斯全集》第3卷，人民出版社2002年版，第301页。此处"精神"，中文版原译为"活动和享受"。

是社会的共同活动。"①用《提纲》的话来说,"'宗教感情'本身是社会的产物"。在马克思的集体主义中,人的一切存在性在于"社会关系""共同活动",从原理的层面而言,个体不是原子(αυτόνομος),而是辩证法的动力学的"项"。

马克思的《提纲》第八条所谓"社会生活在本质上是实践的",这种实践(制作),在本原上是交互主观的共同活动(intersubjektive Zusammenwirkung),若允许援引《政治经济学批判》序言的话,是被抛入"人们在自己生活的社会生产中发生的一定的、必然的、不以他们的意志为转移的关系"②,在此意义上,"人们的存在就是他们的现实生活过程"③。

从上述范围来看,马克思已了解"近代"个人主义的意识形态形成的社会历史性的情况,洞察人们存在的极权的(totalistisch)真相,并且不难看出,这不是古代、中世纪的自在的追认,而是将其置于自在自为的关系主义中来把握。但是,为了明确把握马克思的与其说是集体主义(Totalismus)不如说是扬弃了它的关系主义(Relationismus)的内容,接下来姑且追溯马克思与黑格尔主义的对质过程,这不失为一种简便的方法。

第二节　黑格尔学派的人类观及其批判性继承

撇开唯物史观的人类、社会和国家观与德国古典哲学特别是黑格

---

① 参见莫泽斯·赫斯:《赫斯精粹》,邓习议编译,方向红校译,南京大学出版社2010年版,第139页。

② 《马克思恩格斯全集》第31卷,人民出版社1998年版,第412页。《政治经济学批判》序言写于1859年1月,是马克思为《政治经济学批判》第一分册而写的。它叙述了马克思早期转向政治经济学研究的思想发展历程的原因,这对于了解马克思主义思想发展史有重要价值。其关于唯物史观的经典表述,是阐述历史唯物主义原理的主要的文本根据。

③ 《马克思恩格斯文集》第1卷,人民出版社2009年版,第525页。

尔学派的哲学的联系,是无法想象的。因此,这里,我想首先一瞥黑格尔对人的理解的特点及其具有的意义,费尔巴哈的"类存在"这种人的把捉,其内含的问题点及其实现的中介作用,以及有必要暂定的几个论点,再确认马克思恩格斯是如何对其进行继承性批判?

（一）

黑格尔并不只是一个"思辨的人",从青年时代到晚年,他对政治问题、社会问题一贯抱有深切的关心。早期以《关于符腾堡的最近内幕,特别是自治体职员制的缺点》为主的政治论文,作为《班贝格报》编辑的活动,晚年的《关于英国选举法修正法案》的连载论文等,虽说通过这些外在的事实就可以知道这一点,但是透过他的哲学思想的内容本身,我们尤其能够发现作为政论家的黑格尔。在某种意义上,他是通过哲学本身展开其政论的。

黑格尔的人类、社会和国家观,脱离这种"政论"及其背景是无法理解的,从当前思想史的脉络而言,如一般说法所认为的,它是在霍布斯、卢梭和康德的人类、社会思想和德国浪漫主义的民族国家思想的辩证法的综合的基础上形成的。关于他的社会理论和国家理论,笔者准备在别的机会分别稍微详加分析,这里我想以人类观为视角考察必要的论点。题有"人类学"(Anthropologie)字样的章节作为他的体系的一部分,出现在纽伦堡时期的《哲学预备科学》之后,海德堡的《哲学科学百科全书》第三部"精神哲学"即以此为开头。① 这种意义上的人类学,在精神的三大门类即主观精神、客观精神和绝对精神中,主观精神只是占据最低层次的地位,内容也较为贫乏。我们当前关心的,并非这种"人类学"。我们要讨论的问题是,黑格尔在法兰克福时期以来,也受到谢林哲学的影响,很快致力于固有的体系化的"伦理哲学",其中尤其是

---

① 黑格尔:《精神哲学——哲学全书·第三部分》,杨祖陶译,人民出版社 2006年版,第 388－412 页。

"绝对伦理"(absolute Sittlichkeit)的构想。

所谓绝对伦理,与其说是人类,毋宁说更是 totalistisch 的民族、国家。黑格尔最初的构想是以此为古希腊城邦的理念型(Idealtypus),这是辩证地扬弃了知性特殊性和抽象普遍性的具体普遍。

> 民族,在本性上先于个别者。因为个别者不是各自独立自存的,与一切部分一样,他必须与整体形成一种统一。缺乏共同存在的人,或因其独立性而有所匮乏的人,缺失民族的部分,他不是野兽,就是神祇。

当黑格尔这样主张的时候,毋庸赘言,头脑里记着亚里士多德政治学的著名章节,并且是以"民族"(Volk)适应城邦。

根据亚里士多德的构想,"城邦,在本性上则先于个人和家庭。就本性来说,全体必然先于部分;以身体为例,如全身毁伤,则手足也就不成其为手足,脱离了身体的手足同石制的手足无异,这些手足无从发挥其手足的实用,只在含糊的名义上大家仍旧称之为手足而已。我们确认自然生成的城邦先于个人,就因为每一个隔离的个人都不足以自给其生活,必须共同集合于城邦这个整体。凡隔离而自外于城邦的人——或是为世俗所鄙弃而无法获得人类社会组合的便利或因高傲自满而鄙弃世俗的组合的人——他如果不是一只野兽,那就是一位神祇"①。

黑格尔从"整体"先于"部分"这一亚里士多德的构想来思考民族、国家和家庭、个人的关系,但是,他并非要简单回到古希腊的人类—社

---

① 参见亚里士多德:《政治学》,吴寿彭译,商务印书馆 1965 年版,1253a20-25。受亚里士多德"整体先于部分"思想的影响以及基于自身哲学体系自洽性的要求,当个体与民族、国家相冲突时,黑格尔倾向于为了后者而牺牲前者,甚至不惜以"人伦的悲剧"(die Tragdie im Sittlichen)式地实现二者的"全体主义"的统一:"这不外是在人伦中由绝对者不断与自己合演的悲剧。即绝对者总是将自己生成到客观性当中,通过这一形式将自己交给苦恼和死亡,然后再从自己的灰烬中将自己提升到崇高"(韩立新:《从"人伦的悲剧"到"精神"的诞生》,《哲学动态》2013 年第 11 期)。

会观。在那里，隐含着德国浪漫主义的意向——毋宁说，这也是洪堡①、萨维尼②等人认同的当时的德国思想界某种共同的意向。那不单纯是尚古的趣味，而是——暂且撇开彰显真正的个体性这一点——一方面对落后国家德国民族的统一和繁荣的希望，另一方面对先进国家英法的个人主义的曲折批判的体现。

迎来资产阶级革命时期的当时德国思想界，作为对于法国大革命的一种共鸣的表示，其对雅各宾主义的恐怖政治的"绝望"，即使说夜郎自大，也要开始"超越"先进国家的思想。这就有了以康德哲学为顶峰的德国启蒙思想的自我批判。

这种情况是通过"落后国家的思想优势"，扬弃近代资产阶级的个人主义——这是从近代的视角强调人是社会动物，连弗格森③等人也贯彻的观点——回到集体主义(Totalismus)，这是以黑格尔的伦理哲学为典型的当时德国思想界的潮流。

这种思想，还必须"扬弃"新教(Protestantism)个人主义的(individualistisch)人格主义。我们理应通过别的途径考察黑格尔是如何辛苦地回到个体性因素，这里我想提请牢记的是，作为扬弃了抽象的个人和抽象的普遍的"具体的普遍"的绝对伦理，是与后期黑格尔的整个"客观精神"和"绝对精神"相适应的。毋宁说，当时的黑格尔，作为绝对精神的绝对精神(作为上帝的上帝)或许尚处于缺失状态。在此意义上，绝对伦理占有至高的地位。因此有人评价说，黑格尔左派哲学的展开，不过

---

① 威廉·冯·洪堡(Wilhelm von Humboldt, 1767—1835)，德国学者、政治家，柏林洪堡大学的创始人。

② 弗里德里希·卡尔·冯·萨维尼(Friedrich Carl von Savigny, 1779—1861)，德国著名法学家，历史法学派的创始人。

③ 亚当·弗格森(Adam Ferguson, 1723—1816)，18世纪苏格兰启蒙思想家，著有《市民社会史论》《道德哲学的构成》等。弗格森从人具有自我保存、联盟和纷争这三种天性出发，提出市民社会和政府源于不同群体间的战争或竞争。他最早提出"文明"(civilization)一词，其"文明社会"(civil society)概念被黑格尔发展为"市民社会"(Burgerliche Gesellschaft)的理论，而马克思则吸收了他关于劳动分工的思想。(参见亚当·弗格森:《文明社会史论》，林本椿、王绍祥译，浙江大学出版社2010年版)

是鼻祖黑格尔本人在青年时代曾经历的足迹的再次追溯而已,对于伦理哲学时期的黑格尔来说,作为绝对伦理的人就是"上帝"——后期作为"实体即主体""主体即实体"的绝对精神,就是早期作为伦理的"人"。

在黑格尔最终的体系中,众所周知,"主体即实体"回到了"上帝"的地位。虽说从黑格尔左派的展开来看,无非是作为伦理的人被抬高到"上帝"的地位,作为伦理的人被抬高到神性的"主体即实体"(Subjekt＝Substanz)的地位。

这样,近代个人主义以人格个体作为一般主体即实体(subjectum＝substance),与此相对,黑格尔开辟了以总体(Totalität)的绝对伦理这一意义上的"人"为"主体即实体"(Subjekt＝Substanz)、"实体即主体"(Substanz＝Subjekt)的道路。

(二)

施特劳斯及鲍威尔等人对"黑格尔宗教哲学"的批判性继承,其实不过是黑格尔自己的早期思想的追认,甚至连费尔巴哈的人类学也未能避免其片面性,却孕育着早期马克思恩格斯所理解的费尔巴哈思想的新契机。

虽说黑格尔是要回到集体主义,但是"绝对伦理是民族的纯粹(即脱离肉体的自由的)精神",无论黑格尔的"精神"是如何现实、具体的,这终究不能超越"理性哲学"的立场。费尔巴哈的《关于哲学改造的临时纲要》揭穿了"黑格尔的绝对精神不是别的,只是抽象的、与自己分离了的所谓有限精神"[①],其《未来哲学原理》甚至主张"肉体总体就是我的'自我',我的本质本身"[②]。"新哲学的主体……不是抽象的理性,而是人的现实的、总体的本质。"他从感性的、自然存在的人的立场,强调

[①] 费尔巴哈:《关于哲学改造的临时纲要》,洪潜译,生活·读书·新知三联书店1958年版,第4页。

[②] 参见费尔巴哈:《未来哲学原理》,洪谦译,生活·读书·新知三联书店1955年版,第60页。

"新哲学将人连同作为人的基础的自然当作哲学的唯一的,普遍的,最高的对象——因而也将人本学连同生理学当作普遍的科学"①。

但是,费尔巴哈的现实的"人",不单是自然存在的个体。他所谓的人是"类存在"。

何谓"类存在"?费尔巴哈的这个概念颇为模糊。不过,我们可以从三个特点来理解。

第一,既是个人的存在也是类存在。这种说法似乎有点神秘,费尔巴哈自学位论文以来一直主张"我只要进行思维,我就不是作为个人,而是作为类存在的人"。"在思维中,我自身之中有他人存在。我自身同时是我和你。而且,不是作为被限定的特定个人的你,而是作为'你'一般,即作为类的你。"《基督教的本质》又重申同样的思想。

"动物只有单一的生活,而人具有双重的生活。在动物,内在生活跟外在生活合而为一,而人既有内在生活,又有外在生活。人的内在生活,是与他的类、他的本质发生关系的生活。人思维,其实就是人跟自己本人交谈、讲话。没有外在的另一个个体,动物就不能行使类的职能;而人,即使没有另一个人,仍旧能够行使思维、讲话这种类的职能,因为,思维、讲话是真正的类的职能。人本身,既是'我',又是'你';他能够将自己假设为别人,这正是因为他不仅把自己的个体性当作对象,而且也把自己的类、自己的本质当作对象。"②

第二,以"类"为对象的自在存在。费尔巴哈在《未来哲学原理》中写道:"一个实体是什么,只有从它的对象中去认识,一个实体必须牵涉到的对象,不是别的东西,只是它自己的明显的本质。"③动物即使能够对象性地意识到个别的他者,猎狗也不可能意识到它的"猎狗"的"类"。

---

① 费尔巴哈:《未来哲学原理》,洪谦译,生活·读书·新知三联书店1955年版,第77页。
② 费尔巴哈:《基督教的本质》,荣震华译,商务印书馆1984年版,第30页。
③ 费尔巴哈:《未来哲学原理》,洪谦译,生活·读书·新知三联书店1955年版,第8页。

人,并且只有人,才能够对象性地意识到自己的"类"。在此意义上,人"既是类存在,也是自觉(意识)的存在"。在他看来,作为思维的思维,以普遍、类为对象,是就如下含义而言:"不会思维的东西不是人。但是,思维不是原因,思维是人的本性的必然结果和性质。"即人的本质,在于对象性地意识到自己的类。

第三,具有类的共同性的存在。《未来哲学原理》尤其强调的一点是,"孤立的、个别的人,不管是作为道德实体或作为思维实体,都未具备人的本质。人的本质只是包含于共同性(Gemeinschaft,相互作用)之中,包含于人与人的统一之中,但是这个统一只是建立在'我'和'你'的区别的实在性上面的"①,不是思辨性的抽象"反思规定",具有现实的"爱"的统一的含义。无须忆起"类"(Gattung)的语源学意义,也无须忆起"'柏拉图式的爱情'(Platonic love)不会生育小孩。这是唯心论与唯物论的分歧"这种有点高级的吸引人的句子(catch phrase),这里所谓的共同性(Gemeinschaft),意味着现实的类的统一。

通过在意义上来把握作为自然的、类存在的人,费尔巴哈赋予被黑格尔的"伦理哲学"的"整体"所埋没的"个人"的环节以应有的地位,开拓了形而下地把握人的存在的道路。但是,费尔巴哈的人的规定,使得黑格尔哲学的个人与类、存在与本质的高度统一呈现不稳定状态。以他人为驿站,个人与类出现二极的分歧。

作为"虽然存在于人之中,但存在于个别的人之上的上帝的三位一体",费尔巴哈提出了"理性、爱和意志力的统一",这种"人的绝对本质"的自我异化态不过是基督教的"上帝",他高唱"人是人的上帝"(homo homini Deus est)。

但是,作为这种"类本质"的"人",用施蒂纳的话来说,并非肉体性个体的"我"。费尔巴哈本人在回应鲍威尔的批评时,强调"人的本质与

---

① 费尔巴哈:《未来哲学原理》,洪谦译,生活·读书·新知三联书店1955年版,第79页。

人自身的同一性",用施蒂纳的话来说,他"割裂了本质的自我和非本质的自我"①,并将前者"神格化"②。虽说与"类存在"的第一个特点有着特别的关系,但是无论如何,施蒂纳强调,"我是高于一切的"③,"我是一般的'你'的类。费尔巴哈所谓的"类本质"不过是"幽灵"。费尔巴哈拒斥"类"的"旧的实体化",就这样推出了从作为个体的个体的立场出发的理论(典型的施蒂纳)。

可是,另一方面,从批判费尔巴哈的类存在不是真正的主体即实体,将"类存在"重新解释为辩证法的自我活动的主体即实体这个方向来看也是成立的。之所以批判费尔巴哈缺乏辩证法,是因为他坚持"上帝""国家"是人的本质的自我异化态,但无法说明它是如何历史地形成的。如所看到的那样,在"类存在"的第二个特点中,他把"类"对象化,论证这属于人的本性。确实,通过这一点,关于"上帝",只要那是意识中的对象化,就能够得到大致的说明。但是,关于国家以及其他历史性形象的现实性异化,则无论如何也无法说明。这里,就产生了不仅仅是在意识中将类存在的第二个特点对象化,而且还在与对象的能动性关系中,重新解释为客体化的主体性,辩证法的自己展开的主体即实体的计划(在一个时期,也为马克思所采纳)。

就"类存在"规定的第三个特点而言,也可以进行重释性继承。费尔巴哈所谓的"共同性",虽说确实具有"基于我和你的不同实在性""爱的统一"的现实性、具体性,但在某种意义上反而比黑格尔更具抽象性、片面性。黑格尔的伦理,尽管是在思辨的框架内,将家庭、市民社会和国家的具体的历史性定在纳入范围,黑格尔的"作为我的我们,作为我

---

① 参见麦克斯·施蒂纳:《唯一者及其所有物》,金海民译,商务印书馆1989年版,第33页。

② "神格",神的位格。在基督教教义中,圣父、圣子、圣灵是上帝的三个位格。有位格的生命有四种:人、天使、魔鬼和上帝。前三种是被造的位格,上帝是创造的位格。

③ 麦克斯·施蒂纳:《唯一者及其所有物》,金海民译,商务印书馆1989年版,第5页。

们的我"的规定,伦理实体的理论,具有"社会哲学"的具体内容。可是,费尔巴哈的"类存在",不包含具体的社会关系。这里,只是替换为"理性、爱和意志力",由此出现从社会的"共同活动"重新解释为"共同性"的类存在的动向(始于赫斯)。

通过辩证地扬弃这些以费尔巴哈的"类存在"的人的理解为中介点的动向,确立了马克思主义的人类观。

(三)

马克思,恩格斯亦然,没有成为名副其实的费尔巴哈的学生。马克思对费尔巴哈表达的强烈共鸣,是从1843年退出《莱茵报》之后,费尔巴哈公开出版《关于哲学改造的临时纲要》及《未来哲学原理》开始的。并且,即使在这时,马克思也流露出对"他强调自然过多而强调政治太少"[1]的不满,一开始就与之保持一定的距离。

特别是在人类—社会观这个问题上,马克思从黑格尔法哲学的直接弟子出发——或从前辈布鲁诺·鲍威尔之流解释的黑格尔哲学出发,他所受的费尔巴哈影响,不过是他自身内在思想展开的一个转折点。虽说,这个转折点具有的意义绝不算小。

马克思从鲍威尔之流的普遍自我意识的观点出发,用费尔巴哈的解释来说,与思维、理性是从我和"你"("类"、一般)的统一这种层面出发相通的。当然,在黑格尔与费尔巴哈之间可以说出各种理由,当时鲍威尔、马克思的"自我意识的哲学",与费尔巴哈的构想比较,相对于个别而言,重点放在普遍一侧,存在将普遍的自我意识实体化的倾向。虽说如此,不用等那时黑格尔在柏林对"后期"谢林的公开批判,也不用等非要通过费尔巴哈的中介,当时,正是个别与类、存在与本质的统一这种黑格尔派的默认的大前提最终崩溃的时候,对马克思恩格斯来说,已面临不可能再以个别与类、存在与本质的统一这种以往的方法为前提

---

[1] 《马克思恩格斯全集》第47卷,人民出版社2004年版,第53页。

的局面。

　　一般认为，马克思以《莱茵报》时期实际看到的摩泽尔地方农民的实情和犹太人问题为契机——但无论如何，他早就认识到自在自为地实现作为个人的人和作为类的人的统一的一定的社会历史条件——那就是《黑格尔法哲学批判》中的"民主制"，《德法年鉴》的两篇论文中的"人类解放"——非历史地处理个人与类的统一难免陷入知性的抽象的境地。但是，对他来说，确实是在阐明这种个人与类的历史性统一的场面中，毋宁暂且采取将作为"类"的人实体化的逻辑。

　　关于这当中的情况，由于已通过其他机会有所涉及，此处就停留于臆测吧，1844年时的马克思从社会批判的层面沿用费尔巴哈的宗教批判逻辑，描绘了作为"类存在"的人的自我异化和自我回归的过程的人类史，设定了共产主义是"人"的自我回归，是个人与类、存在与本质的自在自为的统一的实现，是以此为志向的运动。这时，对马克思来说，由于完全借用费尔巴哈关于人的理解难以担当辩证法的动力学——因此仿效将与当时兴起的古典经济学的研究相联系的"人"作为自我活动、劳动主体来把握的赫斯而对人进行重新解释，但无论如何，是以费尔巴哈的"类存在"为主体即实体的。

　　《1844年手稿》中的马克思写道：

　　　　人直接的是自然存在物……而且作为有生命的自然存在物……但是，人不仅仅是自然存在物，而且是人的自然存在物，就是说，是自为地存在着的存在物，因而是类存在物……正像一切自然物必须形成一样，人也有自己的形成过程即历史，但历史对人来说是被认识到的历史，因而它作为形成过程是一种有意识地扬弃自身的形成过程。历史是人的真正的自然史。①

---

① 《马克思恩格斯全集》第3卷，人民出版社2002年版，第324-326页。

即便通过将这样的"人"理解为历史的自我形象,马克思的《1844年手稿》也已经自在地超越了费尔巴哈的"人类学",但是,这时候与其说是采取积极的立言,毋宁说是抱持领会的姿态,甚至给予"创立了**真正的唯物主义**和**实在的科学**,因为费尔巴哈也使'人与人之间的'社会关系成了理论的基本原则"①的评价。

确实,费尔巴哈谈到"人的本质只是包含于共同体(Gemeinschaft)之中,包含于人与人的统一之中"②。马克思在《卢格评注》及其他地方也引用过这番话,但是,费尔巴哈的 Gemeinschaft(共同体)并不包含具体的现实的社会关系。而且,它实际上缺乏历史的生成逻辑。

回过头看,与黑格尔的向度(Vektor)相反,费尔巴哈的"类"是基于"我—你"这种"个体"的构想。他从"基督徒所理解的神性"来理解个体的类。因此,霍布斯是在某种特殊的文脉中,很快论述了人应该"从自己的内心进行了解而不是去了解这个或那个个别的人,是要了解全人类(mankind)"③,卢梭也在"特殊意志"和"全体意志"的区别中,阐述了众所周知的"普遍意志"(volonté générale,公意),当费尔巴哈从"作为个人的人"来考察"类本质"时,在此意义上,不能不说与霍布斯和卢梭他们并没有什么不同。实际上,"类存在"(Gattungswesen)一词,康德已有使用,《历史理性批判》中的用法可以说明显与作为卢梭的"普遍意志"的康德译语的 Gemeinwille(共同意志)相即不离。④ 原本经过德国

---

① 《马克思恩格斯全集》第3卷,人民出版社2002年版,第314页。
② 费尔巴哈:《未来哲学原理》,洪谦译,生活·读书·新知三联书店1955年版,第79页。此处"共同性"(Gemeinschaft)一词,原译为"团体"。1844年8月11日,马克思致费尔巴哈的信写道:"您的《未来哲学》和《信仰的本质》尽管篇幅不大,但它们的意义,却无论如何要超过目前德国的全部著作。在这两部著作中,您(我不知道是否有意地)给社会主义提供了哲学基础,而共产主义者也就立刻这样理解了您的著作。建立在人们的现实差别基础上的人与人的统一,从抽象的天上降到现实的地上的人类这一概念。如果不是社会这一概念,那是什么呢?"(《马克思恩格斯全集》第47卷,人民出版社2004年版,第73—74页)
③ 霍布斯:《利维坦》,黎思复、黎廷弼译,商务印书馆1985年版,第163页。
④ 参见卢梭:《社会契约论》,商务印书馆2003年版,第35—37页;康德:《历史理性批判文集》,商务印书馆1990年版,第125页。

浪漫主义和黑格尔的中介的费尔巴哈的"类存在"不同于卢梭、康德的Gattungswesen(类存在)的层次。虽说如此，强调个体的立场，并定位于论证"类本质"的费尔巴哈的姿态，却出乎意料地接近卢梭、康德的启蒙主义的人类观。

这种"类本质"，即使在被当作"理性、意志和心情"的场合，在近代的人类观方面，既不是古代的心的能力，也不是中世纪的上帝的性质，而是作为人格的"共同性"的内容。但是，在此意义上，归根结底，如马克思在《关于费尔巴哈的提纲》中所批评的，他把类本质"理解为一种内在的、无声的、把许多个人自然地联系起来的普遍性"①。

在这一点上，拒斥费尔巴哈的"类"的马克思——从上述情况来看，这同时也具有自在地批判"近代"的人类观的共同性(isomorphism)的意义——现在撤回曾经对"类存在"这种人的规定的**重新**解释的赞同*，从与赫斯相同的视角批判费尔巴哈的人的规定。

* 这并不意味着马克思以后在《政治经济学批判大纲》等著作中不再使用"Gattungswesen"一词，它只具有"Stammwesen"的意义。

赫斯说：

> 费尔巴哈通过"现实"的人这种说法，理解市民社会的被个别化的人……另一方面，他预见社会的人(Gesellschaftsmensch)，"类的人"(Gattungsmensch)，"人的本质"，并且这种本质，确实将其设想为存在于认识的个人当中。类的人之所以成为现实的人，只因为这是一切的人能够陶冶自己，都能够发挥自己的能力的社会，即那是一切的人都能够实证自己的社会。② 所谓类本质，即是个人的社会性共同活动。③

---

① 《马克思恩格斯文集》第 1 卷，人民出版社 2009 年版，第 501 页。
② 莫泽斯·赫斯：《赫斯精粹》，邓习议编译，方向红校译，南京大学出版社 2010 年版，第 187 页。
③ 莫泽斯·赫斯：《赫斯精粹》，邓习议编译，方向红校译，南京大学出版社 2010 年版，第 139 页。

继承莫泽斯·赫斯的这一观点,马克思从社会历史的总体性来把握人的本质。上一节所考察的《关于费尔巴哈的提纲》的论断,其实不过是象征性地告知这一变化,从这里开始,奠定了"社会关系的总和"这一出色的马克思式的人的理解的基石。

第三节　马克思主义人类观的特点与人类革命的问题

马克思恩格斯通过与德意志意识形态即黑格尔左派哲学以及社会主义版的"真正社会主义"的交锋,具体地建构了特有的人类观、社会观。这里我想涉及其中一部分的一系列问题,考察他们如何扬弃支撑黑格尔的集体主义的"具体的普遍",以何种自我规定性设定唯物史观的人类观的个体性因素和总体性,另外,马克思主义与成为法国唯物论之难题的社会变革和人类变革的问题具有什么内在联系,并将《资本论》及其他后期著作也一并纳入视野。

(一)

马克思恩格斯在 1845 年开始写作有前辈赫斯参与的以"对费尔巴哈、布·鲍威尔和施蒂纳所代表的现代德国哲学以及各式各样先知所代表的德国社会主义的批判"为副标题的合著《德意志意识形态》的时候,他们之间还存在观点不一致的地方。上一年的秋天,围绕施蒂纳的《唯一者及其所有物》提出的人的理解的问题,恩格斯与马克思之间几乎产生了颇为明确的观点的对立(参照 1845 年 1 月 20 日的信①),这在《德意志意识形态》的内部也可看到那种痕迹。但是,关于诸如此类的问题且让与别的著作,这里我想仅仅一瞥其轮廓。

《德意志意识形态》中的马克思恩格斯从"现实中的个人"——在此

---

① 《马克思恩格斯全集》第 47 卷,人民出版社 2004 年版,第 334 - 340 页。

意义上,是从与相对于费尔巴哈的施蒂纳的反题相同的视角——出发。现实的"需要吃喝住穿"①的身体的个人,即"这些个人是从事活动的,进行物质生产的,因而是在一定的物质的、不受他们任意支配的界限、前提和条件下活动着的"②,这一"理解"的个人的成为马克思恩格斯的视角。

这一"理解"的个人,已经既不是施蒂纳式的"存在",也不只是作为技术人(homo faber)的人。原本,马克思恩格斯并不否认人作为技术人(homo faber)的事实本身。问题是,该活动、劳动的社会的规定性。费尔巴哈说,所谓人就在于他吃的方面(Was-man-ist, das-man-ist),问题是食物的社会生产的存在论规定。

马克思恩格斯说:"个人怎样表现自己的生命,他们自己就是怎样。因此,他们是什么样的(was sie sind,他们的本质),这同他们的生产是一致的——既和他们生产什么一致,又和他们怎样生产一致。"③

但是,这种生产的方法,绝非仅凭个人的意愿。它一开始就是社会性活动,"共同活动"(Zusammenwirkung),而且"历史的每一阶段都遇到一定的物质结果,一定的生产力总和,人对自然以及个人之间历史地形成的关系,都遇到前一代传给后一代的大量生产力、资金和环境,尽管一方面这些生产力、资金和环境为新的一代所改变,但另一方面,它们也预先规定新的一代本身的生活条件,使它得到一定的发展和具有特殊的性质"。④ 这种活动、生产的方法,也受自然条件的制约,现实的自然的本身已是"历史的自然""工业和社会状况的产物"。并且,使生产活动成为可能的"身体条件"——这需要在别的文章中另作主题性探究——同样是历史的社会的产物,若援引《自然辩证法》的话来说,"手

---

① 《马克思恩格斯文集》第 1 卷,人民出版社 2009 年版,第 531 页。
② 《马克思恩格斯文集》第 1 卷,人民出版社 2009 年版,第 524 页。
③ 参见《马克思恩格斯文集》第 1 卷,人民出版社 2009 年版,第 520 页。
④ 《马克思恩格斯文集》第 1 卷,人民出版社 2009 年版,第 544-545 页。

不仅是劳动的器官,它还是劳动的产物"①。

这样,人们"生产什么和怎样生产"即"人的本质"的条件,一开始就是由社会的、生产的历史关系所决定的。

通过定位于生命的物质生产,马克思恩格斯现在得以开拓新的视角。确实,他们在《1844年手稿》中也认为黑格尔的"伟大之处"在于,"黑格尔把人的自我产生看作一个过程,把对象化看作非对象化,看作外化和这种外化的扬弃;可见,他抓住了劳动的本质,把对象性的人、现实的因而是真正的人理解为他自己的劳动的结果"②。马克思暗示了这一遗产。但是,对这种"主体—客体"的辩证性的劳动,《德意志意识形态》也做了"劳动是从关于人和自然界的纯粹抽象的观念中构想出来的,因此,用来给劳动下定义的方法既适合于而又不适合于劳动发展的一切阶段"③的批判(自我批判)。

确实,《1844年手稿》也沿着费尔巴哈、赫斯作有如下表述:

> 个体是社会存在物。因此,他的生命表现,即使不采取共同的、同其他人一起完成的生命表现这种直接形式,也是社会生活的表现和确证。人的个体生活和类生活并不是各不相同的……人是一个特殊的个体,并且正是他的特殊性使他成为一个个体,成为一个现实的、单个的社会存在物,同样,他也是总体,观念的总体,被思考和被感知的社会的自为的主体存在,正如他在现实中既作为对社会存在的直观和现实享受而存在,又作为人的生命表现的总体而存在一样。④

但是,在《1844年手稿》中,所谓"人的个体生活和类生活并不是各不相同的"、"个体是社会存在物",其实质内容又是为何如此,尚未

---

① 《马克思恩格斯全集》第26卷,人民出版社2014年版,第761页。
② 《马克思恩格斯全集》第3卷,人民出版社2002年版,第320页。
③ 《马克思恩格斯全集》第3卷,人民出版社1956年版,第570页。
④ 《马克思恩格斯全集》第3卷,人民出版社2002年版,第302页。

明确。

而在《德意志意识形态》中,现在,定位于作为自在的分工、共同活动的"生产",能够弥补该论点。总之,"生产确实是类的行为",对动物来说,"用什么生产"大致是以它们所属的种为根本方法,由自然所决定;与此相反,对人而言,"用什么生产"却确实由历史的社会的总体性所规定。*

* 这样,《德意志意识形态》是从物质性的生命生产的社会关系及人的实践(Practice)的现实的具体的存在方式规定人的本质。因而,离开人的 Wie-Sein 就无法理解 Was-Sein als solches。接着针对费尔巴哈做了如下的批判。

"诚然,费尔巴哈与'纯粹的'唯物主义者相比有很大的优点:他承认人也是'感性对象'。但是,(他把人只看作'感性对象',而不是'感性活动',因为)他在这里也仍然停留在理论领域,没有从人们现有的社会联系,从那些使人们成为现在这种样子的周围生活条件来观察人们——这一点且不说,他还从来没有看到现实存在着的、活动的人,而是停留于抽象的'人',并且仅仅限于在感情范围内承认'现实的、单个的、肉体的人',也就是说,(除了爱与友情,而且是理想化了的爱与友情以外,)他不知道'人与人之间'还有什么其他的'人的关系'"①——括号中的内容是马克思后来插入的文字。这段文章见于恩格斯现存的原文底稿第3页。

《雇佣劳动与资本》又马上写道:"人们在生产中不仅仅影响自然界,而且也互相影响。他们只有以一定的方式共同活动和互相交换其活动,才能进行生产。为了进行生产,人们相互之间便发生一定的联系和关系;只有在这些社会联系和社会关系的范围内,才会有他们对自然界的影响,才会有生产。"②并且,若援引《政治经济学批判大纲》的表述,"没有过去的、积累的劳动,哪怕这种劳动不过是由于反复操作而积聚在野蛮人手上的技巧,任何生产都不可能"③。确实,生产以及生产中的生命表现的方式,即使不是"与他人一同进行名副其实的合作",那

---

① 《马克思恩格斯文集》第1卷,人民出版社2009年版,第530页。
② 《马克思恩格斯文集》第1卷,人民出版社2009年版,第724页。
③ 《马克思恩格斯全集》第30卷,人民出版社1995年版,第26页。

也自在地已是社会历史性的共同活动主体化,类的共同活动。

人就是这种含义上的实践的存在(ἕκαστον ως πραξς),而且,这种实践(praxis)一开始就是交互主观性的共同活动(intersubjektives Zusammenwirken)。

但是,马克思恩格斯并非一概否认"智人"(homo sapiens)这种规定。问题在于,智慧以及意识,一开始就是社会的产物的洞见。

即使撇开《资本论》中关于"蜘蛛和蜜蜂的活动"①与人类劳动的区别的著名论述,恩格斯亦在《自然辩证法》中谈及动物的进化、系统的发生,"在这些脊椎动物中,最后又发展出这样一种脊椎动物,在它身上自然界获得了自我意识,这就是人"②,将"意识"看作人的标志。关于这一点,《德意志意识形态》也认为"可以根据意识、宗教或随便别的什么来区别人和动物"③。

但是,所谓意识、精神,原本是什么? 为何将人称作"智人"(homo sapiens)抑或"宗教的人"(homo religiosus)?

费尔巴哈说,人"由于是类存在故而是意识的存在"④;赫斯说,"精神是各个个人的社会的共同活动"⑤。

马克思恩格斯则进一步主张"意识一开始就是社会的产物"⑥(von vornherein schon ein gesellschaftliches Produkt)。

费尔巴哈阐明了在思维中"我是'你'一般=类",意识的超人称性,在马克思恩格斯看来,不仅思想内容(Gedanke),而且思维作用

---

① 参见《马克思恩格斯全集》第44卷,人民出版社2001年版,第208页。
② 参见《马克思恩格斯全集》第26卷,人民出版社2014年版,第478页。
③ 《马克思恩格斯文集》第1卷,人民出版社2009年版,第519页。参见广松涉编注:《文献学语境中的〈德意志意识形态〉》,彭曦译,南京大学出版社2009年版,第20页。
④ 参见费尔巴哈:《关于哲学改造的临时纲要》,洪潜译,生活·读书·新知三联书店1958年版,第9页。
⑤ 参见莫泽斯·赫斯:《赫斯精粹》,邓习议编译,方向红校译,南京大学出版社2010年版,第139页。
⑥ 《马克思恩格斯文集》第1卷,人民出版社2009年版,第533页。

(Denken)本身,是"人们物质行动的直接产物"①,意识作用本身一开始就是历史的社会的共同主观性;并且"不管是人们的'内在本性',或者是人们对这种本性的'意识',即他们的'理性',向来都是历史的产物……他们的'内在本性'也是与这种'外界的强制'相适应的"②。

马克思恩格斯说,人具有意识,"但是这种意识并非开始就是'纯粹的'意识。'精神'从一开始就很倒霉,受到物质的'纠缠',物质在这里表现为振动着的空气层、声音,简言之,即语言"③。《精神现象学》期间的黑格尔,认为语言和劳动是"意识"的存在方式,在马克思恩格斯看来,"语言是一种实践的,既为别人存在因而也为我自身而存在的,现实的意识"④。

这样,意识、精神,一开始就是共同主观性的历史的社会的产物(Gebilde),人之所以能够成为智人(homo sapiens)、理性的动物(animal rationale),在于人是政治的动物(Zoon Politikon),具有语言的动物。

这样,唯物史观一开始就将人的整个存在——"近代"的人类观至少也包含对个体的、人称性思考的意识作用——放在历史的社会的被规定性中来把握,一开始就将人的存在及其意识置于交互主观性(Intersubjektivität)中来理解。

如上所述,马克思恩格斯综合了费尔巴哈关于人的理解的作为驿站的三个分离的向度(Vektor),通过将人理解为活动的主体,不是将"类"实体化而是定位于现实的个人,不是仅仅把身体的个人置于爱的共同体而是放在物质生产的共同活动来把握,构筑了从交互主观性的共同活动(intersubjektives Zusammenwirken)来理解人的存在的作为"具体的普遍"的"新"唯物论的人类观。

---

① 《马克思恩格斯文集》第1卷,人民出版社2009年版,第524页。
② 《马克思恩格斯全集》第3卷,人民出版社1956年版,第567-568页。
③ 《马克思恩格斯文集》第1卷,人民出版社2009年版,第533页。
④ 《马克思恩格斯文集》第1卷,人民出版社2009年版,第533页。

(二)

唯物史观从本原的交互主观性（Intersubjektivität）来把握人的存在，这岂不是取消了人的个性和"人格性"？让我们一面惦记这个问题，一面把握唯物史观关于人的个体性和总体性的论述。

首先用一句通俗的话来说，即使猎狗和猿猴，不，即使存在者也是一般，在其类的范围内具有"自然"的个性和"存在"——不过，是传统意义上的 existentia 实存。就人而言，并且"兼具"历史的社会的形成的个体性。例如，毛泽东、海伦·凯勒这种人物的个性，不仅具有生物学、种族和生理的特质等因素，而且是在社会历史性的环境"之内—存在"所形成的，如果他们出生在不同的时代、不同的社会，也就应该有着不同的"个性"。当然，如经常所指出的，即使出生在同一个时代、同一个社会，由于人们的"个性"是不同的，因此不能把一切归结于"环境"。可是，所谓"同样的环境"只是知性的抽象化，人们必须围绕现实的环境条件，对其各不相同的"个性"进行自为化。在常识的层面，即使可以说人的个性是"自然因素"与"历史环境"的合作，倘若从机械论的构想，割裂到哪里为止是"自然""先天"的东西，从哪里开始是"社会""后天"的东西这两者的关系，在原理的层面上是毫无意义的。人格（Personality）、个性（individuality）这种辩证法的总体性本身，在本质上是社会的产物。

为了阐明这当中的情况，以及回答前面提出的问题，我想再稍微拓展一下讨论的范围。

一句话，即使近代的人类观，也往往严格区别为"18 世纪的人类观"和"19 世纪的人类观"。的确，基于浪漫主义和黑格尔的不同语境——根据所取视角的不同，也有基于后期谢林和克尔凯郭尔的不同语境——人的本质性和个体性的关系，产生了某种变位。

启蒙主义的人类观，如尤其从卢梭、康德那里所典型地看到的那样，在浪漫主义之前，通过赋予担负人的"平等性""共同性"的人性

(human nature)以可谓个人的共同核心的普遍本质——这像是有着"自然人"的表象的"睿智体"(Intelligsz),犹如设想有一种作为角马的人——强调人的同构的实体性(isomorphie Substantialität)。作为个体性的个体性毋宁说是偶有的东西的现实个人的共同本质的一个外延。在那里,虽然人未必被作为与其他存在(例如,动物和植物等)同列的客体存在来对待,但从逻辑和向度(Vektor)上而言,"人的本质"与"狗的本质""物的本质"等一样,可以思考作为该群体个体的"共同基本性质的总和"是什么(das Was, the what)。

相对于这种可谓"客体"把握的"人的本质"及"抽象的普遍",浪漫主义和黑格尔则以"生动的具体的普遍"为反题。这里,"类",不仅是"共同的本质",而且表现为诸个体的总体性。个人,不是以"共同的本质特征"为归属,而是确实以"作为总体性的类"为归属。这里,个性,已不是单纯的偶有,个体,确实是通过具体的方法以总体性为归属的事物,生动的主体(lebendiges Subjekt)变为生动的本质。通过这一点,本质(实体)成为主体,人的本质的观察方向转向了"真正的主体性"。

对黑格尔来说,只能通过思辨的形而上学的方法来说明这种"具体的普遍"与"个体"的关系,但是,无论如何,他提出了可谓取代自卢梭、康德以来的传统的"普遍—个体"关系的新视角。

紧接着这种"浪漫主义的反动"——如上所述,这绝不是简单的反动——之后,出现了如已看到的与黑格尔左派的人类观相并列的另一个系谱克尔凯郭尔。

"19世纪的人类观",乃是从对"类即个体""本质即存在"这种黑格尔式的理解的批判出发的,即个体依然是在其类本质中加以把握的,无法把握真正的个体性、存在及其主体性。不仅存在主义哲学,出自新康德学派的后期那托普(Paul Natorp)等也有同样的观点,这种人类观,不在于以往的"人的本质",而在于突出存在的个体性。这里我们不想深入探讨诸如前近代的人崩溃的共同存在的反映,资产阶级社会的原子式的反映,对资本主义造成的人的均质化的叛逆这一类问题,这种说法对个体性的强调未必意味着对那种"共同性"的否认,这是应该留意的。19世纪的历史的现实,曾经的启蒙时期毋宁说是理想的(ideal)人的"共同性",已成为"日常的现实"。这种说法,既是对现实的片面排斥,也扩展了曾经偶有的个体性特性,以及人作为人的存在和价值。而且,越来越剥离社会的实体性,由此也越来越凸显人的实体性(Substantialität)。

应该注意的是,"19世纪的人类观"的人,即使不是技术人(homo faber),也依然作为近代的智人(homo sapiens)。这一点,贯穿于从发出"人是精神。但精神是什么呢?精神是自我"①之绝唱的克尔凯郭尔,到所谓"烦"(Sorge)终究是人的意识的根本规定的海德格尔,以及固守着"我思"(cogito)的萨特。[在此意义上,发出"人在宇宙中的地位"②(Stellung des Menschen in Kosmos)之问,答曰终究是"精神"的"哲学人类学"的马克斯·舍勒等亦然。]因此,这种人类观、个性,与其说被凝缩为"意识"的个性,毋宁说是被矮化了。人的个性,归根结底,被归结为意识的个性(Persönlichkeit,人称性)。

这样,"19世纪的人类观"——开始取得市民权的本世纪,实际上是20世纪的人类观——是本章第一节第一小节所设定意义上的"个人主义",即处于与"集体主义"相对的"个人主义"的范围,无论从哪个特征来看,本质上都没有超越这一范围。这种人类观,充其量停留于拒斥抽象的普遍,并且在多数情况下,依然自在地以作为智人(homo sapiens)的"共同性"和相对于社会的人的实体性(Substantialität)为默认的前提。

什么是马克思主义的人类观?唯物史观如何处理总体性和个体性,我们现在可以将这个问题纳入议题,并顺便讨论前面提出的马克思主义中的人的人格性和个体性的问题。

唯物史观辩证地继承了黑格尔的"具体的普遍"。如上所述,黑格

---

① 克尔凯郭尔:《致死的疾病》,张祥龙、王建军译,中国工人出版社1997年版,第9页。

② 马克斯·舍勒:《人在宇宙中的地位》,李伯杰译,贵州人民出版社1989年版。

尔只是通过形而上学的方法阐述了具体的普遍。从费尔巴哈继承黑格尔，着力避免其形而上学的妄言来说，有着将类存在的向度（Vektor）转向启蒙思想的抽象的普遍的方向的遗憾。

这里——若不忌重复的话——产生了批判"将我们割裂为本质的自我和非本质的自我……区分为本质的自我的类、人类、理性和非本质的自我的现实自我、个别自我的费尔巴哈的抽象性和不彻底性"①的彻底"存在的唯一者"麦克斯·施蒂纳的企图。与此相对，另一方面，莫泽斯·赫斯和马克思通过使之再次朝"具体的普遍"的向度（Vektor）逆转，拯救了黑格尔的积极方面。唯物史观中的个体性和总体性，必须从前面考察的这一向度（Vektor）来理解。

黑格尔在《小逻辑》中说："普遍性，并非一种包含个体事物的外在纽带。""普遍性是个体事物的**实体**。譬如，我们试就卡尤斯、提图斯、森普罗尼乌斯以及一个城市或地区里别的居民来看，那么他们全体都是人，并不仅是因为他们有某些共同的东西，而且是因为他们同属一类或具有共性。要是这些个体的人没有**类**或**共性**，他们就会全部失掉其存在了。反之，那种只是表面的所谓普遍性，便与这里所讲的类或共性大不相同……个体的人之所以特别是一个人，是因为先于一切事物，他本身是一个人，一个具有人的普遍性的人。"②

《精神哲学》则直接这样写道："属于一个个体的具体存在的是他的种种基本利益、他同他人和世界一般的种种本质的和特殊的经验性关系的总和。这种总体性构成他的现实性，以至于它是**内在于他**。"③

如前面所看到的，马克思恩格斯把作为"类＝个别""具体的普遍"的人——黑格尔予以形而上的表述的这种事态——放在生动的社会生

---

① 参见麦克斯·施蒂纳：《唯一者及其所有物》，金海民译，商务印书馆1989年版，第33页。
② 参见黑格尔：《小逻辑》，贺麟译，商务印书馆1980年版，第350-351页。
③ 黑格尔：《精神哲学——哲学全书·第三部分》，杨祖陶译，人民出版社2006年版，第134页。

产这种根本事态的结构关系中,进行形而下的阐明,由此将"类的总体性"贯彻于"个性"当中。当说到个体性、"人格"的时候,毋庸赘言,那不是与抽象的普遍相适应的实体。如上一小节所考察的,历史的、社会的被抛性存在的生命表现(Lebensäußerung)才是第一性的,"人格""个性"不过是功能性函数关系(funktionelles Beziehen)的"项"。然而,作为关系的"结节"的各个"项"形成了"特异点"。因此,个人具有独特(uniqum)的个体性格。

"人格"(person, Person)一词,自洛克的时代以来,在中世纪"逆转"为人物(persona)的语义,直至被赋予与今天通用的"近代"的人类观相适应的意义内容,从语源上说是 prosopon($\pi\rho\acute{o}\sigma\omega\pi o\nu$,面貌)的拉丁语译词。但是,人物(persona),不单是面貌,也指化装舞台佩戴的"面具",广义上但凡舞台上表现的"化装""外表",演员的装扮,扮演的角色都与拟人(personate)相通。正如霍布斯也留有很强的痕迹(参照《利维坦》第一部第十六章)①,所谓人格,可以说就是在此意义上的参与(part-taking)。如何适应场幕,如何演活某个角色,以及如何展现演员的特点,这无外乎是人格(person)。

这种意义上的"人格",不是抽象的实体,而是与地位和作用(status and role)相适应,总是"向来属于我"(jemeinig),在由包含"历史的自然"的社会关系所现实赋予的场面中,我的行为(act,演技)总是"向来属于我"(jemeinig)的参与(part-take, teilnehmen),作为历史的社会关系的功能(funktionell)"项"而参与(teilnehmen,处理一部分)的具体的、现实的生命表现(Lebensäußerung),这种拟人(personate)、人格(person)的个别性不过是该人的个性。

唯物史观认为,"人们的存在就是他们的现实生活过程"②,就是在上述意义上的"类行为"(Gattungsakt)以"个体的类的自我发现"的参

---

① 参见霍布斯:《利维坦》,黎思复、黎廷弼译,商务印书馆1985年版,第122-123页。

② 《马克思恩格斯文集》第1卷,人民出版社2009年版,第525页。

与(Teilnehmung)，是这种视角中作为"具体的普遍"的现实(wirklich-wirkend)的人的存在。"人的本质不是单个人所固有的抽象物，在其现实性上，它是一切社会关系的总和"①的命题，以及"人是天生的政治动物(Zoon Politikon)"②，只有在"社会中"③才能独立，退而言之，人的"人格""个性"的问题——不能作知性抽象的思考——必须从上述 part-taking、Zusammen-wirkend-sein，从"具体的普遍"的总体性即个别性进行理解。

（三）

人的存在若是作为动物(animal)的具体的普遍，就必须真正阐明人的社会(societas)的存在结构。这也是唯物史观的形成过程。毋庸赘言，唯物史观的形成，不是将作为"辩证唯物论"的第一哲学"运用于社会"，也不是通过"社会学主义"的途径(approach)，而是以探明人的存在及其"解放"的现实条件为志向。从人的现实性来规定作为"具体的普遍"的人的存在的步调，就其范围而言，这是黑格尔主义的整个展开过程，在此意义上，唯物史观可以说是以费尔巴哈的"类哲学"为媒介的黑格尔"伦理哲学"的"必然归结"。

出自黑格尔哲学的马克思主义的社会主义思想，与以"近代"的"人类—社会观"为基础的英法社会主义思想的决定性差异的思想的"质"也是同上述经过密不可分的。

早期的马克思，以及一段时期的恩格斯，基于黑格尔主义的构想观察资产阶级(市民)社会中以个人的原子化的分立状态为"类存在"的人的非本真状态，立志实现个人与类自在自为地合一的社会状态。

如众多论者所反复引用的，当时《论犹太人问题》中的马克思区别了"政治解放"和"人类解放"，主张"现实的个人把抽象的公民复归于自

---

① 《马克思恩格斯文集》第 1 卷，人民出版社 2009 年版，第 501 页。
② 参见亚里士多德：《政治学》，吴寿彭译，商务印书馆 1965 年版，1253a3。
③ 《马克思恩格斯全集》第 30 卷，人民出版社 1995 年版，第 25 页。

身，并且作为个人……成为类存在物的时候，人的解放才能完成"①。

确实，这时的马克思可以说，不仅使用卢梭式的用语，而且基于启蒙主义的某种构想，人的本真性的回归的人的本质的实现的构想——作为图式，与源于伊甸园的乐园时代之原罪的堕落和末世，应该到来的黄金千年的图式也相通的构想——但是，当时这种应该"回归"和"实现"的本质，并非那种英法近代思想中的"抽象的本质"。

这当中的情况，经由《1844年手稿》《神圣家族》而逐渐明朗起来，如从不久后的《德意志意识形态》中所看到的，在某种意义上，已抵达拒斥"本质"的回归的实现这种构想。因为，作为具体的普遍的人，以社会关系的总和为"本质"的人，并不存在应该"回归"的本质，所以也就不应以此为回归。

不仅如此，马克思恩格斯还进一步，指摘、批判人的本质的回归的实现这种构想的意识形态的颠倒。

在人的本质的实现"人类解放"这一志向中，"近代"的人类观中的人的"本质"规定被理想化，被当作本真的存在方式。这种超阶级、超历史的"人的本质"的想法，即便是意识形态地预设应该到来的无阶级社会的人类形象，那也不光是任何地方都不曾存在的东西，而且停留于一种坏的知性的抽象。必须弄清楚用这种"人的本质"之类作为标准以使社会与之相适合这种变革的志向，以及具有其相应积极性的这种志向的意识形态的存在基础，将这种意识形态的颠倒重新纠正过来。总之，这是几乎感到现在的社会状态成为桎梏，社会矛盾业已成熟，并已开始预见能够扬弃这种矛盾的各种条件的表现，对此的自为的把握，"科学地"阐明其矛盾和条件，因而就成为课题。唯物史观确实是为适应这一课题而确立的。

唯物史观，立足于社会经济关系把握人的存在的被抛性，但是，这时，社会关系本身并非脱离个人的现实活动的自存化的东西。

---

① 《马克思恩格斯全集》第3卷，人民出版社2002年版，第189页。

《政治经济学批判》中的马克思说：

> 如果我们从整体上来考察资产阶级社会，那么社会本身，即处于社会关系中的人本身，总是表现为社会生产过程的最终结果。具有固定形式的一切东西，例如产品等，在这个运动中只是作为要素，作为转瞬即逝的要素出现。直接的生产过程本身在这里只是作为要素出现。生产过程的条件和对象化本身（die Bedingungen und Vergegenständlichungen des Prozesses）也同样是它的要素，而作为它的主体出现的只是个人，不过是处于相互关系中的个人，他们既再生产这种相互关系，又新生产这种相互关系。这是他们本身不停顿的运动过程，他们在这个过程中更新他们所创造的财富世界，同样地也更新他们自身。①

如这里所看到的，社会的各种现象，其理解是定位于我们在本节第一小节所厘定意义上的实践的存在、交互主观性的共同活动（intersubjektives Zusammenwirken）——这必定作为总是——向来属于我（jemeinig-jeweilich）的参与（part-taking）而进行——这种实践的相互关联即关系（Verhalten-Verhältnis）。（因此，这种 Verhalten-Verhältnis 产生物象化社会现象的自存性的假象，另外，这种功能性函数性的关系〔funktionelles Beziehen〕的被实体化，个人似乎表现为一般主体〔subjectum〕，产生出将之作为原子〔atomic〕的"个体""人格"的自存化的近代资产阶级意识形态的人类像。）

马克思恩格斯从交互主体性的共同活动这种第一性的事实来把握社会现象，因此，唯物史观的社会变革问题，就不仅是外在条件的问题。社会变革涉及人的存在的根本，社会变革与人类变革相联系。社会的生产关系的变化与人的存在方式的变化相辅相成。甚至作为资本主义

---

① 参见《马克思恩格斯全集》第 31 卷，人民出版社 1998 年版，第 108 页。

制度形成的历史前提的原始积累的过程,也不只是所谓社会性的"双重自由的工人"①的产生过程,它还是甘于作为工资奴隶的人们的大量产出的过程。关于这当中的情况,马克思在《资本论》中这样写道,"单是在一极有劳动条件作为资本出现,在另一极有除了劳动力以外没有东西可出卖的人,还是不够的。这还不足以迫使他们自愿地出卖自己……**承认**资本主义生产方式的要求是理所当然的自然规律的工人阶级"②的存在,这是一个重要因素,云云。资本主义的社会变革,不光形成具有新教(Protestantism)的伦理(Ethos)的资本家的人们,它还与形成具有工资奴隶的伦理(Ethos)的人们相联系——原本,这种相即关系并非只是相互影响(Wechselspiel)的平庸化,必须承认具有社会历史性的经济基础的被抛性存在的根本意义,必须摒弃将其还原为知性因果的片面性规定的非辩证法的念想。

在应该到来的社会主义体制变革方面,社会变革与人类变革,有着更直接的联系。社会主义的人类的**最终**形成,原本没有社会关系的总体变革是不可能的,没有"人类的大量变革",社会主义体制甚至会失去其生产的发动力。

正如马克思恩格斯所说,"革命之所以必需,不仅是因为没有任何其他的办法能够推翻统治阶级,而且还因为推翻统治阶级的那个阶级,只有在革命中才能抛掉自己身上的一切陈旧的肮脏东西,才能胜任重建社会的工作"③。

这样,"人"的自在自为的实现这一主题,在唯物史观中,并不是抽象的本质的实现、排除或改变成为其桎梏的外在条件这种层次的问题,

---

① 关于"双重自由的工人"的含义,《资本论》有如下经典表述:"货币占有者要把货币转化为资本,就必须在商品市场上找到自由的工人。这里所说的自由,具有双重意义:一方面,工人是自由人,能够把自己的劳动力当作自己的商品来支配,另一方面,他没有别的商品可以出卖,自由得一无所有,没有任何实现自己的劳动力所必需的东西。"(《马克思恩格斯全集》第 44 卷,人民出版社 2001 年版,第 197 页)
② 参见《马克思恩格斯全集》第 44 卷,人民出版社 2001 年版,第 846 页。
③ 《马克思恩格斯文集》第 1 卷,人民出版社 2009 年版,第 543 页。

而确实是与主体的自我变革的问题相联系的"作为贯彻自我本质的具体的普遍的类的总体变革",是作为关系(Verhalten-Verhältnis)的总体变革这一课题而设定的结果。

我们谨记从唯物史观与"近代"的人类—社会观的对比,及其对黑格尔学派的"人类学"的内在扬弃,即根据以人的存在之所以能够作为人的存在而存在的阐明为契机所形成这种发展史的情况,首先以"人"的方面为视角,对人的存在作了概要(schematisch)的考察。

确实,在本章的行文中,我们谨记将社会生产—社会关系、人的实践,放在地位和作用(status and role)、参与(part-taking)中来讨论。但是,这原本并非可以抽象地谈论的东西。作为知性抽象的普遍的"人"本身是不存在的,当我们说人的存在总是作为具体的普遍而现实存在的时候,为了不使所谓的"具体的普遍"再次堕入知性的抽象,若不将之放在真正的具体性中来阐明是毫无意义的。

各个个人,在一定的社会历史性关系的参与(part-take)中,* 作为在现行体制内占有一定的部署和角色的成员,是现实存在,具有**阶级规定性**的具体的存在方式。个体性和总体性、人格、个性,等等,以及历史规律与个人的"自由"行为的关系,"必然王国"中的这些与"自由王国"的关系,等等,这一系列问题必须在具体规定性中加以把握。只有这样,我们才有可能摆脱"人不在场"的人类观,真正把握所谓的"存在的环节"的自为化。为此,必须探明反复追认的交互主观性的共同活动(intersubjektives Zusammenwirken)的存在结构。

* 从前的"左翼"特别是"进步知识分子"有一大缺点,那就是正因为自己是左翼思想的持有者,所以具有体制外的观点那种自我欺骗。在对"思想""信条"的直接打压非常严厉的时间段,应该"容许"这种自我欺骗,这是有一定道理的。可是,与今天"革命的思想性"的风化相联系,思想和信仰的"自由"——这仅限于"思想""信条"——已经为体制内所公认,这种"自我欺骗"除了是思想堕落之外什么也不是。东京大学—日本大学的全学共斗①的诸位提出的"自我否定"的问题，首先应该是作为这种思想颓废的自我否定而被接受吧。

但是，这种"自我否定"，从其具有的思想的质和范围来看，无论如何也不能由上述一事所道尽。关于这一问题，预定通过其他途径加以讨论，关于它与社会制度和习惯，不，它与一切的社会行为和个人的主体性存在方式的辩证关系的唯物史观的根本理解的自为化的关系，我想暂且提请注意这一点。

这一作业，毋宁说必须要求从"社会"的方面设定暂定的视角。即将视角转向"社会"的方面，以经济、社会阶级的规定性的人的存在的现实存在方式的考察为视野，把握唯物史观的社会观及其基本结构，追认其在思想史脉络中的地位，这重新成为我们的主题。

但是，我们认为，鉴于近年"存在主义的马克思主义"横行的情况，我想还是从"具体的普遍"的方面将视线转向与本章相反的向度（Vektor）一瞥马克思"主义"的存在问题比较合适。在此意义上，下一章的目标，我想首先将存在主义的马克思主义纳入讨论范围，以此作为一个补充说明。

---

① 东京大学—日本大学的全学共斗，1968年夏至1969年初由东京大学—日本大学学生发起的一场学生运动，其组织为"全学共斗会议"。（参见《日本教育情况》1975年第5期）

第四章
马克思主义与"存在"问题

近年,出现了要超越以"人本主义""人本学主义"来解释、理解"马克思主义"的框架,从而调和马克思主义和存在主义的各种尝试。

根据论者们的观点,"存在主义终究欠缺社会以及世界,马克思主义则缺失人及其主体性","马克思主义和存在主义有着相互补充的结构"①。

确实,在论者们所说的意义上,或许是这样。但是,"宗教缺少科学的实证性而科学缺乏上帝的位置",无论这是如何的真实,在今天欲使两者相互补充的企图,已并不为人们所尝试了吧。存在主义与马克思主义的调和,其企图岂不与此类似?——说教士在说明《圣经》的奇迹的时候,若有必要,一向无妨说"这是使用原子能的行为","通过赋予基督的手以同位素"。由此,若是奇迹不成其为奇迹,或若是增强对俗众的说服力,那就好了。但问题是,这终究是奇迹,是上帝的皇威。无论如何,若以此使宗教得到真正的发展,填补宗教的缺陷,更不必说实现宗教和科学的统一的错误想法,这简直是笑话。马克思主义与存在主义的调和,不能不说是这类想法横行的表现。

---

① 以萨特之见,"存在主义和马克思主义的目标是同一个,但后者把人吸收在理念之中,前者则在他所在的所有地方,即在他工作的地方、在他家里、在街上寻找他"(萨特:《辩证理性批判》,林骧华、徐和瑾、陈伟丰译,安徽文艺出版社 1998 年版,第 27 页)。

在今天，马克思主义与存在主义确实是"并存"的，而且作为继黑格尔哲学的解体而产生的"两大主干"，往往并列为"现代哲学的两大潮流"。然而，在我们看来，两者有着不同的世界观的地平，在异于思想史的维度这一点上，与科学和宗教的情况相类似（analogical）——毋庸赘言，我们不想把存在主义与宗教并列，更不用说认为马克思主义单纯是科学。类比终究只限于构想与地平的不同。调和有着不同的世界观地平的两者，在思想上不可能是建设性的。

我们认为，即使那是既定的，我想这一"理解"的自为化未必毫无作用。

在此意义上，在本章中，我想追溯在马克思主义的形成过程中构成其核心要点的存在与本质的问题，接着讨论所谓**非**无神论的存在主义与马克思主义的基本机制（Grundverfassung）的不同所具有的意义，在此基础上，重新确认马克思主义的存在问题的处理方式。

（一）

从马克思主义是通过黑格尔学派的解体而确立的形成史的经过来看，绝不是对"存在"的问题存而不论。确实，这种"存在"，是后期谢林与黑格尔的"本质"相对立的传统语义上的"存在"，不具有今天"存在"主义者所说意义上的特别含义。虽说如此，无须引证后期谢林的存在概念通过克尔凯郭尔而与今天的"存在"相联系，所谓的"实存"并非与"实存"毫不相干。即使暂且撇开其语言上的问题，也还有通过唯物史观与施蒂纳的"唯一者"（Der Einzige）即"作为肉体的**这个**个人的个人"的对质而形成的情况，马克思主义与"存在"的问题，不仅是对于我们而存在的反思，也是马克思恩格斯自身的实际问题。

关于这当中的情况，由于通过别的途径有过探讨，这里我想仅仅再复述两三个事实。

众所周知，黑格尔哲学作为"主体即实体""实体即主体"的绝对精神，臆断"本质与存在的高度统一"。（后期谢林攻击的归根结底也正是这一点,当这种臆断崩溃的时候,黑格尔主义也就必然解体。)黑格尔左派将绝对精神作为"人类""人类的自我意识"的"人"加以**重新**解释乃至置换,甚至宣称"上帝就是人",仍旧维持着这种"主体即实体"的"本质与存在的高度统一"的理解。由此,黑格尔左派确实把"人"抬高到上帝曾经占据的宝座加以祭祀,结果使得近代主观主义达到其极端形态。

早期马克思在如前所述博士论文的写作期间(1840年),似乎知道亚里士多德的"存在"与"是者"的区别,有着反思关于存在与本质的问题的机会,特意采取了以自己的方法从"康德的100塔勒(Thaler)"(上帝的存在论证明的不可能论)①批判黑格尔加以再确认的方式。在此意义上,该问题可以说早已成为马克思的"心结"。但是,他终究没有超出黑格尔左派的范围,直至1844年其构想都是以"人"的本质与存在的高度统一为大前提的。

原本,黑格尔学派也并非对身体的个体与作为类的本质作简单的重影照。在"理性的东西是现实的,现实的东西是理性的"这种黑格尔学派的构想的范围内,仅仅是在这一意义上,人被设想为作为类的本质性和作为个体的存在性的统一。

而且在马克思那里,在偏向费尔巴哈的"类存在"这种规定之后,类与个体的统一,人的本质与存在的统一,只有在一定的社会历史条件下成为自在自为的情况,是有附带条件的。即在1843年的《黑格尔法哲学批判》中,认为"在民主制中,形式的原则同时也是物质的原则。因此,只有民主制才是普遍和特殊的真正统一"②,强调"类本身表现为一

---

① 康德认为,关于上帝存在的本体论证明得出的结论是"上帝是一个是者",而不是"上帝存在"。"存在"不是宾词,它并不属于对象的性质,我们不能仅用思想判断一个对象是否存在,不能把缺乏感觉经验的对象判断为存在的事物。另一方面,我们的感觉、经验关于对象的存在判断并没有给该对象增加新的属性,正如我想象口袋里有100塔勒,但它根本不在我的口袋里,我关于它存在的观念并未给我增加任何价值。(参见赵敦华:《西方哲学简史》,北京大学出版社2001年版,第277页)

② 《马克思恩格斯全集》第3卷,人民出版社2002年版,第40页。

个**存在物**"①。在同年写作的《论犹太人问题》中,马克思阐述了"只有当现实的个人……作为个人……成为类存在物的时候……人的解放才能完成"②,认为它实现乃使"人的个体感性存在和类存在的矛盾将被消除"③。在翌年的《1844 年手稿》中,他界定了共产主义的第三阶段,坚持"它是人和自然界之间、人和人之间的矛盾的真正解决,是**存在**和**本质**……个体和类之间的斗争的真正解决"④。

这样,尽管附带一定的社会历史条件,无论如何,早期马克思是基于作为类的本质和作为个体的存在来看待人的高度统一的,然而现状是两者相互乖离,或者,这种统一是自在的而不是自在自为的,通过对这一点的把握来展开对现状的批判。

不过,不用等到后期谢林的指出,黑格尔学派的这种理解已难以继续维持。费尔巴哈指出,黑格尔的理念主义不过是没有触及自然界的现实存在的唯心论,当其固守唯物主义的观点时,该批判也是适合他自己的作为主体(实体)概念的"人"的一把双刃剑。费尔巴哈本人公开宣称,"下半身是唯物论,上半身是唯心论",可以说这一点是含糊不清的,他越是强调所谓"类存在"的人是"现实的人",类与个体、本质与存在的统一的命题就越是难以维持。自觉地攻击这种缺陷,推进黑格尔左派意识形态的自我批判的,就是麦克斯·施蒂纳、莫泽斯·赫斯,以及受他们触发的恩格斯和马克思。

施蒂纳指出,费尔巴哈所谓"人的本质"脱离个人,不过是用个人填补上帝曾经占据的宝座,而定位于具有肉体发肤且必须饮食的个人。但他的这一观点并非从唯我论及认识论层面所作的考虑,而是用形而上学的唯我论的口吻,将整个世界归结为个人即唯一者"所有"。唯一者尽管是以肉体的个人"作为上帝的无益的受难"而告终,但无论如何,

---

① 《马克思恩格斯全集》第 3 卷,人民出版社 2002 年版,第 40 页。
② 《马克思恩格斯全集》第 3 卷,人民出版社 2002 年版,第 189 页。
③ 《马克思恩格斯全集》第 3 卷,人民出版社 2002 年版,第 198 页。
④ 《马克思恩格斯全集》第 3 卷,人民出版社 2002 年版,第 297 页。

是将作为个人的人置于"主体即实体"的地位——曰："你们中的每一个人要成为全能的自我！"①——近代主观主义的构图本身并没有瓦解。赫斯不仅批判费尔巴哈作为类的人和作为个体的人的二重性，而且指出，无论是费尔巴哈的"个人"，还是施蒂纳的"个人"，都不过是脱离社会关系的知性抽象。他提出了人的存在一开始就是社会性存在的反题，重新从根本上将个人放在社会的被抛性存在来加以把握。

恩格斯和马克思，从1844年下半年到翌年，受上述施蒂纳、赫斯观点的影响，基于人的**本质与存在的高度统一**这一前提的**自我批判**，告别费尔巴哈的观点，开拓了新视角。如前所述，一言以蔽之，这可谓是"历史—之中—存在"的根本结构，确实是将人放在"主体即实体"的地位以扬弃近代主观主义的新地平。

从上述脉络来看，我们重新认识到马克思恩格斯开拓了以处理"存在与本质"的问题为中心的新地平，"存在"的问题之从黑格尔主义到马克思主义的发展，对于马克思主义的形成何以具有决定性的重要性。

（二）

存在主义——从舍去复杂的形成情况和系谱而从思想史的地位来看——是与黑格尔主义相对立的，可以说这一点与马克思主义是相通的。

随着被抬高到上帝的位置，乃至作为整个世界的主体的人的本质即存在、存在即本质的解体，存在主义将人的本质与存在严格区别开来，力戒人的自高自大。存在即使是特权的，那也是"对于我们是特权的"，对于世界的存在本身已不是特权的。

然而，从马克思主义的观点**来看**，尽管存在主义自称为现代哲学，可是并没有超出多少近代主观主义的图式，只不过是它的临终变形。

---

① 麦克斯·施蒂纳：《唯一者及其所有物》，金海民译，商务印书馆1989年版，第176页。

且不说萨特无神论的存在主义,就雅斯贝尔斯、马塞尔①以及"回心转意"后的海德格尔而言,他们是回归"上帝 VS 人"这种中世纪的图式——在此意义上!确实可以说它是近代的。但是,这里所说的人即存在,已不是中世纪的"共同的人",尤其不是近代原子化的**自我**,上帝也已不是中世纪的王者,而可谓是近代的现成存在化。上帝的存在,不管如何称呼它,从马克思主义的观点来看,如黑格尔左派已"明确阐明"的,人的**"本质"**是观念的对象化、独立化的东西,不过是幻象。存在主义不过是将近代的人的主体即实体性、实体即主体性这种曾经如此真实统一的"本质与存在"再次加以两极化地分解。毋庸赘言,即使暂且仅就上述指出的两点,从马克思主义的观点来看,非无神论的存在主义终究可谓是没有超出多少近代意识形态的图式的产物。

另一方面,从存在主义的观点来看,马克思主义正是遗忘了上帝的自高自大的近代意识形态,诚然,即使从黑格尔主义的"自我陶醉"中醒来,开始对人的"自我异化"感到痛心,发觉某种程度的"无家可归"②(vgl. Heidegger:*Über d. Humanismus*, Lizensusgabe, S. 27),诸如"自然界是工业和社会状况的产物"③,以及"人们创造历史"④——这确实有着相对于 18 世纪庸俗唯物论的决定性优势的合理思想性——难免被看成带有主观主义的倾向。"确实,马克思主义带来了关于社会、历史的诸多出色的分析和洞见。但这终究不过是人的'日常'存在方式,人的日常'状况'的分析。马克思主义者足以在以此为规范的'决断'中超越沉沦,若看不到这种重要的本真性存在方式,作为思想,充其量始终只能是关于状况、日常性的表面分析"云云。

---

① 马塞尔(Gabriel Marcel, 1889—1973),法国存在主义哲学家。他认为,人同时存在于两个世界之中,一是此时此地的客观世界,二是以信仰和希望为中介的宗教世界。主要著作有《存在与所有》《形而上学日记》等。
② 《海德格尔选集》上册,上海三联书店 1996 年版,第383页。
③ 参见《马克思恩格斯文集》第 1 卷,人民出版社 2009 年版,第 528 页。
④ 参见《马克思恩格斯文集》第 1 卷,人民出版社 2009 年版,第 531 页。

但是，马克思主义和存在主义，并非像以往那种光的粒子说和波动说的对立。马克思主义可以吸收存在主义带来的若干洞见，区分其思想的文脉，进行脱色，作心理学的分析；存在主义也同样可以吸收马克思主义带来的日常性现实存在及其存在方式，进行社会性、历史性状况的分析，使本真自我的觉醒的"**机缘**"丰富化。

然而，这时必须知道，只要马克思主义和存在主义具有作为哲学的体系性，这种"补充"归根结底不过是注疏。马克思主义和存在主义通过所谓的"补充"，决不能被综合统一。马克思主义即使可以通过斟酌"存在的分析"，使个人的传记和记述详密化，使文学史、政治史及历史的一般记述更加具体性，这对于唯物史观而言顶多是插曲。同样，存在主义即使斟酌社会科学的分析，使人的日常性分析具体化，那对于界限状况来说也终究不过是插曲。前面，我们承认说教士为注疏而引入原子能和同位素等，而将存在主义的马克思主义的企图比作宗教与科学的调和，通过使用这种……比喻性的表达，其理由亦大致如此。

非无神论的存在主义与马克思主义的对立，是将人作为其一部分的世界所依存的**存在性**看作**上帝**的存在性是否正确，进而，将人放在与**上帝**的关系中加以根本性规定是否正确，这种层次的第一性的对立。这种对立，与对基督教的存在主义者而言已达到不允许再有半步妥协的关节点（信仰）。同样，从马克思主义的立场来说也是不共戴天的。当然，这种对立，对马克思主义来说——不是对于宗教的态度这种"第二性"的问题——确实在于所谓的"唯心论 VS 唯物论"的对立本身，成为涉及其世界观的根本观点的关键点。

关于这一问题，也许有必要做一些说明。

人们往往认为晚年恩格斯《费尔巴哈论》中定式化的"唯心论和唯物论"的定义，"在今天不具有适用性"。在人们的理解中，"现代哲学的诸流派，既不属于恩格斯所说意义上的唯心论，也不属于恩格斯所说意义上的唯物论"。但是，那岂不是基于对恩格斯的"定义"的误解？诚然，包括"苏联马克思主义"在内，人们历来根据"主观唯心论 VS 客观实在论"这种认识论的问题层面的对立性观点的表达来理解与此相关的恩格斯所谓的"两大阵营"。当这样理解的时候，虽说非无神论的存在主义，至少不是典型（typical）的唯心论。然而，在我们看来，上述恩格斯定义的唯心论所根据的是客观唯心论。唯心主义和唯物主义的对立的关键，是将现世的存在者的存在性求诸"超越"（超现实且内在）的理念（Idee）——它被称作善的理念（idea，＝上帝），不动的动者，或绝对理念——还是求诸现世的定在的自身存在性？即恩格斯**沿袭**费尔巴哈的用词"唯心论和唯物论"，是**上述含义**中的唯心（形式）主义和唯物（质料）主义这两大观点。鉴于这一点，非无神论的存在主义所谓的"超越者""作为秘义的实在""存在"，即使并非与传统的超越的理念直接相同，根据恩格斯的说法，或许不过是与"超越的理念""绝对理念"等同类的**"想象的真实在""作为思维产物的实体"**（在此意义上的观念），以**这**种"观念"负载现世的定在的存在性的**非无神论的存在主义**，确实可谓唯心论的一种典型形态。当然，**非无神论的存在主义和马克思主义**，即使从马克思主义的方面来看，在根本立场性上有着不共戴天的对立。

　　原本主张存在主义的马克思主义的人们，在**排除**上帝的存在之后，尝试再引入"存在"（Existenz）和"绽出之生存"（Ek-sistenz）到马克思主义。在此意义上，论者们的企图，不能不说预先"排除"了根本的对立面。可是，排除了上帝的存在之后的"存在"及"绽出之生存"岂不完全没概念？那岂不是没有北极的南极，没有父亲的儿子？这种"绽出之生存"，无论怎样称呼，只能看作空洞的回音（Echo），即使是与他者相关的企图，但终究是只能与自己的回音嬉戏的寂寞的"没有父亲的儿子"。

　　但是，为了沐浴这一寂寞之"子"的"目光"，现在我们必须将萨特的存在（existence）纳入视野，聚焦其存在。

（三）

存在主义接过近代的人本主义的本质和存在的问题，志在超越近代世界观的地平本身，至少要能提出这一问题的"解决"方案。我们可以认为，不仅海德格尔是志在于斯，雅斯贝尔斯和马塞尔也是志在于此。那么，马克思主义是怎样的呢？

多数秉持存在主义的马克思主义者，未能洞见存在主义的宏大志向，满足于找到其具有的缺点，并以同样的近视眼隐匿马克思主义的"缺陷"于眉宇之间，试图通过调和以实现问题的"解决"。可是，在我们看来，那企图是徒劳的。

关于萨特，附带说明一下——我们并不想将他归类为存在主义的马克思主义者来讨论——他是伟大的独创性思想家，这是谁也无法否认的吧。但是，就萨特在认识论的问题层面确实是拒斥"意识内容的神话"，可谓顺势废除近代的意识概念，志在从总体上超越近代世界观的图式而言，原本，毋庸讳言这落后于该派其他论客。他断定马克思主义的"缺点"，他通过一流的方法所尝试的填补，他所谓的"不可超越"，其实，我想与明确把握马克思主义开拓的新地平毫无关系。我们的思考是，马克思主义不存在萨特所说*意义上*的缺点，更不能用他的方法来填补。

毋庸赘言，马克思主义并非已完成的体系，存在主义、精神分析学、文化人类学以及其他各种知性行为带来的见解，都可以通过其意识形态的脉络予以脱色和吸收。这可以说不仅是可能的而且也是必要的。

但问题是，作为"本真的自我性"的存在主义所提意义上的"存在"的处理。与科学没有容纳"上帝"的余地，仅仅以那种思维是如何产生的阐明为工作。同样，马克思主义不许作为存在的存在入其大门。存在主义立足于难免有死的存在这种生物、动物的抽象层级，归根结底是作为意识存在（z. B. Sorge），由包含动物在内的一般存在者，对人进行特权的区别。现在，撇开非无神论的存在主义的存在只有与上帝的存在相联系的意义，存在不过是超历史、超阶级、超社会的规定的知性抽象，无非是资产阶级社会原子化的自我——它的哲学的表现是笛卡儿式"我思"（cogito）的主体性——的意识形态的表现。作为**笛卡儿的自我的最终变形**的这个"存在"（existence），这个近代资产阶级意识形态的根本概念，与马克思主义开拓的新世界观及新人类观在原理上是无法相容的。

众所周知，马克思在《关于费尔巴哈的提纲》中批判"费尔巴哈撇开历史的进程，孤立地观察宗教感情（筹划、先行决断性等亦然！），并假定出一种抽象的——孤立的——人类个体"，"宗教感情"本身是"社会的产物，而他所分析的抽象的个人，实际上是属于一定的社会形式的"，提出了人的存在"是一切社会关系的总和"①的反题。

这里提出的批判和主张——无须凭借"人们的**社会存在**决定意识"这一唯物史观的大命题——也非常明显地表明了与存在主义关于人的理解在原理上的不相容。可是，若鉴于该批判和主张对于马克思主义的形成与存在所具有的意义，进而，它与马克思主义开拓的新地平相联系的问题——关于这一点，因为从第一章开始有过反复讨论，此处仅限于断言——不得不说，所谓存在主义的马克思主义的企图，岂止无用，简直会使马克思主义倒退。

那么，马克思主义如何处理"存在"这种形式的意识形态所反映的问题？马克思恩格斯进行了包括自我批判在内的如下阐述。"这位哲学家不直截了当地说：你们不是人。他说，你们从来就是人，可是你们缺乏你们是人的意识——显然这同样是令人出乎预料的对存在主义哲学家的揶揄——正因为如此，所以你们实际上不是真正的人。所以你们的现象与你们的本质不符。你们是人又不是人"②（MEW，Bd. 3，S. 232）。"不是人"这种想法，表达了对现实的不满，理想与现实的背离③（vgl. ibid.，S. 415ff.）。人的"本质""本真的存在方式"，绝不是不变的本质，也不是先天规定的本真的存在方式。实际上，不过是将作为理

---

① 《马克思恩格斯文集》第 1 卷，人民出版社 2009 年版，第 501 页。
② 《马克思恩格斯全集》第 3 卷，人民出版社 1956 年版，第 279 页。
③ 参见《马克思恩格斯全集》第 3 卷，人民出版社 1956 年版，第 504 页以下。

想而构想的"期待的形象"意识形态地信以为"本真的存在方式"。这是今后要努力实现的目标,这一志向本身,为一定的社会历史性的存在所规定。

马克思恩格斯自我批判地重新把握黑格尔左派的"人"的异化、回归这种以意识形态的颠倒为形式所反映的上述情况——如前面所指出的,他们关于存在与本质的真正统一一开始就附带一定的社会条件——将类与个体,本质与存在的自在自为的统一这种前所未有的志向作为当前历史的、社会的存在被抛的谋划(Entwurf)来理解。

"在历史发展的进程中,而且正是由于在分工范围内社会关系的必然独立化,在每一个人的个人生活同他的屈从于某一劳动部门以及与之相关的各种条件的生活之间出现了差别"①而呈现于意识当中。这里,人的现实的本质与存在的背离被意识到了。这种现实的本质被自为地意识的东西,不外是阶级意识。可是,无产阶级的阶级意识,不光是在其自觉性中志于自我本质的否定(扬弃),自为地把握在以往的历史中,"某一阶级的各个人所结成的、受他们的与另一阶级相对立的那种共同利益所制约的共同关系,总是这样一种共同体,这些个人只是作为一般化的个人隶属于这种共同体,只是由于他们还处在本阶级的生存条件下才隶属于这种共同体,他们不是作为个人而是作为阶级的成员处于这种共同关系中的"②,认识真正扬弃社会的阶级分裂的各种条件的成熟,计划"**在这个共同体中各个人都是作为个人参加的**"③,在完成它的过程中,自在自为地实现个人的、非个人的共同主观的意识。通过这一过程,达到类与个体,本质与存在的背离、一致——以及,人的"非本真的存在方式""本真的存在方式"——这种为意识形态所曲折意

---

① 《马克思恩格斯文集》第 1 卷,人民出版社 2009 年版,第 571 页。
② 《马克思恩格斯文集》第 1 卷,人民出版社 2009 年版,第 573 页。
③ 《马克思恩格斯文集》第 1 卷,人民出版社 2009 年版,第 573 页。

识的问题的真正解决。①（vgl. MEW, Bd. 3, S. 33f., S. 42f., S. 61, S. 67ff., S. 71f., S. 76, S. 282, S. 331, S. 340, S. 347, S. 379, S. 415ff., S. 422ff., S. 468, S. 475f.）这是无产阶级在"历史—之中—存在"中，应该实现的规定，云云。

马克思主义是在大致如上的图式中，定位**所谓**人的个别与类，存在与本质的关系及其问题性，处理人们作为"历史—之中—存在"的存在方式的。

这时，无须引证《费尔巴哈论》及其他众所周知的立言，马克思主义承认计划、决断以及特别是称为存在的诸现象之作为现象。（大概，这是马克思主义之所以考量存在的分析的原因。）但问题是，不是将那种自发性和人的存在方式作为"纯粹的自发性"，以及将作为超历史的抽象的"人"的性格和存在方式绝对化，而是联系其背后的社会动因，把握在历史的、社会的被决定性中"作为最初的我们"之存在方式的"作为主体的我们"的真正由来。这种历史的、社会的决定性不能从康德之前的知性因果来理解，而应该从马克思主义的自由即必然、必然即自由论作辩证的理解——积极地厘清与其说是普遍误解，莫如说是曲解的马克思主义"自由论"，阐明萨特的存在主义与马克思主义的不同层次世界观地平的差异。这一作业且让给下一章，此处，我想突出历来种种容易被误解（verkennen）的马克思主义的"存在问题"的地方，一瞥其采取的处理方式而暂且结束本章。

---

① 参见《马克思恩格斯文集》第 1 卷，人民出版社 2009 年版，第 185、192、304、306、314 页。

第三部

马克思主义与自由的问题

第五章
历史规律与个人自由

"如何理解唯物史观关于历史规律的'必然性'与个人的'自由行动'的关系？"——在理解马克思主义及其历史观的地平之后,不用说这是一个极为重要的问题。

关于这个问题的旨趣,当前有三点分歧。第一,如何判断作为"哲学"的"抽象"的所谓"决定论—非决定论"的问题；第二,由于追问的是更为"社会科学"的历史规律性的贯彻方式,那么个人的行为是通过何种方式支撑规律性的；第三,必须拒斥所谓"无为主义"的积极"自由论"。坦率地说,尤其关于第三点,笔者自己也积极地提出论点。但不管怎样,我想就上述三个问题提出些许鄙见以期批评指正。

第一节 决定论的问题式

这里,我想首先就第一个问题,即联系决定论和非决定论(Determinismus und Indeterminismus)的问题,思考所谓"问题的结构"的问题式(Problematik)本身。这个问题,无论对第二国际的论客还是"苏联马克思主义"的论客都是深刻的问题,若预先说出后论的话,那问题设定的方法本身就存在问题。

（一）

马克思主义被认为是采取拒斥非决定论（indeterminism）的决定论（determinism）的观点。因此，马克思主义被非难为陷入宿命论。

对于这种责难，马克思主义的论阵提出了"是决定论但不是宿命论"，"自由是对必然性的认识"的应对方法。但是，这种讨论，不为论者们所接受是当然的。这是因为，在一般的理解中，"所谓决定论和宿命论，在即使语言上能够区分，但没有自由的余地这一点上，归根结底是相同讨论"。另外，在一般的印象中，虽说"自由是对必然性的认识"，但若单是如此的话，"自由与不自由的不同，就只不过是对宿命的自觉与对宿命无知的不同"。人们所抱的疑问，在于"马克思主义究竟是否否定自由"这一点。所以，只要不积极地厘清"自由"问题，就无法拒斥该责难。

在马克思主义的论阵中，至少自普列汉诺夫和布哈林以来，"马克思主义坚持决定论的观点"是不言自明的应有之意。然而，我们认为，这种前提性的构想本身是值得商榷的。确实，马克思主义不是采取所谓非决定论的观点。但是，这一点，果真与决定论相等值？对于作形式逻辑的、知性的割裂的人们而言，非决定论的否认简直就是意味着决定论的表明吧。可是，眼下这里并非非要提出辩证法，若想起马克思主义继承德国古典哲学的学统，谁也不会加以如此简单的割裂。毋庸赘言，康德自不待言，费希特、谢林、其他什么人及黑格尔，都通过各种特有的方法来"解决"自由与必然，决定论与非决定论的矛盾。继承他们的学统，特别是继承黑格尔的马克思恩格斯，果真简单地采取决定论？如果马克思恩格斯扬弃决定论与非决定论的矛盾，或者，若要保证其开拓的新地平的话，那将采取何种形式？我们认为，必须直面这一问题。

（二）

虽然有点过于扩大讨论的框架，但是若要提请注意将问题本身自为化,决定论与非决定论非对立斗争,对今天的我们来说恐怕是抽象的说教。哲学上的立场争论通常是无内容的,可是这个问题的情况并非作为那种通论,乃至缺失思想史的某种线索的实质。

这个问题有其形成的原因,它曾经具有三个方面——不过,后两个方面可谓基于某种短视和误解——的现实意义。

第一,基督教神学的内在难题。基督教神学一方面主张上帝的绝对、完全的统治,不凭藉上帝,任何事物也不可能产生。在此意义上,确立了基于上帝的意志的世间万象的全面决定论。可是,这时,类似恶人的犯罪行为、异教徒乃至叛教者的渎神行为似乎也是由上帝所决定的。无论从事礼拜祈祷还是过"堕落的生活",万事都是出自上帝。为了避免这种"麻烦",就必须通过某种方法承认人的自由意志,就此而言,确立了非决定论。这种进退两难(Dilemma)——基督教神学以各种形式试图摆脱该困境,但无论如何,当这种进退两难经由"哲学"的首尾一贯的形式被定式化,而采取两派斗争的形态时,决定论、非决定论的对立就是具有现实意义的问题。

第二,产生道德论层面的问题。基于决定论,人们很容易认为道德的谴责、责任的追究便失去了权利依据。在没有本人自由的情况下,那是无可奈何的,正如我们不能对所谓"石头坠下"①、"石头没有向上的精神"而加以谴责,也不能对俗话所谓"金鱼裸泳"而加以谴责,在世人的理解中,没有自由的地方就不能进行责任的追究。这里作为道德律之根据的自由意志,要求非决定论。但是,这种非决定论,存在学理上的问题。眼下,即便撇开如果自由意志和基于自由意志的持续行为之

---

① 斯宾诺莎反对自然目的论,认为"自然本身没有预定的目的,而一切目的因只不过是人心的幻象……这种目的论实把自然根本弄颠倒了。因为这种说法实倒因为果,倒果为因;把本性上在先的东西,当成在后的东西"。譬如,"忽然有一块石头自高处坠下,恰好打在从下面走过的人的头上,竟把这人打死了。于是有人论证道:这块石头坠下的目的就在打死那人……我们也许回答道:这件事情发生是由于刮大风,而那人恰好在那时从那里走过……天意是无知的避难所"(参见斯宾诺莎:《伦理学》,贺麟译,商务印书馆1983年版,第39-40页)。

间与决定论没有必然联系那就缺乏追究责任的根据这一点——与此相对,例如康德的"解决方案"——即使基于决定论,也可以作道德的谴责、责任的追究——这有一个著名的阐述作为其确切的例子——有个奴隶说:我并非按照自己的意志而犯罪,因此我不该受到鞭打。主人说:俺决定鞭打你。俺应该鞭打,你应该被鞭打,这就是宿命!——这种逻辑,即便基于决定论,"责任的追究"也是大致成立的,借助"汝能践行,盖因汝应践行"(Du kannst, den du sollst)[①]的方法也能提出非决定论。道德哲学提出的非决定论大致能够处理上述可以理解的内容,相对于神学的决定论,近代人的自律则从反题方面具有较之更为积极的意义内容。

第三,近代科学的公设。近代科学排斥先验意志的不断干涉和事物内在灵魂的意志,认为万物服从力学的规律性。若是万物不服从必然规律性,科学探索就会变得毫无意义。科学,尽管探究的是乍一看偶然的狂想曲式的现象,但这种看法是出于对必然规律性的无知,只要加以研究就应该能够发现其中的规律性的准则(Maxime)。倘若没有这种想法和信念(belief),探索的火苗就将熄灭。原本,也与解读上帝赋予的必然性规律这种想法有关,科学不是作为破除客观偶然性以及必然性关系的"自由"的东西而存在,而是以这种决定论为假设(Postulat)才建立起来的。这时应注意的是,科学本身绝不能证明不存在偶然和自由,它不过是公设(Postulat)。诚然,瓜苗结茄子、猫生狗仔之类的情况不可能发生。但是,瓜苗结多大、什么形状、什么颜色的瓜,则根本没有预先决定的必要,科学的公设只保证高度的或然性(Wahrscheinlichkeit, probability)就足矣。因而,科学的公设未必采取决定

---

① 这是康德的一句名言。康德站在非决定论的立场,否定由外在价值而产生的假言命令。肯定由内在价值而产生的定言命令(绝对命令),主张道德判断的标准只在于行为的动机(善良意志),提出"要只按照你同时认为也能成为普遍规律的准则去行动","只有出于责任的行为才具有道德价值",而责任的普遍命令是"你的行动,应该把行为准则通过你的意志变为普遍的自然规律"。(康德《道德形而上学原理》,苗力田译,上海人民出版社 2012 年版,第 12、30 页)

论。虽说如此，拒斥上帝的奇迹干预和实体形式的灵魂的近代科学主义在历史形成的层面，这种决定论、科学决定论之作为绝对定律的主张仍具有现实意义。这一点是应予承认的吧。

以上，我们从三个方面指认了"决定论—非决定论"问题的问题式（Problematik）曾经具有的现实意义。但是，如行文本身所显示的，在今天，这种意义上的问题已失去现实意义。

不过，有人或许会说，只有马克思主义才像以往的神学那样，有着决定论与非决定论的两难问题。果真如此？

（三）

某些论者认为马克思主义陷入决定论与非决定论的两难境地。可是，这难道不是由于将马克思主义一方面看作科学主义的一种典型，另一方面又对其写入道德主义的"应该"（Sollen）而导致的似是而非的问题？

恩格斯很自豪通过马克思主义的理论，尤其是唯物史观，将社会主义从空想变成科学（Wissenschaft，学问，知识体系）。在空想社会主义者看来，"社会所表现出来的只是弊病，消除这些弊病是思维者的理性的任务。于是，就需要发明一套新的更完善的社会制度，并且通过宣传，可能时通过典型示范，从外面强加于社会。这种新的社会制度是一开始就注定要成为空想的"①。迄今为止，"真正的理性和正义还没有统治世界，这只是因为它们没有被人们正确地认识。所缺少的只是个别的天才人物，现在这种人物已经出现而且已经认识了真理，至于天才人物是在现在出现，真理正是在现在被认识到，这并不是从历史发展的联系中必然产生的、不可避免的事情，而纯粹是一种侥幸的偶然现象。这种天才人物在500年前也同样可能诞生，这样他就能使人类免去

---

① 《马克思恩格斯文集》第3卷，人民出版社2009年版，第528–529页。

500年的迷误、斗争和痛苦"①。空想社会主义者提出的"这种新的社会制度是一开始就注定要成为空想的,它越是制定得详尽周密,就越是要陷入纯粹的幻想"②。

"一种唯物主义的历史观被提出来了,用人们的存在说明他们的意识,而不是像以往那样用人们的意识说明他们的存在这样一条道路已经被找到了。因此,社会主义现在已经不再被看作某个天才头脑的偶然发现,而被看作两个历史地产生的阶级即无产阶级和资产阶级之间斗争的必然产物。它的任务不再是构想出一个尽可能完善的社会制度,而是研究必然产生这两个阶级及其相互斗争的那种历史的经济的过程;并在由此造成的经济状况中找出解决冲突的手段……以往的社会主义固然批判了现存的资本主义生产方式及其后果,但是,它不能说明这个生产方式,因而也就不能对付这个生产方式……它越是激烈地反对同这种生产方式密不可分的对工人阶级的剥削,就越是不能明白指出,这种剥削是怎么回事,它是怎样产生的。"③完成这一课题的,是马克思主义。

在上述内容中,"从空想到科学"这一命题暂且与"科学主义"的决定论无关。实际上,具体如后面详细讨论的,恩格斯明确拒斥将决定论"从法国唯物主义中移入自然科学,并且力图用根本否认偶然性的办法来对付偶然性"④,当他这样表述必然性时,那始终是辩证法的必然性。之所以将传统语义上的决定论引入马克思主义,不能不说是源于论者们的短视。

虽然从结论上来说是如此,但是,说马克思主义是决定论,却未必是非马克思主义者或反马克思主义者的诬言。特别是"苏联马克思主义",从其科学主义的构想,将决定论与承认因果律等值化,宣称"只要

---

① 《马克思恩格斯文集》第3卷,人民出版社2009年版,第526页。
② 《马克思恩格斯文集》第3卷,人民出版社2009年版,第528-529页。
③ 《马克思恩格斯文集》第3卷,人民出版社2009年版,第545页。
④ 参见《马克思恩格斯全集》第26卷,人民出版社2014年版,第550页。

承认因果律,马克思主义当然是坚持决定论的观点"。并且这时,这里所谓的因果律,事实上终究存在将之归结为机械论、力学主义的倾向。另一方面,为了给予应该的革命实践以权利——的确,尽管那种奴隶主的决定论,或斯宾诺莎关于石头下坠的辩护在逻辑上并无矛盾,但在心理上难免抗拒——往往陷入作茧自缚的境地。我们现在这里来不及追溯普列汉诺夫的《论个人在历史上的作用问题》①和布哈林的《历史唯物主义理论》②等敷设的路线,要言之,事情的经过是,通过"苏联马克思主义"的科学主义,在马克思主义的论阵内部引入了决定论的问题式(Problematik)。

原本,马克思恩格斯的思想内部,并不存在"决定论—非决定论"这种经院哲学的问题。

这一问题的扬弃,是由黑格尔、马克思的辩证法地平所开拓的,关于这其间的情况——在"苏联马克思主义"的鼻祖们未得翻阅机会的遗稿《自然辩证法》中,恩格斯作有如下明确表述:

> 同这两种观点(即非决定论和决定论——广松注)相对立,黑格尔提出了前所未闻的命题:偶然的东西正因为是偶然的,所以有某种根据,而且正因为是偶然的,所以也就没有根据;偶然的东西是必然的;必然性自我规定为偶然性,而另一方面,这种偶然性又宁可说是绝对的必然性……自然科学把这些命题当作悖理的文字游戏、当作自相矛盾的胡说而根本不予理睬,并且在理论上一方面坚持沃尔弗那种思想贫乏的形而上学……另一方面,又坚持同样思想贫乏的机械的决定论,在口头上笼统地否认偶然性,而在每一特定场合实际上又承认这种偶然性。③

---

① 参见普列汉诺夫:《论个人在历史上的作用问题》,王荫庭译,商务印书馆 2010 年版。
② 参见布哈林:《历史唯物主义理论》,李光谟等译,人民出版社 1988 年版。
③ 《马克思恩格斯全集》第 26 卷,人民出版社 2014 年版,第 552 页。

确实,在此意义上,"苏联马克思主义"及其追随者就这样将该问题带进"马克思主义"的内部。这大致也是我们在此提出马克思主义如何开拓扬弃决定论和非决定论的视界的方法——而非马克思主义如何能够避免宿命论的方法——这一问题的缘由。

(四)

回答这一问题的作业,必须留待下一节进行更为详细的探讨。这里我想兼作预备性的程序,一瞥德国唯心论关于该问题的处理方式。

在康德的三大批判中,其如何处理自由与必然的矛盾?由于这属于哲学史常识,与历史规律也没有直接联系,这里没必要重新提起。目前这里想提请注意的是,通常容易被忽视的他的历史规律论。

在《世界公民观点之下的普遍历史观念》的开头,康德这样写道:"无论人们根据形而上学的观点,对于**意志自由**可以形成怎么样的一种概念,然而它那表现,即人类的行为,却正如任何别的自然事件一样,总是为普遍的自然律所决定的。历史学是从事于叙述这些表现的……当它考察人类意志自由的作用的**整体**时,它可以揭示出它们有一种合乎规律的进程。"①

在这里,他以"婚姻、出生、死亡"为例,阐明了"人们的自由意志对于它们有着如此巨大的影响——看起来显得并没有任何规律可循,使人能够事先就据之以计算出来它们的数字;然而各大国有关这方面的年度报表证明了它们也是按照经常的自然律进行的"②。

如这里所看到的,康德很快提出虽然存在基于个人的自由意志的行为,但是若考察整体的统计则是遵循统计的必然性的思想。统计的必然性这一构想,根据量子物理学,固然是20世纪的常识性构想,从规

---

① 康德:《历史理性批判文集》,何兆武译,商务印书馆1990年版,第1页。
② 康德:《历史理性批判文集》,何兆武译,商务印书馆1990年版,第1页。

律性而言则是考虑到当时"拉普拉斯之魔"①所表述的情况,可谓是一种卓见。

费希特的自由、必然论尤其是"Vervollkommung ins Unendliche"的思想也与我们的主题相关,在此省略,我想仅就谢林的《人类自由的本质》提出的思想与黑格尔的联系略述一二。

"理智的本质,能够遵循它自己的内在自然本性而行动。换言之,行动只能从它的内在东西……以绝对的必然性产生。并且,只有这种绝对必然性才是绝对的自由。因为,自由是在于遵循理智自身本质的各种规律而行动,不为自己内外的任何其他东西所规定。"②

若要追溯的话,这一思想很久以来就存在,康德也是这样看的,在谢林那里具有通过与如下命题相结合的特点。

"内在必然性即是自由,人的本质,本质上是他自身的行为。必然与自由是作为同一本质相融合……这一本质只是在从不同方面来看时,才显得在某一方面是必然,某一方面是自由……它自在地是自由,形式上是必然性。"③

黑格尔继承了"真正的内在必然性是自由"这一命题,继承了谢林关于自由、必然的逻辑规定的构想,主张"自由以必然为前提,包含必然性在自身内,作为被扬弃了的东西"④,"一般讲来,当一个人自己知道

---

① 法国数学家皮埃尔-西蒙·拉普拉斯(Pierre-Simon marquis de Laplace,1749—1827)于 1814 年在其《概率论》导论部分,从决定论的立场提出的一种科学假设:"我们可以把宇宙现在的状态视为其过去的果以及未来的因。如果一个智能知道某一刻所有自然运动的力和所有自然构成的对象的位置,假如他也能够对这些数据进行分析,那宇宙里最大的物体到最小的粒子的运动都会包含在一条简单公式中。对于这智者来说没有事物会是含糊的,而未来只会像过去般出现在他面前。"这个"智能",被后人称为"拉普拉斯之魔"或"拉普拉斯妖"。

② 参见谢林:《对人类自由的本质及与之相关联的对象的哲学探讨》,收录于海德格尔:《谢林论人类自由的本质》,薛华译,辽宁教育出版社 1999 年版,第 302 页。

③ 参见海德格尔:《谢林论人类自由的本质》,薛华译,辽宁教育出版社 1999 年版,第 303 页。

④ 黑格尔:《小逻辑》,贺麟译,商务印书馆 1980 年版,第 323 页。

他是完全为绝对理念所决定时,他便达到了人的最高的独立性"①。

但是,这一命题,不能理解为所谓的决定论。这个观点,必须联系他著名的"理性的狡计"这一构想来理解。

"理性的狡计",可以说是黑格尔用他一流的方法继承前面引述的康德的历史规律观——黑格尔是否意识到这一点另当别论——而提出的思想。

为了了解这当中的情况,只要回过头来载明前面引述之处康德接着所讲的"个别的人,甚至于整个的民族……当每一个人都根据自己的心意并且往往是彼此互相冲突地在追求着自己的目标时,他们却不知不觉地是朝着……自然目标而前进"②就足够了。

黑格尔自己解释说:

> 理性的狡计,一般来讲,表现在一种利用工具的活动里。这种理性的活动一方面让事物按照它们自己的本性,彼此互相影响,互相削弱,而它自己并不直接干预其过程,但同时正好实现了它自己的目的。在这种意义下,天意对于世界和世界过程可以说是具有绝对的狡计。上帝放任人们纵其特殊情欲,谋其个别利益,但所达到的结果,不是完成他们的意图,而是完成他的目的,而上帝的目的与他所利用的人们原来想努力追寻的目的,是大不相同的。③

---

① 黑格尔:《小逻辑》,贺麟译,商务印书馆1980年版,第324页。
② 参见康德:《历史理性批判文集》,何兆武译,商务印书馆1990年版,第2页。
③ 参见黑格尔:《小逻辑》,贺麟译,商务印书馆1980年版,第394-395页。关于"理性的狡计",中西哲学均有丰富的讨论。先秦时期,老子就有"天之道,损有余而补不足。人之道,损不足以奉有余"(《老子》第77章)的"天道人道之辩"。至秦始皇变封建为郡县,"郡县之制,垂二千年而弗能改矣,合古今上下皆安之,势之所趋,岂非理而能然哉?……呜呼!秦以私天下之心而罢侯置守,而天假其私以行其大公,存乎神者之不测,有如是夫!"(王夫之:《船山全书》第10卷,岳麓书社2011年版,第68页)在黑格尔看来,理性(绝对精神、绝对理念)恰恰是以非理性(人类的需要、本能、兴趣和热情)为工具、手段来实现自己的目的,从而使历史的发展表现出某种规律性。"热情的特殊利益,和一个普通原则的活泼发展,所以是不可分离的;因为'普遍的东西'(转下页)

（接上页）是从那特殊的、决定的东西和它的否定所生的结果。特殊的东西同特殊的东西相互斗争，终于大家都有些损失。那个普通的观念并不卷入对峙和斗争当中，卷入是有危险的。它始终留在后方，在背景里，不受骚扰，也不受侵犯。它驱使热情去为它自己工作，热情从这种推动里发展了它的存在，因而热情受了损失，遭到祸殃——这可以叫作'理性的狡计'。这样被理性所拨弄的东西乃是'现象'，它的一部分是毫无价值的，还有一部分是肯定的、真实的。特殊的事物比起普通的事物来，大多显得微乎其微，没有多大价值；各个人是供牺牲的、被抛弃的。'观念'自己不受生灭无常的惩罚，而由各个人的热情来受这种惩罚。"（黑格尔：《历史哲学》，王造时译，上海书店出版社2001年版，第33页）国内有学者将"理性的狡计"分为四种类型：认识活动与每个规定之间的关系；客观规律与具体事物之间的关系；人的目的与外在客体之间的关系；普遍的理念与特殊的东西之间的关系。（参见俞吾金：《从康德的"理性根"到黑格尔的"理性的狡计"》，《哲学研究》2010年第8期）老子和王夫之、黑格尔的论述当分别属于第三、第四种。人们因"理性的狡计"而对理性产生一种"理性根"，即"人们把愈是热爱智慧、反倒愈是憎恨科学的人称为理性根者。理性根通常是由于科学知识的空泛以及与此相联的某种虚浮引起的。但有时有些人起初也十分勤勉地寻求科学，最终发现全部知识都不能令人满足，因而陷入理性根的错误。哲学是使我们知道如何得到这种内在满足的唯一科学，因为哲学仿佛结成了一个科学的圆圈，各门科学通过哲学才获得秩序和联系"（参见康德《逻辑学讲义》，许景行译，商务印书馆2010年版，第17页）；"认识到思维自身的本性即是辩证法，认识到思维作为理智必陷于矛盾、必自己否定其自身这一根本见解，构成逻辑学上的一个主要的课题。当思维对于依靠自身的能力以解除它自身所引起的矛盾表示失望时，每退而借助于精神的别的方式或形态（如情感、信仰、想象等），以求得解决或满足。但思维的这种消极态度，每会引起一种不必要的理性根（misologie），有如柏拉图早已陈述过的那样，对于思维自身的努力取一种仇视的态度，有如把所谓直接知识当作认识真理的唯一方式的人所取的态度那样"（黑格尔：《小逻辑》，贺麟译，商务印书馆1980年版，第51页）。恩格斯晚年在关于历史唯物主义的书信中，运用力的平行四边形的比喻阐明"历史合力"论，间接地回应、批判了黑格尔的"理性的狡计"说。"历史是这样创造的：最终的结果总是从许多单个的意志的相互冲突中产生出来的，而其中每一个意志，又是由于许多特殊的生活条件，才成为它所成为的那样。这样就有无数互相交错的力量，有无数个力的平行四边形，而由此就产生出一个总的结果，即历史事变，这个结果又可以看作一个作为整体的、不自觉地和不自主地起着作用的力量的产物。因为任何一个人的愿望都会受到任何另一个人的妨碍，而最后出现的结果就是谁都没有希望过的事物。所以以往的历史总是像一种自然过程一样地进行，而且实质上也是服从于同一运动规律的。但是，各个人的意志——其中的每一个都希望得到他的体质和外部的、终归是经济的情况（或是他个人的，或是一般社会性的）使他向往的东西——虽然都达不到自己的愿望，而是融合为一个总的平均数，一个总的合力，然而从这一事实中绝不应作出结论说，这些意志等于零。相反地，每个意志都对合力有所贡献，因而是包括在这个合力里面的。"（《马克思恩格斯全集》第37卷，人民出版社1971年版，第461-462页）

自为地了解世界理性的意图,把握绝对理念的整体性规定,这是人类的最高独立性,黑格尔无非是援引斯宾诺莎所谓对神的理智的爱(amor intellectualis Dei)。黑格尔的"自由是对必然性的认识"的思想具有这种内容。从历史的层面来说,那就是自觉地把握历史的趋势,换句话说这也是一种约束。这时,用谢林的话来说,就是遵循自身的本质必然性。

我们之所以特别关注德国唯心论关于自由与必然的问题的处理方式,是源于康德、黑格尔式地将个别主体的"自由行动"——因此,世界理性也可随意处置为个别者——这种个别的现象(即相对于大规律的偶然现象)作为整体而贯彻于大规律的构想。

这种构想法不仅仅局限于思辨的图式,通过现实的方法而使之取得定律化的方向,应该可以确保唯物史观积极地处理自由与必然的问题。

为了追认这当中的情况,现在必须摒弃"决定论—非决定论"这种坏的二选一的方法(schlechte Alternative),真正将历史规律的存在结构与个人行为的中介关系性主题化。

第二节　历史规律的贯彻方式

唯物史观,一方面坚持"人类创造历史",承认"在社会历史领域内进行活动的,是具有意识的、经过思虑或凭激情行动的、追求某种目的的人;任何事情的发生都不是没有自觉的意图,没有预期的目的的……人们总是通过每一个人追求他自己的、自觉预期的目的来创造他们的历史"[1](《费尔巴哈论》)。可是另一方面,唯物史观坚持"历史创造

---

[1]　《马克思恩格斯文集》第4卷,人民出版社2009年版,第302页。

人",马克思明确指出,"最终目的就是揭示现代社会的经济运动规律"①,"问题本身并不在于资本主义生产的自然规律所引起的社会对抗的发展程度的高低。问题在于这些规律本身,在于这些以铁的必然性发生作用并且正在实现的趋势"②;"我的观点是把经济的社会形态的发展理解为一种自然史的过程。不管个人在主观上怎样超脱各种关系,他在社会意义上总是这些关系的产物。同其他任何观点比起来,我的观点是更不能要个人对这些关系负责的(verantwortlich machen)"③;"不过这里涉及的人,只是经济范畴的人格化,是一定的阶级关系和利益的承担者"④(《资本论》第一版序言)。

那么,人的能动的"自由意志"行为与社会历史的必然过程的规律性究竟有着怎样的关系?

历史规律的贯彻方式与个人行为的关系——本章开头所提的第二个问题——是此处所要讨论的问题。

(一)

虽然似乎有点过于离题,但为了避免我们立足于自身已有的表象,我想首先谈谈所谓规律性的贯彻方式、规律与个别现象的关系。

"规律"一词,用不着追溯拉丁语"lex",如 law, Gesetz, loi 所表达的,其本义是"法律"。就规律这一汉语熟语而言,具有"常规的礼法""法律与规则"的含义。规律的念头,如果寻根究源,可以说是将人的有规律(lex)的行为延伸到对象世界。但是,这时毋庸赘言,规律(lex)的立法者(Gesetzgeber),本来就不是人,而是超越的主宰者(上帝)。

事物的合规律性(gesetzmäßig)思想的产生,如果追溯其原型,是源于超越的有意志的主宰者的统治这种思想而形成的东西。在这种原

---

① 《马克思恩格斯全集》第 44 卷,人民出版社 2001 年版,第 10 页。
② 《马克思恩格斯全集》第 44 卷,人民出版社 2001 年版,第 8 页。
③ 参见《马克思恩格斯全集》第 44 卷,人民出版社 2001 年版,第 10 页。
④ 《马克思恩格斯全集》第 44 卷,人民出版社 2001 年版,第 10 页。

型中,认为产生的事物都是源自超越的主宰者的意志、计划的实现。没有主宰者的意志就不会发生任何事物,也不可能存在偏离划定的路线的事情(Geschehen)。这里,规律、法则,其本身并不起决定作用,而可谓不过是敷设的路线。合规律性的发生的驱动力,是超越的意志,是内在于事物的灵魂,在那里规律本身不起规定作用。可是,随着近代构想的确立,作为有意志的人格的主宰者被排除,超越的计划成为内在于世界的规律性,乃至将灵魂从现象世界剥离开来,规律成为单是"路线"之外的东西。

这种"规律的统治(herrschen)",在日常表现中也有显露。确实,规律本身并没有人格化。但是,规律已不单是路线,可以说就像制导导弹的电子束似的,似乎事物是根据自身而进行,似乎事物的进行不能脱离自身,容易给人一种起着某种决定性作用的表象。

当然,并非谁都积极地主张这种想法。但是,人们在思考事物的合规律性地展开"规律的统治"的时候,往往潜在地抱有这种理解方法。当这种"自在"理解的规律决定个别事物的发生时,大致可区分为三种表象。

第一,正如自然坠落的规律齐一地统治**一切**落体那样,规律表现为**以齐一的方式**不管对方愿意与否地使**一切**个别事物服从自己。

第二,正如抛物运动那样,虽说在现象形态上不承认齐一性,但是不管在现象形态上存在差异还是多样性,在本质上**一切**个体毫无例外地表现为**一律**由其一定的普遍规律所直接规定。

第三,上述所谓"一切个体毫无例外",换句话说就是"即使任何个体也无可避免",表现为通过假定没有一种现象能够超出规律性之外的某种方法,一义性地由必然性所决定。

在上述分类中,第一种类型,甚至在自然规律中也是稀有的,在历史规律的领域几乎不存在。在经验的历史规律的领域,暗地里理解为第三种想法,第二种类型看上去多半是考虑规律的统治。(在历史的决定性、非决定性的争论中,这种规律的统治的表象可以说是共同的前提。)

只要采取这种表象,那就无论如何也没能正确地理解并把握"通过偶然性贯彻必然性"这一辩证法的命题和"合力说"之类的恩格斯的命题。我们在思考历史规律与个人行为的关系的时候,首先必须克服的,是这种类型的规律的统治的表象。

(二)

为了告别这种表象,与其说作为历史规律的一个例子,毋宁说作为类比,我想以所谓供求规律为线索,考察它是如何贯彻的。

供求规律往往以"物价是由需求与供给的关系所决定"的形式,即作为两个对象事实的因果规定关系而被定式化。但是,说也不用说,若没有贸易这种人的行为,物价不会自己运动。为了决定物价,即为了历史的对象层次上"因果"的决定关系的存在,必须以**人的意识行为**为中介。诚然,"没有人的意志行为,任何事情也不会发生"。在此意义上,人决定物价。

人们既可以低于"合理价格"出售,也可以高于"合理价格"购买。在此意义上,人们的贸易行为,并非**一律毫无例外**地受供求关系和供求规律的支配。这一点,与前述抛物运动的规律的表象有着根本的不同。即便说供求规律决定物价,那也不是直接**一义性**地决定涉及贸易主体的神秘性物理作用,而只是作为集合现象的贸易价格,作为整体,从结果上、统计上合乎"供求规律"。

但是这时,贸易主体未必是在精确地把握供求关系的实态之后才进行交易。因而,合理价格的**知识**并不规定贸易行为。进一步说,并不存在有着贯彻供求规律的**意志**的人。那并非基于谁的意图。有人也许为讨好顾客而以贱卖为宗旨,有人也许为显示自己很大方而总是不要找零地贵买,等等。贸易确实是充斥着多种多样意识的"自由的契约行为",各人的意识内容和目标,与供求关系并没有直接关系。供求规律的贯彻,即便从意识性这一点来看,也可以说招徕了出乎预料的结果。

在以上两种意义上，"供求规律"与贸易行为之间，不存在**直接**的规定关系。另外，在此意义上，在规律的贯彻并非意向目标的实现的意义上，贸易主体的行为与供求规律亦无必然联系，而毋宁说是**偶然**的。当然，那不是**绝对**意义的偶然。虽说如此，目前大致是通过上述意义上的"偶然"的行为*，供求规律从结果上、统计上得以贯彻。

* 若要形成供求规律，贸易不能只是停留于偶然的，而必须同时是自由的。如果贸易是一种经济之外的强制，就不能形成所谓供求规律。在此意义上，基于供求规律的贸易的规则反而以贸易自由为前提。

（三）

由上述考察的供求规律的情况可以推及历史规律的一般贯彻方式。并且，当推及这一点时，历史规律的"必然性"与个人的"自由行动"之间，岂不仿佛贯穿着黑格尔所谓的"理性的狡计"？

"理性的狡计"的思想，往往被误解为是基于超越的主宰者的一义性决定论思想，如前面所考察的那样，黑格尔由此通过他的方法拯救了"自由"与"必然"的双方。与通常的"超越的主宰者"自己潜入过程逐一干涉事物的发生相反，黑格尔的世界理性"自己并不潜入过程……而是让人们随心所欲"。虽然骰子数目的概率为 1/6 的大纲是既定的，但是并不干涉一个一个的骰子数目的每次是什么这类琐细的一举手一投足。人们根据各人的本性，怀着各种关心和热情进行活动，通过"随心所欲"的行动，从整体上、结果上实现理性的目的。这里，虽然不能看作有着绝对的自由，但还是允许人们大致的自由行动，这种带括号的"自由行动"对于理性的目的来说是通过偶然的行动实现世界理性的目的。

可是，当从"理性的狡计"的思想排除形而上学的"世界理性"，将规律性内在于世界时，其中显现的规律性与个别事物的关系，若与前面表现的抛物运动相比照，就类似河流与水分子运动的关系。

形成河流的每个分子，并非一义性地由直接的重力和河床的状态，即河流的规律所决定。分子以巨大的速度向四面八方运动。但是，若将这种分子运动作为整体而从结果上、统计上来看，水流是以河床的状态和重力所规定的时速数公里的速度流淌的。

因此，河以时速数公里的速度流淌，要以水分子的"自由运动"为前提，即以每个分子能够以一切方向一切速度进行运动为前提。这一点，与供求规律的贯彻要以"贸易自由"为前提是同样的道理。而且，每个分子的运动，相对于河流的规律是偶然的。诚然，只是作为这种"偶然"的"自由运动"的"合力"的河流而存在。

回头看来，供求规律贯彻的方式*，不，在能够将其推而广之意义上的历史规律与个人行为的关系，的确就是这样。

* 马克思在《政治经济学批判大纲》中这样写道：

这一运动的整体虽然表现为社会过程……然而过程的总体表现为一种自发的客观联系；这种联系尽管来自自觉个人的相互作用，但既不存在于他们的意识之中，作为总体也不受他们支配。他们本身的相互冲突为他们创造了一种凌驾于他们之上的异己的社会权力；他们的相互作用表现为不以他们为转移的过程和强制力。流通由于是社会过程的一种总体，所以它也是第一个这样的形式，在这个形式中，不仅像在一块货币或交换价值的场合那样，社会关系表现为某种不以个人为转移的东西，而且是社会运动的总体本身也表现为这样的东西。个人相互间的社会联系作为凌驾于个人之上的独立权力，不论被想象为自然的权力、偶然现象，还是其他任何形式的东西，都是下述状况的必然结果，这就是：这里的出发点不是（真正意义上的——广松注）自由的社会的个人。从作为经济范畴中第一个总体的流通中，就可以清楚地看到这一点。①（高木幸二郎译，第116页）

我们由此探寻"供求规律"、流通的线索，在此意义上未必不妥。

（四）

将历史的规律性理解为统计的规律性的思想，如前所述，从康德那

---

① 《马克思恩格斯全集》第30卷，人民出版社1995年版，第147-148页。

里已可以看出来,黑格尔的"理性的狡计"的构想可以说是对它的继承。马克思恩格斯将"理性的狡计"的图式改头换面为唯物论,批判地继承了这一图式。

恩格斯说:"在社会历史领域内进行活动的,是具有……某种目的的人……但是行动实际产生的结果并不是预期的……到了最后却完全不是预期的结果。这样,历史事件似乎总的说来……是由偶然性支配着的。但是,在表面上是偶然性在起作用的地方,这种偶然性始终是受内部的隐蔽着的规律支配的,而问题只是在于发现这些规律。"①

为了发现这一规律,仅仅把握人们意识到的意图和目标是不够的。这是因为,正如供求规律的例子所表明的,以及如上述引文所说的那样,自觉期望的目的并不能全盘实现,因为它对规律性而言毋宁说是偶然的。进而言之,"这许多按不同方向活动的愿望及其对外部世界的各种各样作用的合力,就是历史"②。

恩格斯接着说:"旧唯物主义不彻底的地方并不在于承认精神的动力,而在于不从这些动力进一步追溯到它的动因。相反,历史哲学,特别是黑格尔所代表的历史哲学,认为历史人物的表面动机和真实动机都绝不是历史事变的最终原因,认为这些动机后面还有应当加以探究的别的动力。"③

在这一点上,必须高度评价黑格尔的历史哲学。然而,黑格尔"以哲学家头脑中臆造的联系来代替应当在事变中去证实的现实的联系,把全部历史及其各个部分都看作观念(神意)的逐渐实现"④。此亦即所谓的"理性的狡计"。

从上述引文来看,恩格斯谅解"理性的狡计"的提出经过,但是,批判其逃避到狡计的理性,以"观念(神意)"代替"现实的关系和物质的规

---

① 《马克思恩格斯文集》第4卷,人民出版社2009年版,第302页。
② 《马克思恩格斯文集》第4卷,人民出版社2009年版,第302页。
③ 参见《马克思恩格斯文集》第4卷,人民出版社2009年版,第303页。
④ 参见《马克思恩格斯文集》第4卷,人民出版社2009年版,第301页。

定性",因此,意在同一问题的层面专门继承这一图式,由此可见一斑。众所周知,晚年恩格斯仿佛反复尝试"理性的狡计"的言辞,这里没必要再次引证吧。

这里,我们能够回答对唯物史观的如下非难,即唯物史观完全将个人铁板化,陷入把人看作"资本""雇佣劳动"等的人格表现,看作完全只是基于齐一的方法而活动的知性抽象的责难。

唯物史观不仅积极承认"精神的动力",而且承认个人的多种多样,甚至同一人物的各种具体性,不能简单地铁板化。并且,如恩格斯所同时强调的,"不管这个差别对历史研究,尤其是对各个时代和各个事变的历史研究如何重要,它丝毫不能改变这样一个事实:历史进程是受内在的一般规律支配的"①,反过来从"理性的狡计"而言,"每一个人进行不同的活动","所产生的结果却是实现理性的目的"。用河流的比喻来说,当讨论总体的河流时,可以排除每个分子的具体面貌,并通过重力和河床状态来规定总体现象,其旨趣也在于此。

因此,回过头看,河流规律、供求规律,不,历史规律一般,从它与个人行为的关系来看,确实并非齐一、一义地决定个人的行动。历史规律的统治,不能从作为事物总体的立言*的抛物运动规律般的一律性、一义性的统治来论证。

* 分子由多种多样的环节所决定,对分子的运动而言,重力作用不过是一小部分的原因。但是,在整体现象上,对分子而言,这正作为主要动因而与其他因素相互抵消,这里这一小部分的重力作用被特写为决定性动因。

相对于个人的行为,经济基础的影响就是上述的重力和模拟。对个人行为来说,经济基础的影响毋宁说不过是"一小部分",其他因素是更重要的决定因素。必须力戒个人行为完全由经济基础所决定的错觉,直接从经济基础来说明个人行为的愚蠢。这"一小部分的环节"之所以被特写为历史的终极性、决定性的环节,完全是就整体现象而言的。

---

① 《马克思恩格斯文集》第4卷,人民出版社2009年版,第302页。

历史规律与个人的关系，作为应该隐含统计规律——单从图式而言，隐含"理性的狡计"——的表象，在唯物史观中，其与物象化的逻辑相关，是唯物论基础上的具体的定律化，我们对此理解也考虑到了上述因素。

以上，我们讨论了历史规律与个人的关系，指出其并非如所谓"科学的规律观"所表象的东西，在唯物史观中，与历史规律性相关的德国唯心论所制定的图式被改头换面，但是，上述讨论，即便能够以此拒斥所谓"历史的决定论"，不过还没有触及个人行为的总体化的机制，以及个人行为使历史规律性得以存在的机制。下一节，我想再就历史规律性的存在结构及其逻辑作主题性的探讨。

第三节　规律性的存在结构

"规律的必然性总是通过偶然性表现出来"这一众所周知的辩证法的大命题，这种规律概念有着怎样的结构规定？在我们上一节的讨论中，只要没有就此作积极的提示，就不能说积极地排除了将所谓的"偶然"和"自由"看作不过是"必然性的无知"的"科学决定论"的构想。为了消解这一未决的问题，这里我想再次就上一节所谓的"自由"做一些探讨，通过这一作业，积极地把握统计的必然论的逻辑结构。

（一）

"自由"一词的概念内容，具有两极的二义性。我们上一节中的用词也是二义性的。

其中之一，是如在贸易的自由的场合中，在自发性、自律性这一意义上的自由。所谓自发性、自律性，眼下的意思是没有外部的强制，不服从外在的必然。但是这时，不能掩盖外在、内在的区分，只是相对的。例如，说到**自由落体**，若撇开这一表现的历史机缘，意味着没有规定重力规律之外的原因，重力规律可以说是就内在方面而言的。这里，由重力规律一义性地决定的情况即自由落体。这样，可以说与内在必然性一义性地决定现在所述问题意义上的自由概念并行不悖。岂止并行不悖，用前面引用的谢林的话来说，是完全同一。这样，就形成一义性地遵循内在的立法、内在的本性、内在的必然即自由这一康德和黑格尔亦作如是观的自由论的因素。

这种意义上的"自由"，逐渐使得对"内在"的规定狭义化，而昧于停留在涤除外界的人，涤除肉体的精神，涤除感性的东西的理性的东西，涤除一切意识内容的纯粹精神作用，等等。在过去设定精神实体的阶段，这种内在地完成的**精神实体的自我原因性**被看作自发性、自由。但是到了近代，精神实体的存在受到怀疑，"精神"的纯粹机能或"作用"受到消解，并且，即便是内在必然，那种必然规定也不能说是自发性这种习惯的思维方式开始变得有力起来。这里，不受任何东西规定的纯粹的意志作用的自发性就是自由，以及哲学家所谓的自由意志，是基于自我原因性，无原因的自发性，进而绝对的无规定性，要言之，这是纯粹的"无"。从逻辑的彻底性而言，这种"无"，就是对自发性、自律性这一意义上的"自由概念"的归结。

我们现在没必要在这里探讨上述"实存"的"无"。即使"无"终究是为了否定被决定性的消极性概念，也不能作为说明概念而积极地加以使用。

自发性、自律性这种意义上的"自由概念"——即使能在常识的意义上，即严格的语义上产生、使用——只要严密地思考"自我原因性"，由于"无"是逻辑的归结，我们不能采用这一概念。

回过头看，我们在上一节已使用"自由"一词的另一意义。如在分子的自由运动的场合那样的问题上，对若干可能性的展开，**并非一义性地被决定**，这是航道可以有若干通道这一比喻意义上的"自由选择"。

这种意义上的"自由选择"，从一开始就是受制约的。就历史行动而言，首先，即使撇开选择可能的条件、自然的制约，也还是受社会历史性的限制。例如，即使我们能够选择去看电影或是去看戏剧，也不可能选择去观看印加帝国的格斗或是列席法老的加冕仪式。其次，上一节所谓自由选择，只是直接意味着某人在某时能够完成 A 行动，且在某时可以进行非 A 的行动，与其他人一样，这未必是积极主张，虽然某人在某时进行 A 行动，但该人确实能在那一瞬间进行 B 行动。在此意义上，那是骰子的自由，犹如分子的自由运动。

要言之，历史的对象层次上所谓的"自由选择"，在给予的历史状况中，一般讨论的是人们——将另一个瞬间的同一个人看作另一个人——若能进行 A 行动，就能够进行非 A 的行动这一经验的事实，关于**绝对的**自由选择，目前是中立（态度未定）的。

上一节中的"自由行动"一词，仅仅具有当前上述意义上的"自由选择""非一义性的被决定性"这一消极意义。

（二）

现在，必须消解上述"中立"，或至少以积极的形式来厘定它。

在常识的观念中，人们也许朴素地相信上一小节末尾所谓绝对的自由选择，即在某一瞬间完成 A 行动的人也可能在那一瞬间进行非 A 的行动。可是，既能进行 A 也能进行非 A 的行动，绝对无法在"经验上"和"科学上"得到确证。因为通过调整、实验类似的条件所看到的，那终究不过是类似的条件，不可能是完全同一的条件。但是，确实根据同样的理由，该人在那一瞬间绝对只能进行 A 行动，这也是无法实证的。即使能由众多类似的事例类推他像是进行了 A 行动，也无法证明他绝对没有进行除此之外的非 A 的行动。

因而，是否承认"绝对的自由选择"，这终究是一种"形而上"的立场规定——"决定论—非决定论"就是这种立场规定，争论的焦点归根结底，在于是否承认绝对的自由选择——我们在上一小节所停留的"中立"，确实与这种形而上的立场规定有关。

这里，人们总是努力忠实于"科学的构想"。在所谓"科学的构想"

中，前述的假设（Postulat）与定律被双重化，尽管如骰子的数字与分子的运动看上去是如何偶然，但"只要知道前期条件，确实能够预测数字与运动——所谓偶然，不过是必然性的无知、未知的必然——不存在客观的偶然"。换言之，"自由选择"之类的说法不过是假象，"任何事物都是服从铁的必然性的因果系列的一项"。并且认为，否定这一点就等同于否定因果。

我们应该选择遵守所谓"科学的构想"，其实是"形而上"的立场规定的上述"科学决定论"吗？实际上，"苏联马克思主义"及其支流，"**科学决定**"通常是在社会"**科学**"的名义下，或者在**科学**社会主义的名义下做出的选择。

来听听恩格斯的阐述。如前所述，他在《自然辩证法》中，明确拒斥"从法国唯物主义传到自然科学中，并且力图用根本否认偶然性的办法来对付偶然性的决定论（Determinismus）"，对这种"科学决定论"做了如下揶揄：

> 按照这种观点，在自然界中占统治地位的，只是单纯的直接的必然性。这个豌豆荚中有五粒豌豆，而不是四粒或六粒；这条狗的尾巴是五英寸长，丝毫不长，也丝毫不短……今天清晨四点钟一只跳蚤咬了我一口，而不是三点钟或五点钟，而且是咬在右肩上，而不是咬在左腿上——这一切都是由一条不可移易的因果链，由一种不可动摇的必然性造成的事实……承认这样一种必然性，我们还是没有摆脱神学的自然观。无论我们……把这叫作上帝的永恒的意旨，或者……把这称作天数，还是把这叫作必然性，这对科学来说差不多是一样的。①

确实如这里所看到的，我们不能采取所谓的科学决定论。

---

① 《马克思恩格斯全集》第26卷，人民出版社2014年版，第550－551页。

辩证法,承认偶然性是"作为未知必然性的尚未解决"的**客观偶然性**。但是,这并非对以往构想和语义的全盘追认,而是赋予这些概念以新的意义和生命。

我们前面以"绝对的自由选择"这一形而上的立场规定之"中立"的消解为自己的课题。关于这一课题,我们与恩格斯同样,答曰扬弃这种"非此即彼"式(Entweder-oder)本身。我们反对采取知性的固定化的形式,要么形而上地肯定绝对的自由选择的观点,要么形而上地否定绝对的自由选择的观点。我们认为——在非欧几里得几何学包含以欧几里得几何学为极限例子的类比意义上——确立的是将两者作为包含两极性极限例子的范式,这与其说属于第三维度(dimension),毋宁说是提高到第一维度的定型。换句话说,可称之为多值函数的连续观的方式。

从形式上、结论上而言,这就是我们对当前课题的回答。

(三)

这里的课题是,赋予上述形式的回答以具体的内容。这一作业,是将先前厘定的基于统计的规律性的"自由选择"的逻辑前提自为化,以使统计的规律性的可能存在结构具体化。

我们前面讨论的"自由选择",反过来说,是以**能够**将行动作为可谓状况的多值函数来把握为逻辑前提的。

多值函数,在 $y^5+y^2+x=0$ 和 $y=\sin^{-1}x$ 中,当 x(状况,原因)代入某个一定的值时,y(行动,结果)可能存在几种情况。但是,它的值并非无限制地具有一切可能性,只不过是在某个限定的范围内具有若干种可能性。并且,它受 x 的值的制约。虽说如此,却也并非**一义性**地由 x 的值所决定。

我们可以将这种多值函数的性质——衡量每个分子的运动的规律性——推进到以往决定论者们说起来逃向的高阶规律性,象牙塔的规律性。

在以往的构想法中,当思考因果连续性的时候,认为在前件与后件之间,例如 $y=ax+b$ 这种一阶函数的规定关系是成立的。因而,认为 x 的值(原因,前件)**一义性**地决定了 y 的值(结果,后件)。可以说,"拉普拉斯之魔的宇宙方程式"象征性地体现了这一构想。

我们认为,对于这种构想,**目前**,作为与之在权利上同等的规定,前件与后件之间可以设定多值函数的连续关系。象征性地说,宇宙方程式也许是包含概率变项的多值函数。(在此意义上,"通过偶然性贯彻必然性"这一辩证法的命题具有现实的意义。)另外,也可以说其揭示了与"理性的狡计"所流行图式的继承关系,所期待的结果,当从整体上来看,为了保证确定性,宇宙方程式是包含概率变项的多项式,并在所与的时间中收敛各项之和。因此,我们的宇宙方程式,由于能够包含作为极限例子的拉普拉斯之魔的宇宙方程式,对于以往的一阶函数——这是"决定论—非决定论"的对立中两者共同的逻辑前提——不是在权利上同等,而是在此之上的东西。

这样,我们通过继承"理性的狡计"所流行的图式,采取上述包含概率变项的多值函数的连续观,保证了"通过偶然性贯彻必然性"这一辩证法的命题的客观意义,消解了前述的"中立"。

我们现在没必要啰唆如何借助多值函数的连续观扬弃亚里士多德经院哲学以来的"偶然性—必然性"的概念。这里,我想补充几句的是,我们的观点与以往的"决定论—非决定论"的两重关系。

只要决定论者主张宇宙的一义性——一阶函数的被决定性,我们就必须拒否它。同时,只要非决定论者割裂因果系列的前提条件而以作为自身乃一阶函数的因果系列的开端的"自由"来进行论证,我们也能拒否**这种**"自由"。因为,包含概率变项的多值函数的连续所意味的,绝不是因果性的中断,或存在无原因的自发性之类,由同一的"函数状态"(原因)可以通过各种一定的概率产生——包括这样的项——两个以上的结果。这样,一方面,当采取多值函数的连续观,必须拒否决定论和非决定论的双方。

但是，另一方面，只要我们也承认宇宙未必一义性地被决定，就可以肯定非决定论的观点，而在拒否作为自发的原因性的"绝对的自由"这一点上，可以抱持决定论的观点。我们，对于决定论者，力戒他们可谓把因果的连续性简直看作一直的连续的武断；对于非决定论者，力戒他们虽说能够破除因果的一义的决定性但简直看作因果规定的中断的武断——这与有意的自由—有意的自发性是一致的，顺便指出，虽说包含概率变项，但从作为集合现象的总体来看，其归结或许是特别限定的东西，项的和或许是收敛的。

对于决定论与非决定论的对立性，通过上升到立场的标志，我们提出如上应对。

（四）

马克思恩格斯没有使用多值函数的连续这样的**词语**。但是当暂且撇开用词，我想我们没有越出他们的思想。更积极地说，我们只是借助数学表象祖述他们的构想法。

在《自然辩证法》中，恩格斯主题性地探讨了关于"偶然性和必然性"的问题，按照辩证法的三段结构作有如下阐述。

第一，首先设定的无非是"常识和具有常识的大多数自然科学家"的思考，把偶然性和必然性看作绝对相互排斥的两个范畴，认为"两者是并存于自然界中"①——在此意义上，承认绝对的客观偶然性的立场。

第二，"与此对立的是决定论，它从法国唯物主义中移入自然科学，并且力图用根本否认偶然性的办法来对付偶然性"②。——我们前面讨论了恩格斯对这种科学决定论的批判，若不嫌重复的话——"按照这种观点，在自然界中占统治地位的，只是单纯的直接的必然性"③，偶然

---

① 《马克思恩格斯全集》第 26 卷，人民出版社 2014 年版，第 549-550 页。
② 《马克思恩格斯全集》第 26 卷，人民出版社 2014 年版，第 550 页。
③ 《马克思恩格斯全集》第 26 卷，人民出版社 2014 年版，第 550 页。

性不过是假象,客观本身乃一义性地为"坚定不移的必然性"所统治,"我们还是没有摆脱神学的自然观"①。"无论我们……把这称作天数,还是把这就叫作必然性",必然性和偶然性"依然如故"。②

第三,"同这两种观点相对立,黑格尔提出了前所未闻的命题"③。即"偶然的东西是必然的,必然性自我规定为偶然性"④。——"自然科学把这些命题……当作自相矛盾的胡说而根本不予理睬,并且在理论上一方面坚持沃尔弗那种思想贫乏的形而上学,认为一个事物不是偶然的,就是必然的,但是不能同时既是偶然的,又是必然的;另一方面,又坚持同样思想贫乏的机械的决定论,在口头上笼统地否认偶然性,而在每一特定场合实际上又承认这种偶然性"⑤。

恩格斯接着话头:"还有什么能比这两个思维规定更尖锐地相互矛盾呢?"⑥但是,无须援引达尔文的说法,"迄今为止的必然性观念失灵了"⑦,现在,必须确立新的必然性的观念。现在,只有扬弃亚里士多德经院哲学以来的非辩证法的"必然性—偶然性"的观念,才能规定新的意义内容。

"偶然的东西怎么可能是必然的,而必然的东西怎么可能是偶然的?"⑧——恩格斯在那里这样自问。

黑格尔则以"理性的狡计"的形式做了表述,那也尚未超出臆断(Versicherung)的范围。遗憾的是,恩格斯自己在该遗稿中也没有以明确的形式做出回答。但无论如何,只要延伸黑格尔与恩格斯的定位,不用一开始就絮絮叨叨地高呼偶然和必然的绝对矛盾的自我同一之

---

① 《马克思恩格斯全集》第 26 卷,人民出版社 2014 年版,第 551 页。
② 《马克思恩格斯全集》第 26 卷,人民出版社 2014 年版,第 551 页。
③ 《马克思恩格斯全集》第 26 卷,人民出版社 2014 年版,第 552 页。
④ 《马克思恩格斯全集》第 26 卷,人民出版社 2014 年版,第 552 页。
⑤ 《马克思恩格斯全集》第 26 卷,人民出版社 2014 年版,第 552 页。
⑥ 《马克思恩格斯全集》第 26 卷,人民出版社 2014 年版,第 549 页。
⑦ 《马克思恩格斯全集》第 26 卷,人民出版社 2014 年版,第 553 页。
⑧ 《马克思恩格斯全集》第 26 卷,人民出版社 2014 年版,第 549 页。

类,事物既是偶然的又是被决定的,既是决定的又不是一义的,既是必然的也是非一义的,既是非一义的也是被制约的,从逻辑上来看不外乎如此。

回过头看,我们继承了统计的必然论,不,黑格尔的"理性的狡计"论及其图式来定位恩格斯的"合力"论,将其逻辑前提自为化,前面对设定的可能结构的多值函数的连续思考,确实不过这些。当然,对我们来说,只是停留于通过数式的形式试着加以祖述、注疏。

我们上一节以对"自由"的再探讨为线索,论证了不能积极地使用**纯粹**的自发性意义上的自由概念,通过历史的对象层级的"自由选择"的逻辑前提的自为化,提出了包含概率变项的多值函数的连续这一思考,这里,若不仅仅停留于"自由选择"只是非一义的决定性,那终究不过是"宇宙方程式"中的"偶然性"因素。在此意义上,我们只是留下了合规律性和能够以两立的形式存在的"自由"的**可能性**空间。因而,另外,在上述讨论中,马克思主义超越了决定论和非决定论的对立面这一命题,不过是为了避免科学主义的决定论的消极意义。

为了积极地厘定马克思主义的自由概念,不能从**规律性**的方面来考察其与个人行为的关系,而必须将视线重新聚焦到"历史—之中—存在",可谓是从**人**的方面来切入的。

第四节 "历史—之中—存在"的自由性

上一节的讨论——这是以下作为对所谓"实践理性的领域"的"第一批判"的界限规定的必要性预备讨论(Propädeutik)——虽然也有问题史的线索,但多半基于"超越论"的视角。因此,即使触及历史规律与个人行为的问题因素,也停留于将历史的制约性及规律性作为超越的条件来处理。

但是现在,必须将前面所举问题的第二因素留下的另一面以及第三因素纳入讨论范围,不是从作为个别事物和规律性的可谓数学或逻辑的结构关系,而是从其动力学的关系结构来探讨个人行为与历史规律性的关系。另外,关于"自由"的问题,即使这从超越的视角来看不合"自由"之名,只要具有"历史—之中—存在"的意义性,就必须重新予以把握。

（一）

毋庸赘言,社会历史的规律性的存在,是基于个人行为的物象化,它不是预定(vorherbestimmt)的。

个人活动"只要人们还处在自然形成的社会中,那么人本身的活动对人来说就成为一种异己的、同他对立的力量,这种力量压迫着人,而不是人驾驭着这种力量。社会活动的这种固定化(sich-fest-setzen),我们本身的产物聚合为一种统治我们、不受我们控制、使我们的愿望不能实现并使我们的打算落空的物质力量"①。因此,虽说"人们创造自己的历史",但是并非通过意欲的计划,"相反地,这种力量现在却经历着一系列独特的、不仅不依赖人们的意志和行为反而支配着人们的意志和行为的发展阶段"②。

我们现在并不想在这里详细讨论"物象化"的机制。为了阐明其机制,就必须预先主题性地讨论关于个人的 part-taking、role-taking 的物化(réification),这在篇幅上无论如何是不允许的。因此,这里,在顺便与第一节中作为历史规律的模拟而提出的"供求规律"相关的限度上,援引马克思在《资本论》中描述的关于价值规律的贯彻方式的段落。

马克思说:"人们使他们的劳动产品彼此当作价值发生关系,不是

---

① 参见广松涉编注:《文献学语境中的〈德意志意识形态〉》,彭曦译,南京大学出版社2009年版,第34—36页;《马克思恩格斯文集》第1卷,人民出版社2009年版,第537页。

② 广松涉编注:《文献学语境中的〈德意志意识形态〉》,彭曦译,南京大学出版社2009年版,第36页;参见《马克思恩格斯文集》第1卷,人民出版社2009年版,第538页。

因为在他们看来(gelten)这些物只是同种的人类劳动的物质外壳。恰恰相反,他们在交换中使他们的各种产品作为价值彼此相等,也就使他们的各种劳动作为人类劳动而彼此相等。他们没有意识到这一点,但是他们这样做了。"①

"产品交换者实际关心的问题,首先是……产品按什么样的比例交换。当这些比例由于习惯而逐渐达到一定的稳固性时,它们就好像是由劳动产品的本性产生的。例如,一吨铁和两盎司金的价值相等,就像一磅金和一磅铁……是重量相等一样。"因此,人们认为根据"自然比例"来进行交换是理所当然的,这像是具有规范有效性似的规定着人们的行动。可是,"实际上,劳动产品的价值性质,只是通过劳动产品表现为价值量才确定下来",无论如何,"价值量不以交换者的意志、设想和活动为转移而不断地变动着",这里,"在交换者看来,他们本身的社会运动具有物的运动形式。不是他们控制这一运动,而是他们受这一运动控制"②。

前面讨论了"历史的对象层次上的选择条件"受到历史的、社会的制约,这种制约负载个人的历时—共时的自在性共同活动的物象化——这里没有涉及当事者的意识过程——通过这种物象化而形成的社会事实(fait social)对于个人具有"外在""制约"的功能,往往给予伴有义务(devoir)和欲望(désirabilité)的意识的人们以行动的方向,我们必须暂且记住这一点。

(二)

社会历史的规律性的贯彻,即使源于布隆德③所说意义上的"集团命令(impératifs collectifs)的压力"以及道德约束(contraintes morales),但这并不意味着应该将其往常主张的"自然规律"和"历史规律"置于规律

---

① 参见《马克思恩格斯全集》第 44 卷,人民出版社 2001 年版,第 91 页。
② 《马克思恩格斯全集》第 44 卷,人民出版社 2001 年版,第 92 页。
③ 莫里斯·布隆德(Maurice Blondel, 1861—1949),法国哲学家,代表作有《行为》。

性本身的维度上绝对区别开来。论者们往往暗地里认为自然界遵循决定论、历史界遵循非决定论,基于这种缺乏省察的理解,将自然规律和历史规律作本质的区别。① 确实,这里含有不能将"科学主义"及"物理主义"的规律概念适用于社会的正确认识,对我们来说——甚至谈到自然,原本就拒绝"物理主义的规律概念"——不能在双重意义上加入论者之行列。

我们认为,在多值函数的宇宙方程式的项的限度上,承认人在消极意义上"以自由为宿命",但是,在此意义上,那并不是人的特权性存在方式。这在目前对于存在者一般是有效的。我们确实拒绝将人实体化的构想及其痕迹,所以——并非基于超绝的视点——不能对人处以"自由之刑"②(萨特),以及将自然规律和历史规律作知性的割裂。

---

① 历史到底有没有所谓"客观规律"? 余英时认为,"generalization"(通贯性的概括)和"general laws"(通贯性的规律)不可混为一谈。自然科学可以建立"通贯性的规律",史学则只能建立"通贯性的概括"。"概括"反映的是在历史上发现一些整体的趋势、动态、结构及其因果关系。但这一类的"概括"往往因地因时而异,在甲国如此,在乙国则未必如此,在甲时若是,在乙时又未必若是,因此和自然科学中普遍有效的"规律"截然有别。"通贯性的概括"和"通贯性的规律"之间的分野划定之后,史学是不是"科学"的问题便自然消解了。"我既不敢贸然相信史学可以成为生物学、地质学一样的科学,更不敢断定究竟有没有什么历史规律。""到现在为止,还没有任何人曾经成功地建立起一条'放之四海而皆准'的'历史规律'。"使"历史规律"开始破产的是汤因比。汤氏主张"文明"才应该是史学研究的基本单位,他选取了世界史上 21 个"文明"作为研究对象,最后变成了 13 卷本的《历史研究》。"专从以'文明'为历史研究的主体而言,我毋宁是十分欢迎这部巨著的,但问题出在他要在这部大规模的研究中寻出'文明'兴起、发展和崩解的一般'规律',这就掉进'科学的史学'陷阱之中了。当时西方各国专业史家群起而攻之,每人都根据最可信的史实和史证加以反驳,结果是他的所谓'规律'没有一条是站得住的。""科学史学"的弊端是,必然得出中华文化落后的结论,流露出西方中心论的意识。它假定西方与中国循着同一历史规律的历史分期而演进。即自黄帝以迄秦之一统(公元前 221 年)为"上世";自秦一统后至清代乾隆之末(1795年)为"中世";自乾隆末年以至今日为"近世"。其中"中世史"长达两千年。在这一假定之下,中西文化的本质差异只存在于"先进"(西)和"落后"(中)之间。(余英时:《中国文化与自由民主不是尖锐对立》,[2004 - 09 - 19][2014 - 09 - 22]. http://news.ifeng.com/a/20140919/42032257_0.shtml)

② 以萨特之见,"存在"即"自由"。人只有在自由这一点上是不自由的,人被判处了自由这样一种徒刑。"人是自由的","我命定是自由的"。(萨特:《存在与虚无》,陈宣良等译,生活·读书·新知三联书店 1997 年版,第 548 - 549 页)

当我们谈到"人的自由"的时候,必须经常注意到若从超越的视点来看不符"自由"之名的可能性。只要定位于"人的事实",采取内在于历史的观点,那么从形而上的观点来看,即便不过是"想法的自由",对我们来说也并非毫无意义。

马克思恩格斯从这种立场上的"自由"的"意志行动"来讨论人的实践具有的特别意义。例如在《资本论》中,在正当地说明了人的实践不过是与自然之间的物质变换之后,对人类劳动做了如下评价:

> 蜜蜂建筑蜂房的本领使人间的许多建筑师感到惭愧。但是,最蹩脚的建筑师从一开始就比最灵巧的蜜蜂高明的地方,是他在用蜂蜡建筑蜂房以前,已经在自己的头脑中把它建成了。劳动过程结束时得到的结果,在这个过程开始时就已经在劳动者的表象中存在着,即已经观念地存在着。他不仅使自然物发生形式变化,同时他还在自然物中实现自己的**目的**,这个目的是他所**知道**的,**是作为规律决定着他的活动的方式和方法的**,他必须使他的意志服从这个目的。①

若援引《反杜林论》的话,"意志自由只是借助于对事物的认识来做出决定的能力(Fähigkeit)"②。区别于"本能行动"的这种意志行动、日常语言意义上的"自由行动",从形而上的观点来看,即使并非真正的"自由",也**丝毫无损于**它具有的人的意义。我们将动物的行动和梦游者的行动,以及其他所谓"无意识"的行动,与"选择性地析取目标,以此作为以决断为中介的实现"的"自由意志的行动"区别开来。

历史实践的这种维度,对它的意识,以及决断,**着实**左右着通过实践及其对象化的历史规律的贯彻。

在此意义上,马克思主义的"自由论",即是以这种形而下的"自由"问题为其一斑,阶级意识的觉醒问题和所谓"从必然王国到自由王国"

---

① 《马克思恩格斯全集》第 44 卷,人民出版社 2001 年版,第 208 页。
② 参见《马克思恩格斯全集》第 26 卷,人民出版社 2014 年版,第 120-121 页。

的命题,以及"每个人的自由发展是一切人的自由发展的条件的联合体"①(《共产党宣言》)的建设问题,也源于上述维度与脉络。

(三)

为了"选择目标,通过决断而**实现**它",即为了上一小节中所规定的意义"是自由的",必须抑制自己诸如想要手中揽月或通过魔术改变"世俗"这种"决断",合矩性的自律。如果仅仅是出乎预料的成功,那么目标、决断的实现则是偶然的,他就停留于偶然的"自由"。为了实现"必然",因此"自由"成为"必然",必须自觉地服从规律性。借用"理性的狡计"来说,必须察知世界理性的目的,以此设定自己的目的。

这样,当我们撇开抽象的经院哲学说教,来讨论现实的人的自由时,不能抹杀自觉地把握规律的必然性以及自觉地服从它这种因素。如果我们只是服从"内在必然"和"定言命令"②,那是不可能实现"自由"的。必须洞察内在和外在的"必然性",并自觉地应对它。只有在这种自觉约束中,"自由"与"人的自由"才具有现实意义。

关于这方面的问题,恩格斯在《反杜林论》中这样写道:

> 自由不在于幻想中摆脱自然规律而独立,而在于认识这些规律,从而能够有计划地使自然规律为一定的目的服务……意志自由只是借助于对事物的认识来做出决定的能力。因此,人对一定问题的判断越是自由,这个判断的内容所具有的必然性就越大;而犹豫不决是以不知为基础的,它看来好像是在许多不同的和相互矛盾的可能的决定中任意进行选

---

① 参见《马克思恩格斯文集》第2卷,人民出版社2009年版,第53页。
② 康德区分了定言命令和假言命令。定言命令(绝对命令)因内在价值而产生,是无条件的,行为本身具有纯粹客观的必然性,和另外的目的无关。康德把绝对命令表述为"不论做什么,总应该做到使你的意志所遵循的准则永远同时能够成为一条普遍的立法原理"(康德:《实践理性批判》,商务印书馆1960年版,第30页)。假言命令因外在价值而产生,是有条件的,行为本身还不是行为的根据,而是达成另一目的的手段。

择，但恰好由此证明它的不自由，证明它被正好应该由它支配的对象所支配。因此，自由就在于根据对自然界的必然性的认识来支配我们自己和外部自然；因此它必然是历史发展的产物。①

可是，当根据历史的规律性的认识而决断，以顺应历史趋势而自我约束时，所设定的目标，并不是通过个人行为的简单堆积而实现的。不仅如此，"历史的必然"本身不能脱离个人行为，不，交互主体的共同活动（intersubjektives Zusammenwirken）而独立自存。为了能够洞见历史趋势性，必须把握个人行为的向量（Vektor）合力的方向性，人们作为总体，在什么样的历史条件下，做了什么；并且，这种洞察不能是"天才个人"的偶有，为了得到每一个人的保证，要求每个个人成为我们，促成主体间性、交互主观性（intersubjektive Gemeinsubjektivität）的确立。换言之，要求真正自在自为的共同体（Gemeinschaft）的确立，即"只有在共同体中才可能有个人自由"②。

这样，能够称得上历史中的**真正**自由，的确要等到历史性地形成共产主义共同体的时候。这种共同体，不是个人的原子性的同构平均化，而且，如果是在非固定性分工、功能性分工和共同活动中存在，那这确实与《共产党宣言》所说意义上的人的全面发展相联系。

在这一文脉中，马克思主义的"自由论"不单是观照的理论（Theorie），它本身必须以基于历史的、社会的实践的自我实现作为自己的课题。

(四)

从前的历史——尽管社会确实自在地作为交互主体的共同活动而存在——每个人不过是自在的历史主体，历史的、社会的规律是通过

---

① 《马克思恩格斯全集》第 26 卷，人民出版社 2014 年版，第 120－121 页。
② 《马克思恩格斯文集》第 1 卷，人民出版社 2009 年版，第 571 页。

"基于参与者的无意识性的自然规律"而贯彻的。每个人的意志行动不是在组织(organisieren)中,而是如河流的比喻似的,每个人行动的交错通过向度(Vektor)的合成而"创造历史"。在此意义上,那是"必然王国"。

但是在马克思恩格斯看来,这种必然王国的内在规律性本身,达到了自在自为的组织化。必然王国在自己的母胎中"催生掘墓人"。用《资本论》中的话来说,"通过资本主义生产本身的内在规律的作用","这种生产方式发展到一定的程度,就产生出消灭它自身的物质手段","从这时起,社会内部感到受它束缚的力量和激情就活动起来"①。

完成这种被抛的谋划(geworfener Entwurf),是"无产阶级的历史使命(Bestimmung)"②。

在以往历史的社会现实中,"人是否存在自由"这种哲学谈论,"决定论或非决定论"这种经院哲学的说教,原本是非常可笑的事情。即使非决定论和绝对的自由意志是形而上学的"真理",对奴隶、农奴、雇佣工人来说,不,甚至对统治阶级的每个人来说,对他们的现实生活而言,又有什么意义呢?"从前各个人联合而成的虚假的共同体,总是相对于各个人而独立的;由于这种共同体是一个阶级反对另一个阶级的联合,因此对于被统治的阶级来说,它不仅是完全虚幻的共同体,而且是新的桎梏。在真正的共同体的条件下,各个人在自己的联合中并通过这种联合获得自己的自由"③。

通过即将到来的社会革命——若援引《反杜林论》的众所周知的语段来说——"一旦社会占有了生产资料,商品生产就将被消除,而产品对生产者的统治也将随之消除。社会生产内部的无政府状态将为有计划的自觉的组织所代替。个体生存斗争停止了。于是,人在一定意义上才最终脱离了动物界,从动物的生存条件进入真正人的生存条件。

---

① 参见《马克思恩格斯全集》第44卷,人民出版社2001年版,第873页。
② 参见《马克思恩格斯全集》第26卷,人民出版社2014年版,第301页。
③ 《马克思恩格斯文集》第1卷,人民出版社2009年版,第571页。

人们周围的、至今统治着人们的生活条件，现在受人们的支配和控制，人们第一次成为自然界的自觉的和真正的主人，因为他们已经成为自身的社会结合的主人了。人们自己的社会行动的规律，这些一直作为异己的、支配着人们的自然规律而同人们相对立的规律，那时就将被人们熟练地运用，因而将听从人们的支配。人们自身的社会结合（Die eigene Vergesellschaftung der Menschen）一直是作为自然界和历史强加于他们的东西而同他们相对立的，现在则变成他们自己的自由行动了。至今一直统治着历史的客观的异己的力量，现在处于人们自己的控制之下了。只是从这时起，人们才完全自觉地创造自己的历史；只是从这时起，由人们使之起作用的社会原因才大部分并且越来越多地达到他们所预期的结果。这是人类从必然王国进入自由王国的飞跃"①。

这样，自由的问题，在马克思主义这里，并非关于自由的条件及其对象之认识的经院哲学说教，而是无产阶级的历史使命（geschickte Bestimmung）、先行决断性（laufende Entschlossenheit）的问题。

---

① 参见《马克思恩格斯全集》第 26 卷，人民出版社 2014 年版，第 300 - 301 页。

第六章
唯物史观与阶级斗争史观

　　唯物史观,往往被理解为将唯物辩证法适用于历史领域的东西,是唯物辩证法的具体化。这种"解释",作为事后整理马克思主义体系的图式或许比较简便,但是这不仅是一种谬说,而且打开了一扇通向致命的误解之途。由于将"物质是本原,物质决定精神"这种第一命题理解为"适用于历史",历史领域中的物质的东西,即导出了"经济基础决定一切"这种经济的决定论,使所谓唯物史观归根到底就是这种经济的决定论这一误解得以横行。

　　从形成的情况来看,唯物史观,既不是将唯物辩证法适用于历史,也不是把黑格尔的历史哲学颠倒为唯物论。关于形成过程在其他地方也有探讨①,这里暂且不表,从思想史的脉络而言,马克思恩格斯的唯物史观是在批判继承过去的阶级斗争史观的基础上产生的。

　　这里,我想从上述视角,使唯物史观"结构"的基本机制(Grundverfassung)自为化。

　　关于历史的动力,迄今以来人们思索过各种各样的因素。有人求诸地理条件,也有人求诸上帝的推动,等等。到了近代,随着"自我的觉醒",开始从人的工作中寻求历史的动因。并且这时,与使得人之所以

---

① 参见广松涉:《唯物史观的原像》,邓习议译,南京大学出版社2009年版,第一章。

成为人、人之所以成为主体的东西,在于与广义的理性、意识、自由这种意义上的精神资质相适应,一时间,从知识和教养的进步、优秀领导人(广义的英雄)的意愿寻求历史发展的动力。启蒙主义的历史观和"近代的英雄史观"是其典型。但是不久,就不再关注于抽象的、一般的非定形的知识和教养,而是转向"实践的定型化的东西",即以政策、政治的理念取代英雄的意愿而成为历史的动力。

这里,将历史视为政治理念的自我实现过程,将政治史作为历史总体的主干的看法,取得了新的形式,若进一步追问,究竟什么是政治史,通过对这一问题的重新追问而形成了阶级斗争史观。如"政治史上的重大事件"法国大革命所意外地呈现的那样,政治并非由个别当政者的理性和意志所决定,而是阶级与阶级的斗争。当从这一观点回过头看时,无论是英国革命,还是通过宗教斗争的形式所表现的政治、军事的纷争,都是牵扯阶级与阶级的"利害"关系的斗争。当想到这一事实时,在政治史中,即使其本质每每被遮蔽,阶级与阶级的利害关系与力量关系,就深化、扩展至归根到底决定政治的趋势这一观察方法。

这样,马克思恩格斯在青年时代就确立了在法国和英国的历史学家及社会主义的思想家当中具有的阶级斗争史观。

"至今一切社会的历史都是阶级斗争的历史"①这一《共产党宣言》的著名思想,是马克思恩格斯与以往时代乃至同时代的思想家共有的思想。虽说这一命题,无论在方法论上还是内容上,已经必须进一步加以思考。

很久以来,就有通过两种因素的对立斗争来说明自然现象和社会现象的构想法。道教和拜火教的思维方式,奥古斯丁的历史哲学,基于需求与供给的关系的物价阐明,等等,不胜枚举。辩证法也是从两种规定性的对立矛盾来说明事物的。在此意义上,辩证法与说明基于二元对立的事物的构想法有着共同性。但是,辩证法并不将具有这种二元

---

① 《马克思恩格斯文集》第 2 卷,人民出版社 2009 年版,第 31 页。

的对立斗争本身作为终极原因，而是必定阐明比规定这种对立斗争本身更根本的决定因素。这往往是黑格尔辩证法所追求的，马克思的辩证法亦然。

一般地，通过双方的斗争本身来说明事物的模式，会陷入两难境地。力量均衡的一方倘若崩溃，结果使得消灭了另一方的双方斗争也随之消失。可是另外，一时弱小的一方若是逐渐强大起来，并在一定程度上达到两者的均衡，这时双方斗争是相互抵消的，也就阻碍了其发展。这样，用来说明发展的逻辑就陷入了论证发展的停止的处境。（关于这一点的方法论上的指出，请参照例如马克思在《剩余价值学说史》中对贝利的批判等地方。）

联系阶级斗争的例子来说，在常态上，通过激烈形式的斗争而展现的高潮，其力量关系是流动的，相互斗争的阶级之间的力量关系具有一定的平衡状态。那么，究竟在何种水平上保持大致的均衡？完全的力量均衡果真是不可能的？如果是不可能的，那又是什么缘故？这些问题本身，无法通过斗争史观得到说明。抑或完全的均衡是可能的？如果是可能的，这时历史的发展将停止吧？因为在那时作为发展之动力的对立斗争是相互抵消的。

这里的问题是，决定两种对抗的势力的存在和各自的强度的东西是什么。当能够确定这一点时，就可以明确大致的平衡状态是在何种水平上形成的，可以明确两者在均衡的场合也有整体发展的方向性和决定因素。只有将这一点纳入谈论的范围，联系二元因素的对立的说明才能够与辩证法的方法两相成立。盖从方法论来看，不能停留于阶级斗争史观本身。

阶级斗争史观，不用说，是以阶级的存在为前提的。那么，什么是阶级？阶级是如何形成的？这里，从内容上来说，要求进一步分析阶级斗争史观的基础。

"阶级"一词，原本多半是一个模糊的概念。但是，如近代市民阶级（资产阶级）和近代工人阶级（无产阶级）的场合所典型表现的那样，作为阶级（class）划分的共同规定性，在于与生产资料相关的社会关系方面。被称为近代市民阶级的人们，具有占有生产资料，即原料和劳动工具，基于这种占有的主导权，雇佣他人从事生产活动的共同性。另一方面，被称为近代工人阶级的人们，具有不占有生产资料，即便说有可以出卖的东西那也只有自己的劳动力，这种劳动力的出卖，只有通过作为雇佣工人而被雇佣以维持生计的共同性。要言之，近代资产阶级、近代无产阶级，是以各自与生产资料相关的社会关系方面的共同性为标志的阶级（class）划分。当推及着眼于这其中的情况，联系与生产资料相关的社会关系方面来定义阶级的概念时，阶级斗争史观中一直多半作为模糊的斗争当事者而设定的各阶级，都可以联系以生产资料的社会存在为中介的关系方进行再设定，进而对此进行系统化的整理。

马克思将以生产资料为中介的人与人的关系称为"生产关系"，在此意义上，设定作为阶级关系的实体基础的生产关系。这样，马克思将阶级斗争——进而言之，阶级的存在基础归结为生产关系，现在进一步赋予阶级斗争史观以内容规定。

并且，马克思并没有停留于此，而是揭示生产关系的存在的必然性，赋予生产关系的概念以权利。原本，这即使是必然性的权利，也是从一般**学问的常识**层次而言的，它不是形而上学家主张的"本质必然性"，也不是康德学派的意义上的"权利"。

只要马克思恩格斯从方法论上认识到终究不可能论者与形而上学家所要求意义上的"本质必然性"，那么就不能从真正的必然性概念讨论可谓历史观领域的下降的方法之极限的"生产关系"，或者从某种"前提"通过所谓"分析判断"而提出。

马克思恩格斯说：

> 我们谈的是一些没有任何前提的德国人，因此我们首先应当确定一切人类生存的第一个前提，也就是一切历史的第一个前提，这个前提是：人们为了能够"创造历史"必须能够生活。但是为了生活，首先就需要吃喝住穿……因此第一个历

史活动就是生产满足这些需要的资料,即生产物质生活本身,而且,这是人们从几千年前直到今天单是为了维持生活就必须每日每时从事的(现在也和几千年前一样)历史活动,是一切历史的基本条件。……因此任何历史观的第一件事情就是必须注意上述基本事实的全部意义和全部范围,并给予应有的重视。①(《德意志意识形态》)

就这样,马克思恩格斯接着如下语句切入本论:"我们开始要谈的前提不是任意提出的,不是教条……全部人类历史的第一个前提无疑是有生命的个人的存在。因此,第一个需要确认的事实就是这些个人的肉体组织以及由此产生的个人对其他自然的关系。当然,我们在这里既不能深入研究人们自身的生理特性,也不能深入研究人们所处的各种自然条件——地质条件、山岳水文地理条件、气候条件以及其他条件。任何历史记载都应当从这些自然基础以及它们在历史进程中由于人们的活动而发生的变更出发。可以根据意识、宗教或随便别的什么来区别人和动物。一旦人开始生产自己的生活资料……人本身就开始把自己和动物区别开来。"②(同上)

生活资料的生产,根据马克思恩格斯的思考,这正是使人之所以成为人的东西,因而是人的历史性存在的最为根本的规定。总之,这是因为"人们用以生产自己的生活资料的方式……更确切地说,它是这些个人的一定的活动方式,是他们表现自己生命的一定方式,是他们的一定的生活方式。个人怎样表现自己的生命,他们自己就是怎样。因此,他们是什么样的,这同他们的生产是一致的——既和他们生产什么一致,又和他们怎样生产一致。因而,个人是什么样的,这取决于他们进行生产的物质条件"③。

---

① 参见《马克思恩格斯文集》第1卷,人民出版社2009年版,第531页。
② 《马克思恩格斯文集》第1卷,人民出版社2009年版,第516-519页。
③ 《马克思恩格斯文集》第1卷,人民出版社2009年版,第519-520页。

可是，人们所具有的这种意义和范围的生活资料的生产，不是作为孤独个人而进行的自我活动，而是以与他者的一定关系为前提的。生活资料的生产一开始就是社会性活动。"人们在自己生活的社会生产中发生一定的、必然的、不以他们的意志为转移的关系。"①(《政治经济学批判》序言)

这里所谓的关系不过是生产关系。这样，生产关系一般的存在是必然的。

但是，"生产关系"本身，并非抽象的、一般的存在，而是具体的定在。那么，生产关系的具体的、历史的定在方式是由什么决定的？一言以蔽之，生产关系的定在方式是由每个时代的生产力的发展阶段所规定的。

从根本上说，"人们在生产中不仅仅影响自然界，而且也互相影响。他们只有以一定的方式共同活动和互相交换其活动，才能进行生产。为了进行生产，人们相互之间便发生一定的联系和关系；只有在这些社会联系和社会关系的范围内，才会有他们对自然界的影响，才会有生产。生产者相互发生的这些社会关系，他们借以互相交换其活动和参与全部生产活动的条件，当然，依照生产资料的性质而有所不同……因此，各个人借以进行生产的社会关系，即社会生产关系，是随着物质生产资料、生产力的变化和发展而变化的"②(《政治经济学批判》序言)，旧的生产关系就被新的生产关系所取代。

回过头来看，"生产关系总合起来就构成所谓的社会关系，构成所谓的社会，并且是构成一个处于一定历史发展阶段上的社会，具有独特的特征的社会。古典古代社会、封建社会和资产阶级社会都是这样的生产关系的总和，而其中每一个生产关系的总和同时又标志着人类历史发展中的一个特殊阶段"③(《雇佣劳动与资本》)。

---

① 《马克思恩格斯全集》第 31 卷，人民出版社 1998 年版，第 412 页。
② 《马克思恩格斯文集》第 1 卷，人民出版社 2009 年版，第 724 页。
③ 《马克思恩格斯文集》第 1 卷，人民出版社 2009 年版，第 724 页。

这样，以生产力和生产关系为中心，换句话说，以社会的经济基础为主轴，就能把握历史的阶段性发展的脉络。

我们是从阶级斗争来探寻下降之路，设定生产关系一般①，指出作为决定这种生产关系的历史性定在的生产力，直到着眼于以经济史基础为主轴的历史一般的阶段性发展，这里我想再来听听恩格斯自身源于阶级斗争史观的省察的证言，进而一瞥唯物史观与社会主义思想的关系。

> 新的事实迫使人们对以往的全部历史做一番新的研究，结果发现：以往的全部历史，都是阶级斗争的历史；这些互相斗争的社会阶级在任何时候都是生产关系和交换关系的产物，一句话，都是自己时代的经济关系的产物；因而每一时代的社会经济结构形成现实基础，每一个历史时期的由法的设施和政治设施以及宗教的、哲学的和其他的观念形式所构成的全部上层建筑，归根到底都应由这个基础来说明。这样一来，唯心主义从它的最后的避难所即历史观中被驱逐出去了，一种唯物主义的历史观被提出来了，用人们的存在说明他们的意识，而不是像以往那样用人们的意识说明他们的存在这样一条道路已经找到了。②（《反杜林论》）

---

① "生产关系一般"，《马克思恩格斯全集》中文第一版也译作"一般生产关系"，例如，"在资产阶级社会的既定民族范围内，货币作为支付手段是随同一般生产关系一起发展的，同样，货币在作为国际支付手段这一规定上也是如此"（《马克思恩格斯全集》第46卷下册，人民出版社1980年版，第436页；中文第二版将此词改译为"生产关系一般"（《马克思恩格斯全集》第31卷，人民出版社1998年版，第322页）。与"生产关系一般"的概念类似的表述，还有"近代意识形态一般"（本书第42页）、"存在者一般"（本书第193页）、"劳动一般"（本书第211页）、"商品一般"（本书第230页）等，其中"一般"的含义，可借助马克思的"生产一般"的概念来理解："生产一般是一个抽象，但是只要它真正把共同点提出来，定下来，免得我们重复，它就是一个合理的抽象。不过，这个一般，或者说，经过比较而抽出来的共同点，本身就是有许多组成部分的、分为不同规定的东西。其中有些属于一切时代，另一些是几个时代共有的"（《马克思恩格斯全集》第30卷，人民出版社1995年版，第26页）。

② 参见《马克思恩格斯全集》第26卷，人民出版社2014年版，第442页。

具有这种阶级斗争史观的省察基础的环节和定位的唯物史观,不用说与马克思恩格斯的社会主义、共产主义思想有着密不可分的关系。关于这当中的情况,以及其与马克思政治经济学的关系,恩格斯接着上述引言这样写道:

> 社会主义现在已经不再被看作某个天才头脑的偶然发现,而被看作两个历史地产生的阶级即无产阶级和资产阶级之间斗争的必然产物。它的任务不再是构想出一个尽可能完善的社会制度,而是研究必然产生这两个阶级及其相互斗争的那种历史的经济的过程;并在由此造成的经济状况中找出解决冲突的手段。可是,以往的社会主义同这种唯物主义历史观是不相容的,正如法国唯物主义的自然观同辩证法和近代自然科学不相容一样。以往的社会主义固然批判了现存的资本主义生产方式及其后果,但是,它不能说明这个生产方式,因而也就不能对付这个生产方式;它只能简单地把它当作坏东西抛弃掉。它越是激烈地反对同这种生产方式密不可分的对工人阶级的剥削,就越是不能明白指出,这种剥削是怎么回事,它是怎样产生的。①

如恩格斯的话中所明确揭示的,唯物史观并非只是停留于以历史观领域的阶级斗争史观为基础的阶段,而是确实具有以社会主义、共产主义思想为基础的定位和构想。

可是,如先前引用所看到的"不是意识决定存在而是存在决定意识"这一马克思主义的著名命题,从讨论中也可以看出,这不单是一个存在论、认识论的命题。

> 德国哲学从天国降到人间,和它完全相反,这里我们是从人间升到天国。这就是说,我们不是从人们所说的、所设想

---

① 《马克思恩格斯全集》第 26 卷,人民出版社 2014 年版,第 443 页。

的、所想象的东西出发,也不是从口头说的、思考出来的、设想出来的、想象出来的人出发,去理解有血有肉的人。我们的出发点是从事实际活动的人,而且从他们的现实生活过程中还可以描绘出这一生活过程在意识形态上的反射和反响的发展。甚至人们头脑中的模糊幻象也是他们的可以通过经验来确认的、与物质前提相联系的物质生活过程的必然升华物。因此,道德、宗教、形而上学和其他意识形态,以及与它们相适应的意识形态便不再保留独立性的外观了。它们没有历史,没有发展,而发展着自己的物质生产和物质交往的人们,在改变自己的这个现实的同时也改变着自己的思维和思维的产物。不是意识决定生活,而是生活决定意识。①(《德意志意识形态》)

如这里所看到的,人的历史的存在决定人的意识是其旨趣。这里的"存在"是近乎所谓"存在的被抛性"时的"存在",并非指的是认识对象或存在者一般。因此,明确指出"意识是被意识到了的存在",而"人们的存在就是他们的现实生活过程"②(同上),因此,"不是意识决定生活,而是生活决定意识"所说的存在(Sein)才能够置换为生活(Leben)。"存在决定意识"这一命题必须理解为表达意识的历史的、社会的被规定性的命题。

当正确地理解这一命题,并懂得唯物史观究竟试图说明什么时,特别是从晚年恩格斯通过一系列书信强调的意识的相对能动性和上层建筑对经济基础的反作用的命题,可以知道与唯物史观是一致的。

为此,我们前面是从阶级斗争史观开始追溯的,我想现在在这里稍微延伸一点范围。

关于自然史和社会史,恩格斯眼下在一定程度上举出了两者的差

---

① 《马克思恩格斯文集》第1卷,人民出版社2009年版,第525页。
② 《马克思恩格斯文集》第1卷,人民出版社2009年版,第525页。

异,在明确指出"在社会历史领域内进行活动的,是具有意识的、经过思虑或凭激情行动的、追求某种目的的人;任何事情的发生都不是没有自觉的意图,没有预期的目的的……人们总是通过每一个人追求他自己的、自觉预期的目的来创造他们的历史"①(《费尔巴哈论》)之后,他接着写道:

> 因此,问题也在于,这许多单个的人所预期的是什么。愿望是由激情或思虑来决定的。而直接决定激情或思虑的杠杆是各式各样的。有的可能是外界的事物,有的可能是精神方面的动机,如功名心、"对真理和正义的热忱"、个人的憎恶,或者甚至是各种纯粹个人的怪想。但是……又产生了一个新的问题:在这些动机背后隐藏着的又是什么样的动力?在行动者的头脑中以这些动机的形式出现的历史原因又是什么?②
>
> 旧唯物主义从来没有给自己提出过这样的问题……旧唯物主义不彻底的地方并不在于承认**精神的**动力,而在于不从这些动力进一步追溯到它的动因。③
>
> 因此,如果要去探究那些隐藏在——自觉地或不自觉地,而且往往是不自觉地——历史人物的动机背后并且构成历史的真正的最后动力的动力,那么问题涉及的,与其说是个别人物,即使是非常杰出的人物的动机,不如说是使广大群众、使整个整个的民族,并且在每一民族中间又是使整个整个阶级行动起来的动机;而且……是持久的、引起重大历史变迁的行动。探讨那些作为自觉的动机明显地或不明显地,直接地或以意识形态的形式,甚至以被神圣化的形式反映在行动着的群众及其领袖即所谓伟大人物的头脑中的动因——这是能够

---

① 《马克思恩格斯文集》第4卷,人民出版社2009年版,第302页。
② 《马克思恩格斯文集》第4卷,人民出版社2009年版,第302-303页。
③ 参见《马克思恩格斯文集》第4卷,人民出版社2009年版,第303页。

引导我们去探索那些在整个历史中以及个别时期和个别国家的历史中起支配作用的规律的唯一途径。①

如目前所阐明的,在揭示作为历史主体的人们的"自由"意志行动背后的**精神的**动机,大致承认这种自由行动和精神的动机之后,还应该对这种动机本身做出说明,并找出决定这种动机的根本动力——阶级斗争已不过是这一下降过程的一个阶梯、一个层面——沿着这一逻辑的思考路径,马克思恩格斯进而下降到经济基础而确立了唯物史观。

---

① 《马克思恩格斯文集》第4卷,人民出版社2009年版,第304页。

第四部

马克思主义与"物象化"论

近年来,马克思的物象化论再次受到关注。如城冢登所出色地指出的,"萨特的《辩证理性批判》以卢卡奇的《历史与阶级意识》的'物象化'论为线索,这已被经常提及。梅洛-庞蒂的《辩证法的历险》以卢卡奇的'物象化'论作为一大理论基础……在西德,西奥多·阿多诺的辩证法的观点源自卢卡奇的问题意识,吸收这些人物之思想的尤尔根·哈贝马斯的《理论的实践》也可看出受到物象化论的影响。另外在日本,例如竹内芳郎的《辩证法的复权》虽然批判卢卡奇的阶级意识的拜物教化,却是以卢卡奇包含'物象化'论的辩证法理解为线索而展开讨论的"(城冢登:《现代思想的主体性问题》,《理想》1968年第1期)。

而吕西安·戈德曼甚至断言"只有物象化论,才能理解涉及'经济基础'与'上层建筑'的关系的马克思全部文本的统一性"(Lucien Goldmann: Recherches dialectiques, 1959, p. 66)。

可是,与这些论者,即使没有将所谓异化论和物象化论同等看待,也大致存在将两者作为基本同样的概念来对待的倾向相对,而上述的城冢论文立足于新的视角,我想值得特别留意。

"所谓'异化论',对于造成人们异化的社会现实,停留于从人的立场进行**断罪**、**批判**,相对于具体地指出克服这种社会现实的方法途径是困难的,'物象化'论,没有停留于沿袭对抗社会现实的人的立场,而是进而深入到社会现实当中,通过**事物的逻辑**,具体地指出'主体性'的回归之路……另外,所谓'异化论',相对于以《1844年手稿》阶段的马克思的思想为背景,'物象化'论,则有着以《资本论》为背景的不同。"(同上,城冢论文)

城冢论文立足于上述理解,试图"通过批判性地重新探讨卢卡奇的'物象化'论,把现代思想直面的'主体性'问题放在脱离现实和参与现实的交错中来阐明"＊,承认异化论和物象化论之间可谓有质的飞跃,从这一观点重新评价卢卡奇的物象化论,设定批判地继承的视角。

＊在此意义上,城冢论文并非主题性地论证所谓的"不同"。但是,假如有的读者对承认异化论和物象化论之间有质的不同抱有疑问,那种想法本来就是源

于把早期马克思的异化论理解为后期的思想,没有精确地把握早期马克思的构想,可是作为《1844年手稿》的日译者之一且写有关于费尔巴哈的主题性著作的城冢的阐述应该有实证的证实,我想提请留意这一点,另请读一读探寻从《1844年手稿》到《德意志意识形态》的转换的城冢论文。(《唯物史观》1967年秋季号)

笔者并没有特意深入探讨卢卡奇的物象化论的兴趣,若硬要说一句,我想只有通过明确异化论和物象化论的区别性,才可能使他在《历史与阶级意识》中展开的积极的东西变得真正有效。竹内芳郎指出,卢卡奇"根据资产阶级社会被物象化(对象化)的无产阶级意识,由于不是关于对象的意识而是对象本身的自我意识,在这种意识成为其自我的对象性变革的形式中,谋划理论与实践的统一,建构由此展开的辩证法",批判"他的辩证法……以'无产阶级'及其'阶级意识'占据黑格尔的'精神'的位置,在其自我运动中解决一切问题,终究是一种唯心论的构图"(竹内芳郎:《辩证法的复权》,《展望》1967年第3期),这确实未能完全厘清异化论和物象化论的关系,因此,他最终将物象化包含于异化的逻辑中。另外,还应看到他在接近第三国际之后转向"坏的黑格尔学派"的同时也放弃了难能可贵的物象化论本身,在反思斯大林主义之后也一直未能对其有所展开,这种双重写照,即源于异化论与物象化论的厘清不足。

撇开卢卡奇不说,关于马克思的异化论与物象化论的质的中断以及后者对前者的扬弃的问题,虽然笔者偶尔会涉及这一问题,但直到现在一直作为悬案搁在那里。

笔者在《马克思主义与自我异化论》(《理想》1963年第9期,《广松涉著作集》第8卷)中讨论了"早期马克思的自我异化论是促使互为中介的'马克思主义的三个源泉'得以综合统一的东西,是促使马克思主义得以形成的东西"[①],但是,指出了这种自我异化论为后期马克思恩

---

① 参见广松涉:《唯物史观的原像》,邓习议译,南京大学出版社2009年版,第215页。

格斯所超越,暂且以之为结稿。不过,这篇论文的末尾附带说明了"为了从正面论述'马克思主义与自我异化论',不仅必须阐明早期马克思的自我异化论为何及如何被超越,还应该揭示其思想在马克思主义的体系中采取了怎样的保存形式及具有什么新的意义,通过这些问题的阐明来论定唯物史观的形成过程与自我异化论的克服过程的有机的相互关系"①,留下了应找机会另作探讨的课题、悬案。

另外,另稿《辩证法的唯物论的颠倒何以可能》(《现代理论》1967年第7期,《广松涉著作集》第8卷)论述了后期马克思的辩证法是通过早期自我异化逻辑的否定之否定而得以确立的,附注了关于使"唯物辩证法"第一次成为可能的新存在性质的原理的"与共同主观的对象性活动的'反对—客体化'(Objektion-Objektivation)的作用(Geltung)……的存在根据相关的黑格尔左派、早期马克思的异化论可谓象牙塔中的新问题"。现在必须解开这一悬案。

作为其开头,这里我想重构马克思的物象化论的逻辑与结构,设定其所推及的视角。

首先,我想联系《资本论》中商品论关于拜物教论的讨论,在此基础上,采取在追溯早期马克思的异化论形成史的脉络中聚焦物象化论的方法。

---

① 广松涉:《唯物史观的原像》,邓习议译,南京大学出版社2009年版,第228页。

第七章
《资本论》的"物象化"论

众所周知，马克思在《资本论》中所说的物象化（Versachlichung）、物化（Verdinglichung），与他指出的拜物教（Fetischismus）、拜物教性质（Fetischcharakter）有着紧密的联系。实际上，《资本论》第二版特设了题为"商品的拜物教性质及其秘密"的独立一节，这一节主题性地讨论了物象化的问题。

所谓物神（Fetisch），原本是表现被看作具有超自然的巫术能力、性质的事物的词语。例如，身上佩戴它就可以避免交通事故的"护身符"，身体佩戴它就能够赌博不输的"墓石碎片"等，总之，都可以说是一种物神（ein Fetisch）。

在"货币生利息"这种我们日常目击的"事实"中，货币表现为宛如具有"梨树结梨子"那种滋生利息的能力。在"利息生资本"中，资本表现为具有滋生利息的自行增殖能力，物（货币）不单是作为物，而且已表现为资本（自行增殖的价值）。"因此，在生息资本上，这个自动的物神，自行增殖的价值，会生出货币的货币，纯粹地表现出来了，并且在这个形式上再也看不到它的起源的任何痕迹了。社会关系最终成为一种物即货币同它自身的关系"①成为既成的事实。（Das Kapital，Ⅲ，MEW，Bd. 25，S. 405）

---

① 《马克思恩格斯全集》第 46 卷，人民出版社 2003 年版，第 441 页。

"在以前的各种社会形式下，这种经济上的神秘化（ökonomische Mystifikation）主要只同货币和生息资本有关。"①（ibid., S. 839）"在资本主义生产方式下……这种着了魔的颠倒的世界（verzauberte und verkehrte Welt）就会更厉害得多地发展起来。"②（ibid., S. 835）只要有商品生产和货币流通，一切社会形式"都有这种颠倒"③（ebenda），资本主义社会是这种"经济拜物教化"的普遍完成。

　　可是，金币正因为它是金币而具有货币的通用性这种拜物教（vgl. Zur Kritik der politischen Ökonomie, MEW, Bd. l3, S. 22, S. 131），以及"资本先生和土地太太"④自行产生利润、地租这类的拜物教（vgl. D Kapital, Ⅲ, ibid., S. 838），即便是日常意识，多半只要通过省察，就能够直接揭穿。然而，马克思所谓普遍的经济拜物教，却确实由于其广泛性，绝不能为日常意识所意识。另外，想要仅凭"商品具有使用价值和价值这二因素，前者是具体的有用劳动的对象化，后者是抽象的人类劳动的对象化"的区分就完事的庸俗"马克思经济学"门徒也依然稀里糊涂。大概，陷入拜物教的本人，"这是拜物教"也是缘于不自觉的同语反复的理由。

　　那么，究竟什么是马克思所谓的普遍的拜物教？它被看作"在商品中，特别是在作为资本产品的商品中，已经包含着作为整个资本主义生产方式的特征的社会生产规定的物化和生产的物质基础的主体化"⑤（ibid., S. 887）。因此，就让我们也真正将目光转向商品。

> 最初一看，商品好像是一种简单而平凡的东西。对商品的分析表明，它却是一种很古怪的东西，充满形而上学的微妙和神学的怪诞。就商品的使用价值来说，不论从它靠自己的

---

① 参见《马克思恩格斯全集》第 46 卷，人民出版社 2003 年版，第 941 页。
② 参见《马克思恩格斯全集》第 46 卷，人民出版社 2003 年版，第 936 页。
③ 《马克思恩格斯全集》第 46 卷，人民出版社 2003 年版，第 936 页。
④ 《马克思恩格斯全集》第 46 卷，人民出版社 2003 年版，第 940 页。
⑤ 《马克思恩格斯全集》第 46 卷，人民出版社 2003 年版，第 996－997 页。

属性来满足人的需要这个角度来考察,或者从它作为人类劳动的产品才具有这些属性这个角度来考察,它都没有什么神秘的地方。很明显,人通过自己的活动按照对自己有用的方式来改变自然物质的形态。例如,用木头做桌子,木头的形状就改变了。可是桌子还是木头,还是一个普通的可以感觉的物。但是桌子一旦作为商品出现,就转化为一个可感觉而又超感觉的物。它不仅用它的脚站在地上,而且在对其他一切商品的关系上用头倒立着,从它的木脑袋里生出比它自动跳舞还奇怪得多的狂想。①(Das Kapital, I, MEW, Bd. 23, S. 85)

马克思说:"对商品的分析表明,它却是一种很古怪的东西,充满形而上学的微妙和神学的怪诞。"那究竟指的是什么样的事实?上面引用的文字,为著名的《商品的拜物教性质及其秘密》一节(《资本论》第1卷,第二版,第一章,第四节)开头的段落,在后续的段落中并没有直接阐明其"秘密"的由来,关于所给予现象的事实本身也未必有明确的提示。为了了解马克思所说明的条件,必须回过头考察前面的"商品的分析"。

根据马克思的分析,如众所周知的,作为"一个靠自己的属性来满足人的某种需要的物"②的使用价值,"又是交换价值的物质承担者"③。而"交换价值首先表现为一种使用价值同另一种使用价值相交换的量的关系或比例"④,这种现象的事实变身,表明相交换的两种商品"等于第三种东西"。相交换的"二者中的每一个只要是交换价值,就必定能化为这第三种东西"⑤。这一共同的第三种东西,就是"价值"。

---

① 《马克思恩格斯全集》第44卷,人民出版社2001年版,第88页。
② 《马克思恩格斯全集》第44卷,人民出版社2001年版,第47页。
③ 《马克思恩格斯全集》第44卷,人民出版社2001年版,第49页。
④ 《马克思恩格斯全集》第44卷,人民出版社2001年版,第49页。
⑤ 《马克思恩格斯全集》第44卷,人民出版社2001年版,第50页。

这第三种东西,即共同内在于各种商品的价值是什么?"价值"暴露了商品的拜物教性质。

价值"这种共同东西不可能是商品的几何的、物理的、化学的或其他的天然属性"①。"同商品体的可感觉的粗糙的对象性正好相反,在商品体的价值对象性中连一个自然物质原子也没有。因此,每一个商品不管你怎样颠来倒去,它作为价值物总是不可捉摸的。"②盖商品的自然的、物质的、感性的属性的问题是,这种属性使商品作为有用物,因此只要作为使用价值,价值对象性就是在这种使用价值的抽去中存在。并且这种"抽去",不光是头脑中作为逻辑操作的抽去,使具有不同的使用价值的不同种类的商品与共同的第三种东西(无论将其抬高到怎样的抽象层次,作为使用价值而言,它绝不是同质的,而是异质的)相等同,这种交换是自在设定的"抽去",是"每天都在现实中进行的抽象"。

这样,如果价值连一个自然物质原子也没有,不具有任何感性的、物质的属性,那么它岂不确实可以称作"无"? 主张"价值"是存在的,必然暗中要求某种超自然的实体、形而上学的实体或经院哲学家所谓"隐秘的性质"? 实际上,不是连亚里士多德也一方面断定"财物的交换不能没有等同性",继而又以"实际上,这样不同种的物是不能通约的"③这种形而上学的讨论而加以回避?

马克思立足于这种"每天都在进行的现实的抽象",切入如下问题:"如果我们把劳动产品的使用价值抽去,那么也就是把那些使劳动产品成为使用价值的物体的组成部分和形式抽去。它们不再是桌子、房屋、纱或别的什么有用物。它们的一切可以感觉到的属性都消失了。它们也不再是木匠劳动、瓦匠劳动、纺纱劳动或其他某种一定的生产劳动的产品了。随着劳动产品的有用性质的消失,体现在劳动产品中的各种劳动的有用性质也消失了,因而这些劳动的各种具体形式也消失了。

---

① 《马克思恩格斯全集》第44卷,人民出版社2001年版,第50页。
② 《马克思恩格斯全集》第44卷,人民出版社2001年版,第61页。
③ 《马克思恩格斯全集》第44卷,人民出版社2001年版,第74-75页。

各种劳动不再有什么差别，全都化为相同的人类劳动，抽象人类劳动。"①

马克思接着写道："现在我们来考察劳动产品剩下来的东西。它们剩下的只是同一的幽灵般的对象性，只是无差别的人类劳动的单纯凝结（ein blosse Gallerte），即不管以哪种形式进行的人类劳动力耗费的单纯凝结。这些物现在只是表示，在它们的生产上耗费了人类劳动力，积累了人类劳动。这些物，作为它们共有的这个社会实体的结晶，就是价值——商品价值。"②

  可见，使用价值或财物具有价值，只是因为有抽象人类劳动对象化或物化（vergegenständlicht oder materialisiert）在里面。③（ibid., S. 52f）

对于认为马克思关于"价值"的上述说明已基本完成，而不抱更多疑问的人来说，丝毫不会觉察到商品的拜物教性质。大概，上述作为暂时的说明而提出的事态，实际上不过是商品的拜物教的根本现象（Grundphäaomenon）。

也许有人会反问："可是，马克思关于'价值'的上述说明，不是通过上述论证而基本完成了？"实际上，马克思在上述论证的后面，提到了价值大小的计量标准，接着讨论了劳动的二重性，前者不是价值的本质而是关于量的规定，后者的论证也是在关于价值的本质的意义上预先作了前述说明。即便从第三节进入的价值形式论来看，这是形式论，确实是以先前设定的价值的本质规定为原理而进行的说明。而从第二章之后，不，从《资本论》全三卷来看，其中即使有着价值的各种定在形式和运动形式等的阐明，那都不能看作价值的本质规定的"重新规定"。确实，某些恶意的批判家喋喋不休地说什么第3卷的一些地方与前面考

---

① 《马克思恩格斯全集》第44卷，人民出版社2001年版，第51页。
② 参见《马克思恩格斯全集》第44卷，人民出版社2001年版，第51页。
③ 参见《马克思恩格斯全集》第44卷，人民出版社2001年版，第51页。

察的价值规定相矛盾,认为这是对"凝结为价值的抽象劳动"的规定的深化,"人类抽象劳动的凝结"这一价值的本质规定是连贯的。

某种意义上的确如此。虽然马克思以"实体化""对象化""物质化""结晶化"等代替"凝结"一词,使用了各种用词,但是并没有改变"人类抽象劳动的凝结"①这一价值的本质规定。并且,马克思确实是立足于这一本质规定来构筑他的整个经济学体系的。

无论如何,商品的拜物教性质确实在这一价值的本质(规定)中得到体现,抽象的人类劳动的"凝结"这一表现原本是拜物教化的表现,可以说是比喻的表现,绝不是马克思的最后的、最终的规定,我们必须知道这一点。"商品的拜物教性质及其秘密"的阐明对于马克思的经济学体系所具有的意义,确实与这一点相关。自初版以来该处的论点就已存在的"拜物教的秘密的阐明",绝不是离题的闲话,而是具有逻辑必然性的重要讨论。

当然,光是这样写的话,也许仍然难以明确把握上述的价值规定——与其说是价值规定,不如说是由该规定所把捉的"价值"——的拜物教性质。因此,我想试着借助两三个设问来阐明商品价值的"谜一般的性质"②,究竟什么是"抽象的人类劳动"呢?那种东西果真是实在的吗?当强辩为实在时,不就提出了形而上学的、超自然的实在吗?那种"谜一般的东西"的"凝结"果真珍奇。只要没有明确规定什么是"抽象的人类劳动",那么马克思的整个价值论就着实成了一种"糊弄"。这第三种东西,即相互交换的两个商品所要求化为的共同性质,论点"转移"到劳动产品,停留于在这一场面中重新要求的"第三种东西"与"共同性质"。如果不积极地规定什么是抽象的人类劳动,就只能以从"面目不清的第三种东西"的存在场面转移到其他场面而告终。我们要重新设问:究竟什么是抽象的人类劳动?所谓"抽象的人类劳动"及其"凝

---

① 参见《马克思恩格斯全集》第 44 卷,人民出版社 2001 年版,第 58、64、65、73、79、83 页。

② 《马克思恩格斯全集》第 44 卷,人民出版社 2001 年版,第 89 页。

结",无论怎样分析与考察各个工人的"劳动"也绝不可能对此有所阐明。即使抽取出舍去劳动具有的各种特殊规定的作为"最后的共同规定"的"劳动能力""劳动能量"之类的东西,这种抽象物,也不可能是形成价值的抽象的人类劳动。即使成功地抽取出那种东西,那与动物和自然的"能力"有何不同?如果能够进行那种抽象的话,那么这种共同的东西至少包括黑猩猩的"劳动能力"在内。若是这样,就使得黑猩猩的"劳动也形成价值",甚至连自然力也形成价值。即使暂且撇开这一点,与原本"抽象的一般的果品"是不存在的,只有各种具体的果品是实在的同样,只有具体的有用劳动才是现实的存在。抽象的人类劳动在任何地方都不是实在的。更何况,那种"凝结"之类的东西不可能作为**现实的过程**。马克思原本连具体的有用劳动的对象化这一用语也是在比喻的意义上使用的,实际上他明确指出"人在生产中只能像自然本身那样发挥作用,就是说,只能**改变**物质的**形式**"[①](*ibid.*, S. 57)。既然甚至连具体的有用劳动也不是在黑格尔的语义上而完成的"物质化",那么抽象的人类劳动的"凝结"更不可能存在于现实当中(in realiter)。

不过,尽管如此,"价值"是这种人类抽象劳动的凝结!想来马克思所说的"对商品的分析表明,它却是一种很古怪的东西,充满形而上学的微妙和神学的怪诞"是切中要害的。

马克思设定了自己的问题,阐明了给定的条件。他说:

> 可是,劳动产品一旦采取商品形式就具有的谜一般的性质(der rätselhafte Charakter)究竟是从哪里来的呢?显然是从这种形式本身来的。(商品形式中)人类劳动的等同性,取得了劳动产品的等同的价值对象性这种物的形式;用劳动的持续时间来计量的人类劳动力的耗费,取得了劳动产品的价值量的形式;最后,生产者的劳动的那些社会规定借以实现的

---

① 《马克思恩格斯全集》第44卷,人民出版社2001年版,第56页。

生产者关系,取得了劳动产品的社会关系的形式。①(ibid., S. 86)

可见,商品形式的奥秘不过在于:商品形式在人们面前把人们本身劳动的社会性质反映成劳动产品本身的物的性质,反映成这些物的天然的社会属性,从而把生产者同总劳动的社会关系反映成存在于生产者之外的物与物之间的社会关系。②(ebenda)

由于这种转换(Quidproquo),劳动产品成了商品,成了可感觉而又超感觉的物或社会的物……这只是人们自己的一定的社会关系,但它在人们面前采取了物与物的关系的虚幻形式……在商品世界里,人手的产物也是这样。我把这叫作拜物教(Fetischismus)。劳动产品一旦作为商品来生产,就带上拜物教性质,因此拜物教是同商品生产分不开的。③(ibid., S. 86f.)

马克思接着说:"商品世界的这种拜物教性质,像以上分析已经表明的,是来源于生产商品的劳动所特有的社会性质。"④我们前面指认了"人类抽象劳动的凝结"这一价值规定的悖理,现在可以解除这一悖理了。在前面的讨论中,可以说是着眼于个别性生产的工人的劳动而断定的,一方面作为具体的有用劳动形成使用价值;同时,另一方面作为抽象的人类劳动形成价值。若变换视角来说,讨论了劳动过程本身在形成使用价值的同时也形成价值。但是,在起源上抽去社会规定的生产过程本身绝不形成价值。

"劳动产品只是在它们的**交换**中,才取得一种社会等同的价值对象

---

① 参见《马克思恩格斯全集》第 44 卷,人民出版社 2001 年版,第 89 页。
② 《马克思恩格斯全集》第 44 卷,人民出版社 2001 年版,第 89 页。
③ 参见《马克思恩格斯全集》第 44 卷,人民出版社 2001 年版,第 89-90 页。
④ 《马克思恩格斯全集》第 44 卷,人民出版社 2001 年版,第 90 页。

可是前面的我们,并且马克思也认为劳动过程本身是价值凝结的过程,抽象的人类劳动的对象化、物质化的过程。从这一点来看,的确产生了前面确认的"形而上学的微妙和神学的怪诞"的悖理,"人类抽象劳动的凝结"这种说法本身,实际上不过是与"人们自己的一定的**社会关系**,但它在人们面前采取了**物与物的关系**的虚幻形式"②的商品世界(Warenwelt)中普遍的拜物教相联系的表述。

"可见,人们使他们的劳动产品彼此当作(gelten)价值发生关系,不是因为在他们看来这些物只是同种的人类劳动的物质外壳。恰恰相反,他们在交换中使他们的各种产品作为价值彼此相等,也就使他们的各种劳动作为人类劳动而彼此相等。他们没有意识到这一点,但是他们这样做了……价值还把每个劳动产品变成社会的象形文字。后来,人们竭力要猜出这种象形文字的含义,要了解他们自己的社会产品的秘密,因为使用物品规定为价值,正像语言一样,是人们的**社会**产物。"③(ibid., S. 88)价值,其本身,不是物化的定在。

那么,所谓抽象的人类劳动的对象化、物象化、凝结,只不过是一种假象? 马克思在讨论"价值的增殖过程"时,以及其他脉络中,不也阐释了"价值的独立运动"? 的确如此。我们自身,在后面也尝试运用其积极的权利。

不过,这里想要确认的是,绝不能用黑格尔学派的"外化"的逻辑来理解"价值对象性"的形成。马克思论述了"商品价值体现的是人类劳动本身,是一般人类劳动的耗费"④(ibid., S. 59),劳动是价值的实体,"只是由于它们的特殊的质被抽去,由于它们具有相同的质,即人类劳

---

① 《马克思恩格斯全集》第 44 卷,人民出版社 2001 年版,第 90 页。
② 《马克思恩格斯全集》第 44 卷,人民出版社 2001 年版,第 90 页。
③ 参见《马克思恩格斯全集》第 44 卷,人民出版社 2001 年版,第 90 页。
④ 《马克思恩格斯全集》第 44 卷,人民出版社 2001 年版,第 57 页。

动的质,它们才是上衣价值和麻布价值的实体"①(vgl. ibid., S.60),规定了作为"抽象人类劳动对象化或物化"②的价值(ibid., S.53)。然而,当从字面理解这种"相同的质,即人类劳动的质",从逻辑上理解这里所谓的"抽象"时,什么样的具体劳动,就其抽象态而言,同时都是抽象的人类劳动,一切劳动,包括未开化的人在内的商品生产以前的劳动,就其抽象态而言也都形成价值。即一切生产劳动,不管社会的生产关系怎样,都成了商品生产劳动! 即使鉴于这种情况,马克思所说的抽象的人类劳动也不可能是抽去"劳动"的各种具体的特殊规定的"剩余"。所谓抽象的人类劳动,实际上,是一定的社会关系——如后面所涉及的,它与构成劳动价值说的根本命题的劳动分配相关——的物象化的表现。因而,人类劳动的物化、凝结、对象化之类的用词,不是黑格尔学派的意义上的"作为人的类本质力量的劳动的外化""异化",而是社会关系被颠倒为物与物的关系的拜物教化的世界观的权宜说法。《资本论》中的物象化论——关于这一点,还遗留应该回过头进行讨论的若干论点,但从本章着眼的脉络而言——有着异质于黑格尔学派以及早期马克思的异化论的构想的地平。

为了保证上述论断,确认"物象化论"对于马克思主义所占据的意义,在下一章中,我想通过追溯早期马克思的异化论及其形成史来把握后期马克思的物象化论。

---

① 《马克思恩格斯全集》第44卷,人民出版社2001年版,第58-59页。
② 《马克思恩格斯全集》第44卷,人民出版社2001年版,第51页。

第八章
从"异化论"到"物象化论"

马克思在退出《莱茵报》之后的1843年末(根据推断)所写的《论犹太人问题》中,阐述了"金钱是从人的劳动和人的存在的同人相异化的本质;这种异己的本质统治了人,而人则向它顶礼膜拜"①(MEW,Bd.1,S.375),这个时候还没有对货币拜物教作主题性的揭露。* 众所周知,这时他沿用的是费尔巴哈的批判的逻辑。

*"物神"(Fetisch)一词出现在马克思的论稿,是在《莱茵报》连载的《关于林木盗窃法的辩论》②中,当然,这个时候还没有"从人异化出来的人的劳动和存在的本质"这种思想。

费尔巴哈指出,作为上帝的谓语(性质)的各种规定,全知、全能、爱,等等,是人(人类,作为类的人)的本质规定性(谓语),它被颠倒地归属于上帝,认为上帝的主体本质,实际上不过是人。不是上帝将自己异化为人(其象征是耶稣基督的化身),而是人把自己的类本质异化为上帝。在费尔巴哈看来,人们过去没有认识到人的类本质的异化态,完全跪拜在这一"上帝"面前。但是现在,人们必须通过了解上帝的秘密,不再膜拜作为对象性定在的上帝,唤醒自己的本质中的"神性",保持与这种"神性"相适应的存在方式。

---

① 《马克思恩格斯全集》第3卷,人民出版社2002年版,第194页。
② 《马克思恩格斯全集》第1卷,人民出版社2002年版,第240-290页。

马克思在与《论犹太人问题》同时发表的《黑格尔法哲学批判导言》中,设定了"人的自我异化的神圣形象被揭穿以后,揭露具有非神圣形象的自我异化,就成了为历史服务的哲学的迫切任务"①的课题,在1844年上半年写作的《1844年手稿》中,自己编组了这一课题。另外,以将费尔巴哈的宗教批判的逻辑适用于社会经济问题的莫泽斯·赫斯为向导*,尤其以这一逻辑瞄向"私有财产"。与通过揭露上帝的本质是人而剥夺上帝的超越的威力一样,思考"人本身被认为是**私有财产**的本质,因此在人之外存在的并且不依赖于人的——也就是只应以外在方式来保存和维持的——财富被扬弃了"②,他揭示出"私有财产"是人的类活动本质的异化态,试着将这种异化的自我回归的运动看作共产主义。

* 若说活用异化论的逻辑,马克思——如本书第19页所介绍的——在博士论文中也使用黑格尔派的异化论的逻辑,将包括天体界在内的整个自然界理解为"人的自我意识"的异化态。这里没法深入探讨,作为1844年马克思的思想飞跃的一个契机,我们不能忽视从鲍威尔式的主体概念到费尔巴哈式的主体概念的转换。(关于这个问题,请参照另著《恩格斯论》〔《广松涉著作集》第9卷〕及《马克思主义的形成过程》〔《广松涉著作集》第8卷〕。)

另外,将货币视为人的劳动和定在的自我异化态的着眼始于赫斯,抑或马克思的独创,研究者之间存在不同意见。虽然笔者认为还有一种可能性是卡莱尔③的财神论通过恩格斯的《政治经济学批判大纲》给予马克思以思考的焦点,但如另著所记述的,应该是"赫斯说"胜出。

马克思将异化论的逻辑使用于社会经济问题,在方法论的、哲学的着眼点上,当前也有两点必须超越费尔巴哈。

---

① 《马克思恩格斯全集》第3卷,人民出版社2002年版,第200页。
② 《马克思恩格斯全集》第3卷,人民出版社2002年版,第290页。
③ 托马斯·卡莱尔(Thomas Carlyle,1795—1881),英国评论家、历史学家,从浪漫主义的立场出发,强调历史上的个人作用,著有《法国革命史》《英雄崇拜论》《过去和现在》等。恩格斯曾撰写《评托马斯·卡莱尔的〈过去和现在〉》的书评。

第一，费尔巴哈没有明确异化的历史形成及其自我扬弃的机制，没有明确其内在的必然性，应将其明确化。费尔巴哈可谓每每抛弃辩证法本身。这是需要保留的，黑格尔的辩证法与他一流的唯心论是密不可分的，转变为唯物论的费尔巴哈窒息了黑格尔的辩证法的事实是无法掩盖的。当时的马克思，也与尚未彻底贯彻"唯物论"相关，幸好没有对黑格尔的辩证法本身抱有疑问，使得能够填补费尔巴哈的缺陷。即马克思通过沿用辩证法的自我设定和自我否定的逻辑，特别是《精神现象学》的主体、客体的辩证法，确保其动力学的展开。

第二，与费尔巴哈所说的宗教的自我异化可谓是意识内部的事件相反，马克思必须现实地、具体地说明"私有财产""货币"这种现实的、感性的定在的异化态的人的自我回归。在这一点上，不能原样照搬黑格尔。因为在黑格尔的自我异化和自我回归的体系中，其"主体即实体"的"精神"归根结底是"自我意识的存在"被片面化，最终不过是"纯粹意识内部的事件"。因此马克思模仿赫斯将费尔巴哈的"作为自然存在的类存在"的人这种主体即实体——当然，可以认为马克思依据的是"将劳动理解为人的本质的黑格尔"——同时重新理解为"自我活动"的主体，并且，通过援引在于表现异化态的具体现实和它的自我回归的"国民经济学"和已有的共产主义思想，确保其具体性、现实性。

虽然《1844年手稿》原本不是具有一贯通透性和体系性而写下的东西，但在现存的"第一手稿"中，首先将与工资、资本的利润、地租这三项目平行的"国民经济学本身"描绘的事实"用国民经济学本身的用词"来进行记述、分析，通过其综合的分析，揭露所谓的"三种异化"，由此对"私有财产"进行概念的把握（begreifen）、导出。

马克思在揭露所谓的"三种异化"之后写道：

> 我们的出发点是经济事实即工人及其产品的异化。我们表述了这一事实的概念：异化的、外化的劳动。我们分析了这一概念，因而我们只是分析了一个经济事实。现在让我们看一看，应该怎样在现实中去说明和表述异化的、外化的劳动这

一概念。①

如果劳动产品对我说来是异己的,作为异己的力量而对着我,那么它到底属于谁呢?如果我自己的活动不属于我,而是一种异己的活动、一种被迫的活动,那么它到底属于谁呢?属于另一个有别于我的存在物。这个存在物是谁呢?是神吗?……那个异己的存在物……只能是人本身。②

总之,通过异化的、外化的劳动,工人生产出一个对劳动生疏的、站在劳动之外的人对这个劳动的关系。工人对劳动的关系,生产出资本家……对这个劳动的关系。因此,私有财产是外化劳动即工人对自然界和对自身的外在关系的**产物**、**结果**和必然**后果**。③

因此,我们通过分析,从外化劳动这一概念,即从异化劳动、异化的生命、异化的人这一概念得出私有财产这一概念。④（MEW, Ergänzungsband, 1. Teil, S. 518ff.）

如这里所看到的,在《1844年手稿》中,"私有财产……是外化劳动的产物……是这一外化的实现（Realisation）"⑤（ibid., S. 520）。今天,

---

① 《马克思恩格斯全集》第3卷,人民出版社2002年版,第275页。
② 《马克思恩格斯全集》第3卷,人民出版社2002年版,第275-276页。
③ 《马克思恩格斯全集》第3卷,人民出版社2002年版,第277页。
④ 参见《马克思恩格斯全集》第3卷,人民出版社2002年版,第277页。中文版原文为:"因此,我们通过分析,从外化劳动这一概念,即从外化的人、异化劳动、异化的生命、异化的人这一概念得出私有财产这一概念。"按,马克思在《1844年手稿》中论述的劳动产品的异化、劳动本身的异化、人的类本质的异化、人与人关系的异化这四种异化劳动形式分别对应原文中的异化劳动、异化的生命、异化的人、外化的人。广松则将"四种异化"归结为"三种异化",即异化劳动（生产活动的主体的人与其劳动产品的异化）、异化的生命（工人的生产活动本身的异化）、异化的人（人的类本质——以及与其他的人——的异化,即第三形式和第四形式的合并）,认为马克思确立了私有制同劳动、资本、地产三者的分离之间的本质联系的课题,"对这一课题的尝试解答,无非是那个著名的三种（四种）异化论"（参见广松涉:《唯物史观的原像》,邓习议译,南京大学出版社2009年版,第22页）。
⑤ 《马克思恩格斯全集》第3卷,人民出版社2002年版,第277页。

左翼派系的论客在谈论"异化"的时候，认为"异化"是因为存在私有财产制，即存在私有财产的条件或原因，这与早期马克思恰恰相反。在《1844年手稿》中，他虽然承认因果的变化（Wechsel），但在基本的逻辑和脉络上，认为"异化劳动是私有财产的直接**原因**（Ursache）"①。

将异化与私有财产的关系置于上述因果关系中来思考，这件事本身，本是放在与后面的物象化论的比较中进行的，这里不惮重复地想提请牢记的是支撑其的构想和逻辑。

《1844年手稿》中的马克思，在现行 MEGA 各版附有"异化劳动"的标题的著名一节中，首先在总结导入部分之后，"国民经济学从私有财产的事实出发。它没有给我们说明这个事实"，批判"国民经济学以私有财产的存在"为大前提，锁定对它的"概念的把握"为自己的课题。②（ibid.，S.510）

为了解答这一课题，马克思所尝试的概念的把握（begreifen）不仅有私有财产，而且包括货币即其他"国民经济学上的全部范畴"。这一讨论，前面已摘录的"三种异化"的分析和探究，目前的结构是揭示"私有财产是异化劳动的必然结果"。

构成揭示"私有财产是**外化**劳动的结果"这一讨论的钥匙的，是"劳动的产品是固定（sich fixieren）在某个对象中的、物化的劳动，这就是劳动的事物化（sich sachlich machen）。劳动的现实化就是劳动的对象化（Vergegenständlichung）"③（ibid.，S.511f.）的论点。通过确保这一论点，马克思得以避免先前指出的费尔巴哈及黑格尔的缺点，阐明具体的异化及其自我扬弃的现实过程。

这时，必须注意构成论点之钥匙的"凝结化""事物化""对象化"，以及所谓外化劳动、异化劳动的"外化"及"异化"的概念的意义。这些用

---

① 《马克思恩格斯全集》第3卷，人民出版社2002年版，第278页。
② 参见《马克思恩格斯全集》第3卷，人民出版社2002年版，第266页。
③ 参见《马克思恩格斯全集》第3卷，人民出版社2002年版，第267-268页。此处的"事物化"，中文版原译为"对象化"。

词,作为词汇也出现在后期的各种著作中,但在《1844年手稿》中,不能忽视那是在特殊的黑格尔学派的含义上使用的。

对于知道当时马克思的构想法的人来说无须多说,这里我想明确提出揭示这一点的段落。

> 工人在劳动中耗费的力量越多,他亲手创造出来反对自身的、异己的对象世界的力量就越强大,他自身、他的内部世界就越贫乏,归他所有的东西就越少。宗教方面的情况也是如此。人奉献给上帝的越多,他留给自身的就越少。工人把自己的生命投入对象,但现在这个生命已不再属于他而属于对象了。因此,这种活动越多,工人就越丧失对象。凡是成为他的劳动的产品的东西,就不再是他自身的东西。因此,这个产品越多,他自身的东西就越少。工人在他的产品中的外化,不仅意味着他的劳动成为对象,成为外部的存在,而且意味着他的劳动作为一种与他相异的东西不依赖于他而在他之外存在,并成为同他对立的独立力量;意味着他给予对象的生命是作为敌对的和相异的东西同他相对立。①(*ibid.*, S. 512)

一读便知,这里"工人的劳动成为对象,成为外部的存在","工人在他的产品中的外化",以及"劳动是固定在某个对象中的物象化"的情况,**可谓**名副其实意义上的使用。确实通过这一点,前面考察的"私有财产的本质规定"才成为可能,另外,也仅仅是在此意义上,使用费尔巴哈的宗教批判和同一结构的逻辑,"人本身被认为是**私有财产**的本质,因此在人之外存在的并且不依赖于人的——也就是只应以外在方式来保存和维持的——财富被扬弃了"②(*ibid.*, S. 530)的讨论——作为自我异化的回归运动的共产主义的奠基——才成为可能。*

---

① 《马克思恩格斯全集》第3卷,人民出版社2002年版,第268页。
② 《马克思恩格斯全集》第3卷,人民出版社2002年版,第290页。

* 因此，关于"货币，因为它具有购买一切东西的特性，因为它占有一切对象的特性，所以是最突出的对象(der Gegenstand im eminenten Besitz)。货币的特性的普遍性是货币的本质的万能；因此，它被当成万能之物"①(*ibid*., S. 563)，"货币的这种神力包含在它的本质中，即包含在人的异化的、外化的和外在化的类本质中"②(*ibid*., S. 565)，"它是有形的神明"③(ebenda)，马克思沿袭费尔巴哈的逻辑，这种讨论，一时间以黑格尔学派的语义上的"异化""外化"为前提，这无须详细考察也很明显吧。

　　原本，当马克思说"宗教方面的情况也是如此。人奉献给上帝的越多，他留给自身的就越少。工人把自己的生命投入对象……这个产品越多，他自身的东西就越少"时，这诚然不可能像是字面意义上的"体重减少"。这是与"上帝越是主体的、人格的，人的主体性、人格性就越是被外化"这一费尔巴哈的逻辑(*Das Wesen des Christenthums*, Kap. Ⅱ)相适应的，这一方面无非是比喻性的表达，但是，当将其断定为实际票额时，就会陷入神秘主义。

　　同样是使用自我异化的逻辑，在黑格尔那里，可以通过作为自我异化的"主体即实体"的神性绝对精神，依据基督教世界中熟悉的化身(incarnatio)的表象。黑格尔的 Entäußerung、Äußerung 的概念，其理解是否源自路德译的德文《圣经》中这一很久以来就使用的用词和构想，关于这一点，由于寡闻的欧美研究者似乎也不清楚，我们只是提请留意 euszert sich selbst und nahm kaechtsgestalt an(因此，近代译文加了前缀 ent)这一句，同时指出"异化"(entfremden)一词是根据路德译的《圣经》中与上帝的关系而使用(参照格林《德语词典》)——暂且摒弃轻率的阐述，总之，在黑格尔那里，外化、异化的含义既必须如其字面意义，也可以如其字面意义。不过，在费尔巴哈那里，"在对感性对象的关系中，对象之意识可以跟自我意识区分开来；可是，在对宗教对象的关

---

① 《马克思恩格斯全集》第 3 卷，人民出版社 2002 年版，第 359 页。
② 《马克思恩格斯全集》第 3 卷，人民出版社 2002 年版，第 363 页。
③ 《马克思恩格斯全集》第 3 卷，人民出版社 2002 年版，第 362 页。

系中,意识却直接跟自我意识重合在一起。感性对象存在于人以外,而宗教对象却存在于人以内,所以,宗教对象是自身内在的对象"①(ibid.)。因此,不管是自我异化还是外化,那都是意识内部的事情,可谓是想象的、虚幻的对象化,在此意义上失却了黑格尔的"异化"的本义。虽说如此,却也由此避免形而上学的神秘性。

可是,在马克思那里,必须阐明将私有财产和货币这种感性对象的现实定在看作人类劳动这种对象性活动的"外化""凝结化"——"现实的异化"。因此,要想避免形而上学的妄言,就会遇到困难的情况。只要仿照费尔巴哈对上帝的揭穿而揭穿社会现象,将人的类本质的自我异化的规定作为修辞来使用,实际上马克思能够确保"现状批判的极佳修辞法"。然而,要使"自我异化"的概念具有原理性的意义,并且实际上《1844年手稿》的论证也要求如此,但是这时,作为自我异化的主体的类存在的人被拟神化了。确实,在马克思那里,虽说要使"自我异化"具有原理性的意义,没必要全盘采用黑格尔的泛神论构想的结构,并非不可能减轻具有"第二人称的化身(incarnatio)"这一旧有讨论的同一结构的逻辑神秘性。即"第一人称不是化身",第二人称是化身的逻辑。这时,不管工人如何将属于自身本质的类的活动性外化,他也绝不可能直接生成劳动产品。* 无论如何,即使对第一人称和第二人称进行逻辑的区分,自我异化只要作为自我异化**,总归要求"三位一体性",所谓的外化、异化,终究难免形而上学的神秘性。

　　* 事实上,费尔巴哈在某些方面使用了这一逻辑。"上帝的本质就是人的本质……这个本质,突破了个体的、现实的、肉体的人的局限,被对象化为一个另外的、不同于它的、独自的本质,并作为这样的本质而受到仰望和敬拜。"②(*Das Wesen des Christenthums. Ludwig Feuerbachs Sämmtliche Werke*, herausgegeben von W. Bolin F. Jodl, Bd. Ⅳ, S. 16)

----

① 费尔巴哈:《基督教的本质》,荣震华译,商务印书馆1984年版,第42页。
② 费尔巴哈:《基督教的本质》,荣震华译,商务印书馆1984年版,第44页。

我们所指出的,在于逻辑的结构——文中引用的"越多"云云也与这一逻辑有关——这里第一人称和第二人称的内在规定和比重暂且在问题之外。

** 在《1844年手稿》中,虽说能够理解"自我异化"和物的异化的区别,但也可能产生不同的解释。

作为区别"自我异化"和物的异化的理解的根据,是在第一手稿的第2、3页所发现的 Die Selbstentfremdung, wie oben die Entfremdung Sache 这句话,若先将这一句揭示出来,即"我们从两个方面考察了实践的人的活动即劳动的异化行为。第一,工人对劳动产品……的关系。第二,在劳动过程中劳动对生产行为的关系。这种关系是工人对他自己的活动——一种异己的、不属于他的活动——的关系。在这里,活动是受动;力量是无力(心身丧失),生殖(创造)是去势(去人化);工人自己的体力和智力,他个人的生命——因为,生命如果不是活动,又是什么呢?——是不依赖于他、不属于他、转过来反对他自身的活动。这是自我异化,而上面所谈的是物的异化(Die Selbstentfremdung, wie oben die Entfremdung Sache)。"①即使是简单翻阅、考察各家日译或这段文字的引用,也可能产生理解的分歧:诸如"上面所谈的,即相对于第一种关系是物的异化,第二种关系是自我异化",将第一种关系和第二种关系作对比性的理解与解释;诸如"与上面所谈的是物的异化(的场合)一样,是自我异化",则未必是对比性的理解,毋宁说是"自我异化"的共同性的特点。

随后,马克思在手稿的下一页中,论述了第三种异化,即"人的类本质的异化""人的本质的异化",而后在这个地方——这是因为,在总结的时候归纳为三种异化——以也能解释为第四种异化的方式论述了"人与人关系的异化"。与这一点相对照,人的**自我异化**这一根本规定是一贯的,这种自我异化的各种因素是:① 劳动产品的物的存在,② 劳动、生产的行为,生命活动的存在方式,③ 类本质与个体的实存的关系,联系这三个因素,所谓"三种异化"的讨论这种解释——即使撇开不单是从前面引述处所的 wie 一词的解释,也并非异化概念的今天这种程度的流俗化,当时语法中所谓异化原本只是自我异化的问题——也就可以成立。

《1844年手稿》一方面蕴含着这种问题性,论述了外化、异化、劳动

---

① 参见《马克思恩格斯全集》第3卷,人民出版社2002年版,第271页。

的对象化、劳动对象中的凝结化、事物化。

我们在这里无意深入与《1844年手稿》的异化论相关的当时马克思的哲学观点的问题性、主体概念及其他难点,只想指出其实马克思自己也很快**开始**发觉自我异化的**逻辑**所具有的难点这一情况。

如先前所指认的,马克思概念地(begrifflich)导出作为人类劳动的自我异化、异化劳动的必然结果的私有财产。但是究竟,劳动的异化这一原事实是如何形成的呢?确实,就暂且形成私有财产而言,"私有财产与异化劳动的关系"不是单方面的因果关系,而是"相互作用的转化"。然而,事实是先有私有财产的形成,若追溯的话则是劳动的异化的历史形成。

马克思好像也注意到了这一点而这样写道:"我们已经承认劳动的异化、劳动的外化这个事实,并对这一事实进行了分析。现在要问,人怎么使他的劳动外化、异化?这种异化又怎么以人的发展的本质为根据?"①(MEW, Ergänzungsband, 1. Teil, S. 521)

只要没有解答这一设问,马克思就一直遗留着自己作为课题的关于"私有财产"的"概念把握"的先决问题。

当时的马克思,由于要弄清楚私有财产,不能颠倒逻辑,以私有财产作为原因。换言之,必须以"劳动的异化"作为私有财产制的结果来说明。因此赋予上述设问以具体的、现实的内容实在是困难的。实际上,写《1844年手稿》的马克思,一直没能解答这一设问,就这样中断、放弃第一手稿。

那么,若说马克思确实放弃了这一逻辑,也并非如此。被称作"第二手稿""第三手稿"的文档,若如过去所考证的,是晚于"第一手稿"而写下的东西,这一逻辑大体能够维持。这是因为,特别是在第三手稿尚未等到阐述黑格尔辩证法的地方,将共产主义定位于"私有财产即人的

---

① 《马克思恩格斯全集》第3卷,人民出版社2002年版,第279页。

自我异化的积极的扬弃"①,明确地确立了"自我异化＝私有财产的形成""自我异化的自我扬弃＝私有财产的自我扬弃"这一逻辑。"自我异化的逻辑"的扬弃,即使从当时马克思的笔记来推察,也需要费一番周折。

关于这当中的情况,因为在另著中已有论述,这里就避免重复。马克思着手清算"异化论的逻辑"是在——经《神圣家族》《关于费尔巴哈的提纲》——翌年1845年下半年的时候,他在"清算过去的哲学觉识"之后等来了《德意志意识形态》的共同写作。

在《德意志意识形态》中,自我异化的逻辑受到批判(自我批判),马克思自己曾在《1844年手稿》中坚持的命题,例如"货币、雇佣劳动等是人的本质的异化"的命题现在受到严厉的拒斥②(vgl. MEW, Bd. 3, S. 475),异化的逻辑开始被物象化的逻辑所取代。

《德意志意识形态》的物象化论以社会分工为基础。《1844年手稿》强调"分工是作为类存在物的人的活动的异化的、外化的设定"③(MEW, Ergänzungsband, 1. Teil, S. 557),意在"断言分工以私有财产为基础"④(ibid., S. 561)。然而现在,论据得到**逆转**,以"分工"方面作为说明原理,探讨从私有财产到国家的社会现象的历史性形成和存在。

> 分工是以家庭中(最初是男女之间的)自然形成的分工和以(种族共同体的)社会分裂为单个的、互相对立的家庭这一点为基础的。与这种分工同时出现的还有分配,而且是劳动及其产品的不平等的分配(无论在数量上或质量上),因而产生了(财产)所有制。⑤

马克思恩格斯在列举了分工及其产生的这一系列的结果之后,接

---

① 《马克思恩格斯全集》第3卷,人民出版社2002年版,第297页。
② 参见《马克思恩格斯全集》第3卷,人民出版社1956年版,第570页。
③ 参见《马克思恩格斯全集》第3卷,人民出版社2002年版,第353页。
④ 参见《马克思恩格斯全集》第3卷,人民出版社2002年版,第357页。
⑤ 参见《马克思恩格斯文集》第1卷,人民出版社2009年版,第535-536页。

着写道:"其次,随着分工的发展也产生了单个人的利益或单个家庭的利益与所有互相交往的个人的共同利益之间的矛盾;而且这种共同利益……首先是作为彼此有了分工的个人之间的相互依存关系存在于现实之中……正是由于特殊利益和共同利益之间的这种矛盾,共同利益才采取国家这种……独立形式。"①(就此而言,在《德意志意识形态》中,"必然王国"的历史规律性之所以独立化地贯彻自己,就在于人的自然形成的共同活动的物象化,乃至"个人之间的人格的关系、联系的独立化"的思想,以基本完成的形式得到提出。)

只要人们还处在自发地形成的社会中,就是说,只要特殊利益和公共利益之间还有分裂,也就是说,只要分工还不是出于自愿,而是自然形成的,那么人本身的活动对人来说就成为一种异己的、同他对立的力量,这种力量压迫着人,而不是人驾驭着这种力量。②

社会活动的这种固定化,我们本身的产物聚合为一种统治我们、不受我们控制、与我们愿望背道而驰的并使我们的打算落空的物质力量,这是迄今为止历史发展的主要因素之一。受分工制约的不同个人的共同行动产生了一种社会力量,即扩大了的生存力。因为共同行动不是自愿地而是自然形成的,所以这种社会力量在这些人看来就不是他们自身的联合力量,而是某种异己的、在他们之外的强制力量。关于这种力量的起源和发展趋势,他们一点也不了解;因而他们不再能够驾驭这种力量,相反地,这种力量现在却经历着一系列独特的、不仅不依赖于人们的意志和行为反而支配着人民的意志

---

① 《马克思恩格斯文集》第1卷,人民出版社2009年版,第536页。
② 广松涉编注:《文献学语境中的〈德意志意识形态〉》,彭曦译,南京大学出版社2009年版,第34页。

和行为的发展阶段。① （Neuveröffentlichung der *Deutsche Ideologie* D. Z. f. Ph. 1966. 10，S. 1215f.）

《德意志意识形态》阐明了为什么以及如何产生意识形态的拜物教的独立化，阐明了产生"自我异化的颠倒构想"的原因，不过这里无法作深入的探讨。

值得注意的是，相对于《1844年手稿》从活动**主体**及其**客体**——劳动及其产物，等等——的直接关系思考"外化"、活动的"事物化"，《德意志意识形态》已不再以直接的形式采取所谓的"主体—客体的辩证法"。即这里不是从主体与客体的直接关系，而是从每个人的**社会的共同活动关系**的自然产生的存在方式来说明"社会活动的这种固定化（sich-fest-setzen）"，要言之，所谓作为独立于人的物质力量或形象的现象，实际上，是每个人自然形成的共同活动力或共同活动关系的自为化。

站在这一立场，较之于《1844年手稿》，货币之所以具有"能够购买任何东西的神力"②，并非因为它是"人的类本质的凝结物"，而需要货币——不，只有通过它的中介，现实的自然产生的分工的存在才成为可能——而是植根于社会的共同活动中的每个人。工人"生产的财富越多……他就越贫穷"③，不是因为"工人把自己的生命投入对象……属于对象"④，而是在于**现在的共同活动关系**、**社会关系**那种机制。人的产品（例如机器）之所以具有压迫他的支配力、强制力，不是因为产品这种**事物**是他的他在化，而是囿于现在自然形成的**社会关系**。

顺便指出，在《德意志意识形态》中，私有财产制的废除这种共产主义的主张，也不再是通过人的自我获得、从异化的回归而赋予权利。如《圣麦克斯》篇中所展开以及《卡尔·格律恩》篇中亦直接谈到的那样，

---

① 广松涉编注：《文献学语境中的〈德意志意识形态〉》，彭曦译，南京大学出版社2009年版，第36页。
② 参见《马克思恩格斯全集》第3卷，人民出版社2002年版，第363页。
③ 《马克思恩格斯全集》第3卷，人民出版社2002年版，第267页。
④ 《马克思恩格斯全集》第3卷，人民出版社2002年版，第268页。

批判说什么人们现在处于"非本真的存在方式"这种意识形态本身,并说明其由来。

作为"社会关系的总和"的人,绝不是超历史、超阶级、超社会的"本真的存在方式"之类。因而回归"本真的存在方式"之类原本就是无稽之谈。无论如何,今天应该实现新的更合理的社会关系,作为现存的生产关系(交往关系)成为生产力的桎梏的曲折意识的反映,现存的不合理性以"非本真性"的形式被意识,作为理想象征的未来的存在方式以"本真性"的形式被意识。这里,理想和现实是反向构成的,现实源自"本真的存在方式"的异化,理想(其本身,是由历史性、社会性、阶级性所决定的东西)的实现是朝着"本真的存在方式"的复归,产生所谓"本真性的回归"这一意识形态的颠倒。

马克思恩格斯当时在《1844年手稿》中的这种论证,远远超出了经济论的个别维度,解铃还须系铃人,只有通过发现异化论构想的意识形态根据,才能真正超越异化论的构想。

完成了从异化的逻辑到物象化的逻辑的转换的马克思,在随后所写的经济学著作《哲学的贫困》(1847年)中明确指出:"货币不是物,而是一种社会关系……货币所表现的关系也像任何其他经济关系如分工等一样,是一种生产关系"①(MEW, Bd. 4, S. 107),在横跨19世纪50年代的一系列论稿中,就是要说明"资本是一种社会关系"。当然,货币是"社会关系"的主张,是国民经济学家已在对重金主义者的拜物教批判中就提出过的东西,未必是马克思的独创。

马克思的独创性的突出表现,在经济理论方面,正如定论所说的那样,始于19世纪50年代末期。我们目前尤其关心的问题是,马克思自身引以为豪的"首先由我批判地证明的"②"劳动的二重性"以及与此相关的马克思的价值论。

---

① 参见《马克思恩格斯全集》第4卷,人民出版社1958年版,第119页。
② 《马克思恩格斯全集》第44卷,人民出版社2001年版,第55页。

在准备《政治经济学批判》的过程中（1857—1858年），虽然货币"这种物是人们互相间的物化的关系，是物化的交换价值"，"货币所以能拥有社会的属性，只是因为各个人让他们自己的社会关系作为对象同他们自己相异化"①（Grundrisse, Dietz Verlag, S. 78），马克思明确表述了社会关系的物化，但真正称得上马克思式的价值论的展开，事实上仍有所欠缺，并且，颇为频繁地使用"异化"一词（当然，不是过去那种原理意义上的）。关于这一点，清水正德提出了"他试图严格排除克服1845年一度有过的异化论思维在这个笔记的写作过程中复活了，在《政治经济学批判（1857—1858年手稿）》和《资本论》中这一异化概念又再次被抑制，兴趣转而只是积极地使用'拜物教'或'物化'……人们关心的物化问题……由于在笔记写作过程中是明确的，因此有意识地限定于'拜物教性质'或'物化'。或许，这是在最初并未打算作为著作公开发表的场合下，只是在笔记中，才使得他的思维方式自由挥洒"的问题。（《资本论的物化问题》，《思想》1967年第5期）

我们现在不想在这里回答清水提出的问题，眼下就笔记《政治经济学批判（1857—1858年手稿）》的问题而言，必须注意的是"异化"一词的语法和语义，它恐怕开始不同于早期的"异化"。"异化"一词在《资本论》中也有使用，恩格斯后期也有使用，在这些后期的用词中，如早已被指出的，"异化"一词已失去早期那种作为说明概念的原理意义。*《政治经济学批判（1857—1858年手稿）》中的用词可谓是过渡性的。这个笔记开始提出与将"价值"理解为"商品的货币性质"相关的"价值是商品的社会关系"②——这也与缺乏价值形成过程的考察的情况相联系——几乎找不到人的主体活动是"它的对象的存在的凝结"③的意想。无论如何，这个笔记的用词，在所有、归属的意义上，在某物（它的性质和关系）不是自己（eigen）的而是他人（fremd）的场合下，也只有在

---

① 《马克思恩格斯全集》第30卷，人民出版社1995年版，第110页。
② 《马克思恩格斯全集》第30卷，人民出版社1995年版，第89页。
③ 参见《马克思恩格斯全集》第3卷，人民出版社2002年版，第305页。

这一含义上才被疏远（entfremdet），《政治经济学批判（1857—1858年手稿）》存在连接广义的"让渡"的可能性。

　　*《资本论》是通过"在他进入过程以前，他自己的劳动就同他相异化而为资本家所占有，并入资本中了"①（MEW，Bd. 23，S. 598）的用语来表现的。（vgl. ibid.，S. 639，S. 680，etc.）

　　后期恩格斯的用例中最具代表性的论述是《家庭、私有制和国家的起源》中关于"国家"的定义。

　　国家是承认：这个社会陷入了不可解决的自我矛盾，分裂为不可调和的对立面而又无力摆脱这些对立面。而为了使这些对立面，这些经济利益互相冲突的阶级，不致在无谓的斗争中把自己和社会消灭，就需要有一种表面上凌驾于社会之上的力量，这种力量应当缓和冲突，把冲突保持在"秩序"的范围以内；这种从社会中产生但又自居于社会之上并且日益同社会相异化的力量（sich ihr entfremdende Macht），就是国家。②

　　如上所述，这些后期的用词，几乎褪尽了黑格尔学派的本真语义，成为与德语"疏远""疏离"这种日常用词极为相通的东西。

　　在《政治经济学批判》（1859年）中，"虽然还使用让渡（Entäußerung）、占有（Aneignung）这样的词语，但是不再使用异化（Entfremdung）这样的词语。在《政治经济学批判（1857—1858年手稿）》和《政治经济学批判》之间，马克思的经济学方法，有着……决定的转变"（冢本健：《物化与自我异化》，《思想》1968年第5期）。从我们眼下关心的问题来说，这部著作的特点是——这里尚未明确区分"交换价值"和"价值"——将价值看作"凝固的劳动**时间**（festgeronnene Arbeitzeit）"③（MEW，Bd.

------

① 参见《马克思恩格斯全集》第44卷，人民出版社2001年版，第658页。
② 参见《马克思恩格斯文集》第4卷，人民出版社2009年版，第189页。
③ 《马克思恩格斯全集》第31卷，人民出版社1998年版，第422页。

13,S.18)、"物化的劳动时间"①(ibid.,S.30)、"劳动**时间**的物化"②(ibid.,S.32)。

这个时候,还没有区分"劳动力"和"劳动",因而,采取一种仿佛将"劳动"看作一种所有物,作为一种商品来买卖的构想,"价值"(在马克思的用语中,大体上还停留于"交换价值"),不同于劳动的物化(它构成使用价值),它是劳动时间以及"一般劳动时间"③(S.32ff.)的"凝结""物化",这与《资本论》的价值规定还有一定的距离。虽说如此,马克思明确指出,"商品的交换价值实际上不过是个人劳动作为相同的一般劳动相互发生的关系,不过是劳动的一种特有社会形式的**对象化**表现"④(ibid.,S.22),并写道,"一种社会生产关系表现为一个存在于个人之外的物,这些个人在社会生活的生产过程中所发生的一定关系表现为一个物品的特有属性,这种颠倒,这种不是想象的而是平凡实在的神秘化,是生产交换价值的劳动的一切社会形式的特点。在货币上,它不过比在商品上表现得更加夺目而已"⑤(ibid.,S.34f.)。不仅对货币而且关于商品一般的神秘化的存在结构的秘密,他已经具有明确的意识。

在此意义上,对《政治经济学批判》中"一般劳动**时间**的凝结物"的价值规定,绝不能作望文生义的理解,它始终"不过是劳动的一种特有**社会形式的对象化表现**"⑥(ibid.,S.22)。

在《政治经济学批判(1857—1858 年手稿)》中,马克思已确保"在社会中,产品一经完成,生产者对产品的关系就是一种外在的关系,产品回到主体,取决于主体对其他个人的关系。他不是直接获得产品"⑦

---

① 参见《马克思恩格斯全集》第 31 卷,人民出版社 1998 年版,第 434 页。此处中文版原译为"对象化在它本身中的劳动时间"。
② 《马克思恩格斯全集》第 31 卷,人民出版社 1998 年版,第 436 页。此处中文版原译为"对象化劳动时间"。
③ 《马克思恩格斯全集》第 31 卷,人民出版社 1998 年版,第 436-442 页。
④ 《马克思恩格斯全集》第 31 卷,人民出版社 1998 年版,第 427 页。
⑤ 《马克思恩格斯全集》第 31 卷,人民出版社 1998 年版,第 442 页。
⑥ 《马克思恩格斯全集》第 31 卷,人民出版社 1998 年版,第 427 页。
⑦ 《马克思恩格斯全集》第 30 卷,人民出版社 1995 年版,第 35 页。

（*Grundrisse*, *ibid*., S. 16），表现为物与物的关系的商品关系，实际上是"人与人之间的社会关系"这些论点，现在则上升到将价值关系明确地理解为人与人的关系的物象化现象。*

* 在此意义上，恩格斯在《卡尔·马克思〈政治经济学批判〉》的书评中非常合理地强调了物象化的问题。关于这一点，请参照大井正《唯物史观的形成过程》第三节。

另外，关于恩格斯在《反杜林论》及其后期著作中使用与《德意志意识形态》同样的"物象化"的逻辑论述历史规律性等问题，我们准备在后面加以考察。

在此意义上，我们可以以为，《资本论》中的物象化论在《政治经济学批判》的时间点已基本完成。

对于这一观点，或许有人会抓住《资本论》第 1 卷第一章中类似"社会必要劳动时间决定商品的价值量"①（MEW，Bd.，23，S. 54），"不管生产力发生了什么变化，同一劳动在同样的时间内提供的价值量总是相同的"②（*ibid*.，S. 61）这一表述，而提出不同的论点。

这类阐述，确实是流俗的"投入"劳动价值说，必须说从马克思的观点来看明显是错误的。马克思为什么做这种阐述？也许可以直率地解释为"马克思是那样想的也就那样写"。当时，如马克思批判者所吵嚷的那样，第一卷和第三卷之间存在矛盾，并且应承认对那个著名的"为了**再生产**的**社会**必要劳动时间"的"修改"的"修改"。

我们并不打算强行秉持马克思"护教论"。但是，无须提出第一卷和第三卷的写作顺序的论点，马克思甚至已在《政治经济学批判大纲》中拒斥**流俗**的"投入劳动"价值说，我们必须首先指出这一事实。"决定价值的，不是体现在产品中的劳动时间，而是体现在必要劳动时间。我们就拿一磅金本身来说：假定它是 20 小时劳动时间的产品。假定由于某些情况，后来生产一磅金只需要 10 小时……现在它只等于 10 小时

---

① 参见《马克思恩格斯全集》第 44 卷，人民出版社 2001 年版，第 52 页。
② 《马克思恩格斯全集》第 44 卷，人民出版社 2001 年版，第 60 页。

劳动时间。"①(Grundrisse, ibid., S.54)很难认为很快如此坚持的马克思回归了流俗的投入说。

因此,问题是,虽然知道这一点,但如何理解马克思关于"不管生产力发生了什么变化,同样的时间内提供的……"的阐述呢?

前面,我们关于《资本论》中实体主义式的阐述——作为"价值实体"的"抽象人类劳动的结晶"的表述,实际上,是就拜物教化的理解和维度而言的暂时定式——可以说是叙述的简便方法*,论述了它在"拜物教的秘密"一节得以自在自为化,现在的问题乍一看可谓与流俗的阐述有着相同的旨趣。若不采取这种叙述法,就无从考察市场价格论等新定式及其他例子,马克思原本也就无法进行"流俗"的阐述。马克思特意作流俗的阐述这一事实,在暂且进行实体主义式的论述之后,采取对此进行"订正"的这种叙述法也成为我们观点的证据之一。(顺便指出,当马克思在《政治经济学批判》中将"劳动**时间**"理解为价值实体时,谈到"劳动"能力的"凝结"时,由于确实成为实体主义式的,我们认为应避免用这种不免将"时间"实体化的坏的实体主义的概念来讨论价值"实体"。)

* 当然,这不单是修辞上的权宜表述,"对于这个历史上一定的社会生产方式即商品生产的生产关系来说,这些范畴是有社会效力的,因而是客观的思维形式"②(MEW, Bd.23, S.90),这一点也与《资本论》中描述的"价值独立的自我运动"的权利根据有关,关于其具有的其他哲学意义,请参照拙文《辩证法的唯物论的颠倒何以可能》(收录于《马克思主义的形成过程》,《广松涉著作集》第8卷)。

以上我们对《资本论》的物象化论做了主题性的探讨,马克思的价值概念,原本是对某种受制约的社会性劳动关系的概略的、物象化的表述(ein funktionaler Begriff)——马克思自身即便不曾具有充分的意识来言说它,在《拜物教》一节中通过"物象化"的说明而对此做了设

---

① 《马克思恩格斯全集》第30卷,人民出版社1995年版,第83页。
② 《马克思恩格斯全集》第44卷,人民出版社2001年版,第93页。

定——现在,经过对它的一瞥,总算踏上物象化论之途。

可是,在我们看来,与马克思固有的价值理论的形成相联系,通过明察导致劳动的社会关系物象化的因素,不仅拒斥将事物看作具有自然物似的社会力量这种拜物教——在此意义上,重商主义的拜物教已为古典政治经济学家所拒斥,卢德主义①的拜物教已为英法社会主义者所拒斥——马克思也超越了古典政治经济学家和黑格尔左派的"真正社会主义"者自身亦陷入的可谓更高层次的拜物教(Fetischismus)。即批判古典政治经济学通过"将原本属于主体劳动的**东西**看作对象物凝结的物的**东西**"的方法"将价值形式看作社会生产的永恒的自然形式"而陷入一种拜物教②(vgl, *ibid.*, S. 95 Anm),进而通过经济基础粉碎自己曾经涤荡其中的"卢德主义今天版"的"真正社会主义"之流的异化论——这样,阐明古典政治经济学及早期社会主义思想的意识形态的颠倒的由来,马克思确实超越了以往思想史的地平。

同时,这里开拓的新地平,不单是社会、经济思想的视界,它还涉及哲学的世界观一般的基本机制(Grundverfassung)。马克思指出商品的拜物教不能用视觉上的颠倒的类比来说明,强调"正如一物在视神经中留下的光的印象,不是表现为视神经本身的主观兴奋,而是表现为眼睛外面的物的客观形式。但是在视觉活动中……外界对象射入眼睛。这是物理和物之间的一种物理关系。相反,商品形式和它借以得到表现的劳动产品的价值关系,是同劳动产品的物理性质以及由此产生的物的关系完全无关的,这只是人们自己的一定的社会关系"③(*ibid.*, S. 86),并且,"把使用物品规定为价值,正像语言一样,是人们的社会

---

① 卢德主义是 1811—1813 年英国失业纺织工人在工业革命初期对新技术、新事物的一种盲目反抗运动,它不是去摧毁资本主义制度,而是去捣毁机器。该运动以内德·卢德(Ned Ludd)将军命名,与 12—14 世纪英国民间流传的侠盗式英雄罗宾汉(Robin Hood)一样,是虚构的人物。

② 参见《马克思恩格斯全集》第 44 卷,人民出版社 2001 年版,第 99 页。

③ 《马克思恩格斯全集》第 44 卷,人民出版社 2001 年版,第 89—90 页。

产物"①(*ibid.*, S. 88),马克思的这一立言确实揭示了《资本论》中的物象化论的地平。

后期马克思所说的"拜物教""物象化",不是主体(主观)与事物之间直接形成的客体化的事情(Vorgänge),而是"正像语言一样的社会产物"——因此,语言,作为主体与物(符号物)的关系,若光是存在声音和墨水的污渍,那不是"语言"!语言(意义)以意义作用(主观的意识作用)的凝结物这种物象化的形式表现出来,那是社会的共同主观的共同活动关系的物象化!——物象性是只有通过人们相互之间的交互主体(intersubjektiv)的中介才能够存在的交互主观性、交互主体性的现象。

这种共同主观的形象作为相对于每个人的某种客观的东西(etwas Objektives)而出现,之所以作为每个人客观(Objektiv)的某种(etwas)东西而出现,实际上,是自然形成的、无意识的,而且构成存在被拘束性的共同主观的社会性形象,对其的明确把握是物象化论的哲学地平的特点,就这一点而言,与停留于近代哲学的主客图式——它也经过黑格尔主义的中介——的地平的异化论的构想有着决定性的异质性。

马克思恩格斯的"物象化"论,与异化论的构想——毋宁说支撑它的地平——的超越相联系,适应于在哲学世界观的根本立场上开拓的新地平,具有揭示"历史—之内—存在"的存在结构之一斑的意义。我们将具有这种意义的东西听作(vernehmen)马克思开示的"物象化"论。

---

① 《马克思恩格斯全集》第44卷,人民出版社2001年版,第91页。

附 论
马克思主义研究的视角

附论 I
马克思主义的地平与物象化论

下文是1968年度凤祭①(专修大学祭)执行委员会企划的讨论会上的主题发言,是对后面登载的冠以编者按的《专修大学报》上刊载的文章的重新收录。由于这个讲演只是希望概述本书的问题意识和主题的某个方面,因而采取了过于粗糙的论述。另外,这并非发言的原封不动的实录,而是刊登于报纸时在能够传达发言时的氛围的范围内作了加工,对保住先生的发言的引用,是依据该报前一期刊登的他的发言"记录"。

编者按——"在凤祭讨论会《现代马克思主义的批判的再构成》(上)中,保住敏彦②就马克思主义的现代的再构成,作了基本的问题意识的展开。保住先生将马克思主义的现代的再构成作为"主观主义倾向和客观主义倾向的分化中的现代马克思主义的再统一如何可能"来把握,提出了对早期马克思主义的异化论和后期马克思主义的物象化论作统一的把握的问题。作为对这一观点的批判,广松涉提出、展开了这'忽视了后期马克思主义所开拓的对资产阶级意识形态一般进行全面超越的地平'的反驳"。

引 言

由于我天生不擅长口头表达,所以一般场合中都会准备讲稿,然而

---

① 祭,日本各种节日、活动的泛称。
② 保住敏彦,日本爱知大学经济学院教授。

如果只是对着讲稿来念,毕竟略显笨拙,因此今天我想不顾那么多,还是冒险尝试一下不用讲稿。

也就是说,我想沿着刚才那位讲师保住先生所谈话题的范围和步调,说说我的看法。至于谈到什么程度,我也不是很自信,另外,我在语调上可能会有一些不太文雅的用词,不得不在此预先请求谅解。

保住说批判的视角

保住先生对战后马克思主义的展开进行了梳理,他指出,马克思主义的内部产生了主观主义倾向和客观主义倾向的两极分化,这种两极分化根源于"近代社会的主体和客体的分裂性、二元性",是它的投影。关于这一点我完全持相同意见。

但是,保住先生认为,"所谓现代马克思主义的批判的再构成,可以理解为主观主义倾向和客观主义倾向的两极化中的现代马克思主义的再统一如何可能的问题","这一问题,可以通过将强调主体问题的早期马克思的异化概念,和阐明客体和主体的结构的后期马克思的物象化概念作统一的把握来解决"。对于这种企图,我不能赞同。基于这种企图的保住先生所展开的思想,在某种意义上,我不得不说这正是典型的资产阶级的意识形态。

我并非简单地把"资产阶级意识形态"作为一顶帽子,而是作为社会结构体的资产阶级社会,即在与所谓"近代社会"的历史性质相照应的意识形态这种含义上使用这个概念。我想提请记住这一点。

如保住先生所说,近代社会,即资产阶级社会的"二元性","在资产阶级意识形态中表现为客观主义和主观主义的二元性"。所谓主观主义和客观主义——虽说如此,那也不是常识的庸俗意义上的,而是在为哲学家们所严格规定意义上的——是近代"资产阶级的"世界观的地平中必然形成并相辅相成的意识形态的两极形式。但是保住先生从"批判这种二元性分裂的片面的意识形态的……总体性的视角"，致力于主观主义倾向和客观主义倾向的统一（实际上是缝合！拼合！）。这充其量不过是"不是片面的""更加综合的"资产阶级意识形态。

在此意义上，我不得不说，保住先生的意向和立言停留于资产阶级意识形态的地平之内。作为马克思解释的问题来说，他忽视了后期马克思主义在总体上超越了资产阶级意识形态一般，真正开拓了新的地平。在这一点上，保住先生对马克思主义的理解有其决定性的难点。

以上，在抽象的一般的形式中，我提出了与保住先生相对的我的反题的结构，以下，我想在时间允许的情况下，更为具体地阐述我的看法，在此过程中，尽可能结合他的具体的立言，以便为讨论会后面的讨论提供论点和材料。

虽然并非打算态度急转，我对保住先生的思想使用了过激的言辞，先生的所论也有我非常赞同的出色观点，与青年卢卡奇和戈德曼等的观点相比，无论是视点的把握，还是论述的范围，都不得不承认是更为出色的讨论。正因为如此，我才愈发涌现出与之斗争的胆量。

"异化思想"的意义与问题性

那么，跟随保住先生的步调，我想首先谈谈《1844年手稿》中的"异化的思想"。

在马克思的思想形成史上，若用一句话概括《1844年手稿》所具有的意义，我想可以象征性地表述为在这一手稿中，马克思明确提出了所谓"三个源泉的综合统一"之路。

古典经济学派的劳动价值学说和社会主义思想的结合的尝试，这种意义上的尝试，无论如何都不是始自马克思的。既有所谓李嘉图派社会主义作为其典型存在，在法国也有类似的尝试。早期马克思主义的特征在于，以德国古典哲学尤其是黑格尔派哲学的逻辑为轴心的两者的结合。原本，这一作业不是简单的接合，而是与分别对三个源泉的批判性处理相联系的。从目前关于黑格尔派哲学来说，不能完全沿袭费尔巴哈哲学的立场，而是有必要以类的存在这种费尔巴哈的主体概念作为自我活动，并将之等同于劳动主体，规定与主体的异化相联系的"国民经济学的事实"，奠定作为类的存在的自我回归的运动和过程的共产主义——通过这种方法，始得开启"三个源泉"的综合统一，我想这样理解才不会有大错。

保住先生也认为在《1844年手稿》中，"尤为重要的内容是，把劳动看作人的本质，而人的劳动在现代社会中被异化，这一所谓的异化劳动的思想"。并且在祖述了马克思的"异化劳动的四种规定"之后，他谈到"这种异化劳动具有回归到未被异化的本真的劳动状态的必然性"。这究竟是为什么？单是"劳动产品必须完全回归到工人那里"这一指摘，就是利用李嘉图的投资劳动价值说进行反驳的，这确实与主张这一点的李嘉图派社会主义无异。即便能够那样要求，但也不能说具有"复归的必然性"。《1844年手稿》中的马克思，确实主张这种异化的回归的必然性。当时的马克思，还没能够提出对社会经济的具体机制进行经济学分析的主张。尽管如此，他能够主张这种必然性，在此当中，他是通过独特的方法使经济学和社会主义得以结合的。这是为什么？又是如何可能的？

保住先生说："异化劳动具有回归到未被异化的本真状态的必然性。"也许的确如此。不过，反过来下面这种基本相同结构的语句也能成立。

曰："打碎的碗具有回归到未被打烂的本真状态的必然性！"不管是谁，都会觉察到这一语句的逻辑飞跃。

对此，当说到异化——回归的必然性的时候，好像这是理所当然的真实。其秘密在于"异化"这一概念本身，我想这用不着细说。

《1844年手稿》中的马克思，将国民经济学的事实这种历史的现实通过"异化"这一黑格尔学派的概念来把握，通过异化劳动这个概念来表现,并且,揭示了该历史的现实是"不应有"的状态。但是这一点,实际上又没有对那种状态所具有自我扬弃的内在规律性进行论证。这种乍一看似乎不证自明的想法只不过通过"异化"这个概念和构想而陷于自我欺骗的境地。马克思自身不久即意识到这一点,就试着以经济学奠定社会主义思想的主题——在这一点上,也是李嘉图派社会主义者们及其他一些人的共同主题——一方面始终坚持这一立意本身,同时也试着进行其他途径的探讨。

这不过是事情的一个方面,从早期到后期的主题是一贯的,而牢记其作为研究方法却有变化这一点就够了。

因为马克思光讲"异化"似乎无法使论述顺利地进行下去,所以不仅仅是方向转换。何况,在异化论构想的框架中,并不是诉诸更具体的论述就能够填平飞跃和缝隙。如上所述,他基于《1844年手稿》的论述的异化论的构想法本身,要使这种黑格尔派的构想成为可能的世界观,在于克服了其地平本身。

关于这当中的情况我不想详述,在对《1844年手稿》的意义进行评价的同时,其中的论述孕育着怎样的本质的难点,马克思是如何对此进行自我批判的,关于这方面的情况,因为我以前通过文章的形式在各种机会中发表过拙见,同时由于时间的关系,这里暂且割爱。如果有必要,我想后面讨论的时候再回过头来进行讨论。

不过,因为与保住先生的关系,我想再作两三点附言,作为"早期马克思的异化思想使我们受教益的地方",先生列举了如下两点:

第一,"将现代世界中的人类主体与产品世界的敌对的分裂关系,人类主体的阶级分裂,产品世界的价值和使用价值的分裂等事态,从主体和客体之间的同一性和非同一性这种本来的姿态进行批判的评价、统一的把握"。

第二,"这种异化劳动的前提条件是私有财产,而能够扬弃这种私有财产制的……无非是雇佣工人阶级",因为"克服……现代世界的分裂性的主体的势力是无产阶级"。

可能无法对先生的话加以严密的理解，如果从大致权宜的视角来把握，其所言大体如此。但是，此时，以这两点，特别是从"早期马克思的异化思想使受教益的地方"来立言，就有点说错地方了。这是因为，粗略看来，这两点并非特别是马克思式的，毋宁说不过是黑格尔左派和当时的社会主义者们之间常有的思维方式。人们历来动辄认为好像什么都是马克思的独创，抱着难得一见的态度，而将这种当时常有的想法——这绝不在少数——夸大为"早期马克思的异化思想使受教益的地方"，其所要表达的意思是什么呢？这毋宁说是黑格尔左派和当时的社会主义者们使受教益的地方吧？

可是，稍微严密地来看，第一点所谈到的"产品世界的价值和使用价值的分裂"，是后期的马克思才得以阐明的东西，不应该是如后面所说的从异化论构想的框架中而提出的论点。另外，在第二点上，保住先生作为"异化劳动"的前提条件而举出的"私有财产"，只要读过《1844年手稿》的人就会发觉，马克思是试图通过三重异化的论述而导出"私有财产"，私有财产是"异化劳动"的前提条件的观点，是属于后来的事情。如众多研究者们所指出的，在《1844年手稿》中，在异化劳动和私有财产之间产生了循环论证的结构——事实上，这个难点，甚至可以说是使得马克思不得不放弃异化论的研究的一个契机。

只要对先生的言辞给予稍微严密的理解，所谈的两点就不能说是读懂了后期的马克思。如果公然进行这种读解的话，早期马克思和后期马克思的"连续性"的证明，就不过是戏法而已。用今天的话来说，归根结底是"毫无意义的废话"。

如何理解"物象化论"

为了在与后期马克思主义开拓的新地平的讨论的对比中——以上的论述中尚未明确指出——指出早期马克思主义的地平，让我们转移到后期马克思主义尤其是《资本论》中的物象化的论点。

这里也首先引述一下保住先生的发言。

保住先生说:"自然的东西具有商品的价值这种独特的物象的形态,这种所谓物象化现象——顺便说一下,我(广松)对这种说法保留不同意见——产生于资本主义社会的任何领域。"主张"资本主义社会中的产品一旦商品化,其结果,在产品本来具有的自然的对象性……之外,产生出独特的性质即价值这种社会的对象性","因此产品一旦成为使用价值和价值这种自我分裂的商品,原本应评价为基于其自然的对象性的质的性质的运动,开始被评价为价值这种基于社会的对象性的运动。"

那么,这种物象化现象是如何产生的呢？他解释说:"这是由于生产商品的劳动……具有的独特的社会性质而产生的……即资本主义社会中的私人劳动,作为人类劳动具有同等的意义这一独特的社会性质,作为产品的价值性质这种物象而表现。"

在保住先生的话中,我们看不出价值是抽象的人类劳动这个众所周知的命题。凡俗的异化论者和物象化论者搬出这个命题,以此证明《1844年手稿》和《资本论》的基本命题是一致的,或至少具有直接的连贯性,而先生并没有主张这种庸俗的论调,这是值得牢记的。

《资本论》中的"人类抽象劳动的凝结"①这个著名命题,并非与物象化的视界相照应的说法,并非马克思的最终的主题。最终的主题,确实如保住先生所介绍的,是通过"揭露拜物教的秘密"②而提出的。

那么,马克思的最终的主题中的思想与当时《1844年手稿》中的思想有什么不同呢？

《1844年手稿》主张:"工人把自己的生命投入对象；但现在这个生命已不再属于他而属于对象了……因此,这个产品越多,他自身的东西就越少。工人在他的产品中的**外化**……意味着他的劳动成为对象,成

---

① 参见《马克思恩格斯全集》第44卷,人民出版社2001年版,第64页。
② 《马克思恩格斯全集》第44卷,人民出版社2001年版,第88-102页。

为**外部**的存在。"①

在这一主张中,所谓"劳动成为对象,成为外部的存在","工人在他的产品中的外化",要言之,所谓"固定在某个对象中的、物化的劳动"②,可以说如字义所显示的那样。正是通过这一点,私有财产的本质规定,即"私有财产是外化劳动的**产物**及**这一外化的实现**"③才成为可能,也正是在此意义上,用费尔巴哈的宗教批判和同一结构的逻辑而提出的"人本身被认为是**私有财产**的本质,因此在人之外存在的并且不依赖于人的——也就是只应以外在方式来保存和维持的——财富被扬弃了"④的这一主张——即作为从自我异化的回归的运动的共产主义的基础——才成为可能。

然而在《资本论》中,商品——即便目前只限于"价值对象性"⑤——可以说如字义所显示的那样,是劳动的物象化,而不是对象化,商品价值"只是生产它们时所耗费的人类劳动的物的表现"⑥。

揭开了所谓"商品形式在人们面前把人们本身劳动的社会性质反映成劳动产品本身的物的性质"⑦的物象化的秘密。

后期马克思所说的"物象化",不是各个主体和事物之间直接形成的客观化的现象,而最初是通过人们相互之间的主体间性的中介而形成的共同主观的现象。作为对象性而呈现的东西,实际上,只不过是自在存在的人们的某种共同主观的关系,是自在的协动作为"物象化"而表现的东西,后期的马克思,特别联系价值对象性阐明了这一点。

这时,不能对早期的异化论和后期的物象化论,分别做出"劳动是人的本质的客观化","社会关系是人的本质的客观化"这种肤浅的理解。

---

① 《马克思恩格斯全集》第 3 卷,人民出版社 2002 年版,第 268 页。
② 《马克思恩格斯全集》第 3 卷,人民出版社 2002 年版,第 268 页。
③ 《马克思恩格斯全集》第 3 卷,人民出版社 2002 年版,第 277 页。
④ 《马克思恩格斯全集》第 3 卷,人民出版社 2002 年版,第 290 页。
⑤ 《马克思恩格斯全集》第 44 卷,人民出版社 2001 年版,第 61 页。
⑥ 《马克思恩格斯全集》第 44 卷,人民出版社 2001 年版,第 91 页。
⑦ 《马克思恩格斯全集》第 44 卷,人民出版社 2001 年版,第 89 页。

后期马克思的新构想

关于这一论点,或许有预先稍微深入地扩大研究的范围而加以论述的必要。另外,以此为线索,才有可能阐述我的基本主张,即后期的马克思主义真正超越了近代资产阶级意识形态的地平,开拓了新的透视背景。

某些马克思研究者们,特别重视早期的马克思是把"劳动"作为人的本质规定,然而后期的马克思是把"社会关系的总和"作为人的本质规定。我对人的本质是劳动,抑或是"社会关系的总和"这类烦琐的讨论毫无兴趣。但是,对象征这种人的规定的转换的马克思的某种飞跃,我认为应该予以特别注意。

众所周知,马克思在《关于费尔巴哈的提纲》中,对过去他自身沿用的作为"类的存在"的人的规定进行了批判,开始提出人的本质是社会关系的总和,并批判"费尔巴哈没有对这种现实的本质进行批判,因此他不得不……假定有一种抽象的——孤立的——人的个体","费尔巴哈没有看到……他所分析的抽象的个人,是属于一定的社会形式的"①。

同样的讨论,在《政治经济学批判》序言中,也批判地谈及斯密和李嘉图,以及卢梭的人类观。

在"市民社会"——近代资产阶级社会——中,人在自然的存在方式中仿佛表现为独立的个体。近代市民社会切断了封建的共同体的纽带,每个人作为平等的人格,即使工人也作为劳动力商品的所有者,作为这种商品自由贩卖者而出现。每个人基于各自的打算的合理性,作为结成契约的社会关系的主体,在此意义上作为社会关系的契约方而

---

① 参见《马克思恩格斯文集》第1卷,人民出版社2009年版,第501页。

出现。然而,在这里,人与其被称为智人,毋宁说是作为"工作的人",即"劳动主体",以"劳动"作为其本质规定而出现。

以这种现象的事实为意识形态的投影,即以近代资产阶级社会中的人的存在方式为范式,通过将之设想为社会一般中的人的本来的、自然的存在方式,斯密和李嘉图确立了经济理论,卢梭确立了社会—国家理论。马克思尖锐地指出了这一点,相对于这种资产阶级的人类观、社会观,主张"人是最名副其实的政治动物。不仅是一种合群的动物,而且是只有在社会中才能独立的动物"①。

这种人类观,在《德意志意识形态》中也被整合成著名的讨论,即"意识"的形成同时也就是"语言"的形成这一主张。在近代思想的常识中,首先存在人,因而首先存在意识,然后才形成语言,在时间上语言被认为是后来才形成的东西。然而马克思恩格斯硬是挑战这一常识。对他们来说,若在一般意义上,也许不能在后一点上否定语言。我想必须理解通过这种立言所提出的近代的构想法、近代的既成观念中未能囊括的新构想。

同样的情况,又在《德意志意识形态》中出现一种乍一看是奇怪的主张,即虽然立足于唯物论的立场,但自然本身等并不现实地存在,现实存在的自然是劳动的产物,是历史的产物等这一主张。在近代的世界观的常识这种既成观念的构想中,这是无论如何也不能理解的。

人在本源上是社会性存在的主张,"语言是思想的直接现实"②这个命题,"历史的自然"③这一立场,在这种乍一听似乎奇怪的讨论中,不管是人(作为个体的人),还是作为自然的自然,抑或是自发的意识,这些东西都不作为自在的东西而纳入存在关系,相反,这些可以说是通过交互的关系而在先,并因此才作为存在的东西而被理解。

物象化——眼下商品价值的物象化也是在这种理解的地平中被探

---

① 《马克思恩格斯全集》第30卷,人民出版社1995年版,第25页。
② 《马克思恩格斯全集》第3卷,人民出版社1956年版,第525页。
③ 《马克思恩格斯文集》第1卷,人民出版社2009年版,第529页。

讨的,当说到"人与人的关系表现为物与物的关系","社会关系表现为物的对象性"的时候,不能无视所谓的"关系"是先于"项"的关系。然而,这种关系,不单是人与人的关系了,即剔除了与自然的关系的"人与人的关系",不用说是如字义所显示的总体的辩证法的关系。

在近代资产阶级的世界观中,作为两个实体而表现的东西,哲学意义上的个体和共同体,实际上是辩证法的总体的"关系",那应该说不过是"物象化地"独立化的现象的东西。

我已经没有时间把近代世界观的地平固定化,与支撑物象化论的构想的新视界加以对比。我想尽可能在讨论的时候就这一点进行主题性的阐述。

但是,在作为讨论之际的线索这种意义上,如果勉强用一句话预先提出论点,在后期马克思的构想的地平中,不是以近代世界观的基本图式所据以成立主观(主体)和客观(客体)——而以它们当中的哪一个为实体,就形成哲学意义上的"主观主义"和"客观主义"——当中的任何一个为实体,然而在早期马克思的异化论中,不管这前一阶段如何取得新的飞跃,也归根结底可以说是黑格尔派哲学的完成态,只要是采取以人为实体的立场,就还没有超出主·客图式的地平。后期马克思主义之所以超出了这一地平而开拓了新的地平……哎呀,时间已经不够了。

请允许我再谈一个与之对置的论点,保住先生主张"可以把异化论和物象化论作为相互补充的东西来把握"。但是,如果预先明确地说出结论的话,这不过是把异化论看作"主观主义倾向"的东西,把物象化论看作"客观主义倾向"的东西,是从对那种向度的把握而生发的讨论,但在我看来,后期马克思的物象化论的构想和逻辑——绝不是具有"客观主义倾向"性的东西——是对异化论的构想进行辩证的扬弃的东西。因此实际上两者的向度有着不同的透视背景,我想这绝不是可以置于相互补充的关系中来把握的东西。

上述颇为抽象的并且不连贯的谈话可能难见头绪,下面我想通过质疑和讨论,进行一些稍微具体化的论证。

附论 Ⅱ
为了马克思主义认识论

下文是《唯物论研究》第 15 期刊登的旧稿的再录（订正了两三处误排）。这是学生时代的习作，且一直处于未完成的状态，因屡次遇到询问而再录。另外，这篇《为了马克思主义认识论》的内部，使用了"第几章"的说法，它原本与本书的章节毫无关系，指的是这篇旧稿预定的章节。

今天，一谈到马克思主义认识论，人们会想起所谓"列宁的摹写说"。但是，马克思恩格斯果真抱持列宁的摹写说？因为，黑格尔在其"认识论＝辩证法"中*，扬弃了摹写说和结构说。继承了黑格尔的马克思恩格斯，并没有简单地采用摹写说，更何况说扬弃摹写说和结构说？当这样提问时，人们或许认为根据《费尔巴哈论》等著作，就能明确他们采用摹写说的问题。但是，从避免先入之见而慎重地重新解读而言，可以明白这是怎样轻率的判断。**

* 参照《小逻辑》第 41 节。另外，列宁在《谈谈辩证法问题》中作有如下阐述："辩证法也就是（黑格尔和）马克思主义的认识论：正是问题的这一'方面'（这不是问题的一个方面，而是问题的实质）普列汉诺夫没有注意到，至于其他的马克思主义者就更不用说了。"①

** 关于这一点，预定改天通过其他途径举出文献解释学上的详实论据。

以上提出的问题，不是条件反射性的**一边倒批判**，而是贯穿本文的

---

① 《列宁全集》第 55 卷，人民出版社 1990 年版，第 308 页。

根本问题意识。但是,本文并不批判现实。本文是以积极的起草为目标,是一种预备作业。在第一章中,列举马克思主义认识论的几个特点;第二章,在与这些特点的联系中,自觉地设定马克思主义认识论的课题;第三章,以批判庸俗摹写说为契机,以及发现只要采取摹写说的构想,唯物论就无法批驳唯心论,尝试设定我们的认识论讲述。第四章以下,提出认识论建构的设想。

另外,本文由东京唯物论研究第一分会第二次报告的草稿加工而成。本期刊登的是第一次报告的部分,即相当于直至提出问题和预备性作业的第三章。第二次报告的部分,即积极的设想的部分,我想以后再通过其他方式发表。

一、马克思主义的认识论的特点

(一)

马克思主义的认识论有一些非常显著的特点。我们需要预先明确其中的几点。

马克思主义将认识理解为历史的、社会的事实。严格地说,将认识理解为自然性—社会性、社会性—自然性的事实。即不仅将认识理解为"精神物理的"—生理过程的产物,不仅理解为心理的事实,而且同时理解为历史的、社会的过程的产物。在马克思之前,认识终究只是被理解为一个自然的事实。对马克思之前的认识论来说,只要有个人和认识对象,那就足够,主观的个人,只要是人,无论是未开化的人还是现代人,无论是统治阶级的一员还是属于被统治阶级,这种历史的、社会的规定在原理上都是可以撤开的东西。即所谓认识,被理解为超历史、超社会的"代表性标本"与对象性事实的关系。即使考虑到认识的历史性、社会性制约,那也完全理解为由于对象方面的制约,只在这种意义上思考问题。与此相反,马克思主义将认识置于作为其本质的历史性、社会性中来把握。将认识置于认识主体的历史的、社会的"被抛性存在"中来把握。因此,绝不能将认识理解为原子的个人与对象的关系,它一开始就带有意识形态性(但不是曼海姆①以来的广义的意识形态性)。而且,之所以带有这种社会性,并非只是由于所谓高级的认识。马克思所天才地看破了如今天的社会心理学研究所实证的,不仅感情甚至感觉和幻想都被社会化了。* 对具有这种认识的自然的、社会的事实的把握,是马克思主义划时代的功绩,是马克思主义认识论的极为显著的特点之一。

* 下述引文是众所周知的讨论吧。"打个比方说,某个历史社会中居住的人们的'朴素实在物'与其他社会中居住的人们的'朴素实在物'可能是全然不同的。正如我们通过撤去东洋思想中的不发达阶段,即通过撤去其中的若干东西而附加若干东西,这是我们的思想无法理解的……这些应看作属于全然不同的其他体系,某个社会的世界与其他社会的世界构成全然不同的体系……**由于感觉器官的同一性,假设人们都具有同样的知觉,乃至能够具有同样的想法,这也没什么大错。我们通过可谓'社会的感官'感知物。正如异种的动物产生不同的知觉,不同的社会、不同的时代,产生不同的知觉**。"

马克思说:"正像人的对象不是直接呈现出来的自然对象一样,直接地存在着的、客观地存在着的人的感觉,也不是人的感性、人的对象性。"②"别人的感觉和精神也成为我自己的占有……以社会的形式形成**社会的器官**。"③(《1844年手稿》)

"在社会生存条件上,耸立着由各种不同的、表现独特的情感、幻想、思想方式和人生观构成的整个上层建筑。整个阶级在它的物质条件和相应的社会关系的基础上创造和构成这一切。"④(《雾月十八日》)

---

① 曼海姆(Karl Mannheim, 1893—1947),德国社会学家,创立了知识社会学的方法。代表作有《意识形态与乌托邦》。
② 《马克思恩格斯全集》第3卷,人民出版社2002年版,第326页。
③ 《马克思恩格斯全集》第3卷,人民出版社2002年版,第304页。
④ 《马克思恩格斯全集》第11卷,人民出版社1995年版,第159页。

"精神,无论就其内容或就其存在方式来说,都是社会的。"①(《1844 年手稿》)

(二)

马克思主义将认识(Erkennen)理解为实践(praxis)。自古希腊以来,认识被理解为观想(theoria),因而归根结底,被理解为感受性。与此相对,马克思继承了德国唯心论的先驱,将认识理解为感性活动(参阅《关于费尔巴哈的提纲》等)。当然,虽说是活动性,在马克思那里也不是费希特的那种,即不是仿佛创造对象的**定在**的那种自发性。不过,也不是那种光是加工意识内容的无力的代用品。那是变革性、实践性的对象活动。要言之,虽然并非仿佛创造对象的定在(Dasein),却是变革性地决定对象的本在(Sosein)②的实践性活动。毋庸赘言,因为认识(Erkennen)不是感受的观想(theoria)而是活动的实践(praxis),所以上述认识(Erkenntnis)的历史性、社会性得以必然化。无论如何,将认识理解为感性,变革性地决定对象的如在的实践(praxis),这是马克思主义认识论的显著特点。

(三)

以上两个特点,当"马克思主义者们"进入展开认识论的阶段,实际上往往有被忽视之嫌,但无论如何,这是马克思主义认识论的特点,恐怕谁都不能不承认吧?与此相反,现在列举的"特点",遭到多大的反对呢。因此,我想首先以借问的形式开始。今天,马克思主义认识论是摹写说的观点被定论化。但是,马克思恩格斯岂非扬弃了摹写说和结构说的地平?**前面所举的两个特点**,岂非**仅在原理上就与所谓摹写说相矛盾**?当恩格斯使用"摹写"或"反映"一词时,果真有着认识论上的摹写说的含义?另外,当人们引用列宁关于物质的"定义",即"物质是标

---

① 参见《马克思恩格斯全集》第 3 卷,人民出版社 2002 年版,第 301 页。
② 本在(Sosein),意为"如此这般的存在"(日文译为"相在")。

志客观实在的哲学范畴,这种客观实在是人通过感知感觉的,它不依赖于我们的感觉而存在,为我们的感觉所复写、摄影、反映"①的论述,恩格斯所说的"世界的统一性在于它的物质性"②的物质与列宁所说的物质果真是相互涵盖的? 例如,资本论所谓经济学上的"价值",尽管是客观的存在,可是正如马克思自己所说的那样,并不是可感的。马克思主义所谓的存在、物质,岂不有比"列宁所说可感的物质"更大的外延? 并且岂不未必能够被感性地摹写? 这里,马克思主义岂不通过并不单是拘泥于可感的实在性,构筑了扬弃唯名论和唯实论的基础? 无论如何,所谓摹写说和结构说,显然是从近代资产阶级哲学的某种前提的构想而产生的孪生儿(参照第三章)。通过克服**这种近代资产阶级哲学的前提**,马克思恩格斯岂不确立扬弃摹写说和结构说的基础,而正是通过这一点,抱持具有前面列举的那种特点的认识论? 我对最后两个提问持肯定的回答。这里有承认马克思主义认识论的划时代意义者,不过我想现在暂且将这一点加入括号。

二、上述特点归结的课题

在上一章中,我们特意重新确认了马克思主义认识论的两个特点,启发了现在以一个"特点"提出问题的形式。现在暂且不问第三个特点,这里我想以开头的两个特点为基础,自觉地得出由此归结的马克思主义的认识论的课题。

---

① 《列宁全集》第18卷,人民出版社1988年版,第130页。
② 参见《马克思恩格斯全集》第26卷,人民出版社2014年版,第47页。恩格斯指出:"世界的统一性并不在于它的存在,尽管世界的存在是它的统一性的前提,因为世界必须先存在,然后才能是统一的。"(同页)

（一）

　　由于马克思主义将认识作为自然性—社会性、社会性—自然性的事实来观察，因此，我们的认识论研究不能停留于"精神物理学"的研究。我们当然也必须完成"认识社会学的研究"。

　　这样的问题，原本是不言而喻的。但是，鉴于眼下的趋势，必须特意说上几句。

　　近来，"马克思主义者"在著述认识论时，习惯于将大部分笔墨集中在条件反射说上。不可否认，条件反射理论是阐明认识过程的重要武器。但是，应该力戒埋没在条件反射理论中。我现在不想提出使条件反射学陷入混乱的时间条件反射的问题，以及提出第二信号系统理论的不完备，对条件反射论提出质疑。另外，也不想提出关于条件反射学需要有关其前提的认识论探讨，从科学方法论来看含有太多的问题，等等。然而，当想到认识不光是生理学的事实时，并且反过来，当想到条件反射理论是有关原子的自然个体的问题时，对于条件反射一边倒的现状，我就不能不存有异议。

　　确实，条件反射理论通过第二信号系统，将认识的社会性纳入范围。但是，在条件反射理论的**范围内**，第二信号系统停留于具有作为信号的信号的意义，认识最终消解于个体的心理生理的过程。认识不是被理解为社会的过程，其本质不是从其社会性来把握的。毋庸赘言，这是源于大脑生理学这种科学的对象领域的制约，不是条件反射理论的罪过。我想说的是，我们的认识论研究，绝不能如一部分人所企图的那样，消解于条件反射理论。他们当中的一部分"马克思主义者"，以为庸俗唯物论与马克思主义的不同，就像膀胱与脑髓的不同！当想到不能光是将认识消解于生理过程，并且，将其理解为社会的产物，这里有着将马克思主义与非马克思主义区别开来的重要论点时，我们也应将认识社会学的研究作为一大当然的课题。

（二）

由于马克思主义是从感性直观的高度，将认识理解为"对象性活动"，因而也必须将以往认识论中作为"构成"的问题而探讨的问题纳入自己的范围。

在最粗浅的认识观中，以为认识就是关于对象的直接理解。若稍加省察的话，对象的表面像薄皮似的剥离开来，它进入主观之内就被认识。抑或如镜子映照出物的真相那样，心想映射出对象的真相就是认识。在这种感受的认识观中，认识完全是自然的、个体的事实，不存在"可谓通过'社会的感觉器官'而感知"这种问题。也不存在谬误这种问题。这里产生如下这种讨论。"作为感受性能力的感性产生对象的忠实反映，作为自发性能力的知性加工这种反映，由于经过随意组合，已造成了与对象的事实不一致的心象。这种心象是谬误的。意识形态性的认识论基础确实就源于此，云云。"马克思主义，原本与这种朴素的论证无关，并且，也是将感性直观理解为活动性的，并非采取传统意义上的感性和知性的二元论。因此，即使假设要寻找一种关于认识的洗练形式，也与上述的论证无关。现在，退一百步说，即使以为认识在根本上就是摹写，而采取上述这样的说法，其镜子也受历史性、社会性的制约，而将对象或歪曲或朦胧地映射出来。乃至是通过受历史性、社会性制约的滤纸、有色镜而映射出来的。而且，说到这种"制约"，镜子的雾气、有色镜，并非偶然的东西，而是具有一定的合规律性。确实因此，认识受社会历史性、合规律性的制约。即使从这种摹写的方式来看，这种"摹写"也不是将对象如实地映射出来，而是合规律地受历史性、社会性制约的变量。即认识介入主观方面的构成因素，认识具有历史性、社会性，其"构成"受社会历史性的制约。

以上，我**假设**地承认摹写说的构想，尽管如此，也指出了必须将介入的构成因素放在特定意义上来思考。无论如何，我们没必要采取实在的方面赋予感性印象以素材，主观根据一定的形式对它进行综合的统一这种康德式的构想。我们不是采取连新康德学派也抛弃了这种构想的人。但是无论如何，从前面的考察来看，所谓认识结构的问题也应纳入我们的认识论的范围，而且，认识的历史性、社会性确实应联系"构成因素"来阐明，这是显而易见的。

马克思主义不是上述论证那种摹写和结构的调和，而是二者的扬弃，现在暂且用**权宜**上的"构成因素"这个词语来说，这种"构成因素"，不是康德的"结构形式"那种超历史、超社会的代用品。那是历史的、社会的产物。那是个人共同主观性地形成的。不，是每个人通过共同主观性而形成的，是将自己作为历史性、社会性的主观认识而自我形成的。在此意义上，这在发生论上属于后天（aposteriori）的"形式"。那么，它的逻辑关系是怎样的？并非先给予个人经验，然后添加构成因素。我们的经验业已介入构成因素，因而带有历史的、社会的制约性。在此意义上，它不是在身体观念的意义上，而是在历来所谓"先验（apriori）的逻辑"的意义上，具有先验性（Prioritaet）。当然，我们不是所谓的先验主义者。但是，既然历来的认识论通过导入先验（apriori）的概念以说明问题的问题性，那么我们也必须将其纳入讨论范围，必须通过我们的方法加以解决。

总之，只有通过这一点，才能停止"存在论和认识论的统一"这一空洞的口号（slogan）。这是因为，我们所说的"构成"不**单**与**意识内容**有关。它是将康德所说的感性界也纳入范围的东西，是"对象性活动"。它并非仿佛将对象的定在创造出来，而是与所谓朴素性实在的本在相关的东西。因而，我们所说的"构成"的活动性成为制约对象的"本在"（so-sein）的可能性的东西，它不仅是认识论的，也是存在论的。因此，"构成因素"作为面向认识同时也面向对象性存在者的"地平"，成为制约其可能性的东西，因此我们能够以此为中介而实现"认识论和存在论的统一"（参照第六章）。

综上所述，马克思主义认识论将认识中的所谓"构成因素"纳入范围之内，用自己的方法阐明其历史的、社会的形成，不，是其历史性社会性的主观认识的共同主观的自我形成的问题，进而将历来在"先验（apriori）的逻辑"的名义下讨论的各种问题，通过这一点，实现"存在论、认识论和逻辑学的统一"。上述问题，我想**事实上**被过去的"马克思主义认识论"所忽视，这些对于马克思主义认识论而言，当然，应该成为诸课题中的一环。

（三）

以上列举的诸课题，已经超出关于认识的事实学层次的考察。我们不能自足于认识生理学和认识社会学。马克思主义认识论，必须确立既是认识事实学的同时又不同于这一层次的更高"水准"的认识原理学。

关于认识的原理问题，例如，什么是认识，什么是真理，认识果真具有客观有效性吗等问题，这是不管如何反复进行认识心理学的分析，不管如何持续进行认识社会学的研究也无法解决的问题。因此，考察真伪的问题即可。事实学明确的是认识过程及其规律，例如联想律[①]、条件反射规律、社会心理学规律，它不仅衡量真认识的有效而且衡量伪认识。因为伪认识也仍是通过联想和条件反射而产生的，这些事实学的**规律**，并不能告诉我们**什么是真理**、**什么是**伪这类问题。它只是告诉我们在将真伪作为大致**已知的预见的基础上**，基于某某场合某某事情而产生的伪认识之类是**怎么回事**。

因此，认识，不是将真伪等作为已知的东西，率直地说，探讨什么是认识，是摹写还是结构，抑或是扬弃二者的东西，什么是真理，什么是真理的标准等的认识原理学，需要别的途径。

而且，我们的认识原理学，如黑格尔批评康德时所说的那样，不能纸上谈兵。确实，黑格尔的认识论是如此，我们也必须运用辩证法。用

---

① 约公元前350年，亚里士多德提出三大联想律，即相似律、接近律和对比律。1748年，休谟提出三大联想法则，即相似律、时空接近律和因果律。1865年，约翰·穆勒提出联想四法则，即相似律、接近律、多次律和不可分律。

黑格尔式的话来说,必须展开为"经验的意识科学"①。尽管许多人甚至没有尝试摹写说带有的权利,却在罗列几条"断言"(Versicherung)之后,埋头于直接条件反射论的事实学,真正的马克思主义认识论,始终没有断言和认识事实学,而是志在认识原理学体系的构建。

三、"认识形而上学"的观点与我们的出发点

在上一章中,我们特意确认了本来无须确认的应有之意。这是因为,马克思主义认识论的主流患有健忘症。在这一章中,我们还无法着手课题的解决。因此,有必要清扫道路。我们在前两章中,阐述了马克思主义认识论立足于摹写说的克服,关于这一点,现在必须稍做考察。为了有助于此,也为了设定我们的认识论建构的开端,我想一瞥"认识形而上学"上的几个观点,告别摹写说的前提的构想。

(一)

极其"纯朴的看法",如幼儿抱有的看法,也许不能称作"认识形而上学"上的观点。但是这类看法,在认识论的反思中通过各种形式而表现的各种模式,以元素的形式孕育着。因此,我想指出其一部分,其与后面的图式性关系的联系。另外,由于"朴素实在论"一词是极为多义的,在本文中我想使用"朴素现象主义"的称呼。

朴素现象主义,以为自在的、在场的东西是裸露的实在。用我们的话来说,实在和知觉是未分化的,例如以为手中的苹果,是完全的客观实在。以为颜色、光泽、硬度、气味、味觉等,属于客观实在**本身**的性质。这里,不外是与贝克莱相反意义上的"存在就是被感知",在此意义上,

---

① 黑格尔《精神现象学》从感性确定性出发,依次到知觉、知性阶段,最后发展到概念。

(A) 实在与知觉是同一的东西,

(B) 知觉的**认识**是对裸露的对象的**直接把握**。

虽然记忆心象等表象,确实构成"朴素现象"的一部分,但是多少有点不同。表象,被看作自在的、**知觉的反映**。在此意义上与(A)合并为

(C) 表象是实在=知觉的摹写,

(D) 与知觉=实在的摹写性相对应的表象是合理的表象,不对应的表象是虚妄。并且,

(E) 无论表象是否与实在相对应,都可以通过对表象和知觉进行比较而得到经验的验证。

以上,是从我们的观点厘定的朴素现象论的看法的一部分,若上述论证能够维持的话,认识的问题可得到简单的处理。不过,颜色、气味、声音、味觉等,所谓第二性质不是客观的性质,不管这是否被洞察,朴素现象主义都陷入危机。进而言之,不仅第二性质,知觉乃至被表象的形状和大小等,一句话,意识所赋予的第一性质,以至于都是内属于主观的东西,朴素现象主义完全坍塌了。

(二)

这样,朴素现象主义的与实在合一的知觉,现在与实在相剥离,知觉和表象被一概作为同类的意识内容。这里的想法与前面(A)与(B)是相反的:

(a) 客观实在和意识内容是不同的东西,并且,

(b) 主观认识直接赋予的是意识内容。(客观实在通过这种意识内容被间接地认识。)

以上两个命题有着新的含义。现在它已增加,

(cd) 意识内容和客观实在的一致就是真理。所谓真理就是与实在一致的意识内容。((C)(D)的变形。)

当设定这种命题时,"存在于主观之中的意识内容,如何与存在于主观之外的客观实在相一致?"其具有的权利成为深刻的问题。由(a) (b)(cd)必然提出的这一问题可以说正是认识论的根本问题。

以上述(a)(b)(cd)为出发点,回答这一问题的方法,**目前**可以划分为以下三种。第一,包含象形文字说和符号说在内的广义摹写说。第二,包含预定和谐说和预造说在内的心物平行论。第三,各种唯心论。

就摹写说而言,将(a)(b)(cd)具体化,

(a)′ 客观实在和意识内容,不用说不是同一物,前者是独立于后者的存在。但是,

(b)′ 主观直接赋予的是意识内容,通过意识内容能够认识对象的存在及其真相。

(c)′ 总之,意识内容由客观实在所决定,是客观实在的反映。*因此,

(d)′ 所谓真理就是意识内容与客观实在的一致。正确地摹写对象的意识内容是真正的认识,云云。

* 这一点是从意识内容经过主观方面的加工而言的,若允许这种说法,则不能排除"意识内容的——区别于对象及本在的意识内容的——**结构**"。对于流俗性的批判的这一点,我表示赞同。

以上列举的摹写说的观点蕴含着**理论上**的困境。其中尤其是围绕(c)′具有的权利。为了确证认识形象是实在的摹写,必须将实在和意识内容进行比较。可是,由于(b)′,我们不能直接认识实在,因而不能对对象和意识内容进行比较。能够比较的是,作为认识形象的意识内容,和被看作客观形象的意识内容,即我们只能比较意识内容。因此,不能确证摹写论的根本命题(c)′。总之,既然不能进行比较,那么认识实在和意识内容的原像、模像的对应性,在原理上是不可能的。

可以预想如下反论。那就是,尽管不能**直接**比较实在和意识内容,但可以进行**间接**比较的反论。但是,这一"反论"蕴含着论点在先的含义。当能够间接比较时,在某种意义上意味着能够对实在所表征的意识内容和该认识形象进行比较。即能够通过实在所表征的意识内容,

间接地认识与实在的一致或不一致。可现在的问题是,"实在所表征的意识内容"是否果真确实存在,即便假设存在,如何能够确证它所表征的东西的论点。对于这一论点,因为摹写说的最终论据确实是命题(c)′,如上反论先行给出了应该证明的命题(c)′。因此,那种"反论"是不成立的。

朴素现象主义通过上述(E)的方法得以确证命题(c)′这种摹写之类。其因(A)(B)之故,知觉作为"表征实在的意识内容"而得到论证。可是摹写说则因退出(A)(B)而采取(a)(b)之故,不允许以朴素现象论和类比来进行论证,即不能将表象与知觉的一致看作缘于直接认识与实在的一致。尽管论者们有时基于这种类比,将不过是表象与知觉的一致看作认识与实在的一致。但是,正因为这种类比是不当推理——进而言之,正因为不可能纯理论地证明(c)′——才推出实践的标准。

虽然我是对实践标准持极高评价的人,但是,它之所以具有有效性乃至于更高的层次,在现在所讨论问题的层次——乃至更一般化而言,**当重新将实践标准的问题归结为一个理论标准时**——仍旧陷入前面阐述的论点。总之,当将"实践标准"归结为一个理论上的问题时,那么归根结底,就又回归到前面考察的**间接的比较**,即实践所实现的预料被作为"表征客观事实的意识内容"而先行给定。

进一步说,只要(c)′不具有权利,那么实在论的前提(a)′就仅是断言。总之,我们能够直接认识的是若根据这种说法就只是意识内容,因为只要它与实在的校对是不可能的,实在是否较之于意识内容的别个存在,那是不可知的。

由于摹写说具有上述指出的那种困难,又研究出平行论。平行论替代(c)′,开始要求心物的平行对应关系,通过这一点,挽救实在论的前提(a)′及与实在的可认识性相关的命题(b)′。现在,由于平行关系开始以摹写的对应关系作为公理的前提,可以避免(c)′具有的权利这种麻烦。

但是,一波平息一波又起。当要求以心物摹写的平行性作为**绝对**

的前提时,就与虚幻般的实在相对应。并且,颜色或声音,不是与光波或空气的振动相对应,而成了在某种意义上与实在的性质相似。因而,平行性无法绝对化。必须承认某物是平行的,某物不是平行的。但是这时,究竟如何辨别哪个是平行的,哪个不是平行的。这样,平行论要具有认识论的有效性,就必须通过某种方法,介入表征实在的特别的表象,并且必须确定哪个和哪个是那种例外的表象。因而与摹写说一样,难以避免采取论点在先的方法。

因此,终于,便研究出唯心论。若暂且撇开"批判的唯心论",由于唯心论从上述(a)(b)(cd)**出发**,取消摹写说中(c)′具有的权利,因而(a)′也停留于断言,归根结底是否定(a)(b)(cd)的思想。唯心论断言出发点(a)′中的客观"实在"并不存在,在**构图**上,回归到朴素现象论的(A)。在此基础上,通过将意识内容(观念)降级分类为知觉和表象,在**构图**上回归到(B)(C)(D)(E)。因此,唯心论的工具是极为便利的。它能够完全保持朴素现象论具有的便利,可以无裂痕无麻烦地处理各种认识问题。而且,巧妙地抛弃颜色、味觉、气味、声音等是客观实在这种朴素现象论具有的"唯一"的难点。在极多的认识论体系中,唯心论采用的是,在构图上能够回归朴素现象论这一长处。唯心论(就暂且承认其存在论的前提而言)在**逻辑**上是完全整合的,从狭义的认识论方面加以攻击是绝对攻不破的。

因此,人们打算调转矛头,骂唯心论者生吞观念,唯心论陷入唯我论。但是这种攻击对于唯心论而言只是无知的告白。就事论事,唯心论者所谓的"观念"与朴素实在论者所谓的"实在"是相同的东西。因此,上面这种攻击是无济于事的。例如,实在论者与唯心论者一起散步,看到了蛇吞食青蛙。实在论者说"实在的蛇吞食了实在的青蛙"。唯心论者说"观念的蛇吞食了观念的青蛙"。两人说的内容在事态上是完全相同的。只不过是一人称作实在,另一人称作观念。唯心论者确实是咬住他所谓的"观念"而生活。也同样承认唯心论者能够与朋友的观念和我的观念一起散步,以及他人的存在。因而,不是一般意义上的

唯我论。唯心论者所谓主观，不仅是外界或朋友，散步的该人本身也是其意识内容这种主观，即不是个人的主观而是"普遍精神"（贝克莱）、"一般意识"（康德学派）、"绝对精神"（黑格尔）的代用品。万物是包含个人的主观在内的"一般意识"等意识内容的。因而"人类史以前世界不存在吗？"之类的愚蠢问题有似堂吉诃德的风车。在以具有这种普遍精神等上帝式地积极发表意见的场合确实有逻辑上的跳跃。但是只要不是那样，即只要停留于具有"一般意识"的意识内容一般的相关概念，唯心论在**逻辑上**就是整合的，在事态上也是与常识的世界观相协调，通俗的批判是无济于事的。

那么，唯心论是正确的吗？否。它是从错误的前提出发的。所谓错误的前提，是指摹写说、平行论和唯心论共有的代用品。从哲学史来看，那显然是近代资产阶级哲学的前提，是在克服朴素现象论的过程中悄悄混入的表象和知觉内在于主观的意识内容的思想。**只要以这种思想为前提**，如以上简单的考察所了解的，唯心论是整合的。不，唯心论不是整合的，摹写说的、平行论的实在论不过是蕴含精神分裂的混乱的论断装置。（只要采取摹写说的构想，唯物论就绝对无法驳倒唯心论。）**在此意义上**，列斐伏尔那种"唯物论和唯心论在权利上是同等的"之类话是毫无道理的。当然，采取摹写说的实在论和非批判主义的唯心论在权利上也有同等之处。那就是基于我们**直接**能够知道的是意识内容这种共同的前提，前者断言存在意识内容之外的外在实在，后者断言不存在意识内容之外的超越的外在实在这一点。仅仅由意识内容给予的前提，真正说来"既不能说外物存在也不能说外物不存在"。这里，上述唯心论与上述实在论一样，都是跳跃式的断言。于是乎"最整合的理论"归结于怀疑论。但是，如何才能整合，怀疑论也没能给出最后的话语。并且，它所谓的整合，仅在于从上述错误的前提出发。这里，只有通过废除这种前提，上述怀疑论——进而言之，摹写说、平行论和唯心论——才能被"克服"。

（三）

在"知觉和表象是内在于主观的意识内容,只有它才是直接的所与"这种前提的构想的克服——当中形成的是,**作为构图而言**是"朴素现象论"的全面复权的现象学。但是,这里,现象不能被看作独立自存的东西,而应在主客的依存性中加以把握。

可以举出马赫主义作为例子。在马赫那里,颜色、形状、声音、气味等,世人称作"知觉"和"表象"并认为"存在于头脑中"的那种东西,被直接重新把握为构成世界的要素。① 知觉和表象既不被视为头脑功能的区分,也不存在于头脑**之中**。那么存在于哪里?例如在透过望远镜观看夕阳的时候,头脑在望远镜的一边,能够看见作为知觉的红色和圆盘形的遥远地平线的那一边。这种红色和圆盘形若勉强说存在于那里,"存在于地平线的那一边"的说法岂不是忠实于经验的事实?

"知觉(颜色、声音等)存在于头脑**外边**。但并不是说因为存在于外边就与头脑(主观)毫无关系,而是与主观有着紧密的依存关系。"不应该这样思考吗?这种论证之所以引起哄笑,不正是因为抱有"知觉存在于头脑之中"这种任意的前提?当说到**因为"知觉与主观有着紧密的依存关系"**,并不能**直接**理解为"知觉**内在于**主观"。马赫呼吁抛弃这种先入之见。仔细想来,望远镜这一边存在的头脑,不也是颜色形状等的复合体吗?望远镜对着的遥远的太阳,存在颜色、声音等的复合体,这一边存在头脑称为颜色、声音等的复合体。于是乎知觉和表象不是内在于主观,相反,而是世人称作主体、精神的代用品"感觉要素"的复合体。称作客体、物质的代用品也同样是要素复合体。(详细而正确的讨论,

---

① 在哲学本体论上,马赫主张"要素一元论"。他强调"知觉和表象、意志、情绪,简言之,整个内部世界与外部世界,就都是由少数同类的要素所构成的……通常人们把这些要素叫作感觉。但是,因为这个名词已经有一种片面的学说的意味,所以,我们宁可像我们已经做过的那样,只谈要素。一切研究都是要探知这些要素的联结方式"(马赫:《感觉的分析》,洪谦、唐钺、梁志学译,商务印书馆 1986 年版,第 17 页)。

请参照添加于马赫的主要著作《感觉的分析》,创文社出版〔此后绝版,法政大学出版局1966年再版〕的日译的拙文《马赫哲学》〔《广松涉著作集》第3卷〕。)

马赫不过是一个例子,在现象学中,一切都被理解为现象。朴素实在论者称作实在的东西和称作表象的东西,都一元性地被理解为现象。在这种又一轮的内部,朴素现象论所说的"实在"和"表象",被区别为两个亚种,上述的(A)(B)(C)(D)(E)得到复权。通过这一点,现象学得以没有过于不足地说明(记述)经验事实。

那么,现象学才是我们应该采取的观点? 不。现象学看到现象是普遍的相互依存关系。现象,尤其与称作主观(主体)的现象紧密地依存。例如,眼睛坏掉的话多数现象就消失,熟睡的话就**完全**消失。这是现象的事实。因此,现象学被迫承认人在熟睡时"存在间断"与否的二者择一。若是承认的话,归根结底,就退回到了主观唯心论。因此,必须否认存在间断。但是这时,若证明现象是独立自存的存续,就退回到朴素现象主义。这样,在熟睡时也是存续的,其本身不是现象的某物——在依存关系中才成为现象的东西——即必须承认可称为现象可能体乃至可能的现象的东西。可是,因为现象学实际上持一元性地承认给予的现象的立场,承认如上的现象可能体,就意味着现象学立场的崩溃。

这样,现在我们必须将现象学中作为现象而思忖的东西——因而,进一步说,朴素实在论者作为实在而思忖、唯心论者等作为意识内容而思忖的东西——理解为有赖于包含可能的客观和可能的主观的可能的现象的普遍依存关系。用象征性的话来说,必须将这里所谓的现象理解为包含可能的主观和可能的客观的各项之间的依存关系——理解为其显函数的表达。我们还不能**在这里**设定这可能的现象是什么。**在此意义上**,也许它是唯物论者所谓的物质,也许唯心论者所谓的精神,或者,也许实际上是无,只是逻辑上的虚构。因而我们或许要再次领回唯物论、唯心论、现象论等。但是无论如何,我们具有的所与,从**开头若不**

预先领会为实在的话，也就不预先领会为意识内容。我们具有的认识从一开始不是理解为主观和客观的**存在关系**，也不是预先领会为纯粹现象论的与件。① **对于我们**（für uns）来说，所与是如上的"显函数的表达"。实际上，我们的认识论等同于辩证法的开端，就是采取这一现象学的意识，只是表现为"这种东西"（Dieses als Solches）。我们现在终于设定了自己的"认识形而上学上的立场"，不，认识论的建构的开端。（未完）②

我们的认识论必须如黑格尔"精神现象学"的形态之一的那种辩证法，前面指出了这一点，并且现在，通过将直接的所与**设定**为"实在""意识内容""中性的与件"等而暂且**搁置于括号中**这一迂回之路，来设定"上升"的开端，我们当然没必要按照原有次序沿袭黑格尔的精神现象学，也不可能达到"绝对知识"。我们的"以终点为开端的圆环"的内容，不能简单地停留于将黑格尔的东西进行"唯物论的颠倒"。我们沿袭的是，说到底，是他的具有"意识经验学"特征的**性质**和**程序**。我想作为"现象学的意识"的一般的结构，能够指出"现象的所与为能知的个人所认识"（Gegebenes als Etwas gilt einem als jemandem）的四肢性。这里，意识经验学之于现象学的意识，可以说最初是在**直接性**中呈现的现象，在**它的被中介性**中作为自在自为的过程（process）而存在，换言之，这可以说是上述四肢结构的"各种形态"被"经验"的过程。

我们现在不能在这里探讨意识的经验。它要求从"意识经验学"的本性上有组织地讲述。这里，必须仅从与第二章设定的一部分课题有关的地方再说几句。

---

① "与件"（Data），意为所"给予的条件""给予的事物"。在广松哲学中，类似的概念还有"所与"，其对应词为"所识"，如四肢结构论中关于"现象的所与—意义的所识""实在的所与—意义的价值"的表述。

② 广松哲学的认识论建构，是在其代表作《存在与意义》两卷本中才真正"完成"的。在这部著作中，广松系统地阐发了认识世界的"作为能识的人类的能知的个人基于一定的现象的所与认知意义的所识"的四肢结构和实践世界的"作为职位的人类的能为的个人基于一定的实在的所与认同意义的价值"的四肢结构。

上述四肢结构的第二因素——所与作为**那个**而把握的"什么"（das Was）——撇开黑格尔而对我们来说，我想可以作为"意义"的总称。（事实上，它最典型的表现是语言交往。）这一"意义"，不用说，不是意识内容，当提取其自身进行考察时，是作为具有所谓"**理念的存在性质**"和先天性（Aprioritaet）的东西而呈现的，若用马克思关于"价值"的阐述的说法来说，它"被理解为……"意识作用的凝结（Gallerte），并且是共同主观的意识作用的凝结，是历史的、社会的共同主观地形成的东西。这一"意义"，在上述的结构关系中，与**作为**第三因素的能知所取得的各种形式而出现的那种可总称为共同主观性的主观（能识）的第四因素是相辅相成的——换一个角度而言，是在与这一"意义"的相互中介中，展开第二章〔二〕所说的自我的共同主观的自我形成——这里，现象，若预先在展开下一章以下的确证之前，援引卡西尔（Cassirer）的"知觉的象征性蕴含"来说，是泛通的**意义性**蕴含。并且，这种意义性蕴含，正是现象的历史的社会的共同主观性，"可以说是以'社会的感官'的形式被感知"的，并且，是形成认识，不，制约"对象的本在"的共同主观性"结构"的可能性的东西。

可是，意义的蕴含形式，以及现象的**存在方式**，若预先从三次，不，四次来说，若将"被理解的方面"比作面包片（rusk），处于作为"多层结构体"的现象的底层，若最终追溯其下限，则受制于抵达面包片的所谓"裸物质"之处的第一因素，**最终**不允许主观的恣意。就此而言（实际上这是客观有效性和普遍有效性的相互概念化和相互作用的问题），在"意识经验学"的一定阶梯，赋予摹写说的根本命题以新的意义，在这一点上，虽说唯物主义也不过是论点之一，但折射出新的光芒。

追记

对良知力的批评的回应

本书脱稿后,我看到了良知力的论文《赫斯是青年马克思思想发展的坐标轴吗——评广松涉的早期马克思像》①(《思想》1969 年第 5 期)。良知力的这篇文章,对拙文《早期马克思像的批判的再构成》②(收录于《马克思主义的形成过程》〔《广松涉著作集》第 8 卷〕)进行了批评,虽然与本书没有直接关系,不过我想借此机会说明几点。

1. 良知力的论文以《赫斯是青年马克思思想发展的坐标轴吗——评广松涉的早期马克思像》为标题,以"赫斯不是对早期马克思作纵向的再构成之际的坐标轴"的语句结尾。从这一点以及他对拙文的概述来看,读者当中,也许有人会形成我是以赫斯作为青年马克思的思想发展的坐标轴的印象。但是对我来说,绝不是以赫斯作为坐标轴,良知力也并非特别地进行那样的断定。因此,虽然这既不是反驳也不是辨明,但是我在这里表明我也认为"赫斯不是坐标轴",以预防可能存在的不必要的误解。

2. 良知力在对赫斯的《关于德国的社会主义运动》和马克思的《关于费尔巴哈的提纲》进行了较为详细的对比基础上,承认"从以上情况

---

① 参见莫泽斯·赫斯:《赫斯精粹》,邓习议编译,方向红校译,南京大学出版社 2010 年版,第 249 - 268 页。

② 莫泽斯·赫斯:《赫斯精粹》,邓习议编译,方向红校译,南京大学出版社 2010 年版,第 203 - 248 页。

来看,重新验证了广松指出的《提纲》处于赫斯的范围圈,成为对此的追认",并紧接着写道:"关于《二十一印张》和《论货币的本质》与《1844年手稿》的影响关系,虽然以往也屡有指出,但是纵向地把握在赫斯—马克思关系中赫斯对《提纲》的影响的阐述,大概广松是最早的。"据我所知,保留承认例如对于《手稿》的赫斯的影响的研究者,不过良知力和我两人。良知力的赫斯—马克思关系论和广松的赫斯—马克思关系论,这件事是象征性的,在整个学界所占的位置可以说是最近的事。(虽然接到过《思想》编辑部提供的反驳的机会的通知,但我等待第三者的发言,期待第三者的发言在同杂志上的反问。这是因为一般的读者恐怕以为无非一些琐细的意见不同。)

3. 在研究者的世界中,门外汉即使觉得是一些琐细的不同,但是经常也能够意味着决定性的对立。良知力好意地写道:"广松的劳作既不是以赫斯研究为根本目的,也不是以赫斯—马克思关系的解明为主要主题。进而,连早期马克思像的批判的再构成,大概也是为了构筑他的认识论的一条线索。"确实如此,批评即便作为批评也必须甘愿接受。良知力的积极的立言自不待言,即使批评也让人颇受教益。但是,在这次给予的批评中也留有难以同意的地方。

(1) 良知力批评说:"不只是广松,专业的赫斯研究者也多数如此——将'赫斯的立场'这种东西加以固定的、静态的把握。"但是对我来说,并不打算对"赫斯的立场"作固定的、静态的把握。虽然确实也许表达不清,《恩格斯论》以及成为直接的批评对象的《早期马克思像的批判的再构成》正是自觉到这一点,将赫斯的思想基本按时间系列来介绍,并在打乱了这一原则的地方对其意旨做了注释。与他存在分歧的是,把1843—1844年初的赫斯的思想发展看作"转换",与并不看作有那么大的变化的不同。也就是说,与良知力把这一时期从费希特-鲍威尔的构想到费尔巴哈的构想视为"原理的构想的……急剧的转换"相对,对我来说,并非吝啬承认作为向量可以这么说,而是评价1843年的赫斯已经超越了费希特-鲍威尔的构想,并认为赫斯1844年将费尔巴哈的宗教批判的逻辑适用于社会经济问题这方面也具有独特的立足点的"援引"。与这一见解的不同相联系，才受到由于忽视了1843—1844年的赫斯的"原理的构想的……急剧的转换"，产生广松"其本身并没有错""乍一看是分裂的两种理解"这一来自良知力的指摘。但是，根据被他看作"因为在那里，赫斯处于费尔巴哈的视座的延长线"的《论货币的本质》的发表，和激烈地批判费尔巴哈的《最后的哲学家》的出版，在时间上非常接近这一事实，他该作何种解释？他的《论货币的本质》中"赫斯处于费尔巴哈的视座的延长线"这种评价，虽然似乎能够看作1843—1844年中的"急剧的转换"这一立论的论据，但是，如上所述，赫斯已经基本坚定了固有的立场——尽管还处于黑格尔左派的范围内，只有解释当从这一立场"援引"费尔巴哈时，才能够通过《论货币的本质》和《最后的哲学家》或《关于德国的社会主义运动》对赫斯-费尔巴哈关系进行整合的、自然的理解吧？换句话说，1843—1844年的赫斯的思想发展，不能说是"原理的构想的……急剧的转换"。

（2）良知力的批评，还悬着我忽视了《提纲》中"赫斯与马克思之间存在根本的不同点"这样一个论点。对我来说并不打算忽略不同点，问题在于这是否是"**根本的**"不同点。我对良知力举出的根本的不同点（？）整理为如下三点，关于这些我不禁要反问：

（a）"赫斯自身，不论在这个阶段，还是在此之前，恐怕并非唯物论者。"——这虽然与如何规定"唯物论的立场"本身有关，但从良知力所写的来看，赫斯仅仅是没有采取费尔巴哈的唯物论的"论证"。并且，这一点，关于赫斯不是费尔巴哈式的唯物论者这一点，我也是持相同意见的。

（b）"在赫斯那里，'对对象、现实、感性，只是从客体的或者直观的形式去理解，而不是把它们当作人的感性活动，当作实践去理解，不是从主体方面去理解'。"[①]——"感性"这种事情如果放在特别的语气中

[①] 《马克思恩格斯文集》第1卷，人民出版社2009年版，第503页。

能够产生另外的问题,如良知力引用的那样,赫斯说:"仅有人的**思考**是不够的,同时还必须认识像人那样过日子。"与此相对,良知力认为,"在这里赫斯只是排除纯粹思维,'思维是人的自我活动'仍是不变的"。我对此难以理解。如果赫斯说"所谓自我活动就是思维"则另当别论,从逻辑学的用语来说,良知力岂不是把应该施行减量换位的地方施行了简单换位?我认为标榜从历史哲学向行动哲学、实践哲学的转换的赫斯的"实践"概念,在这一时点上与《提纲》的"实践"概念旨趣基本上相同。(还有,良知力引用"当具有感性的印象或表象的时候,我在本质上是受动的行动"这一赫斯的"唯物论的"一句,主张这与《提纲》第九条"不是把感性理解为实践活动的唯物主义"所说的对感性的理解是不同的,认为赫斯是在进行"一种自我观照的思考"。但是在这里,是把《提纲》所说的"感性"和赫斯联系认识能力所说的感性性急地视为同一,因而是难以首肯的。)

(c) 良知力说:"赫斯所谓的社会本身,也成为脱离历史的过程的形而上学的教条化、乌托邦化。'撇开历史的进程,孤立地观察宗教感情,并假定出一种抽象的——**孤立的**——人类个体'(《提纲》第六条)这一马克思对费尔巴哈的批判,同样也适合于赫斯所说的'社会'。"能否将马克思对费尔巴哈的作为抽象的**个人的"人"**的批判,推及赫斯的"**社会**"是留有疑问的。确实,赫斯的社会概念是极不充分的,但是写《提纲》时的马克思也未必发现了完美的社会概念。良知力自身,如前面的地方承认的那样,说赫斯认为"人的存在是社会的存在,是……各个个人的共同活动,关于人的真正的教义是关于人的社会的状态的教义",提出与《提纲》中"人的本质……是一切社会关系的总和"这种相同旨趣的思想,关于眼下的问题的论点,我不认为赫斯与马克思之间存在"根本的不同"。

4. 良知力在介绍拙论"广松认为,马克思在这里按照将人的本质放在诸个人的社会共同活动关系中的赫斯的路线将之规定为'社会关系的总和',对社会经济上的赫斯的先驱性业绩进行真正的评价,在短暂的时间内,沿着赫斯的路线解明'地上的秘密'"之后写道:"如广松再三指出的那样,赫斯具有敏锐的问题感觉而将异化论适用于社会经济上的各种问题。但是,这些分析,与赫斯在另一方面追求的自我意识的辩证法始终没有结合起来。""现实的经济社会也只能在拜物教的直接态中被把捉。在此意义上,不可能沿着赫斯的路线解明'地上的秘密'。"——确实,也许"在此意义上,不可能……"然而,我的文脉是如下这样的。在涉及《提纲》中的马克思的转换的基础上,我写道:"马克思通过与费尔巴哈拉开批判的距离,现在真正对赫斯的先驱性业绩进行评价,进入到能够追随之的地平。"这里标注了在《德意志意识形态》中"赫斯把法国社会主义的发展和德国哲学的发展综合在一起"的介绍。然后,在重新概括拙文的论旨的时候,继续谈道:"这样,历经了黑格尔左派的三极的马克思,眼下在短暂的时间内,沿着赫斯的路线努力阐明'地上的秘密'。顺便说一下,赫斯在当时,以共同活动、生产力、交往、基础等概念确立了一种唯物史观,通过这一史观,他不仅奠定了共产主义的理论基础,而且以其独特的组织论、运动论展开共产主义的实践运动,其中有很多东西值得马克思学习。1845年春,在'流亡地'布鲁塞尔相会的赫斯、马克思和恩格斯,到翌年1846年,共同撰写了《德意志意识形态》。"——即使撇开上述情况,良知力难道不是无视我在援引《黑格尔法哲学批判导言》时,之所以对"地上的秘密"加括号,在于表明其限定性?倘若是这样,他与我之间,如果除去一点我想岂不就不会有那么大的见解的不同?这一点就是"这些分析(即将异化论适用于社会经济上的各种问题的分析)与赫斯在另一方面追求的自我意识的辩证法始终没有结合起来"。这一发言,我想作为其本身不仅是难以首肯的,而且也与他自身前面的发言相矛盾。假如赫斯依然追求"自我意识的辩证法",通过1843—1844年的"急剧的转换",从费希特-鲍威尔的构想到费尔巴哈的构想的转换与他自身前面的论点又如何整合?

5. 读过几遍良知力的旧著《德国社会思想史研究》中的论赫斯,也认为与这次给予的批评一并该学到些东西,然而良知力的著作出来的也是以前的东西,鉴于这次也没有参照的要求,或者他的思考有了变化,暂且仅以《思想》的这篇论文为基础,写下几点难以同意之处或疑问的原因。

后记
写在第十次印刷之际

本书自初版问世以来,已很快过去五年半的岁月。在这期间,迟钝的笔者自以为已取得一些进步,以至在现时间略微产生了几点不满意的地方。尽管本书在各方面也有承蒙过度地言及的情况,但这时笔者的见解并没有大的改变,就请允许仍按原版的旧貌出版吧。

笔者去年出版了可以说是本书续篇或补充篇的《马克思主义的理路》(《广松涉著作集》第 10 卷)及《资本论的哲学》①(《广松涉著作集》第 12 卷),有着努力填补本书的缺漏的原委。若能一并得到指正,我将深感荣幸。

另外,关于支撑本书的马克思解释的作为笔者的哲学构想及思考之探讨的章节,请参看《世界共同主观性的存在结构》(《广松涉著作集》第 1 卷)及《事的世界观的前哨》②(《广松涉著作集》第 2、3、7、11 卷),我想也许不失为一条捷径。有关笔者所谓的"共同主观的意义形象""物象化论的逻辑""关系第一性"等,我想从避免世间存在的部分误解的心意来说,也希望同时读一下这两本书。

祈望本书继续抵抗坊间庸俗的"马克思"解释的波涛,成为为了马克思—复兴(Renaissance)的一块扔在水底的石头。

作者

1975 年 3 月

---

① 参见广松涉:《资本论的哲学》,邓习议译,南京大学出版社 2013 年版。
② 参见广松涉:《事的世界观的前哨》,赵仲明、李斌译,南京大学出版社 2009 年版。

II
马克思主义的理路：
从黑格尔到马克思

新版序言

本书出版于六年前,对笔者来说是意外地拥有众多读者的论文集的新版。而之所以考虑出版这次的新版,是因为在与本年度笔者的著作出版计划的联系中,本书具有特别的意义。

回头看来,在旧版出版的时候,本书充其量是占有可谓《马克思主义的地平》(收录于《广松涉著作集》第 10 卷)的续篇或拾遗的位置,此后,在《资本论的哲学》(现代评论社〔《广松涉著作集》第 11 卷〕)问世,以及《辩证法的逻辑》(青土社〔《广松涉著作集》第 2 卷〕)也得到出版的今天,我希望无论如何至少将本书第一部《辩证法的存在观与逻辑》看作这两本书的前梯。总之,在这后续的两本书中,考虑到与本书的第一章《马克思主义辩证法的理路》及第二章《上升法的存在论认识论的地平》的重复,因而控制了论点的重复。

即使撇开属于过去的上述情况,来年四月我即将出版《〈近代的超越〉论——昭和思想史的一断想》(朝日出版社·知识丛书〔广松涉著作集》第 14 卷〕),作为这一新书的前提,恳请读者一读本书收录的《全体主义意识形态的陷阱——为了与法西斯主义思想的对质》。

而且,预定在今年秋出版《德意志意识形态论》(暂题,田畑书店)、《生态史观与唯物史观》(现代评论社〔《广松涉著作集》第 11 卷〕)和《唯物史观与国家理论》(暂题,创论社〔《广松涉著作集》第 11 卷〕),对这三本书而言,由于本书第二部《黑格尔与马克思的连环》及第三部《国家——

社会与历史规律的存在》可谓其"导言",读者若能事前浏览一下,我将感到十分荣幸。

之所以敢将这届时容易吸引读者目光的新版摆放在店面,大概全然由笔者的这番微意所致。

仔细想来,虽然笔者以往也有关于黑格尔及马克思各自思想的论述,但几乎没有发表过主题性的探讨两者联系的讨论。唯独本书虽说笨拙却事实上是笔者论述"黑格尔—马克思关系"的唯一著作。本书原本不是主题性地追溯"黑格尔—马克思论""从黑格尔到马克思"的学术史展开。日后,若有机会,也并非没有从正面致力于这一主题的想法,但是,笔者的余生恐怕不允许如此。对笔者来说,我想只能专心于将已发表在杂志类的论稿修辑成书的作业,以及完成手稿《存在与意义》(《广松涉著作集》第 15~16 卷)①为印刷用原稿的作业这两件事。就这样内心抱着犹豫,仅仅以若干投影式的概略图(rough sketch)呈现的本书,暂时代替笔者暂定的"黑格尔—马克思论"。

本书以讲演"记录"和"论文"的方式编辑而成,就通读而言,讲演的部分未必能说是明快的,在某种意义上甚至反而难免一种晦涩感——以这一点为主,对于现在的笔者来说,本书并非没有不满意之处。但是,这与其说与理论的内容相关,毋宁说与论述的方法相关,这次我想就闭眼任之如此——请读者在认为难以通读的章节,先读一下论文体的各章。

关于所收录的各种讨论,由于在"旧版导言"(代序言)有简单的说明,这里无须做进一步的解题。

在这个新版成书之际,承蒙山本美智代的装帧设计。谨此对百忙之中给予特别关怀的山本先生表示感谢。

---

① 参见广松涉:《存在与意义》第 1~2 卷,彭曦、何鉴译,南京大学出版社 2009 年版。

另外，这次成书也一如既往地得益于劲草书房编辑部的富冈胜先生的辛勤工作。不仅旧版，这个新版也是先生的厚意的结果。在此再次表示感谢。

广松涉
1980年2月12日

代序言

　　本书编选了 1970 年代以来偶尔发表的八篇论文及讲演记录。所收录的各篇论稿与前书《马克思主义的地平》（收录于《广松涉著作集》第 10 卷）并不属于同一系统（即不单是历史的、实证的研究，而是笔者关于马克思主义的解释），并且，前书只限于处理作为作业而遗留的材料，通过本书而得以在内容上成为《马克思主义的地平》的续篇。但是，本书并没有以《续马克思主义的地平》为名，且并不试图与前书保持体裁上的统一，而是勉强停留于论文讲演集的形式。

　　本书虽说在形式上由三部分构成，但既然是论文、讲演集，也就未必要求按顺序阅读（各章的开头，记载了最初发表的报纸、杂志名称和修改程度等）。愧于论点的重复，希望以适当的顺序给予指正。

　　回过头看，这十多年来，我国的马克思主义"研究"可夸作"高度成长"。可是，这一两年，论者们面临暂定的概括和研究态势的更新的局面。就我的管见而言，欧洲近年的"马克思研究"亦然，恐怕我们面对即将到来的"跃进"，眼下正经历一个"转折点"。

　　这种想法即使很深，但在现时间公开出版本书，我内心是犹豫的。所收录的各篇论稿，都是关于可谓尝试系统地讲述却最终未能实现的主题，充其量只能传达笔者的视角和构想之一端，甚至还远远谈不上是暂定的概括。虽说如此，当鉴于身边的情况时，这既有很难期待早日刊印该主题的一些著作的实情，另一方面，也有承蒙再三询问这里收录的数篇论稿的经过，以及包括一并消除世间一部分对于拙论的误解而仓促出版的原因。

第一部包括讨论辩证法问题的讲演记录和论文各一篇。笔者曾有日后将此前从几个视角讨论辩证法的经过写成一本主题性的书的打算，我想本书可以说正是在原理上处理这方面内容的最基础的论域。不过，读者在这里若期待"辩证法的概说"的话，必须预先撤回要求。世间以"客观的事实规律"和"主观的逻辑规律"的二元性截断为默认的前提，往往产生"辩证法是客观的规律，还是逻辑的规律"这样的问题。但是，辩证法，至少黑格尔—马克思的辩证法，原本不能从那种主观—客观图式来理解，明确认识这当中的情况比什么都重要。确实，在黑格尔那里，是所谓"主体—客体的辩证法"，在此意义上确实不能说逾越了主观—客观图式的地平。可是，在绝对唯心论的范围内，黑格尔确实开拓了在他的辩证法中内在地扬弃主—客图式的道路，应该通过批判地继承黑格尔辩证法来展开马克思主义的辩证法的理路。对笔者来说，我想对这一点的自为把握正是理解辩证法的基本项目，本书还将图式化的辩证法规律之类的枚举与形式逻辑定律的对比之类的这种教科书风格的素描置于圈外。特此，若预先了解则深感荣幸。

在第二部中，着眼于将黑格尔与马克思的关系放在狭义的辩证法的论脉中来展开两者的社会思想层面的连续性。与此相关，开头编排的是探讨异化论的逻辑机制的讲演。近期，笔者关于从异化论到物象化的观点，得到了各方面给予的意见，争论的焦点与其说是事实问题，毋宁说在于评价标准，可是，另外，围绕该评价标准的不同意见，就实际问题而言，可以说在于论者们具有黑格尔、黑格尔左派以及德国唯心论的何种程度的知识。因此，要进一步提高关于这一争论问题的讨论层次，首先要求论者们丰富有关德国古典哲学尤其是黑格尔左派的背景知识。所幸的是，这些资料的出版和介绍近年来已开始起步，笔者也想写作《从异化论到物象化论——兼黑格尔左派的介绍》一书。本书收录的讲演记录毕竟是其雏形，若能表达笔者理解的"异化论的逻辑机制"

的框架那实属幸事。另外,关于早期马克思的异化论,在本书的范围中确实说明不足,这也与为了避免与详细分析《1844年手稿》的另著《青年马克思论》(《广松涉著作集》第8卷)后半部分相重复而有意识地省略的意图有关。请谅解这一情况,希望同时参看该书。

关于第三部及附论的主题,笔者恐怕今后没有立刻回头讨论的机会,希望得到指正并期待他日的机缘。

本书与旧著一样受到尽管很少却宽容且具有忍耐心的读者理解,即使撇开其他一切方面,若成为在近年读书界的一隅激起"黑格尔—马克思论"这种真挚论题的问题意识的一块石头,对笔者来说这是再庆幸不过的。

最后,借此机会对本书成书过程中给予各方面关心的劲草书房编辑部主任石桥雄二,以及概允本书的收录转载的《思想》《理想》《情况》《日本的将来》《现代数学》《结构》《大阪市大报》"专修大学黑门祭执行委员会"的有关人员表示感谢。最后但同样重要的(last but not least),对为本书的制作效劳的富冈胜编辑表示衷心的感谢。

笔者
1974年4月

第一部

辩证法的存在观与逻辑

第一章
马克思主义辩证法的理路

马克思主义的辩证法被认为是将黑格尔的唯心论辩证法加以"唯物论的颠倒"。实际上，马克思自己也谈到黑格尔的辩证法"用头立地"，即批判其头脚倒置，必须使他重新"用脚立地"。但是，当从字面接受"颠倒"一词时，如路易·阿尔都塞指出的那样，不免是从结构上而言的。

唯物论的颠倒这一比喻的修辞，在这一点上，确实是引起误解的(misleading)，因而对我来说有必要做进一步的深入研究。但是同时，通过聚焦于所谓"黑格尔辩证法的唯物论的颠倒"这一事态，也确实能够使马克思主义的辩证法的理路明确化，故而对我来说，特意在此构建视角。

我曾经写过一篇题为"辩证法的唯物论的颠倒何以可能"的文章，关于这当中的情况已尝试过若干讨论。另外，在这个月的《思想》杂志（1971年第4期）上，从马克思经济学的方法论，所谓上升法的方法论的维度，就马克思主义的辩证法的某些方面(phase)，在其范围中多少有所涉及（参照本书第二章《上升法的存在论〔＝认识论〕的地平》）。

在今天的这个讲座中，是从新的角度来说的——在某种意义上，是从更根本的层次——原本什么是马克思主义的辩证法，它究竟在哪里超越了近代理性主义的地平，虽然这是重点要讲的，但是我想从这一根本的问题层面谈谈个人的鄙见。

第一节　支撑近代理性主义的世界观构图

当说到马克思主义的辩证法超越了近代理性主义的地平时，原本什么是近代理性主义，其地平是什么，它的确定成为先决的问题。当然，因为这本身是非常大的问题，若从正面开始论述的话，光讲这点时间也不够。那么就退而求其次，将论点最大程度地压缩，聚焦于形式逻辑作为形式逻辑而存在的原因这一前提性理解，从这一视点一瞥存在论—认识论的基础场面。

（一）

所谓理性主义（rationalism），就其本身而言，未必是近代特有的东西。在某种意义上，中世纪经院哲学也可以说是一种理性主义。它被看作极为非理性主义的东西，是因为从**近代**理性主义的观点来看是这样的，不能直接说这就是非理性主义的——进而言之，古代欧几里得几何学的认知态势等，我认为也可以将其看作一种理性主义。

那么，并不是理性主义所特有的，特殊近代理性主义的认知态势有着怎样的特点呢？也许可以听到反论，认为形式逻辑得以作为形式逻辑而形成的地平，需要联系这一地平才能做出规定。也许可以听到反论，往往对此加以拒绝，一般来说，形式逻辑在亚里士多德那里已经基本完成。确实，亚里士多德—经院哲学的逻辑，从形式化来看，与近代的形式逻辑有着结构上的一致，但是，那原本绝不是形式逻辑。而是基于一定的存在论的理解，那是列举的实质逻辑，是作为形而上学的存在而适应实有世界的规律性的东西，是作为一种存在的规律被理解的。

也兼作后论的伏笔，我们不妨稍做详述。传统逻辑学中列举了同一律、矛盾律和排中律这三个根本定律，而矛盾律正是最为核心的定律——至少，矛盾律处于其他两个定律的中心。固然根据亚里士多德矛盾律的定式,最具代表性的形式是"同样属性在同一关系中不能同时属于又不属于同一主题"①。在教科书中,被表述为"A 不能既是 B 又不是 B",从一开始就被概念性地固定化,就连亚里士多德也承认,这是在"同样属性在同一关系中"做出的规定。

　　插入一些题外话,这里提出了有点迂回之路的问题:即使辩证法论者也不得不承认并服从亚里士多德之流规定的矛盾律?不是没有具有超历史的绝对的普遍有效性的东西?实际上,往往能够听到即使是辩证法,实际上也遵循矛盾律的观点。可是,关于这一问题,有必要慎重研讨、考察。确实,同一东西,在同一意义关系中,不能说"同时既是 B 又不是 B"这样的话。可以看作"A 既是 B 又不是 B"的是,将 A 这种东西放在别个的意义关系中,从别的方面来考察,即由于亚里士多德忽略"同时在同一关系中"这一限定,实际上并不违反矛盾律。这种庸俗的论调不足为训。但是,若就此完事就不需要辩证法,我们认为,有必要研讨、考察亚里士多德的定式本身。

　　亚里士多德的矛盾律,只要没有引入一定的前提性理解,对于现实的逻辑的展开来说,完全是废话。因为亚里士多德附加了"同时"这一条件,例如,当说到"1+1=2",在接下来的瞬间,当说到"1+1≠2"时,由于这已不是"同时",故并不违反矛盾律。由此举一反三,"同时"这一限定是常识的"同时",即具有一定幅度的较短时间带的不同意义,严格地说,既然"既是 B 又不是 B"这一命题原本就不可能同时进行,那么亚里士多德的定式实际上是空洞的。为了避免这种空洞,就不是从严格的"同时",也不是从严格的"同一关系",而是在某种意义上,必须介入同一东西、同一关系、同一事态是持续的这种存在论的理解或认识论的理解。只有这样,亚里士多德之流的矛盾律才具有现实意义。

　　这里,马上形成两种观点的对立。第一,万物皆生成流变的观点,这种观点认为,因为同一东西、同一关系、同一事态的东西,从原理上来

---

①　参见亚里士多德:《形而上学》,吴寿彭译,商务印书馆1959年版,第62页。

说是不存在的,矛盾律充其量只能被看作近似的、权宜的暂定性命题。第二种观点,从"两个世界说"以及"两种要素说"的立场,将世界划分为两个领域,认为在一部分世界中矛盾律是严格适合的。这种观点认为,现象世界确实有着生成流变的面貌,因而,现象世界之于矛盾律即便并不完全适合,但是真实在世界(或者,世界的真实在要素)是不变不易的,在那里矛盾律是完全适合的,完全适合不矛盾律的领域正是真实存在的世界。

亚里士多德—经院哲学的逻辑,第二种观点所谓真实在世界——与现象体(phenomenon)相区别的本体(noumenon)世界——被理解为与这种传统的形而上学的世界中存在的法则相联系的东西,在拒斥这种形而上学的世界观的过程中,形式逻辑得以作为形式逻辑而形成,开拓出近代理性主义的地平。

(二)

将世界区分为本体世界和现象世界的二元构想的图式,在近代思想中也有着根深蒂固的残余,它不可能被直接扬弃,由是其充斥着超越于现象世界的本体世界的独特存在的思考。基于此,以往的本体世界,作为所谓逻辑的世界,使所谓主观的内在化——形成从形而上学的真实在世界到纯粹的观念世界这一理解——的要求成为可能。

有论者指出,从图式关系来说,近代世界观产生了如下逆转:过去作为现象世界而被贬低为假象世界的日常经验的世界才是真实在世界;过去作为实在世界的形而上学的世界则被贬低为假象世界。在某种意义上确实如此,但是,近代的这种转换绝不是简单的翻转,而是对现象本身的把握方式发生了某种结构性的变化。

现象世界,是我们日常经验中发现的周围这个生成流变的世界,这才是真实在世界,而我们看到或听到的那种原貌并非真实在。总之,在论者们看来,由于颜色、气味、声音、触觉等是主观的东西,故只有现象世界的某种本质结构或实质才是客观实在。

这种客观实在，避免了近代世界观的"生物态"的观点，并将其置于与认识的主观相反的一极，可以说作为中项的所谓意识内容即观念领域，被插入到近代的主观—客观图式中。

实在对象—意识内容—意识作用，在这三项图式①所表达的近代世界观的构图中，从存在上，产生客观实在和意识内容（观念）之间的断裂，而意识内容与意识作用则是紧密的。即对意识作用而言，作为直接与件而在场的是意识内容，客观实在充其量通过意识内容（知觉印象、记忆印象等）而间接地呈现。换一个视角来说，意识内容，即观念，成为固有的领域，它被作为意识作用的直接与件。

这时，而且这也是构成近代意识形态的观点之大前提的东西，各人的主观，被理解为在本质上是同构的，并且是自律的东西。进而，这种同构的人的主观的心的能力——这经常被区分为知、情、意三类——其中的"知"的能力，又通常被区分为感性和知性。这两者当中，即使认为感性与客观实在有着直接关系，而知性（即从能力来说是知性和理性，从意识内容来说是狭义的观念）与客观实在的直接关系则确实被截断

---

① 图式，指一个有目的、有意义、有组织的动作结构，如注视图式、抓握图式等外部动作图式。外部动作图式内化后就成为思维中的认知运作图式，如我们思考问题就必须借助于认知运作图式，像概念系统。在心理学中，有两种基本的图式选择：一是"客体作用—主体状态的变化"的二项图式；二是"客体作用—主体活动及其相应的条件、目的和手段（中项）—主体状态的变化"的三项图式。皮亚杰认知心理学选择的是"主体—活动—客体"的三项图式。理由是行为主义的刺激（S）→反应（R）图式是单向性作用，缺少中介物，应当把 S→R 公式改写为 S⇌R，更准确地说应写为 S→（AT）→R，即一定刺激（S）被个体同化（A）于认知结构（T）之中，才能对刺激做出反应（R）。（程利国：《皮亚杰应是三项图式论者》，《心理学报》1989 年第 2 期）在马克思主义原理教科书中，也有关于实践的"主体—中介—客体"的三要素的表述。（参见《马克思主义基本原理概论》，高等教育出版社 2013 年版，第 35 页）广松涉指出，在现代西方哲学中，胡塞尔现象学是"三项图式"的典型，这是一种实体主义的世界观，其特点认为首先存在着独立存在的实体，这些实体具备各种性质，并相互联系。具有性质的实体是第一性的存在，实体之间再结成第二性的关系。基于关系主义的哲学意趣，他致力于必须扬弃实体主义的主观和客观的割裂与对立。"对我来说，是把这一情况称作对'意识对象—意识内容—意识作用'的三项图式的克服或'事的世界观'，我的说法妥当与否另当别论，我想从物的世界像到事的世界观的转换确实是世纪末的大趋势。"（《广松涉著作集》第 14 卷，东京：岩波书店 1997 年版，第 498－499 页）

了,这里表现出与形而上学的**直觉知性**相区别的近代知性的特点。

近代的逻辑学,基于近代性理解的"逻辑",因而只是作为眼下所说的"近代知性"的内在规则或其发现规律而存在,是切断了与实在对象的直接参与的"思维形式的规则",作为思维的形式逻辑而存在。

形式逻辑作为形式逻辑而存在的地平,最终,从主观和客观的二元截断、三项图式而言,就是通过客观实在和意识内容的存在性截断而进行的划分——我想从上述讨论也可以明白这一点——但对我们来说,有必要从近代理性主义的判别性特点这个高度补充几个论点。

（三）

在讨论近代理性主义的问题时,我们将其与实证主义的联系纳入视野,我想可以自为地把握其构想的结构,以及其存在论—认识论的理解。

逻辑归纳和日常经验,非但每每是隔绝的,且往往是背驰的。那么是知性思维的推论绝对正确,还是感性经验方为第一义的确信? 这里,产生了唯理论和经验论的对立。

传说,当爱利亚的芝诺用那著名的阿基里斯与乌龟的悖论（paradox）等"证明"运动不存在时,他的论敌是默默地走给他看的。那男子大概是这样想的吧,即既然步行这种运动是实际存在的,芝诺的讨论之错误也就被"实证"。但是,芝诺当然也早就知道在日常经验中存在运动,当他"论证"老师巴门尼德的理论时,对他来说,是以日常经验是假象,具有逻辑必然性的理论才是真实在的实相这一思维方式为观点的前提的。因此,光是走给他看并不构成对芝诺的反驳。另一方面,对于以感性经验才是客观真理性的最终标准这一思维方式为观点的前提的人们,芝诺的论证向来不具有权威性。

传统的形而上学——虽说由于存在与《圣经》的教义一致这种因素（factor）,简单地断言是危险的——抱持以逻辑的整合性为第一义的态度,即抱持将违反逻辑的归纳的感性经验贬为假象的爱利亚学派的知性态度,在此意义上,采取的是极端唯理论的观点,逻辑主义的观点。

那么,近代理性主义是怎样的呢?在所谓大陆唯理论哲学等当中,虽说不能一概否定其与中世纪形而上学的理性主义有着直接联系的方面,但是,若概而言之,表现在它已经不承认逻辑推论的绝对权威,至少不承认形而上学的先验世界的独立存在的理论,认为逻辑的整合性即便是客观真理性的必要条件,也不是充分条件,我想断定这一点应该没有大的错误。

这种态度的背景,确实支撑着近代世界观的基本结构。关于这当中的情况,也许值得稍微深入的指认。

这里,我想暂且略过近代世界观的宿命性的主观主义与客体主义的相互作用这一维度,首先从感性和知性的区分之于近代世界观的特别意义这一点来展开讨论……感性和知性的区分问题,很久以来就存在,其自身并不是近代特有的,随着近代的心物分离,物质和精神的二元分离,感性和知性的区分的意义也发生了决定性的变化。作为肉体的存在者的人的精神能力,感性由于为肉体这一物质所限制的原因而具有与物质相联的接点,在此意义上,可谓半物质的东西,知性则被看作纯粹精神的。作为纯粹精神的东西的知性,在近代已是单子(monad)①式地自我完成的,与世界灵魂无关。古代和中世纪,通过人的知性或是世界普遍存在的努斯(nous)②的一部分,或是作为生物态的万物灵魂的实体的形式之一的方法,抑或知性活动是形而上学的理念世界的回忆的方法③,从存在论——认识论上,理解为与世界有着直接的关系。然而,近代知性却截断了与对象世界的那种直接关系。通过心物分离,或者与心物分离相关,产生了这种理解的变化。这样,知性

---

① 德国近代哲学家莱布尼兹著有《单子论》一文,单子的基本性质是不可分性、精神性、无限性。

② "努斯"(nous),意为心灵、灵魂,它是能动的,是与感性相对立的纯粹理性,是超越整个物质世界的纯粹精神。其由阿那克萨哥拉首次引入哲学中来,并影响了苏格拉底,引发了古希腊哲学由自然哲学向精神哲学的大转折。

③ 指柏拉图理念论及灵魂回忆说。

就被看作与单子的精神自发性相关的东西。

当考虑到这一点时,三项图式中意识内容这一中项是两层的,形成物质的所知—感性的意识内容·知性的意识内容—精神的能知的图式。并且,产生主观主义和客观主义的矛盾的临界面,实际上,就存在于感性的意识内容和知性的意识内容之间。近代的经验论和唯理论的对立的根基,确实就缘于此。

若不惮若干重复,作为由以上指出的几个因素的必然归结,近代的知性,思维符合形式逻辑的规则这一点本身,即使能够保证主观内部的观念秩序的整合性——这里若贯彻唯心论的观点则另当别论——也不可能保证与客观实在的本在的适应性。近代的知性概念下的极端唯理论很可能归结于极端的主观主义。因此,与知性相区别的感性,即要求由具有与客观实在的接点的另一种能力来检验。在唯有这种感性能力断定第一性的权能的场合——这时,知性也应是依存于此,乃至推进到极限的客观主义的极端形态——暂且不论这里形成经验论的观点,作为近代哲学史的事实上的问题,即便经验论,其理解也暗自以基于知性的逻辑的整合性为必要条件。这样,形成可谓知性主义—唯理论的逻辑主义(logicism)和感性主义—经验论的经验主义(empiricism)的双金属片(bimetal)的东西。

这种双金属片的存在方式,确实是近代理性主义的特征性的本在之一,近代理性主义,仅在逻辑上是整合的,另外,停留于主观上,不过是充当知性的必要条件,为了确定认识的客观有效性,需要通过感性作经验的实证。只有逻辑上是整合的且在经验上可以实证的东西才承认其真理性的结构,具有作为实证主义的理性主义等同于理性主义的实证主义的近代理性主义的认知结构。

关于近代理性主义有诸多应该讨论的问题,本来,至少必须讨论近代资本主义商品社会的意识形态的缘由,关于这种问题,因为去年通过别的机会(参照本书附论一)写过,我想今天予以省略。关于形式逻辑,不,近代理性主义的地平,它与辩证法的地平的不同,以及一定仍遗留的应该谈及的论点,我打算稍后再作若干讲述,作为讨论的顺序,这里先转换一下视角。

第二节　黑格尔辩证法的三位一体性

这里我想做的一般考察是,黑格尔的辩证法,即构成所谓马克思将其进行唯物论的颠倒的原型的特点。

黑格尔的辩证法,毋庸赘言,与他的体系内容密不可分,不能光割裂其体系来讨论,而对我们来说,黑格尔本人是如何思考辩证法这一问题的,可以以此作为一条简便的线索。

(一)

在《哲学史讲演录》中,黑格尔划分并论证了辩证法的历史发展的三个阶段。如众所周知的,黑格尔的哲学史,甚至不惜颠倒时间顺序,生硬地构造,认为"历史上的那些哲学系统的次序,与理念里的那些概念规定的逻辑推演的次序是相同的"[①],确切地说,黑格尔的哲学史是将他自己的思想理解为"哲学史"——鉴于这种存在情况,对我们来说,从黑格尔描绘的"辩证法的历史展开",应该可以探寻他自身的辩证法的特点。

那么,说到这三个阶段,第一是爱利亚学派(特别是芝诺),第二是

---

① 黑格尔:《哲学史讲演录》第1卷,贺麟、王太庆译,商务印书馆1959年版,第34页。黑格尔的这一"历史与逻辑的统一"的方法,在马克思《资本论》关于商品的分析中得到运用并改造。如恩格斯所指出的,在黑格尔那里,"真正的关系因此颠倒了,头脚倒置了,可是实在的内容却到处渗透到哲学中"。"历史从哪里开始,思想进程也应当从哪里开始,而思想进程的进一步发展不过是历史过程在抽象的、理论上前后一贯的形式上的反映;这种反映是经过修正的,然而是按照现实的历史过程本身的规律修正的,这时,每一个要素可以在它完全成熟而具有典范形式的发展点上加以考察"(《马克思恩格斯全集》第13卷,人民出版社1962年版,第531-533页)。

赫拉克利特,第三是柏拉图,黑格尔将这三者称作辩证法的始祖。

第一阶段。爱利亚学派的芝诺,如前面所了解的阿基里斯与乌龟的悖论那样,否定运动的存在,在此意义上毋宁说是反辩证法的思想家,而黑格尔特意称芝诺为辩证法的创始人。这是就芝诺的讨论方法而言的。芝诺证明运动不存在,不是通过外在的标准来裁决的,而是暂时淹没运动存在这一观点,内在地证明这一观点陷入自我矛盾。黑格尔注意的是这一内在程序。当拒斥某种观点的时候,提出及批判那种观点的外在论据,不过是说"由于它与我的观点不相符合因而是错误的"①,因为对方也持有同样的权利,所以并不能真正废弃对方观点。黑格尔指出:"错误的思想之所以错误,绝不能说是因为与它相反的思想是真的,而是由于它自身是错误的。"②"我们使自己完全钻进事实里面,即就对象本身而加以考察,即依它自己所具有的那些特性去了解它。在这样的考察里,于是对象自身便显示出其自身(的矛盾),即自身便包含有正相反的规定,因而自己扬弃自己。"③"我们看见这种理性的洞见在芝诺这里觉醒了。"④"芝诺的出色之点是辩证法。他是爱利亚学派的大师,在他那里,爱利亚学派的纯思维成为概念自身的运动,成为科学的纯灵魂,——他是辩证法的创始者。"⑤黑格尔是这样论述的。

当然,黑格尔并不是说在芝诺之前根本没有辩证法。在他看来,伊奥尼亚学派的自然哲学还不是真正的哲学,"真正的哲学思想从爱利亚

---

① 参见黑格尔:《哲学史讲演录》第 1 卷,贺麟、王太庆译,商务印书馆 1959 年版,第 278 页。

② 黑格尔:《哲学史讲演录》第 1 卷,贺麟、王太庆译,商务印书馆 1959 年版,第 279 页。

③ 黑格尔:《哲学史讲演录》第 1 卷,贺麟、王太庆译,商务印书馆 1959 年版,第 280 页。这段话在胡塞尔现象学中被凝练为"面向事情本身"。

④ 黑格尔:《哲学史讲演录》第 1 卷,贺麟、王太庆译,商务印书馆 1959 年版,第 279 页。

⑤ 黑格尔:《哲学史讲演录》第 1 卷,贺麟、王太庆译,商务印书馆 1959 年版,第 272 页。

学派的巴门尼德起始了"①,从那是在"运动"的形式中,概念地把握纯粹的"有"这一黑格尔的评价而言,"我们在这里发现辩证法的起始,这就是说,思想在概念里的纯粹运动的起始"②。然而,那最终不过是"外在的辩证法""从外在的理由去论证的主观辩证法"③,还不能称为真正的辩证法——在此意义上,作为辩证法的辩证法可以说是始于芝诺。

第二阶段。转移到赫拉克利特那里,黑格尔这样谈道:"芝诺的辩证法抓住了存在于内容本身中的那些范畴。这种辩证法也还只能称为主观辩证法,因为辩证法只限于静观的主体一边,而那'一'是没有这种辩证法的,是没有这种运动的,是(孤立的)一,是抽象的同一。芝诺的主观辩证法更进一步的发展,就必然是主观辩证法变成客观辩证法,亦即把这种运动本身了解为客观的东西……现在,赫拉克利特把绝对本身了解为这种过程——了解为辩证法本身。"④

我想这不用什么说明,若多少做一点详述,这是因为芝诺淹没于"对象"中,将"内在矛盾"自为化,这里所谓的"对象",是对方的观点、概念,不是客观事物本身。不仅如此,芝诺还认为矛盾完全只存在于主观方面、观念方面,真实在并不包含矛盾、运动,他没能把握辩证法的矛盾的客观性。然而赫拉克利特——虽说就历史事实而言,赫拉克利特早于芝诺——在万物皆流的面貌中,达到将内在于真实在本身的运动、矛盾自为化。*

* 关于这当中的情况,若援引小林登的《辩证法》所做的出色说明,黑格尔列

---

① 黑格尔:《哲学史讲演录》第 1 卷,贺麟、王太庆译,商务印书馆 1959 年版,第 267 页。
② 黑格尔:《哲学史讲演录》第 1 卷,贺麟、王太庆译,商务印书馆 1959 年版,第 253 页。
③ 黑格尔:《哲学史讲演录》第 1 卷,贺麟、王太庆译,商务印书馆 1959 年版,第 279 - 280 页。
④ 黑格尔:《哲学史讲演录》第 1 卷,贺麟、王太庆译,商务印书馆 1959 年版,第 294 - 295 页。

举了赫拉克利特阐述的"一般原理":"'有'与'非有'是同一的①,一切存在而又不存在","真理只有被认作对立物的统一;我们看见在爱利亚派那里的抽象理智:惟有'有'存在。若用我们的话来表达赫拉克利特的意思,则应说:绝对是有与无的统一"。进而,他提出了较这个一般原理更为深刻的"万物皆流转,无物常住,亦无物永为同一之物"②的命题,"真理是'变'(即生成),不是'有'"。"'有'的真理是'变'"③……"有与无都只是没有真理的抽象物,第一个真理只是变——这是(赫拉克利特)在认识方面所得到的一个伟大的洞见。知性把二者孤立起来,认为单是一方即是真的和有效率的;与此相反,理性在他者中认识到'一',认识到在'一'中包含着'他者'的对方——所以'一'、绝对应规定为变"④。即芝诺停留于抽象的知性的观点把"有"与"非有"孤立起来,认为真理是"有"的自我同一(没有矛盾),赫拉克利特则基于理性的观点提出"'有'与'无'的统一"的原理,换句话说是立足于"生成变化的原理",具体地认识生成、运动的真理。

若对以上引用和说明追加一个论点,黑格尔体系中"有—无—变=存有"所展开的纯有的命题,与爱利亚学派相适应(因此,真正的哲学是从爱利亚学派开始的),有的真理,即始于以变等于存有为命题的赫拉克利特那里,爱利亚学派的"运动",即实体被理解为"变"这种自我运动的主体,开拓了将实体同时理解为主体的道路,我想这一思想是阅读黑格尔时应该注意的地方。当然,虽说是"实体即主体",但在赫拉克利特这里,黑格尔所要求的环节之一停留于假设。在黑格尔看来,对"主体即实体""实体即主体"的进一步把握,是在柏拉图那里。

第三阶段。"这个内容在柏拉图这里开始分为三部分,相当于我们区分的思辨哲学、自然哲学和精神哲学。古代人将思辨的或逻辑的哲

---

① 黑格尔:《哲学史讲演录》第1卷,贺麟、王太庆译,商务印书馆1959年版,第329页。
② 黑格尔:《哲学史讲演录》第1卷,贺麟、王太庆译,商务印书馆1959年版,第299页。
③ 黑格尔:《哲学史讲演录》第1卷,贺麟、王太庆译,商务印书馆1959年版,第299-300页。
④ 黑格尔:《哲学史讲演录》第1卷,贺麟、王太庆译,商务印书馆1959年版,第300页。

学称为辩证法。第欧根尼·拉尔修以及其他古代哲学史家曾明白地说过,在伊奥尼亚派创立了自然哲学、苏格拉底创立了道德哲学之后,柏拉图又加上了辩证法。这种辩证法并不是我们前些时候所看见的那样的辩证法,——不是把观念弄混乱的那种智者派的辩证法,而是在纯概念中运动的辩证法,——是逻辑理念的运动。"①他在《哲学全书》(Enzyklopädie)②中指出:"柏拉图通过辩证法的程序,揭示了一切固定的知性规定的有限性。"

这时我们应该注意的是,在第欧根尼·拉尔修看来,柏拉图的辩证法,表面上说自然哲学与伦理学并存,事实上具有"探讨这两大部门的逻辑"的性质。探讨这里所谓的"逻辑"(即构成这两大部门的知识内容的知性、判断、推理)的学问,不用说与认识论的反思层次是相通的,这里,已将辩证法从赫拉克利特的自然哲学的层次,提高到一个新的层次。即"主观辩证法"也不光是"客观辩证法",而是扬弃两者的东西,不用说可以作为将主观等同于客观辩证法而存在,"知性规定(对象规定及概念规定)一般的有限性"所揭示的即在于这一点。

要了解这一点,较之于我们已考察的《哲学史讲演录》,莫如着眼于他的《哲学全书》的某种论证,我想这既是近路,也是生产性的。

(二)

这里之所以想着眼于《哲学全书》的某个段落,是因为与康德的认识论相联系的黑格尔所阐述的辩证法的性质。

"批判哲学于是首先进而对形而上学以及别的科学上和日常观念中所用的知性概念的价值加以考察。然而这种批判工作并未进入这些思想范畴的内容和彼此相互间的关系,而只是按照主观性与客观性一

---

① 黑格尔:《哲学史讲演录》第 2 卷,贺麟、王太庆译,商务印书馆 1960 年版,第 198-199 页。
② 黑格尔的《哲学科学百科全书纲要》(简称《哲学全书》)包括三个组成部分,即"逻辑学""自然哲学"和"精神哲学"。

般的对立的关系去考察它们。"①他有着"没有从这些思维范畴的本身去考察它们,而只是从这样一种观点去考察它们,即只是问:它们是主观的或者是客观的"②这一根本缺陷。虽说如此,"对于旧形而上学上的范畴加以考察,无疑是一步很重要的进展。旧形而上学的素朴意识大都应用一些现成的自然而然的范畴,莫不加以怀疑,也从来没有追问过,究竟这些范畴本身在什么限度内具有价值和效用……而批判哲学正与此相反,其主要课题是考察在什么限度内,思维的形式能够得到关于真理的知识。康德特别要求在求知以前先考验知识的能力。这个要求无疑是不错的,即思维形式本身也必须当作知识的对象加以考察。但这里立即会引起一种误解,以为在得到知识以前已在认识,或是在没有学会游泳以前勿先下水游泳。不用说,思维形式确实不应不加考察便遽尔应用,但须知,考察思维形式已经是一种认识历程了。所以,我们必须在认识的过程中将思维形式的活动和对于思维形式的批判结合在一起。我们必须对于思维形式的本质及其整个发展加以考察。思维形式既是研究的对象,同时又是对象自身的活动。因此可以说,这是思维形式考察思维形式自身,故必须由其自身去规定其自身的限度,并揭示其自身的缺陷。这种思维活动便叫作往后将要加以特别讨论的**辩证法**。这里只消先行指出,辩证法并不是从外面加给思维范畴的,而是内在于思维范畴本身"③云云。

引用多少有点冗长,我想通过这段文字可以知道黑格尔辩证法的某些本质特征。不过,我们还是先来考察上述这一程序与芝诺之流的主观辩证法有何不同,另外,为了明确必要的论点,同时了解黑格尔关于康德的矛盾的讨论,这样比较方便。

如众所周知的,康德在其理论哲学中提出了四组悖论——这既是康德抵达承认先验逻辑学的必要因素,也是说明他是注意到这一矛盾

---

① 黑格尔:《小逻辑》,贺麟译,商务印书馆 1980 年版,第 117 页。
② 黑格尔:《小逻辑》,贺麟译,商务印书馆 1980 年版,第 119 页。
③ 参见黑格尔:《小逻辑》,贺麟译,商务印书馆 1980 年版,第 118 页。

的研究者——无论如何,矛盾等于二律背反论折射出哲学反思中极具冲击力的问题,甚至可以说,"若没有这一问题的提出,或许就不可能形成黑格尔的辩证法"。

康德所列理论哲学中的四组悖论,即① 世界"在时间中有一个开端,在空间上也是有限"的正题和"世界不论在时间还是空间方面都是无限"的反题;② "有单纯的实体"的正题和"没有单纯的实体"的反题;③ "有自由"的正题和"没有自由,一切都是必然"的反题;④ "有必然的存在者"的正题和"没有必然的存在者"的反题①——这四组命题和悖论都能成立的"论证"——无须再度回想,这是涉及传统形而上学的根本问题。

可是,康德的正题和反题的双方——就第一组悖论而言,世界是有限的也是无限的双方——其证明在逻辑必然性上是成立的,这时康德是通过归谬法进行证明的。即由于当证明世界是有限的这一正题时,若从世界是无限的假设出发就会陷入逻辑的自我矛盾,这就在归谬法上间接地证明了世界的有限性。其他几组悖论同样如此。但是,康德的这一论证过程,若重作芝诺式的讨论,由于无论正方还是反方都陷入逻辑的自我矛盾(归谬)中,双方都不能成立,即不得不陷入矛盾(二律背反)的进退两难。

只要形成这种矛盾,就已无法主张传统形而上学的极端唯理论。由逻辑必然性而形成的命题不能表现本真的实在界、形而上学的世界的真相。因为若是那样,作为形而上学的真正实在的世界就既是有限又是无限,既是自由又是必然,等等,客观世界自身就蕴含自我矛盾。这样一来,矛盾律也就失去了存在论的形成根据,因而,就无法维持传统形而上学的唯理论。那么,科学的、形而下学的经验论的情况是怎样的呢?在经验的实证中,由于无限或必然这种层次的问题在原理上原本是不可能的,从经验论的观点来说,正题和反题哪一个正确,哪一方

---

① 参见康德:《纯粹理性批判》,邓晓芒译,人民出版社 2004 年版,第 361-380 页。

与客观事实相一致的"实证"判断,这同样是不可能的。这样,只好放弃有着唯理论——知性主义的 logism 和经验论——感性主义的 empiricism 之装置的近代理性主义。

要言之,若要消解康德所指出的矛盾,就必须真正超越近代理性主义本身。关于这一点,作为其因素之一,就要求从矛盾律等的根本定律对形式逻辑的合理性本身进行彻底的再探讨,并且要求从其存在论、认识论的根基进行彻底的再探讨。确实,康德着手了这一工作。但是,只要他是在理论哲学的范围,在近代理性主义的范围通过"批判的界限规定"这种消极的方法——即在处理近代理性主义的问题,只要以实践理性作为他的立论,不用说他回避了重要的问题点。从正面回应这一遗留的课题的是黑格尔哲学。

在黑格尔看来,矛盾的产生绝不停留于这四种。若停留于这四种,或可允许康德那种解决策略。但是,在黑格尔看来,由于一切命题都包含矛盾,不能企图"批判的界限规定"能够消解矛盾产生的范围。总之,因为那必将断绝一切命题、一切认识。黑格尔写道:"主要之点,此处可以指出的,就是不仅可以在那四个特别从宇宙论中提出来的对象里发现矛盾,而且可以在一切种类的对象中,在一切的表象、概念和理念中发现矛盾。认识矛盾并且认识对象的这种矛盾特性就是哲学思考的本质。这种矛盾的性质构成我们后来将要指明的逻辑思维的辩证的环节。"①

他从关于一切概念、一切命题形成的矛盾中总结出两个论点:

第一,任何命题,不能自动地、外在地排斥将例如"A 是 B"这一命题作为"A 是非 B"这种与之相反的自身论据。为了探讨命题的真伪,必须深入那一命题,进行内在的批判,即必须完成与始于芝诺的程序相关的一切命题。

第二,既然一切命题都可以形成反题,最终"一切 A 都是 B 且非

---

① 黑格尔:《小逻辑》,贺麟译,商务印书馆 1980 年版,第 132 页。

B"，只要我们的一切认识并非全然是虚假的，就应该具有一定的客观性，就应该形成黑格尔所谓的赫拉克利特的"一般原理"，即"一切都存在，同时又不存在"这种客观矛盾，即懂得作为客观世界的真相是存在客观辩证法的。

我们刚才在与康德认识论反思的联系中，考察了黑格尔所坚持的一切思维规定的自我反思这种"叫作往后将要加以特别讨论的辩证法"这一因素，我想，显而易见，这是目前讨论的第一论点，是与"内在辩证法""主观辩证法"直接相关的问题。并且，这一"主观辩证法"，与作为第二论点而提出的"客观辩证法"亦密不可分。

那么，在黑格尔的辩证法中，这两个因素是通过何种方法而结合的？现在我们准备探讨这一问题。同时，这一作业也应该是照亮前面作为悬案而留下的柏拉图的辩证法，尤其当中的自然学和伦理学的"逻辑研究"这一问题的结构的光，它使所谓的主观等于客观辩证法的问题明晰化了。

（三）

在黑格尔哲学中，如前面批判康德时所说的，不能采取那种预先考察认识能力，然后认识对象之类的在岸上练习游泳的方法。这是毋庸赘言的。但是，这并非无区别地混淆认识对象的维度和认识批判的维度，何况，不能无差别地看待认识的**对象**和对象的**认识**。确实，在黑格尔那里，对于对象结构和认识结构，并不是平行地处理，而是统一于绝对唯心论的观点。然而，我们的认识并非原原本本的实在对象，因此两者互为中介的结构问题就逐渐凸显出来了。

关于这方面情况的最明了的说明，无论如何当推《精神现象学》，在那里，如众所周知的，从感性确定性（sinnliche Gewissheit）上升到了绝对知识（das absolute Wissen）。可是，这种"意识经验学"中的自我反思的程序，乍一看，好像首先是从意识的对象方面，接着从对象的认识方面来进行探讨的，虽然这两个因素似乎可谓是平等的、并列的，但实际上，绝非如此，绝不是客观辩证法与主观辩证法的平行关系。那么它有着怎样的结构？这里，我想聚焦于它的一般结构的某个方面，考察黑格尔的将主观等同于客观辩证法的阶型重层性。

对象，虽说是感性确定性的对象，但已是被认识了的对象，这种认识**对象**的探讨，其维度不同于关于这种对象**认识**的探讨，用今天的话来说，前者位于对象（object）—层次，后者位于高维（meta）—层次。若先用图式一言以蔽之，黑格尔采取了首先将对象—层次的对象的矛盾自为化的方法，以此为中介而将高维—层次的内在的矛盾自为化，并且，由此将这种高维—层次的对象认识推进到对象—层次的高阶高维—层次，即高维—高维—层次的反思，这种逐次重层的程序。

我想现在应以最抽象的图式加以详述，以便于说明对象—层次和高维—层次这一问题的这种区别的必要性背后的情况。

举一个浅显冒昧的例子，例如，我说"所有日本人都说谎"。当所有日本人都说谎为真，由于说这句话的本人我也是说谎，"所有日本人都说谎"这一叙述内容实际上成了谎话。当"所有日本人都说谎"为真，确实在这一点上，"所有日本人都说谎"这一我的叙述又成了谎话，即它并不真实。这是自古以来作为"克利特人的谎言"①而广为人知的悖论，

---

① "说谎者悖论"，最初源自公元前6世纪克利特哲学家埃庇米尼得斯所说的"所有克利特人都说谎"这句话，此话后来经由保罗的转述而得以保存："有克利特人中的一个本地先知说：'克利特人常说谎话，乃是恶兽，又馋又懒'。"（《圣经》"提多书"第1章第12节）1903—1904年，罗素曾指出谎言者悖论最简单地勾画出了这种矛盾："那个说谎的人说：'不论我说什么都是假的。'事实上，这就是他所说的一句话，但是这句话是指他所说的话的总体。只是把这句话包括在那个总体之中的时候才产生一个悖论。"罗素认为，这一矛盾可用命题分层的办法来解决："第一级命题我们可以说就是不涉及命题总体的那些命题；第二级命题就是涉及第一级命题的总体的那些命题；其余仿此，以至无穷。""我们可以发现，在一切逻辑的悖论里都有一种反身的自指，这种反身自指应该根据同样的理由加以指斥。"（罗素：《我的哲学的发展》，温锡增译，商务印书馆1982年版，第73页）广松对"说谎者悖论"的解决办法是：区分说话内容和说话人。具体而言，首先暂且把克利特人埃庇米尼得斯排除在克利特人之外，然后再考察"所有克利特人都说谎"这句话的真假。若为真，则埃庇米尼得斯不是说谎；若为假，则埃庇米尼得斯是说谎。在广松这里，大体上，作为说话人的埃庇米尼得斯即是"对象认识""高维—层次"，相当于罗素所谓的"第一级命题"；作为说话内容的"所有克利特人都说谎"即是"认识对象""对象—层次"，相当于罗素所谓的"第二级命题"。

这类悖理究竟是如何产生的？——如何才能避免这一悖论？

这句话之所以奇怪，是因为说"所有日本人都说谎"的本人我从**一开始**就包含在日本人当中。我当然是日本人，可是必须探讨当暂且将说这话的本人我除外，那么是否"所有日本人都说谎"这一说话内容为真。通过这一探讨，就能由此判断若判明**是**全都说谎，那我就**不是**说谎，反之，要求自我批判若判明**不是**全都说谎，那我就**是**说谎。

若图式化地整理一下，那就是必须区分说话内容（认识对象）和说话人（对象认识）。这不是客观和主观，或客观的东西和主观的东西的同位性二项区分，而是后者可谓具有将前者作为子项而包含于自身的结构，后者必须以前者作为必然的内在因素而存在，我想提请注意这一点。并且眼下，将前者即说话内容一方称作对象—层次，将说话人一方称作高维—层次，通过区别这两个层次即可避免上述的悖论。这是现代逻辑学自觉采用的方法。

在黑格尔的时代，在哲学家、逻辑学家当中，尚未自觉地进行这种现代逻辑学派的思考。尽管如此，黑格尔已经巧妙地采取这一讨论的结构。并且，开始通过这一点，以期保证他的辩证法的展开。

认识论的反思，由于其本身就是一种认识，这就必须对其自我反思。另一方面，认识对象往往将认识对象作为嵌套的因素而包含于自身。因此，认识论的自我反思，必须通过其每次的对象层次的探讨，批判性地探讨高维—层次的假定。柏拉图的辩证法，即所谓自然学和伦理学的逻辑（立论内容）的研究——这是否是历史上柏拉图的实情则当别论——确实，是以这种对象—层次上的客观辩证法为促动因素的内在（主观）辩证法的形式而存在，在黑格尔那里是作为内在化的对话（dialogs）而加以展开的。通过这一逻辑，认识论反思的对象认识的内容及对此的反思方面，就具有阶型的重层结构，并且，每一步都往上提升层次，即加以扬弃。

但是，我们不能忽视这一点：黑格尔的这种方法上的客观辩证法和主观辩证法的统一结构，并非通过对象—层次和高维—层次的重叠的阶型结构本身来保证，而是以黑格尔一流的存在论的认识论的世界观为前提才得以形成——以上，暂且阐述了关于黑格尔的客观辩证法和主观辩证法之所以统一的结构，若变换视角来说，则是黑格尔哲学的存在论、认识论和逻辑学的三位一体的统一之所以能够成立的结构——现在，我想将黑格尔辩证法所依据的世界观的结构也纳入讨论范围，触及近代理性主义的前提理解与辩证法的前提理解之差异的一些论点。这一作业，对于关于马克思主义的辩证法的主题性讨论，应该是直接的前提。

第三节　先验唯心论的地平与黑格尔辩证法

毋庸赘言，黑格尔的辩证法是以他一流的绝对唯心论为基础的，他的绝对唯心论被看作在近代哲学范围内，力图超越近代理性主义的地平装置的理论。

以下，我想暂且从这一观点追认黑格尔的实质逻辑等于辩证法，及其中三位一体的意义，在此基础上指出黑格尔辩证法的唯心论的局限性。

（一）

形式逻辑的局限性问题，在某种意义上已为康德所察觉，因此，他才构想作为实质逻辑学的先验逻辑学。德国唯心论的展开，作为其最终结果的黑格尔哲学，其大致的解决方式，可以说就是借助德国唯心论一流的方法以解决康德提出的实质逻辑学的建构这一课题。

康德的先验逻辑学，虽说具有实质性，但这与区别于物自体的现象相关，若从更直接的关系来说，与认识的先验（apriori）因素相关——虽然那确实并非局限于常识的意义上的与意识内容的关系——终究没有超越认识论的主观主义的框架。虽然他洞见了人的理性必然超越经验认识的领域,这里的辩证法是势所必然,但是,对他而言,超越感性经验领域的理性陷入了悖论和矛盾,不得不提出辩证法为假象的逻辑学(Logik des Scheins),而着实只能在近代理性主义的地平中展开其理论哲学。

这里,我们不能深入德国唯心论的展开过程,也没那种必要,眼下只需记住这件事情:扬弃康德的物自体—现象—先验主观这种三项图式,尤其是物自体的不可认识性的命题(这意味着使用近代理性主义的知性概念不可能认识客观实在本身),通过引入知性的直观,即直接认识物自体的主观能力,通过这一点,拒斥三项图式的直接性主观—客观关系,由此建立二项图式。黑格尔正是从与知性直观的理论相联系的二项图式出发的。在此意义上,可以说他原本从一开始就避免以近代理性主义为前提的三项图式。但是,对他来说,知性直观的观点,不能光是通过直接知识的方法来把握,而必须采取在其被中介性来把握的态度,这种被中介性,作为间接知识的逻辑,以至自觉地提出辩证法的问题——当前,我想仅指出这一脉络就够了。

就其结果上、图式上——撇开哲学史的中介过程——与康德的关系而言,可以说黑格尔扬弃了康德关于现象和物自体的区分,确立了能够保证主体与客体的直接关系的构图,并通过扬弃康德意义上的感性和知性的区分,克服逻辑与实证的二元性,进而开拓了超越思维的规律与存在的规律的二极分离的可能性维度,在黑格尔那里,逻辑不仅是形式的思维规则,同时也是存在的规律性,好像是作为法则而呈现的。即逻辑学与存在论的统一,其"实现"是以绝对唯心论为基础的。

这种逻辑学与存在论的等同,已经隐含前面所述的问题,同时也与认识论相统一,形成存在论、认识论、逻辑学的三位一体。这种存在论,并非狭义的存在论,而是包含第欧根尼·拉尔修(Diogenes Laërtius)所谓的柏拉图哲学中自然学和伦理学(用黑格尔式的话来说即自然哲学和精神哲学)的广义的存在论,其认识对象不是通过直接认识而是通过间接认识的,作为上升的知识体系形成的层面是与认识论、逻辑学的一体化。这是因为,上升是通过从对象—层次到高维—层次的反思而展开的,由对象—层次的对象认识所必然揭示的矛盾,"A 是 B 且非 B"的矛盾结构,通过客观辩证法"A 是 B"的正题和"A 非 B"的反题被相对化了(在最初的假定中,A 始终是 B 而不是非 B,A 是非 B 的反题,最初也是作为绝对的反题而设定的,现在通过矛盾的自为化,无论正题还是反题,都必须相互承认对方的相对真理性),这里,A 不仅是 B,也不仅是非 B,而是与是 B 且非 B 的自为化相联系,反思这一命题的层次,即进行高维—层次的反思,通过这一点,对象化地将矛盾之所以形成的前提理解本身编入对象—层次,使得维度进一步提升,——由于上升具有这样的机制,这确实是黑格尔意义上的认识论的"自我反思"。另外,这种上升的高维—方法(Methode)即是逻辑,它淹没了一切正题—反题的矛盾,对其内在地加以扬弃的上升知识体系,确实是作为高维方法,即作为遵循方法即道的(高维)上升的总体成果而形成的东西,也就是黑格尔的存在论。总之,在黑格尔哲学中,存在论、认识论和逻辑学有着三位一体的联系。

(二)

逻辑学、存在论、认识论的三位一体之所以可能的黑格尔哲学的世界观的机制,在黑格尔那里,是与绝对唯心论这一决定性的错误密不可分的,对我们来说,我首先想关注的是其相对于近代理性主义的前提性构想所具有的异质性。

对黑格尔而言,逻辑学与存在论的统一的最直接的表现是《逻辑学》,他的逻辑学具有某种特殊意义上的范畴体系论的性质。说到范畴,即最高的类概念,在亚里士多德那里,不过是随意拾掇的东西,康德对此进行了批判,对康德来说,开创性地通过从判断表系统地导出的方法,使判断的逻辑机制与范畴相结合,在黑格尔看来,康德依旧不过是通过偶然的方法排列范畴体系,而他志在真正的体系化。

在传统的形而上学即存在论观念中,范畴的东西被看作存在本身的种属秩序中最高的类。因此,范畴体系被看作存在本身的体系秩序。可是,在康德的先验逻辑学中,范畴不是存在本身的存在方式,而是被理解为知性的先验(apriori)思维形式。在此意义上,范畴属于主观的逻辑思维形式,乃至被理解为主观的东西。当然,康德所谓的先验思维形式,不是经验的主观的知性形式,而是先验主观的知性形式,对经验的主观来说,它被意识为客观实在的存在方式。虽然它的范围不涉及物自体,但只要关涉现象世界,那就构成经验对象的形式,对经验的意识来说,就表现为对象本身的存在方式。简而言之,在康德那里,范畴是现象世界中的对象的存在方式,是客观的形式,原本,先验主观以感性质料为先验形式的载体,先验观念性等同于经验实在性,在此意义上,被理解为先验主观的形式。黑格尔的范畴体系即逻辑学、存在论,是通过批判地继承康德的这种先验逻辑学的理解而形成的。

黑格尔扬弃康德的现象和物自体的区别之后,范畴作为客观本身的存在方式而得以复权。那么,范畴与主观毫无关系,是对象本身具有的形式? 并非如此。虽然黑格尔也称逻辑学为"上帝创造世界之前的思维",但范畴可谓是绝对精神这一先验主观的思维形式。并且,只要绝对理念处于异化、物化的状态,那么它就作为客观存在的存在方式而在场。

在这种构图中,对黑格尔哲学而言,作为纯粹逻辑形式的范畴体系同时也被"保证"为存在论体系,这里想提请注意的,不是这一问题本身,而是其中表现的与近代理性主义的构想的某种异质性。

较之于直接将近代理性主义的前提理解自为化的康德哲学的构图,黑格尔将康德的先验主观抬高为绝对精神,也包含物自体世界,坚持客观实在是由这一大的主观所构成的产物,并且,有关这一对象结构的主观,不是被赋予感性和知性的二元能力,而是被赋予原型知性的知性直观能力。当然,在黑格尔那里,由于不是康德的先验结构,而是理念的异化,虽然现在的说法或将引起误解……但我想其旨趣还是很清楚的。

这里，我想指出的是，虽说康德确立了先验主观这一认识论的主观概念，但对他来说始终定位于人的有限主观（即便具有感性和知性的二元能力，若撇开"触发"这一点，此为截断了与物自体本身的直接联系的主观）。关于这一点，相对于康德墨守近代理性主义的构图，黑格尔则定位于绝对精神这一上帝的主观，即使在某种意义上可视为回归到前近代的理性主义，但是，黑格尔的绝对精神，将近代哲学的主观—客观图式中作为主观的人抬高到绝对的主观，其具有所说的那种性质。黑格尔通过将主观抬高为绝对精神，从内部突破了"客观自身—意识内容—精神作用"的三项图式，相对于人的主观涉及的是意识内容的世界的结构、能动性，客观自身充其量只是涉及感性、受动性的近代理性主义的世界观，彰显牵涉客观自身范围的主体的精神作用，由此提出拒斥表现为唯理论和经验论的双金属片的近代理性主义之结构的构图——当考察其与马克思主义的辩证法的联系时，我想这是必须牢记的论点。

（三）

但是，黑格尔的绝对唯心论毕竟是近代哲学之流的主观—客观图式的一种极端形式，并且，似乎是以客观世界作为绝对理念的自我异化态，绝对理念的异在态，陷入了唯心论的颠倒，毋庸赘言，其存在这一致命的缺陷。

在黑格尔那里，虽说存在论与逻辑学是统一的，但当其主张存在界是理念的自我异化态时，其通过"作为父亲的上帝"的肉身化而诞生"作为儿子的耶稣基督"这一前近代的构想占据着根本地位，当考虑到这一点时，我们必须评价黑格尔哲学是以前近代的因素为支撑的。

然而，黑格尔的绝对唯心论其观念地（Ideoloqisch）反映的问题式（Problematik）本身，我想我们有必要进行积极探讨。实际上，如果黑格尔的绝对精神只是简单的前近代的上帝的存在，这种上帝精神的思维活动就没必要施行认识论的"自我反思"之类，另外，黑格尔在其《精神现象学》一书中，也就没必要从感性确定性这种最低层次的认识（这显然是人的认识,并且是人的认识中最低层次的直接认识)开始,从绝对知识的高度使有限的意识得以统一。对黑格尔的绝对唯心论这一颠倒的意识形态多半作无意识把握的情况,进行积极的自为化,正是我们要辩证地扬弃黑格尔哲学及其辩证法的缘由,这绝不是简单的一般讨论。

那么,在黑格尔哲学中,在绝对精神的形式中观念地反映的事物原型是什么?即因而使存在论、认识论和逻辑学的统一成为可能,总而言之使他的哲学成为绝对唯心论的那种东西以及其中反映的原型结构是什么?

若不惧臆断的话,意识的共同主观性,以及人类世界的共同主观性的存在结构正是观念地反映的东西,对我来说,首先想公开强调这一点。一旦追溯到康德的先验性主观理论,这原本是与共同主观的意识相适应的东西,但是,对康德来说,他忽视了共同主观性的东西是通过历史的、社会的现实交往(Verkehr)而形成的东西,其将个人意识乃与先验(apriori)同构这种近代的理解完全概念化,要言之,将后天(aposteriori)形成的共同主观性误认为先验(apriori)的共同性,我想这一点比较容易看出来。康德所视为现象世界的结构形式的东西,以及所谓客观有效性是相对于一般意识的等值于普遍有效性的东西,那确实不外是共同主观的意义形象。可是,由于康德不能将这当中的情况自为化,局限于将先验形式分为直观形式和十二知性形式,沿袭那种近代哲学的三项图式,而陷入认为物自体是不可知的客观的境地。黑格尔认为,先验形式绝不能停留于康德所列举的少数东西,作为概念的概念都是对象构成的,另外,将物自体是假想的荒诞(Unding)自为化,进而,意识并非先验(apriori)地同构,甚至先验的意识性也是通过自我形成而实现的,并且这种自我形成过程与范畴体系的形成过程相联系,虽然就这一问题几乎是自为化的,但是对他来说,这一共同主观的形象,这种不同共同主观形成的"先验"意识主体借助绝对精神的形式被实体化,由此达致世界存在的"实体即主体""主体即实体"——通过这种错误，构筑出黑格尔的绝对精神及以此为实体即主体的绝对唯心论体系。

这里，虽然没有展开详细分析的时间，不过只要回忆起黑格尔从青年时代开始就抱有"伦理"（Sittlichkeit）的思想，民族精神（Volksgeist）的概念，以及它们成为多年以后的"绝对精神"的原型等情况，我想就能判断现在的立言并非一概为妄语。

无论如何，当注意到黑格尔左派的展开过程这一点时，他们通过将黑格尔的"绝对精神"理解为"人类性"、人类的"自我意识"和"类存在"的方法，一开始就理解为实体即主体，理解为人类共同（gemeinschaftlich）的存在方式的异化性颠倒，正如我们所知道的，黑格尔的"绝对精神"实际上是人的类意识的观念性反映这一把握，这里至少能够确定绝不是我信口开河，而是黑格尔左派及早期马克思的观点（Auffassung）。

当不忌惮上述文脉中的强辩时，思想形成期的马克思在与黑格尔哲学对质之际，构成黑格尔哲学中的"齐格弗里德之肩胛"①的决定性的关节点，确实就是人的交互主观性（intersubjektiv，交互主体性、共同主体性）的类的存在性，黑格尔是在"绝对精神"的异化态中把握主体即实体的，这一颠倒的批判所保留下来的，形成对这一颠倒作唯物论的颠倒的马克思主义的辩证法。

第四节　马克思主义辩证法的理路及其地平

现在，进入到以马克思主义的辩证法本身为直接论题的阶段。这里，我想就所谓三位一体的问题之于马克思恩格斯的辩证法是如何产生的，支撑这一理解的结构又是如何超越近代理性主义的地平，其与黑

---

① 齐格弗里德（Siegfried），德国史诗《尼伯龙根之歌》中的英雄。他斩巨龙浴龙血，通鸟语，几成刀枪不入金刚之躯。由于沐浴时一片菩提叶飘落肩胛，因此这一龙血未及之处便成为他全身唯一的致命要害。

格尔辩证法的联系等问题展开讨论。

(一)

首先是三位一体的问题,众所周知,列宁强调,在辩证法中,存在论、认识论和逻辑学是同一个东西,三者是一致的。不过,马克思恩格斯不曾做此明确的表述。不仅如此,恩格斯的某种阐述,乍一看,好像以否定三位一体性为前提。因此某些论者才说什么列宁在哲学笔记中关于三位一体性的阐述岂非因黑格尔而操之过急而失败?确实,从《唯物主义和经验批判主义》中摹写说的观点来看,不能否认存在论与认识论的统一全然是勉强的。不过,近年的研究者们强调,晚年的列宁已从哲学上转变了《唯物主义和经验批判主义》时期的观点。列宁所坚持的三位一体,也许与这一转变相联系。但是,这里我想暂且不谈列宁。

在《自然辩证法》中,恩格斯写道:"所谓的客观辩证法是在整个自然界中起支配作用的,而所谓的主观辩证法,即辩证的思维,不过是在自然界中到处发生作用的、对立中的运动的反映。"①在《反杜林论》中,他写道:"现代唯物主义本质上都是辩证的,而且不再需要任何凌驾于其他科学之上的哲学了。一旦对每一门科学都提出要求,要它们弄清它们自己在事物以及关于事物的知识的总联系中的地位,关于总联系的任何特殊科学就是多余的了。于是,在以往的全部哲学中仍然独立存在的,就只有关于思维及其规律的学说——形式逻辑和辩证法。其他一切都归到关于自然和历史的实证科学中去了。"②

从这种阐述来看,恩格斯好像将客观辩证法和所谓主观辩证法看作摹写说式的平行关系。并且似乎是考虑到如下情况,即客观辩证法或与此相关的认识对象的体系,只要以往的特殊科学是其零散的分科之学,即使采取与历来特殊科学相区别的哲学形式,也能预料未来的实

---

① 《马克思恩格斯全集》第 26 卷,人民出版社 2014 年版,第 541 页。
② 《马克思恩格斯全集》第 26 卷,人民出版社 2014 年版,第 28 页。

证科学本身将作为那种知识体系而存在,作为哲学的哲学,"关于思维及其规律的学说",在内容上就只有"形式逻辑和辩证法"仍旧存在。这里,黑格尔的意义上的广义的存在论和逻辑学犹如是可以分割的,各种事物的前提性理解都夹杂着这种看法。

可是,同样是恩格斯,同样在《反杜林论》的"旧序"中写道:"每一个时代的理论思维,包括我们这个时代的理论思维,都是一种历史的产物,它在不同的时代具有完全不同的形式,同时具有完全不同的内容。因此,关于思维的科学,也和其他各门科学一样,是一种历史的科学,是关于人的思维的历史发展的科学。"①撇开"旧序"的总体评价不说,基于至少眼下所看到的段落确实是马克思恩格斯持有的观点,不能否认这一思想源自恩格斯本人。若是如此,这一文章,岂非与前面引用的文章自相矛盾?

从这一文章的思维方式来看,既然"关于思维及其规律的学说"也是"一种历史的科学",它本身即应"归到"一种"实证科学"中去。

当然,当我们重读前面的文章,也可做如下的解释,这时也就并不矛盾。以往,零散的自然科学是分立的,另外,历史科学亦零散地分立着,科学本身,还没能将"事物以及关于事物的知识的总联系"体系化。因此,存在着作为使这种总联系取得知识体系的形式的哲学,即"自然哲学"和"精神哲学"(即广义的"历史哲学")。但是,将来科学本身要是"弄清它在事物以及关于事物的知识的总联系中的地位",就不再需要赋予科学的总体性知识以体系性的"凌驾于其他科学之上的哲学"。在那里,统一的自然科学和统一的历史科学作为知识体系的两大部门而存在。然而,即便如此,"关于思维及其规律的学说"那种对象知识的体系,也不能完全还原为作为自然科学的自然科学和作为历史科学的历史科学。在此意义上,它与自然科学及历史科学相并列,成为"关于思维及其规律的学说"的第三部门,云云。

---

① 《马克思恩格斯全集》第 26 卷,人民出版社 2014 年版,第 499 页。

这样理解的话,既然"关于思维及其规律的学说"本身就是"一种历史科学",构成相对于自然科学这一大部门及作为历史科学的历史科学这一对象知识的部门相对独立的一个部门,与前面所看到的两处文章并不矛盾。

而且,这时,联系以往的哲学,特别是黑格尔哲学的知识体系来说,就形成如下脉络。以往的哲学,划分为逻辑学、自然哲学和精神哲学——用柏拉图的话来说,是辩证法、自然学和伦理学——这三大部门。古代和中世纪并不存在作为科学的科学,人类的知识体系是通过这三大部门来综合的。可是,进入近代科学产生了,在哲学的三大部门之外,存在有别于哲学的关于对象知识的分科。而且,自然科学的对象与自然哲学的对象、历史科学的对象与精神哲学的对象并非不同的东西。虽然近代科学与哲学的双重化,应该是基于历史的情况而产生的,学问的内在逻辑而言是非常规的,科学与哲学的二重化并没有永存的道理。从近代科学的现状与将来性来说,凌驾于自然科学"之上的自然哲学",凌驾于历史科学"之上的精神哲学"好像具有固有的存在性,科学还只是创造零散的小宇宙,统一的宇宙(cosmos)尚未在其自身的内在体系性中确立起来。因此,一旦科学确立起辩证法的体系性,"凌驾其上的哲学"就失去了存在依据,科学与哲学的双重性就被扬弃。当扬弃了自然科学与自然哲学、当引起历史科学与精神哲学的双重性时,其中形成的东西即被称作"统一的自然科学""统一的历史科学",抑或名为"自然哲学""精神哲学",这件事本身只不过是名称问题。但是本身的内容,与其说过去是作为"自然哲学""精神哲学"而存在,确切地说毋宁是作为科学而存在,更适合称作科学吧⋯⋯这一经过,就哲学的历史而言,恩格斯的讨论,沿袭了逻辑学、自然哲学和精神哲学这三大部门的划分图式。

而且这里,将来统一的自然科学、统一的历史科学的体系性逻辑——对象知识正是自为地认识"客观辩证法""客观矛盾"结构的结果,因为它不是臆断的集成而应是经过"自我反思"的方法而形成的体系化的东西——确实不可能撇开辩证法。恩格斯所谓将来的统一科学,并不排斥黑格尔的存在论所志于的(虽说未必得以实现,但毕竟志在于此)与认识论、逻辑学的三位一体,另外,只要具有将黑格尔的"逻辑学"这一部门从自然哲学和精神哲学相对独特化的正当性,即使是恩格斯,也是将"思维及其规律的学说"理解为从统一的自然科学的两大部门相对独立化。

当恩格斯提出"辩证法不过是关于自然界、人类社会和思维的运动和发展的普遍规律的科学"①,"辩证法就归结为关于外部世界和人类思维的运动的一般规律的科学"②,"辩证法被看作关于一切运动的最普遍的规律的科学"③的说法时,这里所谓的辩证法,其外延远大于"关于思维及其规律的学说",这显然应该是贯彻着统一的自然科学及统一的历史科学的领域,他着实不仅将辩证法作为逻辑的东西,而且将存在论的层次纳入思考的范围。

关于逻辑学与存在论的统一性,我们容易看出恩格斯着力于**批判地**继承黑格尔在这方面的思考——关于其批判要点稍后再涉及——但不能否认表现他思考包括认识论在内的三位一体性的段落,要做出决定性的引证则是困难的。对我来说,从《反杜林论》的一些删除的文稿,以及该书第二版序言和《自然辩证法》等,我想可以做出大致的引证,因为这终究是不具有决定性的论证力的片段性引用,作为方便的讨论,这里我想暂且推断恩格斯仍是基于黑格尔意义上的三位一体性所做的思考。

在这一点上,马克思是怎样看的呢?在存在论、认识论和逻辑学的问题上,若撇开传统形而上学的存在论,以及洛克、康德的认识论,仅表现出经院的或形式的逻辑学的人们——并且,只限于考虑我们前面所说的黑格尔的三位一体性的存在论、认识论和逻辑学的问题——单是

---

① 《马克思恩格斯全集》第26卷,人民出版社2014年版,第149页。
② 《马克思恩格斯文集》第4卷,人民出版社2009年版,第298页。
③ 《马克思恩格斯全集》第26卷,人民出版社2014年版,第639页。

请回想一下那非常著名的《政治经济学批判导言》中讨论上升法的段落,我想就已毋庸赘言吧。

因此,现在来进一步推进讨论,在马克思主义的辩证法中,三位一体性究竟何以可能?如果既要排斥黑格尔之流的绝对唯心论,又要能够保证三位一体性,那么它是基于何种存在论、认识论的基本结构?关于这一问题,我想以上述讨论中所确保的论点为线索,展开一些可及的讨论。

(二)

马克思恩格斯的辩证法如何探讨存在论、认识论和逻辑学的三位一体性何以可能的结构,马克思主义如何超越近代理性主义所处的地平,接下来直接联系这些问题展开讨论。

马克思主义原本在语言的常识意义上区别了客观本身和与之相关的观念,尤其还表现为并非在认识论的层面,而是在常识的语言层面,客观本身和它的精神反映这种常识性思考。但是,从原理的层面来说,其排斥沿袭黑格尔拒斥康德的"物自体",排斥认为"观念"本身是作为所谓意识内容的实在。在这一问题上,马克思主义排斥近代哲学的三项图式,与此相联系,排斥感性和知性的近代哲学之流的二元化。

关于这其间的情况,或许多少需要加以说明。"物的实在—意识内容—心的作用"这三项图式的原型,若光是将图式形式化而言,可以追溯到古代哲学的某种构想,那就是影像说。近代哲学的三项图式,虽然基于与此全然不同的存在论理解,但作为讨论的顺序,不妨暂且触及一下。物质表面不断流射薄皮般的影像,它徘徊在空中,通过进入人的体内而产生物质的知觉,不光是知觉且产生一般的心象,这种思维方式即是影像说①。根据这一学说,物质流射的可谓薄皮般的影像(它与物质同构同色,但非常薄)本身,被看作物质,并非精神性的存在,在产生知觉的层面混入作为认识主体的人当中,是作为那种东西的"内在反映"。欧洲中世纪关于"形式"(与质料 materia 相区别的形式 forma)的认识,在某种层面上亦被认为是与此同一旨趣的思维方式。不过,进入近代,随着物质和精神的二元分离,也就不再采用这种思维方式。转而认为精神的"内在观念"始终是心的东西,而非完全从外部混入的东西。并且,为了说明梦、记忆等这类经验的事实,或者联想这种内省的事实,被设定为心内存在的观念——它是通过某种因素而形成,在心内蓄积、储备的观念——这种东西。这样,虽然有别于曾经的影像,但还是认为"观念""心象"这种东西存在于心内。

若进一步作哲学的考察,观念这种东西备于心内那种构想,虽然不能取其字面形式来理解,但这一构想的图式本身被维持下来,当说明认识的东西时,被视为宛如具有那种结构似的。只要是那样,并且只要是以那种心物的二元分离为大前提,就割裂了心外的事物和心内的观念,原像和模像就被当作好像是两个**东西**来处理,心的精神作用仅与直接的"观念"相关,因此,说起知道外部事物,那只有通过心的内在观念的形式才得以被赋予,这样一来,事物本身、"物自体"本身是无法认识的。但是,反用作这种讨论的人们喜欢用的比喻来说,照相机感光玻璃板的地方不存在被摄物体的影像。确实,将感光玻璃板放在那个地方的话,也许会通过被摄物体的形状而感光,但那里不存在"像",只是射入了光束,那里存在"发光体"和照相机的某种关系(Verhalten),其事态与此相关。原本,到达照相机感光玻璃板的光束,既受到镜头的折射,也受

---

① 伊壁鸠鲁继承、发展了德谟克利特的原子论思想。马克思在其博士论文中高度评价了伊壁鸠鲁关于"原子作直线运动(必然性)之外的偏斜运动(偶然性)表现了原子自身的独立和自由"的自由观。此外,伊壁鸠鲁在哲学上的贡献还在于运用具有彻底唯物论思想的"影像说"解释了人类意识的形成。相关内容,详见姚介厚:《西方哲学史(学术版)》第 2 卷,江苏人民出版社 2005 年版,第 888 页。

到滤镜的影响,但是确实,作为那样的东西,"发光体"(或应称作"反射体")与照相机的现实关系是现实存在的,这一点并不意味着照相机与"发光体"没有直接性"意向关系"。康德的"物自体"概念,若是在我们和别种认识主体与其是意向性关系的场合,其对于我们的场合有着别样的意识,虽然作为为了说明这一点的界限概念未必是无意义的,但设定"物自体""我们的内在表象""意识作用"的三项图式,将"物自体"和"现象体"俨然为两个世界式地分离开来,无论作为那种东西的"物自体",还是作为那种东西的"内在表象",不得不说原本并不存在。黑格尔之所以批判康德的"物自体"和"现象体"的区别——虽说黑格尔是从几个角度进行批判——从最根本的层面来说,确实就在于现在所说的这一点。并且,马克思恩格斯继承了黑格尔的"物自体"批判,他们的"物自体"批判的思考,确实在这一问题上,不同于雅科比①等人的观点,我认为批判地超越了外在实在和意识内容的两个世界论的二元化图式,超越了三项图式本身。

如何理解关于感性和知性的二元区分?从常识意义来说,马克思恩格斯亦吝于承认这两者的区别。但是,在原理的层面而言则另当别论。在以往的理解中,基于三项图式的构想,感性被当作感受性的能力,知性被当作自发性的能力。即感性是由物自体所触发而产生受动性观念的能力,知性是心的自发作用,可谓是由自我所触发而产生观念的能力。并且,近代理性主义之所以形成逻辑主义(logism)和经验主义(empiricism)的双金属片,或者,之所以形成康德的经验认识的理论,确实是基于那样一种理解。费尔巴哈在批判黑格尔之际,也是明显基于这种近代理性主义的图式思考感性和知性。与此相对,如在《关于费尔巴哈的提纲》中所看到的,马克思否定将感性单是作为那种受动性的

---

① 雅科比(Friedrich Heinrich Jacobi,1743—1819),德国哲学家。他批判康德的不可知论,强调人的感觉、知觉能够直接把握外界事物;认为斯宾诺莎的那种唯理论,必将导致无神论,故又效仿康德,主张经验世界之上还有一个超验之物,那就是只有通过信仰才能发现的上帝。因而,雅科比亦被称为"信仰哲学家"。

能力来理解的思维方式。并且在此意义上，高度评价唯心论——德国唯心论——肯定对象的能动性的方面，即批判地继承与实在对象本身的直接能动性相联系的作为"对象性活动"的主体性概念（虽说这里亦可提出对于"物自体—感性的意识内容·知性的意识内容—能知"的图式的批判性见解），要言之，马克思批判地排斥近代哲学之流所理解的构成近代理性主义之基础的感性和知性的二元区分。

若再重申一遍，马克思恩格斯批判地超越了近代理性主义作为前提的意识（主观）的本原性的人称性和超历史性的同构性之设定。关于这一点，虽应联系三位一体性的结构来阐述，但即使暂且仅从上述讨论的范围来看，马克思恩格斯沿袭以黑格尔的康德批判为方便的中介，超越了近代理性主义所立足的前提性理解的地平，至少，确立了与近代理性主义相异质的世界观的结构，我想目前至少可以确认这一点。

关于马克思恩格斯的辩证法所立足的地平的明确阐述，总括他们唯物主义地扭转黑格尔的绝对唯心主义以重新确保三位一体性的逻辑结构的论点，这是眼下直接的议案。

（三）

马克思恩格斯并非以三项图式为前提，因而——在此意义上，也与黑格尔的《精神现象学》相通——是从现象的层面展开探讨。当然，这在黑格尔那里作为体系的体系也是如此，虽然其学理的上升性展开并未采取现象学的形式，但是为了考察与黑格尔的绝对唯心论的区别，我们还是首先从浅近的层面切入问题。

读者若能想起《资本论》开头的话那就容易进入话题，并且若能以"历史的自然""自然的历史"的构想为伏线默记于心的话那就更好了，在"商品"既作为使用价值，又作为价值而出现的场合，所谓"使用价值"和"价值"的规定性，商品体（Warenkörper）并非只是作为现成存在而具有的性质，更不是它的物的实质性。那么，它只是"主观规定性"吗？绝非如此，而是对象规定性，商品是使用价值和价值，是"客观辩证法""客观矛盾"的结构。但是,这一客观矛盾结构,不仅是通过人类的实践、社会经济的活动的中介而存在,而且是通过存在论、认识论的被中介性而存在,是通过将设定的在场的对象性矛盾结构置于高维—方法中加以推敲,形成经济学对象世界的上升法知识体系。

在马克思主义存在论与认识论的统一的场合,以及当谈到所谓的存在暂且是现象的与件时,原本所谓学理的认识,是将现象的所与、这一自在的直接在场的东西置于它的被中介性中来把握的,我想首先必须牢记这一基点。

现象的与件的被中介性,用一句话来说,例如看到的这一张桌子,它的颜色或感觉,是通过我的感觉器官,进一步说,是通过我的中枢神经系统的功能所中介的。另外,还通过上面电灯的光线的中介,充满这一空间的空气和辣椒等的中介。这张桌子,也不是作为单纯的物质,当从它的讲坛功能来把握时,这里讲话的人,那里座席上的人们,在这些功能的关系中才成其为桌子,当将这张桌子作为商品来把握时,其中也是通过极为复杂的关系所中介的这一点又被自为化了。

与件的被中介性,从寻根究源来说,它是无限的,从原理上来说,为了探究一个与件,归根结底,有必要探究世界总体的关系性。这里,科学,即是要求从方法论上加以整理的知识体系。胡乱地探寻被中介性是没有结论的。而且,由于客观的矛盾结构,对象事态呈现所有矛盾,因而,需要关于一个一个的命题的自我反思,需要颇为充分的高维—方法。总之,要求被赋予方法论秩序的认识对象及其自我反思的体系化。

这里略去深入存在论、认识论的研讨,当如实地阐明现象性在场的世界及其被中介性时,马克思在《资本论》中首先联系"商品世界"来解明如同"拜物教"、交互主体·共同主观的意义形象的物象化在场,由于它作为结构的一个因素而普遍存在,不能将存在和认识的问题作知性的割裂。若将对象—层次的对象与件放到象牙塔里来反思,与件每每已是作为经过共同主观的认识形象的物象化在场的中介的东西而存在这一点乃被自为化的。

340　　　在物象化的外表下在场的意义形象的自在化，其中涉及的体现对象的定在和本在的具象体系，那是存在论的因素，这一物象化在场的自在自为的省察，那是认识论的因素，这一存在论的认识论反思的知识体系的上升的高维方法是逻辑学的因素，存在论、认识论和逻辑学的三位一体性的钥匙，确实就在于共同主观的意义形象的物象化在场的自在自为的把握。

　　黑格尔是通过那种异化论的逻辑来把握这一事态的，并且在那里，黑格尔的辩证法具有所谓主体—客体辩证法的结构，《神圣家族》之后的马克思确实拒斥这一构想，进而以主体间性的反照关系的被中介性为中心积极把握黑格尔学派的"思辨结构的秘密"，以物象化论的逻辑扬弃了支撑黑格尔学派的辩证法的异化论的逻辑。

　　使黑格尔的辩证法的唯心论的颠倒重新用脚站立起来，在方才阐述的文脉中，可以说正是以从异化论的逻辑到物象化论的逻辑的世界观结构的转换为内核的。

　　不仅如此，不说马克思恩格斯的辩证法，从《德意志意识形态》或《政治经济学批判大纲》的语言观来看，其关于语言与意识的关系的洞见，发掘了意识最初的社会性和主体间性（Intersubjectivity），意识及其现实态的语言的本源性的交融性，通过这一定位，超越了近代理性主义以之为前提的近代主义的人称性主观概念的局限，进而言之，还确立了明确说明在黑格尔那里停留于自在判断或命题设定的物象化的方向性。因此，逻辑的问题在何种层次上是特别的问题，若要明确回答这一问题，逻辑作为逻辑的问题，就不仅在于观念的层次，而且在于判断或
341　推理的层次，从对象化来说，在于命题或事态（Sachverhalt）的层次。马克思恩格斯在命题论、判断论的层次，也是通过把握主体间性，先驱性地开拓了真正保证逻辑学、存在论和认识论的统一的地平，我想我们可以公开声称这一点。

　　马克思主义的辩证法之所以超越近代理性主义的地平，不是在于三位一体性本身，而是使之成为可能的地平，是自为地把握直至命题论

层次的范围的涉及物象化及其共同主观性的被中介结构的地平,应该说就在于开拓了这一地平。近代理性主义的精神结构,其逻辑主义和经验主义的双金属片的命题论意义和对象事态,至少在这一层次上无法脱离两个世界论的构图而陷入诸多的难题,马克思主义的辩证法——总之,即便它只是逻辑,也不只是规律性,如反复强调的那样,因为它是三位一体的知识体系——确实,通过主体间性、自在自为地把握交互自然、交互主体的意义形象的物象化在场的结构,揭示了超越近代理性主义的地平的世界观构图,我想特别强调这一点。

以上,我从什么是马克思主义的辩证法,它之所以能够超越近代理性主义的地平,逻辑学、存在论和认识论的三位一体性的问题,其不单纯是主观辩证法也不单纯是客观辩证法之处亦与黑格尔辩证法相通的逻辑机制上的结构特点,以及在马克思恩格斯那里使之可能的世界观结构等角度阐述了一些拙见。毋庸赘言,这只是马克思主义辩证法的一个投影,还应该同时从其他视角投入光束。仅就今天的讨论范围来说,至少目前有必要将如下诸点纳入范围以更为具体化。

首先,从狭义的逻辑学的问题层次来说,有必要重新规定形式逻辑的基本定律,同一律、矛盾律和排中律的地位和性质规定,概念的内涵和外延,判断的质、量、样态和本质规定,三段论法的格和式的处理等;从存在论的层面来说,有必要勘定、明确关于世界的定在和本在的根本理解的机制,所谓辩证法的三大规律,从量变到质变的转化,对立物的相互渗透,否定之否定;从认识论的层面来说,至少有必要从正面回答马克思主义的辩证法通过何种方法扬弃了近代认识论的两种基本类型,即摹写说和结构说——这些问题也与 für es 和 für uns 的机制相联系——关于什么是马克思主义的辩证法的问题的全面回答,必须依赖于对这些问题群的解答。

但是今天,由于已没时间深入这些问题,现在的我也没有只是阐述在已发表的几篇论稿中写过的以上问题的准备,我想留待别的机会。

另外,关于共同主观的意义形象的物象化在场及其结构的中心论点,在今天谈到的话题中只是以断言(Versicherung)而告终,若能通过讨论世界共同主观性的存在结构的三篇暂定稿(《世界共同主观性的存在结构》第1部,劲草书房,《广松涉著作集》第1卷)而加以补充,我将深感荣幸。

第二章
上升法的存在论认识论的地平

虽说黑格尔的辩证法晦涩难懂,但"结构"本身还是比较容易理解的。与此相对,在马克思恩格斯的辩证法的场合,由于所谓"唯物论的颠倒"的缘故,业已不可能完全沿袭黑格尔辩证法的结构,那么究竟何以能够赋予(rechtfertigen)辩证法的逻辑的展开以存在论、认识论及方法论的权利?这一点是问题的关键所在,在某种意义上,可以说较之黑格尔的场合更为"难解"。

笔者并不试图解开这一难题,但曾经在旧稿《辩证法的唯物论的颠倒如何可能》《马克思主义的形成过程》,至诚堂,收录于《广松涉著作集》第8卷)中,大致探寻了马克思辩证法之确立的布展,试着在那一范围说明黑格尔辩证法和马克思辩证法的结构特点,《近代理性主义的历史相对化的前奏(präludien)》(《现代数学》第3卷,第7期,本书"附论一")宣扬作为超越近代理性主义之地平的辩证法的方面。不过,在这些旧稿中,别说关于世界的存在样态的辩证法理解的结构的讨论,就连厘清马克思辩证法的方法论特点,也不得不让与他日。盖对笔者来说,亦期待悬案的消解。

本文本来是试图对构成旧稿的前提条件的这一议案做出回应。不过,问题的范围太大了。因此,我想以所谓"上升法"及其外围限定论题的框架,并且,这也是作为勘查《资本论》的方法论程序的前梯,以期完全聚焦于方法论的根基。

即使通过这种限范围的讨论,希望慧眼的读者不仅能够鸟瞰笔者所看到的马克思主义辩证法的轮廓——与"苏联马克思主义"之流的辩证法理解的位差——而且对笔者关于例如"宇野理论"的经济学方法论的志向的论争(Auseinandersetzung)的方向性等,也有一个大体的了解。

第一节 上升法的方法论问题性的钥匙

在我国,习惯将马克思经济学的辩证法方法称作"上升法"。这是福本和夫的命名,马克思恩格斯本人未必有此说法。不过,它确切地表达了马克思恩格斯的方法——至少贴切地描述了《政治经济学批判》导言中马克思设定的方法的特征。因此,我们也沿用这一说法,在本节中,我想试着首先一瞥这一问题的问题式(Problematik),围绕开端的存在性质的难题做一些预备性的考察。

(一)

马克思讨论"经济学的方法"的《政治经济学批判》导言的"第三节"非常著名,我想无须重新引用,不过为了方便讨论,还得援引其中一部分。

17世纪的经济学家"总是从生动的整体,从人口、民族、国家、若干国家等等开始;但是他们最后总是从分析中找出一些有决定意义的抽象的一般的关系,如分工、货币、价值等等"①的道路。但是,这种方法,是对于作为学问的经济学"并非正确的方法"。

确实,"具体的东西,是现实中的起点,因而也是直观和表象的起

---

① 《马克思恩格斯全集》第30卷,人民出版社1995年版,第41-42页。

点,相对于我们的认识、研究,它是'先在的东西'"①。可是,"实在和具体的东西","如果我,例如,抛开构成人口的阶级,人口就是一个抽象。如果我不知道这些阶级所依据的因素,如雇佣劳动、资本等等,阶级又是一句空话"②,雇佣劳动、资本等,如果没有构成其"前提"的"交换、分工、价格,等等"规定,它就是"空无"。——原本,"具体之所以具体,因为它是许多规定的综合,因而是多样性的统一"③。

因此,从学理上说,必须从"抽象的一般性"出发,将作为各种规定性的综合的具体的东西"当作一个精神上的具体(ein geistig Konkretes)再现出来"④,即必须采取"从抽象上升到(aufzusteigen)具体的方法"⑤云云。

"上升法"的基本构图,趋于这种"从抽象上升到具体"的方法(Verfahren)。若是如此,这样夸张地主张"上升法"之类——即使撇开柏拉图的上升、下降或欧几里得几何学的方法不谈——其与由培根和笛卡儿的方法论所象征的典型的近代即资产阶级意识形态的方法论岂非一致?实际上,培根确立的"从简单性质的形式导出事物"⑥(《新工具》,第二卷,五)的原理,及至笛卡儿阐发的"全部方法,只不过是:为了发现某一真理而把心灵的目光应该观察的那些事物安排为秩序。如欲严格遵行这一原则,那就必须把混乱暧昧的命题逐级简化为其他较单纯的命题,然后从直观一切命题中最单纯的那些出发,试行同样逐级上

---

① 参见《马克思恩格斯全集》第30卷,人民出版社1995年版,第42页。
② 《马克思恩格斯全集》第30卷,人民出版社1995年版,第41页。
③ 《马克思恩格斯全集》第30卷,人民出版社1995年版,第42页。
④ 参见《马克思恩格斯全集》第30卷,人民出版社1995年版,第42页。
⑤ 参见《马克思恩格斯全集》第30卷,人民出版社1995年版,第42页。
⑥ 参见培根:《新工具》,许宝骙译,商务印书馆1984年版,第109页。

升到认识其他一切命题"①(《探求真理的指导原则》,原则五),而原则六②不也用上述所谓"命题"区别出"事物"?"上升法"的方法论,究竟有什么特点?

要回答这一应有的疑问,阐明上升法与近代科学的方法论相异质,它与新世界观的地平的开示相联系,关键在于将所谓"抽象的东西"的存在性质自为化。

让我们将讨论推进一步。构成上升的起点的"抽象的东西",根据马克思的说法,是"简单的东西"③,也是"一般＝普遍"的东西。并且,在马克思经济学的体系中,商品就是符合那种设定的东西。

这里又重新产生一个问题。"商品"果真是抽象的东西?在某种意义上,它不是比"人口""资本"等抽象,反而更**具体**!商品,在**常识的意义上**,未必是简单的东西,也不是一般的东西。当考虑到这一点,我们必须重新追问,关于"简单""抽象的""一般的"这些概念内容,以及作为那种东西来把握的"商品"的存在性质。因此,恐怕已不能原样照搬常识的想法。

一般关于开端的"商品"或"抽象的东西",也许可谓是与黑格尔哲学体系中的某种类比的说法。但是,即使是黑格尔的某种说法,不同的人恐怕有各种各样的理解吧。

因此,对我们来说,虽然好像过于不着边际,但也是兼作下一节讨论的伏线,我想拓展性地考察恩格斯在他的《自然辩证法》中有着上升的起点之地位的"抽象的东西",以期从中得到一些反照的收获。

---

① 笛卡儿:《探求真理的指导原则》,管震湖译,商务印书馆1991年版,第21页。
② 即"要从错综复杂的事物中区别出最简单的事物,然后予以有秩序的研究,就必须在我们已经用它们互相直接演绎出某些真理的每一系列事物中,观察哪一个是最简单项,其余各项又是怎样同它的关系或远或近,或者同等距离的"(笛卡儿:《探求真理的指导原则》,管震湖译,商务印书馆1991年版,第23页)。
③ 《马克思恩格斯全集》第30卷,人民出版社1995年版,第42页。

（二）

满是恩格斯的自然辩证法体系的构想的遗稿《自然辩证法》由几个分层构成，即使不是如此也存在文献学上的问题（参照 1970 年 11 月 30 日《日本读书报》的拙稿《近代科学主义批判——以自然辩证法为例》，《广松涉著作集》第 9 卷）。这里，我想考虑到上述情况，援引 1879—1881 年 5 月构想的宏大自然哲学体系。遗稿的这些分层不同于属于《反杜林论》写作之前的时期的旧稿，已然不是**科学**的**科学论**的体系化，而确实是构想自然本身——自然现象和自然规律——的辩证法的整理体系。

"我们所接触到的整个自然界构成一个体系，即各种物体相联系的总体，而我们在这里所理解的物体，是指所有的物质存在，从星球到原子，甚至直到以太粒子，如果我们承认以太粒子存在的话。这些物体处于某种联系之中，这就包含了这样的意思：它们是相互作用着的，而它们的相互作用就是运动。由此可见，没有运动，物质是不可想象的……物质是某种既有的东西，是某种既不能创造也不能消灭的东西。"[①]"物质在其一切变化中仍永远是物质。"[②]"真实的具体的同一性自身包含着差异、变化。"[③]

基于这一理解，恩格斯试着进行"自然"的理论整理，他的自然辩证法体系，从宇宙生成论、天体力学的层次，到将力学、热、光、电、磁纳入范围的物理学层次，以及化学、生物学的阶梯，作为"物质的运动"或"运动的物质"的存在方式，形成上升的展开的构图。

这里我想提请注意的，是"运动的物质"这种"抽象的东西"。它不以"吸引"和"排斥"（这不仅仅是力学的，它还采取电磁、化学和生物的形式）为本质属性，不，它是被设定为"吸引和排斥的统一的物质"，其想

---

① 《马克思恩格斯全集》第 26 卷，人民出版社 2014 年版，第 590 页。
② 《马克思恩格斯全集》第 26 卷，人民出版社 2014 年版，第 484 页。
③ 《马克思恩格斯全集》第 26 卷，人民出版社 2014 年版，第 549 页。

着眼的，理解万象是这种"运动的物质"的存在方式。在某些地方，恩格斯称这种"运动的物质"为"能量"，力学、光热、电磁、化学的形式是**它**普遍的存在方式。这种东西，是广泛而**普遍**的，当作为它自身而规定时，它是不具有力学、光热、电磁等特殊具体性的"**简单的东西**""**抽象**的东西"。

恩格斯设定的抽象、普遍、简单的东西，并非庸俗唯物主义所表述的物质，好像万物是由其产生的实质。正如电磁虽说是能量的存在方式，但并非由能量所构成，恩格斯所谓"运动的物质"，并不是说万物是由其产生（组成）的实体，万象暂且被设定为作为它的存在方式而存在的某物（etwas）。

这里，从传统的构想来看，可以有两种不同的理解。第一，认为正如虽说有例如英语、德语、法语和日语等"语言"的存在方式，但"语言"本身并非实在，那不过是共同的名称，那种"运动的物质"乃是空无。

第二，认为正如在例如原始神话的玛雅所化成的各种东西，采取动物、植物和岩石等各种姿态，由于"运动的物质"的每次**质**是实在的，虽然万物并非由它组成，但具有固有的实在性。

恩格斯在某些地方谈到"物质本身是纯粹的思想创造物和**纯粹的抽象**"①，"物质无非是各种物的总和……'物质'……这样的词无非是**简称**"②，这好像可以看作上面所说的第一种构想。但是同时，如随后所援引的，也可理解为第二种构想。既然不是"樱画报"③，那究竟是怎么回事？

若先从结论来说，恩格斯即使抱持第一种理解，也不可能采取第二种理解。他与马克思一起，超越了这种传统构想的地平。可是，由于我们在日常意识中难以理解他们的新构想，有时是在第一种，有时是在第

---

① 《马克思恩格斯全集》第26卷，人民出版社2014年版，第586页。
② 《马克思恩格斯全集》第26卷，人民出版社2014年版，第574—575页。
③ "樱画报"，1970—1971年日本《朝日周刊》和《漫画月刊》刊登的赤濑川原平创作的漫画。

二种这样的映射中,做出那样的选择。

但是,对我们来说,现在暂且假托以传统构想的第二种来展开讨论。

当假设现在采取"第二种理解"时,恩格斯所说的"运动的物质",其表现为接近古希腊的"最早的哲学家"泰勒斯的水和阿那克西美尼的气。(毋庸赘言,虽说是水或气,但并非具体的那种,万物乃是作为元素①的"水"或"气"的存在方式〔化身〕)。

实际上,恩格斯对这些米利都学派的构想随处流露出好意的言辞,例如他——转引黑格尔的《哲学史讲演录》——这样写道:

"关于这些古代哲学家,我们必须听取亚里士多德的意见……'在早期的哲学家中,大多数是把一切事物的原则认为是有物质性的东西。一切事物赖以存在者,一切事物所自出的最初根源,一切事物所灭入的最后归宿,乃是始终如一的本体,**它**只在**它**的各种变形中变化;**这便是元素**,**这便是一切存在的原则**(先在者)。因此他们认为没有一个事物发生或消灭,因为事物总是永远保持其同一本性的。'……这已经是一种原生、自发的**唯物论**。"②

这里,岂不可看作与前面引用的"物质是既不能创造也不能消灭的东西……不管怎样变化还是物质"的段落相吻合!

但是,在我们看来,必须强调若说米利都学派的元素就是亚里士多德所说的质料、根源,恩格斯本人的构想恐怕与此不同(参照后论)。

暂且沿着前面假托的线索,若将"虽然不是任何特定的物质,但是同时,它是任何物质的本原""万物乃是作为它的存在方式而存在"称作

---

① "元素",日文原文为"アルケー",是古希腊文"αρχη"的日文音译,意为"本原""本体""根源""开端"等。譬如,《薄伽梵歌》中的"原质""原人",泰勒斯所谓"水是万物的本原",黑格尔以"绝对精神"为其哲学体系的"起点"和"终点",马克思以"商品"作为《资本论》的开端。

② 参见黑格尔:《哲学史讲演录》第1卷,贺麟、王太庆译,商务印书馆1959年版,第181-182页。此处单引号中的文字出自亚里士多德《形而上学》第一卷第三章。(参见亚里士多德:《形而上学》,吴寿彭译,商务印书馆1959年版,第7页)

"元素"的话，可以将恩格斯在上升的开端（本体）设定的"抽象的一般性"规定为一种元素（本体）。

（三）

作为马克思经济学的体系中上升的开端的"抽象的一般性"的"商品"，相对于经济学领域的对象的总和，可以说是上一小节假托的意义上的元素（本体）。

开端的"商品"，非但不是作为货币商品、资本的商品之类的特殊存在，也不是自为地区别于货币商品之类的"作为商品的商品"。恩格斯对于构成其关于自然哲学体系的一个阶梯型领域的生物界，阐述了作为生物界层次的本体，已经不是"运动的物质"本身，认为应该将原生生物（monera）①，将活的蛋白质这种抽象的一般者"原生变形虫"（amoeba）②，与今天实际存在的变形虫相区别。关于马克思的开端商品，我们也应该从同样的逻辑来理解。虽然这里一概省略深入《政治经济学批判》及《资本论》的开头所谓的"元素形式"（Elementarformen）③的字句解释之类而仅限于臆断，但作为逻辑开端的商品，若与黑格尔逻辑学相比较，毋宁说相当于"纯有"，不是作为商品的商品、货币的商品之类的"存有"——这一切都是作为它的存在方式的元素——而是经济学的阶梯型对象领域的普遍元素。

构成上升的开端的"抽象的东西"，是这种元素之直接态的"简单的东西"，它之所以是普遍（一般）的，在于经济学的各个要素是作为它的存在方式的元素的普遍（一般）性。

现在，我们试着回答与培根-笛卡儿的方法及欧几里得几何学的方

---

① 《马克思恩格斯全集》第 26 卷，人民出版社 2014 年版，第 77、83、475、478、741、744、748、789、793、811 页。

② 参见《马克思恩格斯全集》第 26 卷，人民出版社 2014 年版，第 82、84、747、749、811 页。

③ 《马克思恩格斯全集》第 44 卷，人民出版社 2001 年版，第 47 页。

法的不同的问题的**第一步**,可以做出如下阐述。

欧几里得和培根-笛卡儿的方法,尽管乍一看包含"从抽象到具体"的构图,但其实质不过是"从简单要素到复合体"的过程。确实,其中或许可发现比"简单的东西"更普遍的对象域的规定性,是更"普遍的",但它不是作为元素的存在论的普遍性,毕竟只是特殊的东西。因此,这里所进行的,其范围不外乎从特殊的东西到特殊的东西的转换。

与此相对,在辩证法的上升中,所进行的是从广泛、普遍的元素的抽象直接态到特殊具体的被中介的存在方式的递进。

不管从程序论的展开的逻辑来说,还是从存在论即认识论的背景来说,这是如何可能的,以及如何被赋予权利的,确实,这涉及"上升法"的整个问题。

眼下应该牢记的是,不同于黑格尔哲学的情况,在马克思恩格斯那里,"从抽象上升到具体的方法,只是思维用来掌握具体、把它当作一个精神上的具体再现出来的方式。但绝不是具体本身的产生过程"①。在马克思那里,历史性与逻辑性未必一致。马克思明确指出这"要看情况而定(Ça dépend)"②。

当考虑到这一点的由来时,我们必须扬弃上一小节假托的元素。马克思作为开端而设定的"抽象的一般性",在本来意义上不是元素。那么,应该采取上一小节作为传统构想的第一种,只是作为概念的抽象的普遍来理解?因为,马克思说:"作为范畴,交换价值却有一种洪水期前的存在!"③这不是表示应将"抽象的东西"即"范畴"作为"最高类概念"来理解吗?若先回答结论的话,"否"。但是,那不是简单的否定,而是要求从构想的维度本身的真正的扬弃的"否"。

但是,为了实现这种确实的扬弃,这里暂且假托"第一种"理解,我想围绕《资本论》的开端商品的**历史性**以防易于出现的无益争论。

---

① 《马克思恩格斯全集》第 30 卷,人民出版社 1995 年版,第 42 页。
② 参见《马克思恩格斯全集》第 30 卷,人民出版社 1995 年版,第 43 页。
③ 《马克思恩格斯全集》第 30 卷,人民出版社 1995 年版,第 42 页。

"抽象的一般性",例如"语言"这种**东西**,就并非实在的,实际存在的,只有英德法语、拉丁语、希腊语、梵语等具体的历史的语言。并且,作为心理过程,如果没有掌握特定的语言甚至无法思考"语言"。即使能够恢复印度、欧洲的**原始**语言(Ursprache),那也并非历史的具体的一种语言的"语言本身"。但是,若说印度欧洲语系的"语言"这一抽象的**概念**"最切合实在的语言是哪一个"阶段,或许可以说"原始语言"是最切合的表现。关于《资本论》的开端商品同样如此,虽然马克思在心理上表现的恐怕是发达商品社会的商品——并且,虽然财富之所以表现为"庞大的商品堆积"是源于发达的资本主义制度——若说最切合开端商品的逻辑要求的阶段,可以说就是**一定条件下**的简单商品。但是,马克思无意讨论历史上实际存在的各种简单商品,而是意在说明原始地体现开端商品的商品——正如原始地体现"语言"的历史的语言并非实在的——并非实在的,这与通过"探讨哪一种历史的商品是开端商品"的方法追问**历史性**有着层次上的交错。

关于开端的"商品",我们应确认的论点原本不尽于此。在这一小节的上述讨论中,我们自身也尚未超出分析的知性构想的水准,——此乃因颠簸于两极的假托而不得已而为之。现在,必须自觉地超越分析的知性的地平本身,重新把握上升法的存在基础和存在结构。为此,需要尽量扩大讨论的范围,使构成上升法之背景的辩证理性的世界观的部分特点自为化。

第二节 上升程序的存在论背景的棱线

主题性地探讨支撑上升法的存在论、认识论的世界观机制的作业,从一开始就不是本文的企图。不过,为了裁决上一节悬而未决的论点,另外,在有助于了解上升法的逻辑的展开的必要限度内,我想从若干基本方面着眼——有意识地与分析的知性的世界观相对照——探寻辩证理性的世界观特点的棱线。

（一）

关于辩证法的世界观的特点，无论是黑格尔还是马克思，都不曾以概括的方式加以厘清。辩证法的世界观确实除了辩证地理解之外别无他途，知性地抽取其特点或许应该说是不可能的。

但是，对我们来说，摘录黑格尔在海德堡时期写的手稿，以及赫尔曼·格洛克纳（Hermann Glockner）在所谓海德堡时期著作（Schriften aus der Heidelberger Zeit）中发现的四个命题，我想将有助于理解与其对质的机制，以及支撑辩证法的上升法的存在论理解的要义。

黑格尔说，"为了确立学理的视点，必须放弃如下前提"，列举了非辩证法的、知性①的立场的四个前提：

（1）分立的知性规定具有固定的有效性。

（2）作为既成东西而出现的所与的基质。

（3）作为固定谓语和所与基体之关系的认识。

（4）不能与认识的主观相统一的客观。

上述四个命题精辟地概括了分析的知性观点的前提，读起来清晰通顺，绝无并列的同位，而具有叠加的位阶。即（1）是分析的知性的直接见识，在 für uns 中，将这种知性规定实体化就出现（2）的基质。并且，这两者的知性判断关系——这里，（1）的规定性作为谓语概念与（2）的基质即实体的主语相关——通过分析的知性观点而认识（3），在分析的知性范围内将这一"认识"自为化，当进行认识论的反思时就设定了（4）的见解。

以下，进入到赋予上述命题以内容，将对其加以扬弃的辩证理性的世界观自为化的程序，这里我想以所谓"辩证法的三规律论"为横线来

---

① 黑格尔认为，"只能产生有限规定，并且只能在有限规定中活动的思维，便叫知性"（黑格尔：《小逻辑》，贺麟译，商务印书馆1980年版，第93页）。

展开讨论。

关于命题(1)的讨论,恩格斯在《反杜林论》的引论中这样写道:"把各种自然物和自然过程孤立起来,撇开宏大的总的联系去考察……不是把它们看作本质上变化的东西,而是看作固定不变的东西……这种考察方式被培根和洛克从自然科学中移植到哲学中以后,就造成了最近几个世纪所特有的局限性,即形而上学的思维方式。"①

这种认识,若援引同书第二版的导言,是构成应将其加以扬弃的"辩证法的自然观之核心"的东西,固定化的两极化对立或部门划分只是具有相对有效性的认识,这"只不过是由我们的反思带进自然界的"②(durch unsere Reflexion in die Natur hineingetragen)认识。

如黑格尔所指出的:"就思维作为知性来说,它坚持着固定的规定性(自我同一性)和各规定性之间彼此的差别,以与对方相对立。知性式的思维将每一有限的抽象概念当作本身(没有与其他事物的被中介关系)自存或存在着的东西。"③(《哲学全书》第三版,第80节)生终究是生不是死,男终究是男不是女,等等——但是,从反思的观点来看,这种知性规定难以维持。生的规定性只有在与死的规定的相互关系中才能够存在,而绝不是独立自存的。这一概念规定的维度已与知性的割裂、区别的他者相关,现实存在的**生的东西**必然会向**死的东西**转化,过渡成其对立物。一切规定性,的确必须自为化地设定为流动性和关系性。

为了详述上述论点,并且进一步推进讨论,若援引某些论文剀切的表述来说,分析的知性所把捉的要素的规定性,在该分析中只限于作为一成不变的固定物的命题,"它们相互之间的关系,对于各个要素来说是外在的、偶然的。因此,要素先于整体,整体不过是由其机械合成的派生物"。与此相对,"在辩证法的思考中,各个部分在由其固定性分化

---

① 《马克思恩格斯全集》第26卷,人民出版社2014年版,第24页。
② 《马克思恩格斯文集》第9卷,人民出版社2009年版,第16页。
③ 参见黑格尔:《小逻辑》,贺麟译,商务印书馆1980年版,第172页。

为'流动的'（flüssig）的同时，其自身变得'透明'（durchsichtig），通过其内在必然性与外部相联结"。关于当中的情况将在下一节进行论证，现在让我们先来读一下。"整体，有着与这些部分的存在形成关系的原理，同时，其自身之所以作为一个整体而存在，是因为具有与部分相区别的有机结构。在这一事态中，部分不是'要素'而是名为'契机'（Moment）。并且，相对于打算满足于通过固定要素的机械合成的方法来进行说明的话就能理解事情的'知性'，听从整体的要求，探索契机之间的必然性运动的思考，是黑格尔所谓'理性''思辨'。倘若关于这种理性的思辨运动，也要求使之得以成立的一定的'要素'的话，那就是'逻辑的东西'，那无非是黑格尔意义上的'概念'（Begriff）。"（山本信：《思考与无限性》，《哲学杂志》第751期，第76页）

以上，由命题(1)，暗示了机械论要素主义的逻辑机制及其相对性，在折射出辩证法世界观的部分棱线的投影中，实际上也自在地给予了"对立物的相互渗透"的命题的真正内容。不过，为了自为地对它进行设定，必须从命题(2)进行反照。

(二)

我们为了避免始终停留于抽象的说教，这里我想围绕命题(2)的论点从稍微通俗的层面来进行探讨。

当谈到辩证法的世界观的特点之际，人们往往采取"与形而上学的观察方法相反，辩证法是从不断**变化**及其总**联系**中观察事物"的说法。

可是，不管哪种形而上学，从**语言的日常意义**来说，其绝不是不承认"变化"，也不是无视"关系"。因此，上述命题只是等于什么也没说。倘若以为唯有辩证法的构想从变化和关系中观察事物，难免产生严重的悲喜剧。

这里的问题是，一方的"形而上学"即非辩证法的世界观所不承认的另一方的辩证法的世界观积极主张的所谓"变化""关系"具有何种意义、何种内容，必须明确规定这一点。

为了厘清这一点,我想若回想一下进化论的某种构想似比较合适。原本,我们不会忘记马克思恩格斯批评进化论的马尔萨斯主义,慨叹(?)"把人降到低级动物的水平"①,严厉批判"生存斗争"及"自然淘汰"的理论。但是,如从《资本论》的跋文和《自然辩证法》所看到的那样,他们自身高度评价进化论的某些构想,实际上,承认这是对辩证法的观察方法的"一种例解"。

进化论之所以能够成为"例解",在于其阐明了"种"(species)的变化。任何形而上学,任何**反进化论**,都承认各种动物的成长变化及数量上的增殖这一"现象"的事实。可是,传统的形而上学认为,生物的"种",乃属于种类的生物,狗呀、猿猴呀无不有着适应其各自"本质"的"实体"。"本质"或"实体"(即黑格尔命题[2]所谓的"基质")是不变的!虽然小狗长成大狗(变化),但始终是狗,而不会变为猫,或变为狼!认为"本质"或"实体"是变化的,猫妖或狸妖之类的神话,是非科学的构想!或者,是炼金师的构想!等等——虽然这应是有根据的,但无论如何,非辩证法的世界观认为,"种"保持着"本质""实体"的自我同一性这一**不变的东西**,虽然承认现象层面的量的变化,但不承认本质或实体层面的变化(质的变化)。

与此相对,进化论承认生物的"种"即"本质"或"实体"的层次的变化,不光从现象,也从事物的实体性本质的变化状态来观察事物,而且达到了从猿猴保持着猿猴的质的范围内的**量的变化**到"种"的**质的变化**的理解。

辩证法的世界观所谓在变化的状态中观察万象,以及"从量变到质变的转化"的命题的根本意义(黑格尔、马克思和恩格斯所举的碳水化合物及水的沸腾等例子,不是从当今的科学知识所做的评价,而必须联系当时的看法来理解),必须从"本质""实体"的层次来理解促使万物相

---

① 恩格斯指出:"达尔文的全部生存斗争学说,不过是把霍布斯关于一切人反对一切人的战争的学说和资产阶级经济学的竞争学说以及马尔萨斯的人口论从社会搬到生物界而已。"(《马克思恩格斯全集》第 26 卷,人民出版社 2014 年版,第 755 页)

互转化的东西——当时,有了应该扬弃经院哲学所定义的意义上的"本质""实体"这一概念本身——这种存在观。

我们日本人含糊地使用"本质"或"实体"的概念,容易简单地认可其变化,即使从基督教文化圈的人们所接受的《圣经》教导来说,不光生物,天地万物的"种"(本质、实体)自天地创造以来就是不生、不灭、不易的,这是根深蒂固的既有观念,进化论或辩证法的理论与世人的世界观的存在理解针锋相对。这确实意味着相对于中世纪以来欧洲的"既有观念"而言,是完全异端的、革命的存在理解。

从哲学上看,同样重要的还有,伴随着"属""种"的可易性,"概念"及其"概念体系"本身的彻底流动化成为必要条件。

根据各类学问的自在理解,作为与"概念""实体"或"本质"(本质规定性)相适应的东西,传统逻辑学原本绝不单是思维规则,而是作为与不变的"本质""实体"的形而上的存在的客观规律相适应的东西。可是,连实体、本质本身都是变易的,若是如此,只要理论体系要求客观有效性,概念及其关系就必须设定为非固定的、可变的东西。

我们在这一小节首先表明的概念规定的"流动性"(Flüssigkeit)的论点,就是由此归结而来的。

由此,还提出了事物及其概念的"总联系"的辩证法的存在理解以及"对立物的相互渗透"的命题。

关于这当中的情况及其含义也许要求作若干详述。先从概念来说,若说概念的东西是与固定不变的"本质"或"实体"相适应的东西,这时与具体事物的"适应"虽不明显(例如,所与的化石是类人猿或原始人,等等),但具有作为概念来说有着明显的区别和截断(例如,猿终究是不是人,等等)的存在论的根据。可是,既然本质或实体是"进化论的"、变化的,例如"猿"与"人"的区别是相对的、相关的,只能在相关性中进行概念规定。现在如果着眼于"猿"的概念,那么它不光具有与"人"的相关性,而且它还在进化系列上作为位于前面的东西的相关性中进行规定,这一先行的项,它本身又应该在与它的前项的关系中来进行规定，它的前前项亦复如是……鉴于这种情况，从原理上说，只有在与**一切**的项的相关性中才可能进行概念规定。并且，这表现着事物的"本质""实体"的真正的存在方式，如实的面貌。这样，无论事物还是其概念，可谓只有作为有机整体的一个分肢而存在。换句话说，万象形成犹如有机体的总和性函数关系——应该从这种存在样态来观察事物。

可以将基于这一总联系的作为契机的事物及其概念——有机体的比喻，若还是难免将手足和胴体这样的分肢表现为实体性的独立面貌的话——比作网眼。网眼，不是实体性、独立性的存在，而只是作为关系的结节而存在。网，并非首先存在网眼这样的实体，作为网眼的复合而存在。网眼不过是第二性的相对性存在，负载其存在性的是普遍的关系性。

眼下通过这一比喻，世界不是作为独立自存的实体的复合关系态而存在的，实际上恰恰相反，世界万象不具有实体性的自存性，而完全是作为函数即功能的、有机的动力学的总联系的结节，在普遍的相互贯通的存在方式中现实地存在，形成以此为具象的印象、特写。

辩证法在总联系的面貌中观察事物这一问题的真谛，以及"对立物的相互渗透"的命题（这里具体的问题在于所谓"固有的他者"的关系，尤其是反思规定〔Reflexionsbestimmung〕中）的基础，确实不外乎以如上面貌的存在理解为内容。

以上，虽然未必毫无陷入通俗哲学之流的"解说"的遗憾，但通过在这种水准上推进讨论，关于上一节中提出的"元素"的存在样态，也应该可以稍微具体地自为化。不过，为了理解上升的逻辑，我们必须预先提出另一个论点。

（三）

辩证法的"否定之否定规律"，也与所谓正反合的三段式相联系，关于这一规律，一旦涉及其他两大规律后，就产生了各种疑问。其中最彻底的能想到的疑问可表述为如下形式——若暂且承认其他两大规律的客观规律性，否定之否定，不，"否定"原本是判断主观的作用，不能将其看作客观规律性，云云。

从分析的知性观点来看，这是极为合理的疑问。可是，为了理解辩证法的世界观，必须摆脱由这一应有的疑问而产生的前提性构想。

黑格尔在前面给出的命题(3)(4)中，指出了"固定的谓语与所与基质的关系的认识的前提""不能与认识的主观相统一的客观的前提"这两个分析的知性的大前提，眼下问题的疑念，确实无非是由这两大前提性构想而产生的！

当然，关于这两大前提的黑格尔的思想，也与他一流的唯心论有关，我们不能简单地援引黑格尔。可是，连被责难为坏的摹写论源流之一的恩格斯，也在前面作过部分引用的《反杜林论》第二版的导言中这样写道：

"这些对立和区别，虽然存在于自然界中（in der Natur Vorkommen），可是只具有相对意义，……那些想象的固定性和绝对意义，只不过是由我们（认识主体）的反思带进自然界的（durch unsere Reflexion in die Matur hineingetragen）。"① 这里指出了含有主观认识而带进（hineinlegs）自然界的规定性，对于直接的意识来说，则像自然本身的规定性似的显现（Vorkommen）这种认识论的事态。在此意义上，总而言之，恩格斯该是认识到，主观认识通过反思（reflektierend）而设定的规定性对于自在意识而言表现为对象本身的客观规定性。

那么，问题出在这里。这种"带进"（hineinlesen）只是错觉，抑或只是迷妄？或者，是认识的本质必然性结构的一个事实？

在常识的思考中，将"只是头脑中思考的问题"和"客观发现（验证）的事实"作知性的截断。并且，相信后者与主观认识毫无关系，凭借其自身而存在。判断命题（肯定述宾、否定述宾）完全是主观内部

---

① 参见《马克思恩格斯文集》第9卷，人民出版社2009年版，第16页。

的事情，与判断对象毫无关系，是分析的知性的前提性理解。可是，以客观面貌而显现（Vorkommen）的规定性，实际上如何保证不包含通过判断主体的意义设定而带进（hineinlegen）的契机，那不是错误的前提性臆断？

黑格尔在《哲学全书》中这样写道："通常人们一提到判断，就首先想到主词与谓词这两个项的**独立**……以为谓词是一普遍的规定，在那主词之外，好像是在我们脑子里面似的。于是我们便把主词与谓词连接起来而下一判断。但是那系词'是'字，却说出了谓词属于那主词，因而那外在的主观的含摄便又被扬弃了，而判断便被认作**对象**的自身规定了。""判断……就是说，一切事物都是个体的，而个体事物又是具有普遍性或内在本性于其自身的；或者说是，个体化的普遍性。在这种个体化的普遍性中，普遍性与个体性是区别开了的，但同时又是同一的。"①（第三版，第 166～167 节）

读者当中可能有人要说，黑格尔或许如此，但马克思恩格斯的思想并非这样吧。实际上，恩格斯不是谈到"唯物主义自然观只是按照自然界的本来面目质朴地理解自然界"②，写有"辩证法的规律是从自然界的历史和人类社会的历史中抽象出来的"③吗？可是，主张前面的讨论无效的论者，应该记住黑格尔也在《逻辑学》中写道："绝对的方法不是像外在反思那样对待自身，而是从它的对象本身去采取规定的东西。"④

我们不能混淆知性反思的立场和辩证理性的立场。不然的话，就会陷入无法理解"方法是认识的方式，即，既是主观了解自己的概念方式，也是了解事物的客观方式"的黑格尔的意想，以及"我们的主观思维和客观世界遵循同一些规律"⑤的恩格斯的意想之境地。

---

① 参见黑格尔：《小逻辑》，贺麟译，商务印书馆 1980 年版，第 337-340 页。
② 《马克思恩格斯全集》第 26 卷，人民出版社 2014 年版，第 526 页。
③ 《马克思恩格斯全集》第 26 卷，人民出版社 2014 年版，第 534 页。
④ 黑格尔：《逻辑学》下卷，杨一之译，商务印书馆 1976 年版，第 536-537 页。
⑤ 《马克思恩格斯全集》第 26 卷，人民出版社 2014 年版，第 638 页。

自为地扬弃将带入的知性的反思概念误认为客观本身的规定性的自在性念头的辩证理性,已超越了单纯的主观的反思的地平,判断的意义设定,每次都将自在的意识中以对象的规定性的物象化面貌而出现的本质必然性结构自为化。不过,判断命题只要是作为对象归属的规定性而自在的显现,对于经验的意识来说就表现为思维与存在的同一的规律性。——如上一节所看到的,在黑格尔的场合和马克思的场合中,对象化的表现的结构性把握,是完全不同的。但是,当前作为共同的构图,可以得出上述论点。

"否定之否定"以及"否定",属于思维的范围而不是对象的规律的规定性这一分析的知性的"批判""疑问",与这种命题(3)(4)的拒斥和扬弃相符合。

这时,如黑格尔自己所说的,正反合的图式并非辩证法的本质。否定之否定的归结,即"合"是否与最初的"正"相类似也不具有本质必然性。问题的关键,在于否定性行进的必然性(从对象化的结构来说即运动、变化的必然性),以及双重否定并非简单的重新肯定(这一点,如下一节将看到的,主语和谓语的判断性"结合"并非外在关系,而是基于将主语对象性的呈现〔Vorkommenheit〕作为变量这一结构性事态)。

以上,在本项中,凸显了作为对象与件本身的规定性而出现的东西,它经过判断的意义设定的物象化的对象化的中介,是辩证法的世界观的一个契机,现在,必须考察该判断命题的对象化的物象化的存在结构,亦即进而考察表现为"精神的具体的再生产"的上升法的逻辑的展开结构。

第三节　上升法的展开之逻辑结构的要点

我们在第一节围绕"从抽象到具体"的上升法的构图确保了开端、"抽象的一般性"的存在性质的几个论点，在第二节涉及了视万象朝其"本质""实体"层次过渡为变易的、流动的辩证法的世界观，各种事物不具有实体的、要素的自存性，而是通过普遍的总联系获得其存在性，并且讨论了对象与件呈现的规定性也是经过判断命题的自在性物象化的中介这一观点。但是这时，对我们来说，还遗留了上升法与近代科学主义之流的方法的结构性差异，关于元素的存在性的黑格尔与马克思的理解的差异以及其他几个问题。

在本节中，我想将这些问题纳入讨论范围，将上升法的逻辑的展开的结构主题化，并凸显其特点。

（一）

这里我想首先将归纳法—演绎法、分析法—综合法、发生学的方法—批判的方法这些既有的方法性程序的联系性也纳入视野，以勾勒上升法的方法论机制的外围。

作为讨论的线索，我想清理一下从方法上重构具体的整体像的方式的两种模式。

第一，要素复合型，通过将要素（它是实体、属性，也是概念、命题）进行可谓积木工艺式的复合，重构具体的与件的类型。

第二，可称为有机酿成型，某种元素以进行可谓有机体的自我分化的结构定位具体的与件类型。举一个合适的例子，譬如以单细胞生物为起点的生物进化系统图，鸟蛋（蛋黄）从最初的均质、简单的存在方式，经过孵化过程的各个阶段，而变为雏鸟的现象。

那么，通常意义上的（即不是康德、黑格尔式的）分析—综合，确实以要素复合型的存在理解为默认的前提，无非是进行要素的分解和要素的复合的程序。（康德所谓的分析—综合，也趋于主概念的要素的分解以及主概念与其他要素的复合化。）归纳—演绎，仍然无非是基于要素复合型的存在理解，抽取**共同**的要素的手法，以及将与件的几个既定要素（命题）的合则①的复合给提示出来的程序。批判的方法即康德学派之流的方法，只要其回溯的"可能性的制约"的东西，不得不成为有机的总体性，作为一种基本要素来理解，就仍属于一种要素回溯法。与此相反，发生学的方法，虽说包含单纯的要素合成法，但典型地采取有机酿成型的逻辑。

什么是辩证法的上升的方法？眼下，可形象化为与有机酿成型有着类似**结构**的机制。虽说不是将酿成过程作为现实的时间的、历史的过程，却是作为逻辑的过程来理解的，在这一点上，必须说这是与作为有机的发生论的发生学的方法相异质的第三种类型。

这里，我们能够首先确认如下这一点。辩证法的上升法，采取了不同于培根-笛卡儿的近代科学主义的方法论，归纳—演绎、分析—综合的方法——具有不同于这些基于要素复合型的存在理解——的方法论的程序。从同样的理由，也异于声称基于经验论的方法和唯理论的方法的扬弃的批判主义的方法，以及作为物理主义的要素主义之反题而出现的生物有机体主义的历史主义的方法，即发生学的方法的科学主义的方法的存在理解。——辩证法的上升法，却不与归纳—演绎、分析—综合、发生学的—批判的这些方法处于同一水准，可以说是在非欧几里得几何学包含欧几里得几何学的类比的意义上扬弃地包含着的。即将发生学的方法作为历史性与逻辑性相一致的特殊情况，使对其他五者（归纳、演绎、分析、综合、批判的方法）的要素的知性的固定化相对化，只是将其作为暂时的设定而加以利用，使之化为自己的因素。

为了赋予上述暂定的断言以内容，现在，必须积极地使辩证法的上

---

① "合则"，其中的"合"，为正反合意义上的"合"。

升的逻辑结构自为化。

作为顺序,我想首先一瞥黑格尔在他关于"方法"的综合性论述的《哲学全书》第238节以下。对我们来说,这时,可以读出这一蛋黄的开端即元素,具体地表象为其自我分化的孵化过程。

黑格尔确认,"直接的开端",似乎是"抽象的肯定","这种存在……只是自在的直接的特定概念,也同样可以说是普遍的东西"①。并且,提出其"进展"即"理念的自我规定",阐述了这种自我规定的规定性,是"相互联系,相互区别的关系"。这种"进展",在黑格尔看来"既是分析的又是综合的",因为"这种进展既是分析的,由于通过它的内在的辩证法只是发挥出那已包含在直接的概念内的东西;又是综合的,因为在这一概念里,这些差别尚未明白发挥出来"②。(确实,岂不仿佛像《资本论》第1卷第1章第1节!)此后,在概述纯有、本质和概念的各种"进展的抽象形式"的基础上,黑格尔这样写道,"概念以它的自在存在为中介,它的差异,和对它的差异的扬弃而达到它自己与它自己本身的结合,这就是实现了的概念。——这就是说,这概念包括它在它自己的自为存在里所设置的不同的规定。这就是理念。对作为绝对的最初(在方法里)的理念来说,目的的达到只是消除了误认,开始似乎是直接的东西,理念似乎是最后成果那种假象。——这就达到了'理念是唯一全体'的认识了";"所以理念便被表述为系统的全体"③。

什么是马克思恩格斯的上升法?对我们来说,为了能够援引黑格尔的上述观点,必须首先确认两个不同点。其一,马克思恩格斯的辩证法,并非形成黑格尔那样的"以终点为起点的圆圈"④,而是立足于历史相对性的自觉,可谓"球"式的封闭而开放。其二,虽然黑格尔相对地不

---

① 参见黑格尔:《小逻辑》,贺麟译,商务印书馆1980年版,第424页。
② 黑格尔:《小逻辑》,贺麟译,商务印书馆1980年版,第425页。
③ 黑格尔:《小逻辑》,贺麟译,商务印书馆1980年版,第426-427页。
④ "当哲学达到这个终点时,也就是哲学重新达到其起点而回归到它自身之时。这样一来,哲学就俨然是一个自己返回到自己的圆圈。"(黑格尔:《小逻辑》,贺麟译,商务印书馆1980年版,第59页)

像发生论者之流把时间性与逻辑性重叠起来,但只要在他那里"理性的东西是现实的"①"逻辑的理念既是直接的普遍的,又是存在着的"②,就构成历史性与逻辑性的重影照,马克思恩格斯则自觉地拒斥这一点。

为了明确这种不同,以及与之源头上的方法论差异,了解马克思恩格斯那里上升法的展开逻辑,裁定作为悬案的开端问题就成了先决要求。

(二)

马克思经济学作为"开端"的"商品",原本就不是泛神论的"主体"与"实体",也不是作为简单概念的普遍的一般者。若先说结论的话,那是超越了传统的"现象体"和"物自体"之对立的地平,因而,是与超越了"唯名论"和"唯实论"之对立的地平相联系的第三种存在形象。

我们在第一节中,限于难以明确说明这种"第三种存在形象",只好仿照米利都学派的基质,为了与第二节的讨论联系起来,这里暂且以黑格尔的"开端"为踏板。

黑格尔哲学体系中作为"开端"的"精神",是泛神论的"主体即实体",他所观察的世界可谓构成泛神论的"一大有机体",万象作为它的自我分化的"诸个分肢"而存在。并且,各个分肢,经历芽、蕾、花、实……这种质的变化,只有在不断变化面貌中存在,形成动态的有机的总联系,以其犹如具有实体性的自存性的契机,获得作为"开端"的自我分化的自我规定的存在性。

根据我们第二节所讨论的,在马克思恩格斯的体系中,"开端"像是必须在结构上保持、继承上述黑格尔的世界观的东西。那是**所谓**的"物质"吗?这种"物质"的东西,实质上,若不过是黑格尔的"精神"的别名的话,那确实在**结构上**几乎能够继承黑格尔的世界观的原有构图。可

---

① 黑格尔:《小逻辑》,贺麟译,商务印书馆1980年版,第43页。
② 黑格尔:《小逻辑》,贺麟译,商务印书馆1980年版,第424页。

是，马克思恩格斯的"开端"，绝不是质料的原物。关于**所谓**"自然界"也是如此，这里我想联系经济学的对象领域作为"开端"的"商品"来进行考察。在《政治经济学批判》的书评中，恩格斯这样写道：

"政治经济学从商品开始……但是它成为商品，只是因为在这个物中、在这个产品中结合着人与人之间的**关系**，即生产者和消费者之间的**关系**……经济学所研究的**不是物**，而是人与人之间的**关系**，归根到底是阶级和阶级之间的**关系**；可是这些关系总是同物结合着，并且**作为物出现**。"①（黑体为广松所加。）

这里我们并非想说"所谓商品实际上就是关系"之类。当前想牢记的是"经济学所研究的不是物，而是人与人之间的关系"（当然是以与一定的"自然物"的联系为契机的人与人之间的关系）的论点，以及这种人与人之间的关系，对于日常的直接意识，物象化地"作为物出现"的论点。

恩格斯指出，由于这种物象化现象"在资产阶级经济学家头脑中引起过可怕混乱"②，即他们以为自己研究的商品是物、物的性质、物与物的关系，从而陷入"拜物教"的迷雾。与此相对，"马克思第一次揭示出这种关系对于整个经济学的意义，从而使最难的问题变得如此简单明了"③，恩格斯称赞说。

商品这种"作为物而出现"的——实际上，一定的人们之间——**诸关系**，这是经济学的广为真实的对象与件。让我们记住这一论点，着眼于马克思在他论述方法的《政治经济学批判》导言的一些段落。

"黑格尔论法哲学，是从占有开始，把占有看作主体最简单的法的**关系**，这是对的。但是，在家庭或主奴**关系**这些具体得多的**关系**之前，占有并不存在……所以，同所有权相比，这种比较简单的范畴，表现为

---

① 参见《马克思恩格斯全集》第13卷，人民出版社1962年版，第533页。
② 《马克思恩格斯全集》第13卷，人民出版社1962年版，第533页。
③ 参见《马克思恩格斯全集》第13卷，人民出版社1962年版，第533页。

比较简单的家庭团体或部落团体的**关系**。"①

如这里所看到的,马克思将黑格尔法哲学中的"占有",即与他的经济学中的"商品"相对应的"开端",理解为人与人之间的**关系**,在此意义上评价这是"对的"。关于他自身的经济学体系又是怎样的呢?

马克思说,"主体,即社会,也必须始终作为前提浮现在表象面前"②。这里所谓的主体(Subjekt),从文脉来看,不是在相对于客体的主体的意义上,而是与"超语法的主语"即基质的意义相近的东西,指的是对象与件的"本体"。那么,什么是经济学的理论展开之际浮现在表象面前的"社会"这个"本体"? 若允许援引《大纲》的话,"社会不是由个人构成,而是表示这些个人彼此发生的那些联系和关系的总和"③。

这样,作为马克思经济学之"开端"的"商品",尽管以物象的面貌而出现,但它反映了一定的人们之间的关系即社会关系,我们可以暂且确认这一点。当然,那不是社会关系本身,而是一定的被规定的社会关系。因此,马克思经济学,其自身是作为一定的社会(市民社会)理论而存在的,相对于作为社会关系的理论的唯物史观,形成阶梯性的(但未必是时代性的)一个领域。关于这一阶梯性的领域,恰好与自然辩证法特有的原生生物(monera)位于"领域的开端"的生物圈有着类比的意义,"商品"所表现的一定的社会关系成为"领域的开端"。若不忌惮画蛇添足,我想正因为"商品"具有这种性质,《导言》中的马克思还将"国家、国际贸易和世界市场"作为"开端""商品"的定在方式。

那么,从"开端"的真实面貌来说,它不是物的东西,而是"关系",这一理解,意味着马克思恩格斯开拓了真正的新地平。如第二节所看到的,辩证法的存在理解打破了传统意义上的实体概念,而在"流动"的面貌及有机联系的面貌中观察世界万象。不过在黑格尔那里,具有唯实论倾向的"开端"还留有实体性的残渣。而马克思恩格斯是真正拒绝将

---

① 《马克思恩格斯全集》第 30 卷,人民出版社 1995 年版,第 43 页。
② 《马克思恩格斯全集》第 30 卷,人民出版社 1995 年版,第 43 页。
③ 《马克思恩格斯全集》第 30 卷,人民出版社 1995 年版,第 221 页。

"开端"质料化,完全实现了辩证法的存在理解。但是,所谓新地平的明示,并非这种"完全实现"之谓,也不是从实体概念到关系概念或函数概念的转换这一维度。那么,那是何之谓呢?

若不惧臆断的话,所谓"关系",并非相对于"实体"的知性对立意义上的"关系",而是扬弃了以"现象体"和"物自体"、唯名论和唯实论的对立的像是作为存在性质的东西——不是古代哲学以来的"ὄν"这一意义上的存在,而是作为共同主观的交互主体性的价值(Gelten)——其所明示的,就在于此,是开拓了基于新开端的存在论认识论的地平之谓。

关于这一问题的主题性讨论必须留待另稿,为了暂且由其中某一点聚焦这一问题,现在我想将论点转移到上升法的逻辑的展开的结构。

(三)

为了详细考察上升法的逻辑的展开,即达到"抽象的规定在思维行程中导致具体的再现"①的结构的逻辑,必须稍微深入研讨《资本论》的行文。但是,这里我想聚焦于可谓构成其前提的方法论(在此意义上的哲学)的基础,适应这一先决要求。

上升的思维步骤(Schritt),不用说是通过判断命题来进行的。但是,具体的再现,由此形成的判断命题,并非要素的复合化。用黑格尔之流的话来说,那是原始—分化(Ur-teilen)。

"判断的意义,必须理解为概念的特殊化。""由于概念的自身活动而引起的分化作用,把自己区别为它的各环节,这就是判断。""当我们进行判断或评判一个对象时,那并不是根据我们的主观活动去加给对象以这个谓词或那个谓词,而是我们在观察由对象的概念自身所发挥出来的规定性。"②

通过将"概念"主体化,黑格尔就这样以与这种有机酿成型的图景

---

① 《马克思恩格斯全集》第 30 卷,人民出版社 1995 年版,第 42 页。
② 黑格尔:《小逻辑》,贺麟译,商务印书馆 1980 年版,第 339 页。

相适应的方法展开讨论。与此相对，马克思拒斥概念的主体等同于实体化这种物象化的颠倒，而且，将黑格尔的上升的逻辑自为化（ereignen）。

所谓判断，在常识上往往以为是客观的主语对象和主观的谓语概念的结合。然而，判断尽管以主语 S 和谓语 P 的"结合"为契机，但判断的本质不在于此。判断论的学说史上，亦有双重对象说和双重作用说的登场，"S 是 P"的事实，其关键在于，关于这一"**事实**"的肯定、否定的态度取向，这一**事实**的相对有效、反向有效性（Gegen- und Hingültigkeit）。

说起来，"S 是 P"的事实，例如"花在开着""花是红的"的事实，这一**事实**不是**物**。也许花这一**物**是红的，倘若"花是红的"并非红的，那它就不会盛开也不会枯萎。虽说如此，那也决不单纯是主观的表象结合，而是确切对象性显现的事态（Sachverhalt）。作为并非单纯的命题的"事态"的"S 是 P"的**事实**，不是所谓经验的实在物（realitas），也不是形而上学的实在物，其具有固有的实在性。

这一"**事实**"，而且常常被**物**化。在"花是红的"→红花的例子中，即便说红花原本是物，不是物化的产物，可若是举"花同去年一样艳丽地开着"→同去年一样艳丽地开着的花的例子，不能否认"**事**"的**物**化吧。而且，据实而言，我们日常思考的单纯的**物**，从反思来看倚赖"事"的物化。实际上，从花——那不是单纯的某事（something），而是作为没有叶、茎等的"花"而出现——到"这是花"的判断命题以"事"的物化为中介。通过这一机制（这是物象化的实例之一，物象化一般，其范围更广），我们在日常意识中甚至将"关系"本身作为物化的表象。但是，从"关系"之于我们人类的对象意识而言自为地呈现的第一性来说，那确实是作为"事"而存在的。

此处回过头看，开端的"商品"，这一"开端"就其真实态来看不是"物"而是"关系"。而且，现在可以表明是作为对于我们（für-gelten）来说的第一性的"事"的关系。（这一"事"，鉴于其不是物的实在，不是主观的表象，也不是形而上学的实在，具有固有的存在性〔Bestand〕或效用〔Geltung〕。基于上述理由,我们可以追认马克思恩格斯的"开端"是第三种存在形象,其开拓了超越唯名论—唯实论的对立的新地平。)

所谓"开端"的原始性自我分割,不过是将"物"化的"事"置于其契机的区别性和同一性中,进行分析—综合的自为化。黑格尔之所以陷入"事"的物化,以及主体等于实体化的物象化的颠倒,在于自在地把握这当中的事情,在此意义上,他说:"一切物(Dinge)都是判断。"(当将物化的"事"的判断的原始—分化〔Ur-teilen〕,以及判断命题的"事"的物化这一机制自为化时,关于与"否定之否定"相联系的上述"谓语判断命题而出现的物象化"的论点,现已奠定了基础。)

成为上升的判断命题之终极主语的"开端",通过物化的"事"的"自我分化"的谓语设定而"展开自己",这一过程,是与将基于主语的"抽象的东西""开端"作为"具体的东西"的设定过程相联系的。

用浅显的例子来说,花是红的,花在开着,花……这种设定,因为主语的自我同一性("开端"的自我同一性!)之故,并非简单的并列,而是从第一命题(花是红的)到第二命题(花在开着)的过渡,主语通过第一命题使它的谓语的自我规定自为化,形成"红花在开着"的命题。通过这一机制,最初的简单而无规定的花,成为类似的红花,红的开着的花,红的开着……的花,在具体规定性中得以自在自为化。

这一过程,从外在层面来看,可以说是使谓语规定依次回归主语,将主语重层性地具体化的过程。从马克思经济学的逻辑的展开之一斑来说,通过抽象的即简单(自为的未规定的)"商品"在其规定性中重层性地自在自为化,诸如此类的商品是货币,诸如此类的货币商品是资本……这种方法来设定更为重层的具体的东西。但是,这时,如上述地方已阐明的,谓语不是要素复合性的累加。"开端"的主语作为"事"自在具有的那种规定性是自我分化的自为化,继而被判别(erkannt)。通过这一机制,"抽象的规定""在思维行程中""导致具体的再现"。据此,我们能够在拒斥近代科学主义的分析的知性的世界了解的辩证法的存在理解和整合的形式中——而且,在对黑格尔辩证法进行"唯物论的颠倒"的新地平中,通过既非要素复合型也非有机酿成型的方法——使作为"从抽象到具体的上升"的马克思的辩证法的高维—方法自为化。

但是,在以上立言中,关于与"物"相区别的"事"的存在性质,"事"的物化的机制,以及没有超出大致地提出论点的论域。为了深入进行研讨,有必要探明判断形象的意义论的结构以及判断命题的主体性契机——因此,对马克思而言,马克思的学理的展开并非只是该人的私念,既然是世人(读者)能够理解的东西,判断命题就不是作者个人的行为,而是与读者的"共犯"行为,只有作为共同主观性的行为,上升才成为可能——的形成的存在论、认识论的关系结构。(虽说这一作业之一斑是在另著完成的,这里以此为直接的前提大概也并非臆言。)

因此,在本文中,我想即使基本论点和框架可能不得要领也暂且搁笔,转而深入探讨《资本论》及《自然辩证法》的上升法的程序论的层次(关于这一主题,参照拙著《资本论的哲学》,现代评论社;《广松涉著作集》第 12 卷)。

第二部

黑格尔与马克思的连环

第三章
异化论的逻辑的问题机制

首先要交代一句,我想预先请大家谅解,由于今天不是讲演会,而是研讨会,在讨论中将涉及一些细节上的论点,这种基调的发言想必看起来有点离题。

即使是"从异化论到物象化论"的一般性标题也能够预想应有讨论的中心,总之其与马克思相关。不过,若一开始就始终以马克思来进行整个讨论,容易使这一问题的地位变得模糊,故特意扩大讨论范围。因此,这里我想说的基本主题是,在心里头将异化论的逻辑机制及体系构制所具有的意义,拓展到黑格尔及黑格尔左派,凸显与此相对的"物象化论"的逻辑。当然,与大家预期关于物象化论可能是本次讨论中积极地加以阐述的机会相反,由于在讨论异化论的积极意义——虽说如此,这也只是在思想史上的意义,而我自己并不采纳它——在体系构制法结构上的规模方面的情况毋宁说是概略性的,这里我想先说一下在何种意义上是以异化论为重点的。

那么,当说到异化论,异化论的体系构制法之类,在今天难免给人一种奇怪的感觉。所谓异化,经常被认为"不就是表现某种事物处于非本真状态、颠倒的状态的概念?"随着日常用语完全被当作流行语来使用,异化概念也完全变得模糊起来。并且这一情况,由于不容易看到异化论与物象化论的区别的原因,开始涉及语言的问题。虽然说到这里,会场已经马上可以随处可见无聊的表情,例如,同样是"车",平安时代的人们想到的是牛车,江户时代的人们想到的是马车,现代的人们,所表征的是私家车、汽车这种不同的情况,明明想的说的是牛车,而听到的是汽车的想法,这恐怕就像单口相声的"答非所问"。不过,在"车"的例子中,只是由于概念所表示的具体事物不同而使得"车"的概念内容也许不能说是一贯地相同,可是在异化概念的场合,不是表示的事态,而是概念内容本身看起来完全变得模糊,所以这里特意从这种情况说起。

异化,即德语所谓的"Entfremdung"一词,当读到解说之类的书,首先提到的是歌德在将《拉摩的侄子》①翻译为德语时,最先把 aliénation d'esprit,精神性的"alienation"译为"Entfremdung das Geistes"。据说,黑格尔模仿式地"将其使用"在正在写作的《精神现象学》中。aliénation d'esprit,即精神错乱得看起来完全像另一个人。但是,拉摩的侄子并没有完全失去自我性,而是回归到精神相当正常的状态,从这种意义来写的书不多。其次还有一种说法是霍布斯和卢梭从社会契约论的层面,在权利的让渡这一意义上使用"alienaton"的德译。然而,无论如何,虽然其或许有以名词的形式在世间传播的经过,但"entfremden"这种动词的形式在路德译《圣经》中就已经使用并在格林词典也有收录,故不能简单认为"异化"(entfremden)一词是源自法语和英语的翻译。这一点,当同时参考黑格尔和费尔巴哈基本上将"异化"(Entfremdung)

---

① 《拉摩的侄子》是法国哲学家狄德罗于1762—1799年创作的一部对话体的哲理小说。在作品完成之后,作者将其卖给了资助者,并由资助者带到了俄国。1803年,一份秘密的手抄本被人从俄国带到德国,被席勒发现,席勒郑重地将其推荐给歌德。据《歌德对话录》记载,席勒一直关心这本书的命运,在去世前17天还写信询问歌德。歌德阅读了手抄本,决定亲自动手译成德文,并且为了拟写注释,认真研究了这一时期的法国文学,改变了过去他对法国文学的较低评价。1805年,歌德的译著出版问世。黑格尔给予极高评价,并将其中诸如"alienation"的思想吸收到《精神现象学》中。1869年4月15日,马克思将该书推荐给恩格斯,"今天我偶然发现家里有两本《拉摩的侄子》,所以寄一本给你。这本无与伦比的作品必将给你以新的享受"(《马克思恩格斯全集》第32卷,人民出版社1974年版,第283页);1880年1月,恩格斯在《社会主义从空想到科学的发展》一书中,称其为"辩证法的杰作"(《马克思恩格斯文集》第3卷,人民出版社2009年版,第538页)。

和"外化"(Entäußerung)同义地加以使用的场合,就尤其明显。

若先从结论来说,我认为,费希特、黑格尔和黑格尔左派的成员,在使用作为哲学用词的"外化""异化"一词时,具有与路德译《圣经》就已出现的"外化""异化"的观念,特别是基督教神学观念的连续性。当然,由于它经过近代哲学之流的改造,并非完全是路德译《圣经》中的宗教观念。但是,我认为,如果无视与这种基督教式的表象的连续和中断,就不能正确理解黑格尔学派的"外化""异化"的概念,以及被称为"异化论"之父的费希特的"外化"概念。

所谓标准德语,既有通过路德译的《圣经》而形成的情况,而在黑格尔那里,作为神学学生,因为他自己尝试过《圣经》德语翻译的作业,所以首先无疑直接读过路德译的《圣经》。当考虑到这一经过,不难发现黑格尔用以表达"外化"的"Entäußerung"的表现和"Äußerung"的表现,是使用了加前缀"ent"的形式和未加的形式的两种用法。这是因为在黑格尔的时代,并非完全按照路德译的《圣经》来使用,路德译文中未加前缀"ent"的地方也都开始加上"ent"。虽然作为日常用词,"äußern"和"entäußern"是不同的,但作为《圣经》中的某种特殊的神学概念,是同义词,只是有着标记法的不同。那么,《圣经》的"sich äußern, sich entäußern"一词,是作为何种神学概念而使用的?我想了解德语的日常用法的诸位,也许会联想到色情(porno)的某种事情,由于未为《格林词典》的用例所采用,在路德译的《圣经》中,并没有色情的某种用法。因为从《格林词典》的编纂方针来说,若是有就应该会有《圣经》的用例……另外,人将身心完全献给上帝的意义,似乎也具有从今天的日常语法来联想"sich entäußern"的意图,这在当时也无此用法。在路德译的《圣经》中,上帝变为人的样子,即上帝把自己装扮成为人的样子出现在地上,用基督教神学式的话说是"道成肉身""肉身化""化身",不知日语该译为什么最合适,要言之是以此表示"incarnation"而使用的。在我看来,费希特和黑格尔的用词与此相关。因此,虽然费希特的《试评一切天启》(*Versuch Einer Kritik Aller Offenbarung*)的论文是处女作——当然这与黑格尔左派的启示宗教批判有着层次上的不同——但当他在这篇论文中强调"上帝的理念是基于我们主观东西的外化（Entäußerung）"①时，隐藏着《圣经》中的"上帝将自己外化（äußerte sich）为（nahm an）人的样子"这一命题的反题。

即使这样说，也可能是用怀疑的眼光所作的推断。在日本，虽说没有相当于《格林词典》的辞书，但德国学者、英法学者在研究德语的外化、异化概念的起源时，岂不应该首先引用《格林词典》，如果无法从欧洲学者那里得知这一点，岂不确实仍是从《拉摩的侄子》的德译、霍布斯和卢梭用词的德译开始的？然而，很久以来，事实上，黑格尔研究者并没有太注意"异化"或"外化"的概念，作为证据，在格洛克纳版《黑格尔全集》的索引中并无"异化"一项。注意到黑格尔的这一概念的是马克思研究者一方。可是，随着之前欧洲的马克思学者好像心胸开阔的人的增多，本应最先发现却视而不见？一方面，这有着"Entfremdung"一词在19世纪还没有作为日常用词而相当固定下来的情况。实际上，甚至连黑格尔在最晚年的著作中也有在夫妻之间的"不和"这一意义上使用"异化"一词的例子，我们有必要区分日常的用法和哲学概念的用法。有点离题了，无论如何，黑格尔的"外化""异化"的概念，有着路德译的《圣经》以来的某种观念与连续性，我想提请首先注意这一点。否则，就难以理解费希特和黑格尔以及黑格尔左派沿袭传统宗教的构想，将之改造为近代哲学的概念，使用这一旧的"新"概念图式从事着怎样宏大的世界观式的事业，即"异化论"这一体系构制及其逻辑机制的基准大小、范围长短。

我想敏锐的各位，从以上乍一看并非本质性的讨论中，能够很快看出我想预示的要点在于，黑格尔的体系构制的秘密，以及黑格尔哲学包括从希腊哲学到中世纪欧洲哲学即神学在内，将欧洲哲学的整体重塑

---

① 费希特：《费希特著作选集》第1卷，梁志学译，商务印书馆1990年版，第23页。

为一个宏大的体系的情况,使之形成可能的概念图式。对于各位来说,这种特意从正面所作的讨论是无用的、无聊的,若不尽可能提出若干论点就不成其为讨论。因此接下来,首先借黑格尔之口,凸显异化论的思想史的意义。

谈到黑格尔哲学,往往有"不仅是近代哲学的顶峰,而且是对古希腊以来的欧洲哲学的一个清算"的说法。果真撇开何谓真正的"清算"不说,当思考一些人为何从这种视角评价黑格尔哲学时,明显在于异化论的体系的思想史的意义。

话说得多少有点大,若正式开始讨论的话,古代、中世纪和近代的欧洲哲学的总体性把握就变得有必要,说到近代哲学的"主观和客观",可能首先会想到前者特指人的意识、人的理性,后者特指物质的自然、机械论所理解的没有灵魂的物质的存在。从与此的联系来说,希腊哲学中的逻格斯和努斯,不用说是泛神论式地充满宇宙,而且是有秩序的体系,即作为宇宙原理的那种精神性存在,还有一个是被理解为有机体的自然概念。中世纪欧洲的神学即哲学,原本,人格神是特指上帝的存在,这里,"普遍存在者"和"个别存在者"源于超越的形而上学的存在的世界和地上的形而下的世界的两个世界的存在理解。并且,具有首先在希腊哲学和基督教哲学的世界观的构图的联结形式中通过"形式"和"质料"的二因素的结合来理解地上世界的结构。当大致考虑到这种情况,黑格尔是通过怎样的体系性机制,统一地重新把握并配位这类因素,当考虑到这一问题时,应该能够了解大致的信息。

在《精神现象学》序言中可谓黑格尔的哲学宣言的地方,众所周知,黑格尔把真正的存在(das Wahre)不仅理解为实体而且同时理解为主体,提出了"主体即实体,实体即主体"的命题①。这时,主体是当前黑格尔特有的"精神",黑格尔所谓的精神(Geist)不是近代哲学之流所理

---

① 黑格尔:《精神现象学》上卷,贺麟、王久兴译,商务印书馆1979年版,第10页。

解的精神。那是与希腊哲学中的逻格斯和努斯有着血缘性的超个人的、泛神论的精神。不过,若说这与基督教哲学中特指主体的、精神的存在的人格神无关,当然并非如此,另外,也不是与近代哲学之流的"主体"无关。那么,这是在何种情况下被"统一"的,解开这一问题的关键就在于"主体即实体"这一命题,基于这一问题的体系构制的逻辑就是异化论的问题。换句话说,所谓异化论的逻辑,就是那种能够使古代中世纪的构想及概念图式和近代哲学之流的构想及概念图式真正结合起来讨论的逻辑机制。为了理解这一点,从"实体"方面来进行考察不失为一条便捷的途径。

说到"实体",虽然由于近代人容易作质料主义的理解,任何东西都是物质存在,那也是机械论的要素主义的说法,是非灵魂的,认为无论什么都是物质的,是独立自存的真实在,但在欧洲传统中,所谓实体被看作是与灵魂的双重写照,此乃无须再次提请留意的。当然,希腊有着形式主义的实体观和质料主义的实体观这双方,这时的质料的实体通常容易被近代人理解为唯物主义的东西,实际上难以将其与灵魂的实质性割裂来思考。而且,这种实体被理解为某种本质的存在,普遍的存在。并且,中世纪基督教哲学的"普遍者"和"个别者"的二元区分,如前所述,与希腊的"形式"和"质料"的二元性图式相联系。这是基督教的体系、基督教神学的确立期通过与柏拉图主义的结合而形成的,此后,经院哲学进行与亚里士多德哲学的结合时经形式变换而定式化。虽说简单化是危险的,柏拉图的理念,就是在这种讨论中进行的:形式的实体与上帝的天地创造的神学性说明相联系的场面中,展开所谓理念先于天地创造,或者创造天地的时候,是在上帝的思维中的观念中进行的。所讨论的是上帝的思维中形成的理念表现为地上的存在,形成地上的事物世界。虽说同样是基督教神学,到了经院哲学的后期,开始确立更加洗练的讨论,不过总之,"形式"的"普遍",在"实体"与地上的现实世界的联系中,形式的普遍、实体作为寓于地上的事物取得存在性。但是,上帝有着与此不同的场所。并且,作为形式而寓在的,归根结底,就是"上帝"。"上帝",其自身即使是纯粹形式、真正的普遍和无限实体,"上帝"本身也并不会完全呈现于地上世界。对于地上世界可以说是输出各种形式,由此形成现实世界。在此意义上,作为"形式"的实体,其自身不是真正能动的主体,而只不过是相对于真正的主体的作为动力因的上帝的受动性。对于这种中世纪神学的理解,黑格尔不是分别确立形式的、理念的实体和另一方的"上帝",而是在使神格成为泛神论的主体中,使作为形式、理念的实体成为主体的动力因。用一句话来说,形成"把实体理解和表述为主体"①的命题。

刚才的说法,由于是从强硬的简略化、图式化来说的,或许会使人误解,眼下,我想只要理解如下一点就足够。那就是黑格尔提出了通过将"普遍"的"本质"和"个别"的"实存"关系,推及上帝的"化身"的构图,以及"三位一体"的逻辑机制的说明方式。

如我们所知道的,所谓"普遍""本质",是作为独立的实体而存在,还是只不过是名词,实际存在的只是"个别""实存",围绕这一点而展开的所谓"普遍争论"是中世纪欧洲哲学界的最大争论。近代人可以说通常持"唯名论"的立场,即"普遍"或"本质"并不是独立自存的东西,实际存在的只是个别存在的各种事物这种思维方式。可是,这在神学上是不行的,正统派的思想采取"唯实论",即概念的本质、普遍是独立存在的,是有别于地上的另一个世界的实在,并且这一"真实性"的世界赋予地上的"现象世界"以存在性这种观点。关于唯名论和唯实论的争论,托马斯·阿奎那这位中世纪最大的神学家,可谓持中间派的态度,提出了"共相存在于对象之中(universalia in rebus)"的论断。我想这一点正如前面所了解的,即托马斯采取普遍、本质作为实体的存在,不是与个体存在相分离的存在,通过寓于具体事物的形式而实在这种观点。可以说黑格尔亦沿袭这种观点。但是,在他那里,夹杂着斯宾诺莎的

---

① 黑格尔:《精神现象学》上卷,贺麟、王久兴译,商务印书馆 1979 年版,第 10 页。

"实体",将托马斯涉及的机制中未说清楚的普遍与个别的关系以特有的方式说出。通过这一点,可谓奠定了一种"终结"普遍争论的讨论。支撑这一点的逻辑机制确实即是"外化""异化"的逻辑。

这里的问题是,前面谈及的"化身"的构图,即上帝将自己外化为耶稣基督而呈现出来,但是神人(Gottmensch)这种三位一体,具有上帝、精灵和人的实体的一体性之构想的构图,这不仅在以此为耶稣基督这一特定人格的场合,也是泛神论的一般化的构图。当然,黑格尔本人未必是从正面提出这种泛神论的论证。他确实同时以实体即主体为论据来批判泛神论,但是,对于黑格尔哲学"是泛神论"的批判,正如正统派阵营及其他派别所直接提出的,从他的逻辑来说,应该说怎么看都是一种泛神论的世界观。

光是这么说,由于黑格尔的旧的方面倒是非常明显,黑格尔哲学之所以是近代哲学的一个清算,称得上"黑格尔哲学,是对古希腊、中世纪欧洲哲学的扬弃,它使希腊-希伯来思想得到新的统一"的东西,或许反而难以判清,因此这里,我想暂且换一个视角来展开讨论,然后再反照刚才的论点。

虽然不打算作学说史的讨论,但作为理解黑格尔及黑格尔左派的姿态的前提,若就费希特说上只言片语,由于费希特是从康德哲学之徒出发,他特有的主体概念"自我"(das Ich)原本绝不是超人类的东西。而是人类的自我。不过,随着他的体系趋于成熟,也就成为超个人、超人类的自我。在费希特哲学中,自我和非我即客观不是二元的存在,自我以自身作为非我的自我设定。其中一开始,非我即客观的东西就存在着。如我们所知道的,费希特通过那种理解和逻辑建立起体系。且不说费希特的哲学有着重新影响黑格尔左派的成员——需要说明的是,并非光是通过黑格尔,而是直接的——的经过,无论如何,通过费希特哲学,作为主体的自我——话虽这么说,可是并非个人的自我,而是大自我、大主体——的自我设定,通过自我变身而形成客观实在界的宏大唯心论,其客观唯心论的哲学开始登场。黑格尔也继承了这一构图。

这时,有必要注意何谓所谓的"大主体""大自我"。对黑格尔来说,那是"绝对精神"。总之,费希特的"自我"也不是个人的自我。从实质上来说,那无疑是"上帝"。但是,光说那就是"上帝",还不能理解德国唯心论的新颖及其思想史的意义。那已经不是原来的传统基督教的上帝。在费希特那里,是理解为"行动"(Tathandlung),从原本的经过来说,康德的"先验主观"也是在实践理性的优势中的先验主观、先验主体,在某种意义上是"人"。黑格尔的"绝对精神",虽说也确实是与神格的双重写照,但青年时代的黑格尔最初思考的并非上帝的精神,而是后来被抬高到绝对精神这一概念的作为"伦理实体"的"人"。当然,事实上,即使说是人,那也并非作为个人的人,用费尔巴哈的话来说,可以说是作为类存在、类本质的人。——黑格尔左派成员不了解青年时代的黑格尔的思想,而有着独特的展开过程,从某种意义上可以说,黑格尔本人已在青年时代经历过与黑格尔左派相同旨趣的思考。

若考虑到这种情况,可以说,费希特、黑格尔所谓的"大主体""大自我""绝对精神",在某种意义上不过是人,不过不是作为个人的人,而是作为类的人,至少是作为民族的人,作为那种"大我"的人之谓也。还有,他们的通过"大主体"的自我定位、自我变身而形成客观世界这种思维方式,可谓构成与神学表象的双重写照,从某种意义来说,确实是将"人"抬高到上帝的位置。据说近代哲学是"人本主义",是在将人的存在看作世界的客观主义这一意义上的主观主义,所谓主观唯心论,就是极力将人置于相对于"观念世界"的造物主的位置,另外,康德的先验唯心论的人的主观高高地停留于"现象世界"的半造物主的位置,到了经历从费希特到谢林的黑格尔那里,相对于真实在的世界整体的作为"大我"的人占据造物主的位置。当然,这是从第三者的视角而言的,德国唯心论的哲学家们停留于神学构想的构图来进行讨论。但无论如何,将大我的人抬高到上帝的位置,在这一点上,可以说作为德国唯心论顶峰的黑格尔哲学是近代哲学、近代的主观主义哲学的"完成"。

但是,这种主观主义,不同于所谓主观唯心论,而是通过相应的方法"扬弃"了独立于个别主观的所谓客观和另一种极端主观的存在论的二元性,黑格尔的绝对唯心论,虽然属于绝对的**唯心论**的范围,但采取了扬弃主观主义和客观主义的姿态和构图。我想可以确认这一点。

这里一个新的问题是,黑格尔是通过怎样的逻辑机制,扬弃、统一主观和客观、理念和现实、无限者和有限者、本质和存在、普遍和个别这种二元对立性的,支撑它的构图、逻辑结构,就是前面所述的"道成肉身"(incarnation)的逻辑机制,"实体即主体""主体即实体"的自我设定、自我变身,不过是自我外化和凭借自身的自我获得的逻辑,而且,因此,在基督教中,以与天国-原罪-救赎的恢复这种理解相联系的形式,说明人的自我异化和自我回归。

形式的理念和物质的实在、普遍和个别、本质和存在,以及机械论的理解和有机体论的理解、逻辑和人格神的论点,我想随后返回从其他角度进行探讨,即使从上述讨论的范围来看,关于黑格尔哲学之所以**被称作"欧洲哲学的综合""一个清算"**,以及其中异化论的逻辑占有的意义,我想可以得到大致的理解吧。

因此,我们逐渐将黑格尔左派的异化论也纳入讨论范围也就理所当然。

说到黑格尔左派,总之,它有几个系列,虽说绝不可能面面俱到地详加讨论,不过从当前的文脉尽量展开来说,他们是从黑格尔哲学,归根结底不过是一种神学来批判黑格尔。即批判黑格尔所谓的"精神",归根结底不过是上帝的别名。虽然黑格尔左派批判黑格尔,但大致始终是黑格尔学派,目前是内在的批判,指出黑格尔称作"绝对精神"的神格化的东西,实际上是人的精神,不是个人的精神,是作为人类的人的精神。因此,我想这是黑格尔左派通过重新评价费希特而做出的评判。

黑格尔左派的这种黑格尔批判,从回想前面稍微涉及的黑格尔青年时代的思想及今天第三者所评价、理解的黑格尔的观点来看,不禁有让人稍稍苦笑之处,无论如何,黑格尔的"主体即实体"具有双重性质,而左派却将批判上帝与人的双重写照,纯化为"人"这一方向,可以很容易看出这一点。实际上,黑格尔所谓的"绝对精神",是人类,即作为类的人,作为人的本性,黑格尔从神学的颠倒来理解人,所谓"绝对精神",实际上是"人类的自我意识""人的类本质",通过这种方法,黑格尔左派成员把黑格尔所谓绝对精神的"主体即实体"重释为"人类、自我意识、类本质"(Menschheit,Selbstbewußtsein,Gattungswesen)之类的"大我的人",所置换的正是曾经作为造物主的上帝占据的位置,如文字所表明的,作为类的人类精神,人的类本质已然显示出受到祭祀的过程。

黑格尔把地上世界、自然界和文化界看作绝对精神将自己外化、异化的定在——这时,上帝采取变为耶稣基督的地上身姿这一外化的逻辑是无须赘述的——例如,黑格尔左派的布鲁诺·鲍威尔等,一时间认真地坚持整个宇宙是人类的"自我意识"的异化态。读过马克思的博士论文的各位,可能记得当时尚未明确表明唯心论观点的马克思,模仿鲍威尔,写下在天体中的"自我意识"①的定在。

总之,黑格尔左派当初完全接受了黑格尔的体系和逻辑的构图,但是从第三者的视角来看,由于对这种"主体即实体"的"绝对精神"作了重释性置换,故黑格尔能够完成对欧洲哲学的"清算"的逻辑机制也就照旧发挥作用。并且,在明确提出人本主义的主体概念这一点时,或许可以说左派才是近代哲学的顶峰。

然而,当将黑格尔那里经过与上帝的双重写照的自我异化的主体的人,同现实的人联系起来进行重释时,通过主体的自我异化而形成自然界的讨论,即基于上帝的自我异化的自然界的创造性形成的讨论总归是牵强的。因此,费尔巴哈确立了关于自然界的唯物主义观点,最终承认自然具有自存性。但是,他还自称下半截是唯物主义者上半截是唯心主义者,关于非自然界的精神的、文化的世界,他的唯心论的理解并未崩溃。确实在这里,他构筑了以新方法重新开拓使用异化论的逻辑的具体的、历史的讨论场的基础。

---

① 参见《马克思恩格斯全集》第1卷,人民出版社2002年版,第61-62页。

我现在还只是非常匆促地谈到了费尔巴哈，原本也没必要作更详细的论说。作为黑格尔左派第一旗手的施特劳斯，并非批判黑格尔哲学本身，而是从倘若以黑格尔的逻辑来推进黑格尔宗教哲学将是怎样这一方向来研讨黑格尔的宗教哲学以及犹太教基督教。前面，因为我们是从今天的观点来讨论黑格尔的主体概念，谈论绝对精神与"人""人类精神"的双重写照，施特劳斯的时代并不知晓青年黑格尔的手稿之类，故应当在进一步联系黑格尔哲学的原则基础上进行讨论。具体而言，在黑格尔那里，神人、耶稣基督这一特定人格只此一次的神的化身的传统观念尚未瓦解，与此相对，施特劳斯坚持神的自我外化，神的化身的事情，绝不是耶稣一次完成的事情，事实上是一切人完成的，说明了《圣经》记载的耶稣事迹是象征性地表现人类一般的事实。从正统基督教的观点来说，这是毫无道理的异端之说；从黑格尔哲学的逻辑来说则是当然如此。之所以这么说，正如黑格尔在他从哲学体系的第一部逻辑学到第二部自然哲学的过渡的地方明确提出的那样，主体即实体的"精神"，"绝对理念"外化自己，在异化中，向自然存在变身，由此形成自然界（用宗教的话来说是创造天地），从黑格尔的"泛神论"的哲学来说，神必须寓居于万物之中。那不是柏拉图或托马斯的方式上的理念-形相的地上的实现，而确实是其"外化"，即必须是基于变身、化身的方法的定在。

基于这一原因，即使暂且撇开自然界的事物，就"人"这一存在而言，各人都寓居着神的绝对理念。不，岂止"寓居"着神，各人在其本质的性质上就是神人，是神的化身。在这一本质的性质中——在与所谓传统的"理念"的分有有着相同的逻辑结构这一意义——人在本质上都是同构-平等的。并且，与传统的理论相对，即认为虽然人分有神的理性，但是神的本体存在于别的地方，黑格尔的构想并非如此。关于这一点，由于预定在后面通过讨论无限者和有限者、普遍和个别、本质和存在这些对立概念（与此对应的存在）来说明黑格尔是基于何种理解的结构加以处理的，这里暂且断定性地附言几句，并非说神的本体存在于哪里，以及是其变身、外化的存在，而是确实在三位一体的实体上是同一的。这样，神并非另在于先验世界的不同于人的个体的总和、人类总和（采取这一姿态而存在的东西）的存在。

说到这里，我想后面发生进一步的逆转也就容易理解了。另一世界并不存在离开作为类的人、类存在、人的类本质的神。这样，人的类本质才是实在的，神这种东西，实际上并非另一存在，即上帝这种超越的存在并非是实在的。事实上，是费尔巴哈促使了这一逆转。

这里产生了一个新的问题，即人们为什么深信神这种东西是不同于人的存在；并且，人们反而受到那种"神"的束缚，人们崇拜那种神，人们跪拜在那种"神"的面前这种现状是如何形成的。我们有必要说明其中的道理。这里，完成了"主语和谓语的置换"，论证了神的谓语是人的谓语。并且不是以神异化为人为命题，相反，是以人的本质将自己异化为神为命题。自我异化的主体即实体，被作为从"神"到"人"（说到底，是人的类本质）的逆转来把握。这样，通过人的类本质的自我异化，宗教形象的形成和存在就得以说明。

黑格尔在他宏大的哲学体系中通过精神的自我异化和自我复归来说明世界的总体，他未必抽象地做一般的讨论，而是如我们所看到的宗教哲学、历史哲学和法哲学那样，对社会、国家和历史，以及种种文化现象，从"绝对精神"的各个阶段、各种存在，从主体即实体的精神的自我异化态及其自我复归的各个阶段和运动态来展开讨论。作为黑格尔左派，当然也是将"绝对精神"解读为"人"——作为类的人类精神、自我意识、类本质——沿袭黑格尔的逻辑来说明历史、法律和文化等现象。

黑格尔左派有各色人物，有的对黑格尔历史哲学进行批判性的继承和展开，有的对黑格尔法哲学国家理论进行内在的批判，所谓左派，原本就是从宗教哲学批判的层面开始，自费尔巴哈的《基督教的本质》出版之后，通过推及费尔巴哈的宗教批判的逻辑方法，出现了试着从社会的历史的形象展开批判的著作。他们还将国家的权威（权力）、法的权威（规则力）、道德的权威（规范力）这些东西归结为"宗教"而加以批判。在欧洲，特别是当时还是落后国家的德国，不管是国家还是法律抑或道德，都与基督教这一宗教密不可分，由于与宗教的权威有着相互依存的关系，故不能说他们绝非借助"宗教"对这种政治社会的形象进行批判，或绝非通过宗教批判的逻辑展开讨论。

略过详细的讨论，国家的权威（权力）、王权，绝不是出自神授，那不过是源自人类理性的事实。这种讨论是可以直接产生的。在德国，虽然并非没有如康德和费希特那样，采用社会等同于国家契约论的人，但在黑格尔学派的时代，已经不能沿用社会等同于国家契约论那种原有的形式了。然而，在当时处于资产阶级革命的前夜的德国，要求批判神授说的王权、旧的国家的绝对权，赋予人们即国民的权利、国民的主权以权利的理论的作业。德国浪漫主义派或德国历史学派的国家理论，无法完全适应这一理论的、意识形态的课题。这里，正好可以通过人的本质的异化来确立理论机制。并且，国家论、权力论本身，当从国民主权论的前提理解出发，即当从权力本来应该属于国民自身这一理解出发，究竟为什么国家权力反而独立于国民，对立性地束缚国民，变成一种压迫？对这一现状（status quo）加以说明成为理论上的课题。用卢梭的话来说，"人生而自由，却又无往不在枷锁之中"①。我们有必要对何以产生这种"异化事态"作出说明。这里若附带说一句，通常卢梭所说的异化论——它虽然与黑格尔的异化论有着不同的逻辑结构，但在理想的自然状态、堕落和向理想状态的回归这一图式上有共同点，在从人的本性、人的本真的存在方式这种理解出发这一点上也与黑格尔左派有着一定的同构性——无论如何，即便让人联想到通常所谓"卢梭的异化论"的国家等同于社会论，但我想也能够大致推测到是基于黑格尔左派的异化论的国家论。关于法律和道德的问题，同样是基于黑格尔左派的异化论的讨论，这已是毋庸赘言的吧。

但是这里，请一定牢记的是，试着将费尔巴哈对"宗教＝上帝"的批

---

① 卢梭：《社会契约论》，何兆武译，商务印书馆2003年版，第4页。

判逻辑推及对作为"地上的神"的货币以及财产的威力,这种财产或货币的财神的神,且无非是犹太的神耶和华(犹太商人的现世的神)。"货币"这一"上帝"的批判,那也是有着历史哲学的人类史的回顾与展望,在与社会主义的革命思想相结合的形式中的"货币"批判,这是在黑格尔左派之间出现的一个事实。

也就是说,将费尔巴哈的宗教批判的逻辑、异化论的逻辑适用于社会经济的层面,并适用于人类史,由此,试着凭借"异化论"为社会主义革命的理论奠定基础。那也是莫泽斯·赫斯,以及卡尔·格律恩及其一派的所谓"真正社会主义"——众所周知,《德意志意识形态》的第二卷,正是对"真正社会主义"的批判,《共产党宣言》也批判性地言及——这些成员所展开的内容,这一时期的马克思自身,亦参与其中。

马克思是否存在是所谓"真正社会主义者"的一员的时期这一问题,由于这与其说是事实的问题,莫如说是评价的问题,可保留讨论。虽说也有好像看了卡尔·格律恩派的机关杂志或马克思向杂志(赫斯和恩格斯与格律恩的争吵正值 1845 年春的时候)投寄了一篇稿子的事实,这种外在的事实这里不再讨论。问题是思想上、理论上的机制。

现在,我想进入阐述早期马克思的异化论的步骤。本日的研讨会将对《1844 年手稿》和同是巴黎时期的《经济学笔记》,弗里德里希·李斯特批判的遗稿,以及翌年 1845 年出版的《神圣家族》,1845—1846 年写的遗稿《德意志意识形态》这些文献进行深入分析,进而考虑后来马克思那与经济学相关的著作和手稿等,探讨异化论和物象化论及两者的联系与不同。因而,我想把详细的议论推迟到讨论的环节比较合适。虽说如此,描述所谓概要式大纲的作业也是平凡无奇的话,这里出席的诸位中,我想早就知道我过去以著作和论文集的形式发表的相关论证的意图,因此概要式的讨论也予以省略——若是有必要向主持人提出的话不在此例……

那么,这里,当接着刚才的话大胆地凸显早期马克思的异化论的逻辑机制时,除了为防止可能存在的误解而加以若干的说明之外,我想就停留于上述那种发言。

　　说到早期马克思，通常多是从《1844年手稿》期间开始的，再充其量追溯到在《德法年鉴》发表的两篇论文，但为了将与黑格尔及黑格尔学派的联系纳入讨论范围，有必要考虑到《莱茵报》时期，进而直到其写作博士论文的时期。这里，虽没有追溯至学生时代，是因为我只想在谈到早期马克思的博士论文的思考范围的若干讨论时，仅以《1844年手稿》为论据就得出"马克思不曾那样说"的这种批判，预先交代几句。

　　众所周知，马克思最初是一名法律系学生，与其说他对黑格尔哲学毋宁说尤其对"法哲学"有着浓厚兴趣，并且通过《莱茵报》时期，与黑格尔法哲学进行内在的对决，达至必须对其进行内在的批判、超越的局面，关于这一点——本州大学的黑泽惟昭在今年（1973）的《本州大学纪要》中作了细致描述——虽然说明还不够充分，但由于我自身反复谈过，就不深入其内容了。只是，在马克思那里，虽说是黑格尔左派，相对于"宗教"问题，更关心黑格尔法哲学所讨论的内容，即国家和市民社会的历史的、社会的形象，并且，他立志于研究黑格尔法哲学，尤其市民社会论的批判这一点，基本上决定了他的理论形成的经纬，我只想提请牢记这一点。

　　与此相关，通过斯坦因而了解关于法国社会主义、共产主义的知识，移居巴黎之后由其所接触的法国和德国的社会主义者所带来的冲击形成问题意识，进而也交织着在《莱茵报》时期亲身经历的几个社会问题、政治问题。另外，问题还在于夹杂着所谓慕尼黑、三月革命以前的德法思想界和时代思潮的背景。但是，这里只想特意着眼于逻辑机制，那种具体的形成史上的因素请允许我予以省略。

　　当然，当强调作为黑格尔法哲学的学生时，这马上会让人联想到在法哲学的层面确实是基于黑格尔所谓的"伦理"，即与费尔巴哈的类存在相通的主体概念，以费尔巴哈为必要的工具对黑格尔哲学进行内在的批判这一作业。可是即便承认这一点，或许会产生"博士论文怎么看呢，不是自然哲学吗"这一反问。确实，博士论文所涉及的范围既是自然哲学——但从准备过程和原本的主题来说,绝非仅限于自然哲学,大体上可以这么说——也许有人会指出,这也是完成博士论文的前后时期,马克思自身与鲍威尔一起,有写作宗教批判的著作的计划。确实如此。

学生时代后半期的马克思,受到大前辈——只是在柏林大学听过该老师的讲课——布鲁诺·鲍威尔的巨大影响,还与弗里德里希·柯本交了朋友,并且进一步而言,从其置身于鲍威尔一派左转的漩涡而作为博士俱乐部的成员之一的经历来看,马克思当然并非只局限于法哲学。实际上,在博士论文中,他由于鲍威尔的巨大影响,而标榜唯心主义的观点,将天体界看作"自我意识"的异化态——不用说此乃鲍威尔的"自我意识",不能简单解读为黑格尔的"绝对精神"——从逻辑上说,这是将作为黑格尔所主张的"精神"的自我异化态的自然,精神通过将自己外化而形成自然界这种构想、理解,为这个时候的马克思所采纳。另外,这一"具体的普遍"的构想,本质和存在,普遍和个别,必然和自由,形式和质料,这种二元性的辩证统一的主题,写博士论文的马克思是沿袭在黑格尔那确实通过这种外化、异化和凭自我获得的逻辑而得以确保的逻辑机制。

这一事实,我也打算承认。虽说有人认为异化论所探讨的所谓"异化"的事态,是将异化概念(在逻辑学意义上)的外延(Umfang),借助由一定私有财产制所限制的特定劳动群众的悲惨状态这种通俗的讨论。马克思的异化论以文典形式而出现是在《论犹太人问题》和《黑格尔法哲学批判导言》中,但在我看来想要强调的是,写博士论文的马克思是在与黑格尔的异化论、鲍威尔的异化论有着紧密联系的线索中所作的构想。但是,这里,我想省略这种说明和补充的话,而仅以《1844年手稿》来推进讨论。

《1844年手稿》中的马克思,以把私有财产看作人的类本质的自我异化的定在的概念,以及由这种自我异化态向人的类本质的自我复归的运动的共产主义为基石,在这一构图中展开论述。当然,因为马克思是从"自然的人的生成"这种宏大的历史哲学的展望来进行讨论的,虽说私有财产和共产主义的问题并非唯一的论题,但作为大致的构图,可以这样说吧。

与莫泽斯·赫斯的影响关系虽然不是这里所要探讨的课题,然而谁都承认马克思采取了与赫斯同样的姿态,即将费尔巴哈的宗教批判逻辑适用于社会经济问题,特别是"货币体制"和"社会主义"的问题。马克思在《1844年手稿》中采用的主体概念,沿袭的是费尔巴哈关于 Gattungswesen(类存在)、类本质存在的理论,然而谁都承认马克思更为具体地表达了费尔巴哈所谓的类存在规定的因素之一 Gemeinschaft (相互关系——共同态,有着与共同体〔Gemeinwesen〕的共同本质相通的含义)。但是,马克思将人的存在同时理解为"自我活动"(Selbstbetätigung,它的异化态是"劳动",即"异化劳动"这一意义上的"劳动")的主体,在这一点上与赫斯的主体概念是共通的。

从类存在的人这一"主体=实体"的自我异化和自我复归的运动,马克思讨论了私有财产(制)和共产主义。与费尔巴哈所说的天上的神、人的类本质的自我异化及其自我复归有着同一结构的逻辑机制。我想应该首先把握这一点。

不过,当提出这种观点时,或许马上有人提出费尔巴哈和马克思的不同才是应该着眼的这一反对意见。当然,我也不想无视二者的不同方面,并非说费尔巴哈的宗教批判的讨论的结构与马克思在《1844年手稿》中的讨论方法(Verfahren)完全相同。因为关于不同方面的探讨在后面的讨论中会有所涉及,这里首先仅从大体上谈谈其构图的同构性。

对我来说,确实是通过这一构图的讨论,我认为被称为马克思主义三大来源的综合性统一的事态——我并不想从形成史的过程的问题,而是想从与思想史上的地位和先前思想的联系来说——才有可能。不过,由于这一点已没必要再次详述,这里为了避免无用的误解,我想先谈谈其中几点。

《1844年手稿》中的马克思，确实以费尔巴哈所谓的类存在、类本质的概念为关键词而展开讨论。但是，即便确实如此，马克思难道不是绝没有将"类本质存在"这种"大我""大主体"作为"主体即实体"？确实，或许费希特是以"自我"，黑格尔是以"绝对精神"，施特劳斯是以"人类"（Menschheit），鲍威尔是以"自我意识"，以及费尔巴哈是以作为"类本质存在"的"人"这种"大主体""超个人的大我"作为主体来论证主体的自我异化。但是，马克思难道不是并非如此？从读到的《1844年手稿》来看，每每提出其中所讨论的是工人、身体的工人的异化这种反问。

　这一问题，关于黑格尔及黑格尔学派的哲学，我觉得应在具有不少相关知识的诸位面前谈一谈——我必须做那种前常识事项的解说吗——世间也时常有人就刚谈到的类似问题提出反问或反论。因此，也不管是否失礼，请允许我就此交代几句。

　刚才，我谈到费希特和黑格尔的"自我""绝对精神"这种"大主体"的自我异化，指出了黑格尔左派是从"上帝"的主体，到不光是个人的"人类"的主体的逆转，但是，只要流于异化论的逻辑机制的图式，与耶稣基督的上帝的"道成肉身的变身"的构图是连贯的。这一问题的指出，本身并非什么新东西，对于哲学家们来说应该是旧有的常识，黑格尔左派出身的麦克斯·施蒂纳早就指出，这是对青年恩格斯产生冲击和共感的事项。施蒂纳批判费尔巴哈归根结底只是以"人"取代了上帝的位置，而作为唯一者的个人，却依然跪拜在"人""类本质存在"（即"上帝"的别名）的面前，主张从黑格尔主义的构想中摆脱出来。毋庸赘言，这是接近《1844年手稿》完稿那年的年末写成的《唯一者及其所有物》所流行的主张。

　争论的焦点在于，第一，费希特的"自我"和黑格尔的"绝对精神"，或黑格尔左派的"人类""类本质存在"这些东西与个人有着怎样的关系，其中的个人不是以理解为主体吗？我今天的讲话若也存在流于表面的理解，作为"主体即实体"而成立的东西像是上帝的别名，因而，或许可以推测所谓个人完全是另一种存在吧。

阐明这一问题的是前常识，故而需予以注意，黑格尔和黑格尔左派所谓的"大主体"并非是与个人毫无关系的存在，黑格尔及其学派绝没有无视个人这一层次的主体，这无须阅读他们的著作，只要具有哲学史的常识，就应该能够判明这一点。康德与德国唯心论的联系，康德的"经验的主体"与"先验主体"的关系，这一主题对于德国唯心论的展开有着怎样的意义，只要回想起这些，就很容易理解。

也正因为如此才出现了对黑格尔进行"内在性批判"的黑格尔左派，虽说黑格尔论述了"绝对精神"这一"主体＝实体"的自我异化和自我复归的逻辑机制，但是"主体＝实体"未必总是以"绝对精神"的形式登场。说到自然的定在的场合则更加复杂，那是按照"主观精神""客观精神"和"绝对精神"这些阶段而以原貌的姿态出现，各个阶段每次又都以具体的形式登场。照实说来，那可以以个人的形式而出现。例如，黑格尔的历史哲学，虽说是以世界理性的形式来显现绝对精神，黑格尔并非撇开个人来讲历史哲学，其中登场的也有那著名的"世界历史个人"①。那么，这种个人，构成民族的主体，即作为当前主体活动的当事人而登场的能动性主体，若说是终极的真正的主体却并非如此。那么在黑格尔那里，若说个人只是木偶也并非如此。这里是通过"理性的狡计"这一独特的讨论而铺陈各人的主体性与规律的必然性的关系。真正的主体并非个人这一层次的主体。作用于个人这种能动主体的是民族精神这一层次的主体，作用于民族精神这一层次的历史主体的是世界理性，其形成世界理性……这一结构。就此而言，作用于耶稣基督的主体的真正主体实际上是化身于其中的上帝，那么若说耶稣基督不过是木偶，却绝不仅仅是木偶，而是具有一定的主体性的当事主体，我想若能考虑到这种构图的继承情况，问题就讲通了。

在费尔巴哈那里，也有同样的情况，虽然在他那里，类存在的概念本身是多义的，一义地断言是不正确的，但个人会进行类活动。类这种

---

① 参见黑格尔：《历史哲学》，王造时译，上海书店出版社2001年版，第32页。

独立自存的大主体不是在何处活动，而是始终在个人当中存在。在黑格尔以来的构想中，普遍、本质、类这种东西，不能离开个别、实存、个体而独立自存于某个先验世界。个人的类本质存在进行本质发挥（Wesensäußerung＝本质外化）。曾听到某位法国哲学的研究者一本正经地说，"听说费尔巴哈讨论类本质存在的人，实际上乍一读他讨论的是实存，费尔巴哈是实存概念的发现者"，之所以产生这种"大发现"，是由于费尔巴哈是联系具体的个人来进行讨论的。若非如此，就不能那样强调"感性""感觉"，不能确立唯物论的观点，倘若一听说费尔巴哈的主体概念是"类存在""类本质"，就以为他无视具体的个人，虽然也颇不懂装懂，可是却没想到成为悲喜剧。

这里交代几句，《1844年手稿》中的马克思，是将个人作为当事主体加以讨论的，绝没有直接违背类本质存在的终极的"主体＝实体"的设定，——做黑格尔左派中的主体是大我而马克思在《1844年手稿》中的主体已定位于具体的个人这种区别的讨论，是基于对黑格尔及其学派的主体的无知——我想这已经很容易理解。实际上，马克思在《1844年手稿》中，反复围绕劳动原本是"类活动""类生命"的发挥，原本是类存在、类本质的自我活动的发挥的论点展开讨论。在《1844年手稿》中，作为本真的"主体＝实体"的类本质（Gattungswesen）的"人"和作为劳动主体而登场的工人有着何种脉络，关于这方面的讨论必须联系文本进行具体的阐述，这里，暂且停留于施蒂纳、赫斯及其《关于费尔巴哈的提纲》中的马克思对于费尔巴哈的"类存在"的主体概念的批判，然而这绝不是无的放矢。

在刚才黑格尔和费尔巴哈那里，通过阐明应该认真考虑作为目前的当事主体而登场的能动者和真正的主体，与终极的主体的区别和联系的讨论，这已毋庸赘言，——当阅读费尔巴哈时，他绝没有陷入对"人"的"抽象"（Abstraktum）的讨论，而是在存在的层次进行讨论。因此，《提纲》中的马克思以及赫斯和施蒂纳的"类本质存在"批判是批错了目标云云。这种议论，只要联系概念结构和基本构想，那实在是可笑的,我想马克思们的批判完全是有缘由的。

但是,谈到这个问题,由于归根结底与异化论的逻辑结构本身的界限及缺陷相联系,我想换一个视角展开讨论。

早期马克思的异化论——基于异化论的逻辑机制的论证蕴含怎样的缺陷,因而马克思自身如何扬弃一时期的异化论,由于我想这一点的分析和追溯是后面的具体话题,这里我想首先直接讨论黑格尔学派的异化论的逻辑机制本身的缺陷,启发性地阐述与此相联系的物象化论的地平这一问题。

前面,我讲述了黑格尔对普遍和个别、本质和实存、形式和质料、自由和必然、主观和客观这些传统的二元对立所作的辩证统一,而所谓"外化""异化"的逻辑则可能是理解他这些概念的逻辑的钥匙这当中的论脉,也多少论述了黑格尔哲学之所以可谓是对古代这种形式的欧洲哲学的清算的情况。当然,正如这时亦有所保留的那样,黑格尔哲学果真能够真正对传统的二元对立作辩证统一？究竟能否实现真正的"清算"？这是需要通过别的途径进行探讨的问题。将普遍必然的东西和个别偶然的东西、自由和必然、形式和质料这种传统的二元对立纳入主观-客观这种近代图式的场地内作统一的把握的努力,从存在论的新视角重新规定所谓主观性和客观性的努力,这在康德哲学中就已经能够看到,——当然,这一问题,虽然在伟大的哲学体系的场合中,也许不管从什么地方看都可以这么说——据说康德本人已经具有重建古希腊哲学这种形式的欧洲哲学的统一体系的课题意识。不过,相对于在康德那里,被评为不过是二元的连接,不管怎样,在黑格尔那里,则被认为实现了大致的统一。在论者们看来,这正是黑格尔哲学可称之为一种"清算"的原因。但是,在姑且确认这一点之后,这是否果真为真正的解决？对我们来说,这需要重新探讨。并且,黑格尔之成功与否的关键,最终与异化论的逻辑机制相关。

普遍和个别、本质和实存、形式和质料、无限者和有限者,这些统一的把握,既涉及主观和客观的统一的把握,也涉及绝对精神和个体的人类精神的统一的把握。在黑格尔看来,如果说无限者和有限者,普遍和特殊,这些东西是分离的存在,可谓构成同位的对立的话,由于被称作无限者和普遍者的东西,与有限者和特殊者并列,也就成了一个有限的、特殊的定在,这已经不得不既不是无限者也不是普遍者。因此,在无限者和有限者、普遍者和特殊者这种对立性思考中的存在,的确不是分离的定在,而必须是以完全辩证统一的外表作为"区别和同一的同一"的存在。这里,欧洲人很容易理解那个神人的表象,诉诸三位一体的表象。为了不将神格作为别种存在的所谓"实体＝主体",使普遍、本质、形式这种实体本身同时作为主体的自我外化、自我异化。通过这一点,贯穿中世纪的普遍争论,希腊的形式主义和质料主义的对立的问题,也颠倒了"解决"。异化的概念,确实是关键概念(concept)。

然而,当撇开三位一体的基督教的念想来重新思考时,普遍、本质、形式和个体、实存、质料的关系,果真能通过所谓外化、异化的把握而得到解决吗？即便是对人的类本质和个体的实存关系的一种把握,也很难说是清楚明了的解决。在《神圣家族》中,马克思、恩格斯揭露了黑格尔学派的思辨结构的秘密,是从"果品"这一普遍实体(作为思考的东西)的例子来进行批判的,我想对这一论点确实是容易理解的。

进而言之,三位一体的说教本身,实际上好像明了却未必明了。故自古以来,关于这一点的异端说也时有表现。

但是,可能有人反问说,在费尔巴哈和马克思那里,由于原本就不承认神的化身的说法,那么不就是与上述情况无关？但问题是,这并非有神论或无神论的问题,而是支撑他们的理解的逻辑机制。我想大家应该记得,马克思无论在博士论文中,还是在《黑格尔法哲学批判》《德法年鉴》这两篇论文中,都反复强调本质和存在、类和个人、形式和质料这种二元性的辩证统一。还应该记得,马克思在《1844年手稿》中,在阐述共产主义第三形态的地方写道:"这种共产主义……是人和自然界之间、人和人之间的矛盾的真正解决,是存在和本质、对象化和自我确证、自由和必然、个体和类之间的斗争的真正解决。"[①]那么,究竟基于何种机制,使本质和存在、类和个人、自由和必然、普遍和个别……这种二元性得到扬弃、统一? 不管是费尔巴哈,抑或早期马克思,都未曾明确说明这当中的逻辑。虽说他们采取异化论的逻辑,通过普遍、本质、形式……的自我外化和自我复归的逻辑,认为这是当然的保证倒也不乏一定的道理。所谓神的主体即实体的自我异化和自我复归,虽然实际上反而是人的本质的自我异化和自我复归之事实的颠倒的表象,但由于逻辑的结构本身是相同的东西,故认为黑格尔那里被"保证"的普遍和个别、本质和存在的统一关系当仍然有效。

但是,若是加以思考,只要是以三位一体的既有观念为大前提,由于原本在黑格尔那里,这种统一并不能够得到"保证",故不能将这一点的飞跃归结为主谓颠倒,而是最终容易看作飞跃的缘由。

在黑格尔和黑格尔左派那里,所谓普遍、本质、类、形式之类,不是另在于个别、实存、个体、质料的世界而独立自存的东西,而是以"共相存在于对象之中"(universalia in rebus)的面貌而现实存在的实体(实体等同于主体)的观点是既定的理解事项。因此,当费尔巴哈论述了类本质存在的自我异化时,这一时期的马克思也沿袭了这一观点。但是,既然现在发觉了普遍、本质、类的自我外化这一"思辨的结构"的秘密、原本,普遍、类、本质这种东西是否作为实体或主体的实在,就有必要对这一点进行彻底反思。实际上,施蒂纳采取否认普遍、类这种东西的实体性的唯名论的观点。受此触发,恩格斯也在这一时期提出"唯名论=唯物论"的观点。连马克思也在后来的一段时期中,展开了颇为倾向唯名论的阐述。不过,在马克思那里,其轨迹并没有那么简单。

不能简单地说这只是过渡到唯名论的观点,所谓普遍、本质或类这种东西,不过是名词,那种东西并非实在就完事。那些基于黑格尔哲学的观点的人,毕竟难以理解所谓唯名论的简单回归之类。

---

① 《马克思恩格斯全集》第3卷,人民出版社2002年版,第297页。

因此，问题的状况是，要求必须反思当人们以往通过所谓普遍、本质或类……或形式……这种东西来理解实体即主体时的东西，实际上是哪种东西，到底基于哪种错视才产生了那种看法，什么是之所以形成那种错视的东西。与此同时，必须重新思考关于被看作普遍、类的化身的定在的个别、个体和实存及其实体性。

在《关于费尔巴哈的提纲》中，马克思提出了"人的本质……是一切社会关系的总和"①这一著名的命题，很快呈现出重新从关系的第一性来把握本质和存在、整体和个体、普遍和个别这种东西的两极化和关系的姿态。这种反思若进一步，归根究底，异化论的逻辑机制的秘密，主体即实体的自我外化这一想法的秘密，自然迎刃而解。

反过来看，我们发现，实际上，黑格尔的逻辑，不，黑格尔的存在理解中隐秘地提供了这一新的理解的契机。

在《精神哲学》中，黑格尔明确指出："属于一个个体的具体存在的是他的种种基本利益、他同他人和世界一般的种种本质的和特殊的经验性关系的总和。这种总体性构成他的现实性。"②费尔巴哈也将类本质规定为"Gemeinschaft"，即"相互关系"。正因为如此，《1844年手稿》中的马克思写道："费尔巴哈使'人与人之间的'社会关系成了理论的基本原则。"——在此意义上，《提纲》的批判性断言，可以说在语言上作了相反的立言。

那么，这种"关系的第一性"的定位是黑格尔、费尔巴哈以来的基本的存在理解吗？我不那样认为。但是，当通过学说史的连续性和不连续性，从第三者的视角来追溯从异化论到物象化论的转换的问题时，我想不能忘了在黑格尔、费尔巴哈那里已经蕴含这一契机，通过今天的话题阐明这一因素，可以澄清前面遗留的黑格尔的有机体主义的、总体观的世界理解的问题，以及与普遍、本质的问题的联系，也能附带推进关

---

① 《马克思恩格斯文集》第1卷，人民出版社2009年版，第501页。
② 黑格尔：《精神哲学——哲学全书·第三部分》，杨祖陶译，人民出版社2006年版，第134页。

于所谓"具体的普遍"的问题的讨论。

　　黑格尔辩证法的世界观往往被说成是一种整体论,并且认为马克思的世界观也有着与之相同的旨趣。基于机械论、要素主义的观点的人们的眼睛来说,不可否认那样看也不无道理。但是,即使姑且不论黑格尔的情况,至少将马克思的世界观看作有机体主义的全体主义(holism),可以说是一种短视吧。

　　这里的问题是"关系的第一性"。不过,为了谈论这一问题,有必要就黑格尔的场合作若干思考。

　　根据古典的说法,源于亚里士多德的著名定式"整体先于部分,还是部分先于整体"的二者择一,与不同的选择相对应,产生世界观、存在观的对立。基于原子论、机械论、要素主义的观察方法,形成部分先于整体的理解结构,不用说这是近代观点的主流。与此相对,在古代、中世纪的主流观点中,与生物有机体主义的世界观的结构相应,认为整体先于部分,而黑格尔的场合也是与此相通的东西。整体绝不是实体性地自存的各部分的加法的总和,整体才是实体、真实态的思维方式,而且在黑格尔的场合,认为整体可谓是寓于各分肢,各分肢才得以存在。这种主体等同于实体,可以说"也是整体"。

　　为了说明黑格尔的这种思维方式,以及要素主义与全体主义的对比,试着将其与生物有机体和机械的存在的对比联系起来是合适的——虽说为了理解整体寓于分肢的构想的构图,将其与生命体和器官的关系联系起来则不合适——为节约时间,在确保过渡到马克思方面的话题的通路的意义上,这里退而求其次以社会观为例。

　　在近代的社会观场合,例如从社会契约论的构想所看到的那样,首先存在各个个人这种独立的实体,然后形成作为这种实体的个人的结合体的第二性的社会即国家。实际上,这一思维方式也许可以说是主流的观点。与此相对,众所周知,黑格尔持一种社会有机体论风格的构想。在他看来,首先存在社会即国家这一整体,或民族这一整体,个人再从这一整体获得存在性。正如生物有机体的各个器官是无法独立自存的，首先必须从生命体这一有机的整体获得存在性，器官才能作为器官而存在，个人必须依赖整体才能够存在。即便是个人的精神，那也是民族精神的一种体现，云云。在黑格尔的场合，虽然提到作为从将社会即国家或民族这一整体实体化的思维方式到将个人实体化的思维方式的反题，这里也仍是一种普遍、本质、类的实体在个别、实存、个体的定在中体现、具体化的构图，遇着"具体的普遍"这种支撑黑格尔的念想的外化的构图。但是，如前面所指出的那样，确实存在逻辑上的问题。当自为地追问泛神论的化身的逻辑时，我们发现其中即使含有比喻，却并无真正的说明。

马克思的唯物主义存在观之不同于黑格尔，确实与这一存在理解的结构有关。将普遍、形式、类、整体这些东西实体化的构想，以及通过这种实体即主体的外化，如前所述，很快暴露了"寓居"于个别存在的肉身化这种神学的表象或比喻所说明的事态的秘密的意向，而马克思并非唯名论的逆转，即并不是将质料、个体、个别的定在作为唯一的实体而使之自存化。

为了尽早理解这当中的情况，有必要追寻马克思的社会观的结构之缘起。毋庸赘言，马克思既批判将个人实体化的社会契约论式的构想，同时也批判将社会实体化的社会有机体论式的构想，针对上述双方提出的"社会是诸个人相互关系的总和"，而从诸个人方面来说，则指出"人的本质是一切社会关系的总和"这一非常著名的话。

在社会观的场面，马克思拒斥要素主义的构想，并且也并非完全采取全体主义的说法，而是通过对其的批判而定位于"关系的第一性"来揭示世界观的结构。虽说乍一看黑格尔和马克思的存在观的结构有着相通之处，但也不能由此忽视两者的不同。

我现在只从社会观的层次而谈，黑格尔和黑格尔左派那种大写的主体即实体，以及可谓原型的伦理实体，若能考虑作为其下型之一的类存在，它与社会概念的内在脉络，我想就容易理解社会观层次上的马克思新的把握方法，是通过对主体即实体的重新把握。我决不想将从黑格尔及其左派到马克思的展开,归结为只是主体即实体概念的变迁。问题的关键在于,如何设定一种显而易见的格式塔转换(gestalt change)的标志。黑格尔左派是如何对待黑格尔的"主体＝实体"的绝对精神,鲍威尔是如何对待施特劳斯的实体,施蒂纳、赫斯和马克思又是如何对待鲍威尔、费尔巴哈的"主体＝实体"的"自我意识""类本质存在"的,当追寻这些情况时,虽然确实可以将黑格尔左派的展开过程看作对前人设定的"主体＝实体""实体＝主体"的概念性内容进行自为地批判、置换的过程,但我想关键在于将其作为格式塔转换的一个指标。不过,这里若着眼于马克思的转换,作为暂时的讨论已经足够。

　　对马克思来说,一方面是通过社会和国家的形式而实体化地表现的东西,另一方面则是通过个人的形式而实体化地表现的东西,在这两极化的思考中重新把握"实体"的真实态,使这成为可能的地平是与定位于"关系第一性"的理解结构相联系的。这一点,在黑格尔左派是通过重新把握作为"大我""大主体"而实体化的作为"类本质存在"的"实体""自我意识"等,以及构成另一极的近代启蒙主义的自我,黑格尔这一意义上的"实体的个人",这种两极化的"实体"的真实态,重新把握黑格尔主义式的理解的普遍、本质、类、形式和个别、实存、个体、质料的关系的真实态。这里,已经不能只是诉诸比喻性的化身的表现,而是要求正确地重新把握借助"主体＝实体"的形式而思考东西及作为其异化态而思考的东西这些契机本身,在正确的关系中加以重新说明。在此意义上,必须从实体(object)层次对黑格尔的存在观及其逻辑进行更高层次的深入省察。

　　我将与这里开拓的新地平相适应的体系称作物象化论的体系,当讨论物象化论的世界观的地平及物象化论的逻辑结构的问题的时候,我想至少应在大致区分三个问题层次的基础上,从总体的统一性切入问题方为正道。

　　第一,普遍、本质和个别、实存的关系是问题的一面,从学术史的文脉来说,如何重新把握、如何超越传统的"唯名论 VS 唯实论"的同位对立的地平？第二，整体和部分(类体和个体)的关系是问题的一面，如何重新把握、如何超越"要素主义 VS 全体主义"的同位对立的地平？第三，主体和客体(主观和客观)的关系是问题的一面，从学术史的脉络来说，如何重新把握、如何超越所谓主观主义和客观主义"人本主义 VS 科学主义"的对立的地平？在这些方面可讨论的层次，有以上三个。

从这三个方面进行的探讨，我曾经以书面形式发表过，我想没必要在这里重炒冷饭，另外今天的研讨会也不便扩展到那一范围。

在今天的研讨会上，与其凝练论点，莫如以一种便利的方法，思考如何联系比较显而易见的论据来理解所谓的三个方面。那就定位到《资本论》中从价值形式论到拜物教论的讨论方向。原本，虽说我一点也不想限定于这一论据，但在联系这一论据的场合，我想既能顺便讨论与早期所谓"劳动异化论"的连续的不连续性，也便于联系《德意志意识形态》中分工与共同活动的逻辑结构的研讨。

怎么样，作为我来说，关于共同活动的角色组成，交互主体的他为—自为的结构，通常被称为先验(übersinnlich)的形象的东西的存在性质，交互主体性(Intersubjektivität)的存在结构及其各个契机，这些预示性的阐述还有着行论的便利因素——另外，通过"主体＝实体""整体＝类体""普遍＝本质"这种形式而思考的东西，在马克思那里，是如何从关系的第一性加以重新把握的，与此相关，所谓"主体-客体"的二元性相关的逻辑，又是如何扬弃作为其一斑的外化、异化的逻辑，我想即便只是形式上预先阐述亦不失为一种便利——由于只是简约地复提我的持论不免沦于无用的再述，还是在具体的立言中再切入必要的论点吧，暂且就此打住。

第四章
黑格尔的社会思想与马克思

近年来,关于黑格尔的社会思想与马克思主义的社会理论的联系,迎来了重新研讨的趋势。一直以来,说到黑格尔-马克思论,几乎全都局限于辩证法的问题,当回顾这一点的时候,近年的趋势其本身是值得注意的。并且在笔者看来,可以发现其中仅是蕴含着追认思想史、学说史的继承关系之外的主题。用一句话来说,追验马克思主义的构想法本身,通过这一点,使马克思主义的思想的地平明确化的志向,是为了黑格尔-马克思论的恰当通路(Zugang)的思考。

本文也是感于上述问题意识的备忘录,其中尤其是使支撑马克思的人类观、社会观及国家观的根本的构想法的特点自为化,定位于欧洲思想史的传统问题之类——并且,如何回答这一问题,也与该理论的世界观的地平相吻合——和个人的问题。

第一节 三个预备性作业

在切入正题之前,我想与其说是预备性作业,毋宁说是作为引言(Vorbemerkung),分为三个方面来反映问题的边沿。第一,黑格尔社会思想的所谓"反动性质";第二,早期马克思接受黑格尔的社会思想的姿态;第三,关于"类和个人"的传统的普遍争论的某些含义。三者合起来当成为后论的方便的伏线。

（一）

　　说到黑格尔的社会思想——包括狭义的社会思想以及国家思想的广义的社会思想——"普鲁士绝对主义权力的御用学问"和"反动思想"的评价是脍炙人口的。这种"通说"绝不是毫无道理的。若是如此,认为黑格尔的社会思想与马克思主义具有内在联系,岂不简直无外乎承认马克思主义与反动思想的近亲性？实际上某些论者们,嘲笑指摘这一问题上的马克思主义。也有与此相对的拒斥,在马克思主义者们之间,存在强调黑格尔的社会思想与马克思主义无关的倾向。马克思只是继承了黑格尔辩证法的合理核心,而"黑格尔社会思想之类则是首当其冲被抛弃的东西之一"。从黑格尔-马克思论来说,完全局限于逻辑学、辩证法的倾向,实际上也是基于这种原因。

　　但是,对我们来说,原本黑格尔的社会思想果真是那么反动吗？我们必须重新追问这一问题。

　　当从1848年的德国资产阶级革命之后的时点来评价黑格尔（1770—1831）的社会思想时,可以说实为反动的。鲁道夫·哈伊姆（Rudolf Haym）[①]在《黑格尔及其时代》（1857）中提出的看法是定论的东西,若考虑到哈伊姆及其时代,说来也不足为奇。实际上,有着丰富的诸如黑格尔受聘于柏林大学的事情[②],评1815年和1816年符腾堡王国等级议会（Landstände）的讨论[③],以及《法哲学》导言中批判弗里

　　[①]　鲁道夫·哈伊姆（Rudolf Haym,1821—1901）,德国哲学史家、文学史家,著有《黑格尔及其时代》《浪漫主义派》。

　　[②]　1818年10月22日,黑格尔在受聘于柏林大学哲学教授职务的演讲中谈道："世界精神太忙碌于现实,太驰骛于外界,而不遑回到内心,转回自身,以徜徉自怡于自己原有的家园中。"

　　[③]　1817年,黑格尔发表了《评1815年和1816年符腾堡王国等级议会的讨论》,坚持君主立宪制观点,批评邦议员们要求恢复法国革命前的旧法制。

斯①这些告发黑格尔是普鲁士国家权力的御用学者的旁证材料。

但是,在德国资产阶级革命开始登上现实日程的19世纪40年代,如弗里德里希·威廉四世对黑格尔学派的镇压所看到的那样,黑格尔哲学已不再是普鲁士的御用学问。不仅如此,其所采用的黑格尔左派哲学的形式,成为革命派的意识形态。而且,那并非只是偶然的,而是源于黑格尔社会思想本身的根本性质。关于这其间的情况,早在1841年正月,弱冠之年的恩格斯很快在《恩斯特·莫里茨·阿恩特》中指出:

"当局没有下功夫去仔细研究黑格尔的深奥难懂的体系形式以及晦涩的文风。当局又怎么能够知道,这种哲学竟敢从理论的风平浪静的港湾驶向事件的波涛汹涌的海洋?他们又怎么能够知道,这种哲学正是为了抨击现存事物的实际状况已经剑拔弩张?……当局庇护黑格尔,几乎把黑格尔哲学捧成国家哲学,这就使自己陷入了窘境,显然现在感到后悔莫及……从'普鲁士国家哲学'中就萌发出一些幼芽。"②"黑格尔的论战锋芒直指政府所不赞同的流派,直指理想主义和世界主义的自由主义!可是,掌权的老爷们并没有认识到,只有制服这些流派,才能为更优秀的流派腾出位置。"③这绝非只是将其与反动联系起来。

总之,在评定黑格尔的社会思想时,不能仓促地断定其为反动,我们必须考虑其时代背景,联系其思想内容进行评判。

---

① 黑格尔写道:"自封为哲学家的那批肤浅人物的头目弗里斯,在一次已成为恶名昭彰的公开庆祝会上,在一篇以国家和国家制度为论题的演说中,恬不知耻地说出了下列观念:'在真正的共同精神占统治地位的民族中,一切公共事务的执行,其生命力来自下面的人民;借友谊的神圣链条牢不可破地结合着的生气勃勃的社会,将致力于国民教育和为人民服务的每一件工作',云云。这就是肤浅思想的要义,它不把科学建立在思想和概念的发展上,而把它建立在直接知觉和偶然想象上,同时,它把伦理自身的丰富组织即国家,以及国家的合乎理性的建筑结构——这种结构通过公共生活的各个领域和它们的权能的明确划分,并依赖全部支柱、拱顶和扶壁所借以保持的严密尺寸,才从各部分的和谐中产生出整体的力量——却把这种已完成的建筑融解于'心情、友谊和灵感'的面糊之中。"(黑格尔:《法哲学原理》,范扬、张企泰译,商务印书馆1961年版,序言第5-6页)

② 《马克思恩格斯全集》第2卷,人民出版社2005年版,第272-273页。

③ 《马克思恩格斯全集》第2卷,人民出版社2005年版,第272-273页。

（二）

马克思在《黑格尔法哲学批判导言》的众所周知的段落中这样谈道:"我们德国人在思想中、在哲学中经历了自己的未来的历史的……因此,当我们不去批判我们现实历史的未完成的著作(oeuvres incompletes),而来批判我们观念历史的遗著(oeuvres posthumes)——哲学的时候,我们的批判恰恰接触到了当代所谓的问题之所在(that is the question)的那些问题的中心。"①"他们观念上的制度就具有对他们现实的制度的直接否定,而他们观念上的制度的直接实现,他们在观察邻近各国生活的时候几乎就经历过了。"②

为了理解这种含蓄立言的真正意义,有必要稍微进行深入的分析,目前我想仅就如下问题从字面本身来加以说明。即黑格尔法哲学中设定的社会思想不单是德国现状的定式化,它也是预先将"后代历史"即作为先进国家的英国、法国已经实现的社会状态定式化,因而黑格尔社会思想的批判性超越是与先进国家如英法实际面对的社会问题的批判性超越相联系的。

因此,对于青年马克思来说,黑格尔法哲学及黑格尔社会思想的批判,意味着它不仅是对落后国家德国的现状的批判,而且是对德国未来历史的批判,即对先进国家已经达到的状态的批判。

对于当时的黑格尔学派而言,黑格尔的社会思想岂止是先进国家的实在状态,它甚至还被理解为超越先进国家的"精神状态"的东西。E. 甘斯③(马克思在柏林大学时代听过他的讲座)将圣西门的社会主义

---

① 《马克思恩格斯全集》第 3 卷,人民出版社 2002 年版,第 205 页。
② 《马克思恩格斯全集》第 3 卷,人民出版社 2002 年版,第 206 页。
③ 1835 年 10 月 17 日,马克思进入波恩大学法律系,翌年 10 月 22 日转学到柏林大学。在此期间,马克思听了一些著名教授的讲座,其中对其影响最大的当数爱德华·甘斯(Eduard Gans)教授。甘斯赞同空想社会主义者的学说,同情无产阶级的疾苦,批判资本主义仍旧是一种奴隶制。

与黑格尔法哲学的团体(Corporation)①相类比，L. v. 施坦恩(马克思在《莱茵报》时期读过他的著作)将法国社会主义与"法哲学"相类比。可是，毕竟，在他们的理解中，黑格尔的社会思想还具有超越英法等先进国家的社会主义的高阶内容。

从我们今天的眼光来看，我们虽然不禁略微有一种对于落后国家德国青年的夜郎自大的苦笑，但是，也不得不同时承认其中出乎预料地孕育着新思想的质的胚胎。

无须重新回忆前面引用的《黑格尔法哲学批判导言》，如从马克思的遗稿《黑格尔法哲学批判》中所看到的，对黑格尔进行激烈的批判是其此后的工作。马克思已经揭露黑格尔法哲学的"现状肯定主义"并予以严厉拒斥。尽管如此，马克思还是敢于承认黑格尔的社会思想预示着德国未来的历史。这岂不是矛盾？在乍一看自相矛盾的这一事态中，隐藏着解开关于人类观、社会观、国家观问题的黑格尔-马克思关系之谜的钥匙，并且也是理解当时的马克思对于法国社会主义和共产主义何以乍一看显现一种奇怪的态度的万能钥匙。

若不惧臆断而直接地说，它源于对**人**的类和个人的关系——因而也是本质与存在的关系——的理解的方法。而且，它并非停留于类和个人、本质与实存的关系的理论把握方式的范围，而是惦念于对类和个人之间的真正的应有关系，自在自为的应予实现的关系的根本理解。

现在该转移到讨论上述论点上来，这里首先想要请予忆起和牢记的是，当早期马克思确立他的理想社会的时候，总是以类和个人的特有 (eigentümlich) 关系为问题的事实——在《黑格尔法哲学批判》中志于"**类**是自在自为的**实存**的定在"的"民主制国家"这种伦理共同体，在《论犹太人问题》中阐述了"现实的个人把抽象的公民复归于自身，并且作为个人……成为类存在物"的"人的解放"②，在《1844年手稿》中讴歌了

---

① 参见黑格尔：《法哲学原理》，范扬、张企泰译，商务印书馆1961年版，第55、180、195、238、250、277、294、297、308、310、313、316、321、326-328页。

② 《马克思恩格斯全集》第3卷，人民出版社2002年版，第189页。

共产主义是"存在和本质……**个体**和类之间的斗争的真正解决"①,进行了以这种应有的人类社会的定在为视角的现状批判。这究竟有着何种意义?为了把握这一问题,我们必须追溯黑格尔的社会思想,以及支撑这一思想的他的人类观。

(三)

当思考类和个人的关系,进而思考类本身的时候,今天的我们——拒斥视类和种本身为实体性的实在的思维方式——容易陷入种种唯名论(nominalism)的构想。拒斥将普遍即"类"和"种"本身看作实体性的实在这种"形而上学"的构想,仅承认经验性的实在的个体的实在性的实证主义的唯名论的构想正与近代世界观的视角相吻合,总之不得不倾向唯名论。不过,超越唯实论(realism)与唯名论的对立之地平则由马克思主义的地平所开拓,黑格尔关于类和个人的关系的处理方式成为这一变化的过渡,只要采用现有的构想,必将错失黑格尔-马克思的社会思想的真谛。

我们现在并不打算在这里进行中世纪哲学史的复习,只是想在关于类和个人的问题缠绕着何种缘由,针对后续讨论而不可欠缺的范围内,再次确认两、三个面相。

众所周知,作为贯穿中世纪哲学史的最大的争论问题的"普遍争论"即关于类与个体的关系的争论,发起了普遍(universalia)即"类"和"种"是否果然作为实体而实在的提问。对于基督教神学的观点来说,假如类和种不是作为实体而实在——换言之,唯有诸个体的才是实在的,类和种只不过是共同的名称——事情就严重了。假如唯有个体才是实在的,作为圣父圣子圣灵的耶稣-基督的三者也就完全成为个体的东西的三位一体的说教——三位实体的同一性的说教也就崩溃了。另外,假如唯有个体才是实在的,即便能够判定亚当和夏娃的罪,也不能

---

① 《马克思恩格斯全集》第3卷,人民出版社2002年版,第297页。

说一切人即作为类的人负有原罪。进而，也就失去上帝与人的契约的一义性，人之生而从属教会的天主教之大命题的基础也就岌岌可危，等等。因此，"基督教＝经院哲学"通过类和种是以何种方法作为实体而实在（上帝所创造的，直接就是这种类和种），并且只要个体具有与这种形而上学的实体的类和种的一定的形而上学的存在论的关系，那就获得了这种个体的地上的实在性（作为类的人负有原罪，分有这种"类＝实体"，故一切人负有原罪！），构建了这些能够说明这些问题的理论体系。

以今天的眼光来看，我们必须牢记无论这给予怎样牵强附会的印象，"普遍实在论＝唯实论"的构想，在中世纪的生物形态（biomorph）的世界观地平中，正是自然的（natural）。灵魂的不灭和普遍存在——不灭的灵魂分有这种形而上学的实体的普遍性，在个体中作为形式而存在，使得个体成其为个体。个体的猫、狗和人因其具有猫、狗和人的"灵魂＝形式"，才是猫、狗和人，倘若这种普遍的实体、类和种并非形而上学的实在，个体的猫、狗和人就不可能实在。总之，猫之所以是猫，狗之所以是狗，是因为分别有各自的类和种这种普遍的实体，云云。

现在已经明白，唯名论何以只是与唯实论对立并超越其范围而对中世纪的整个世界观的当头一棒。如果普遍、类和种并非作为形而上的实体而实在，即如果只有个体才是实在的，类和种只不过是共同的名称，中世纪的世界观的根本图式也就崩溃了。

我们没必要在这里讨论中世纪世界观与近代世界观的根本图式的不同。这里，我们只是与主观-客观图式的确立相联系，已为唯名论剥夺其实体性的普遍（类和种）被贬为充其量属于主观的观念，普遍被理解为反思的概念的普遍性，是从个体发现的共同规定性的总和——并且，总之，虽然存在这种近代的构想法的范围，但是为了理解黑格尔-马克思的构想，只要努力将这种近代唯名论的构想加入括号中，使之得以自为化就够了。

以上，试着从三个方面作了初步考察（Vorbemerkungen），现在应该能够比较顺利地进入正题。

第二节 类和个人的问题性

在这一节中,我想以关于从黑格尔经黑格尔左派到马克思的"不连续的连续"的人类观——关于人的存在的根本理解——为焦点来切入问题。这里,"类"和"个体"的关系直接占据着问题的中心。

(一)

有人指出,黑格尔关于类和个人的关系,接近中世纪最大的经院哲学家托马斯·阿奎那的事物中共相(universalia in rebus)[①]的处理方

[①] 共相(universal),简单地说,即普遍和一般。在西方哲学史上,围绕着共相问题,形成了三种不同的理解方式。(一)事物前共相(universalia ante res),其代表人物为柏拉图(公元前 427 年—公元前 347 年)。柏拉图建立了"理念论",认为共相(理念型相)是独立于纷繁复杂的可感事物存在的,是永恒而完美的。而可感事物只不过是这个永恒而完美的理念的复制品、"影子"。这种立场即"共相先于可感事物而存在",并且"共相决定可感事物"。这是一种自上而下的、独断论的思维方式。(二)事物中共相(universalia in rebus),其代表人物为亚里士多德(公元前 384—前 322 年)。亚氏反对柏拉图的理念说,认为共相就是一类个别事物共有的性质,共相(一般)存在于个别之中,这种性质被称为"形式",实体是由形式和质料构成的,两者缺一不可。这是一种从经验个别事物抽象出共相的、自下而上的经验论的思维方式。公元 3 世纪,波菲利在其《导论》(Introduction)一书中,提出了关于共相的三个问题:共相(种和属)是实体还是仅仅是思想中的观念;如果共相是实体,它们是有形还是无形;共相是与可感事物相分离,还是在可感事物之中。对这三个问题的不同回答,便形成了中世纪的唯名论(Nominalism)和唯实论(Realism)两大阵营和一些折中派别。公元 5 世纪,波埃修将波菲利的《导论》译为拉丁文,并写下了《波菲利〈导论〉注释》,对波菲利问题进行了回答,认为共相(种和属)不是独立存在,而是存在于个别事物之中的相似性,我们通过抽象把这些相似性集合起来。公元 8 世纪,奥多开始从神学的视角来解决共相问题,认为人的共相必然是一个实体,因为亚当与夏娃的罪必须经由共相这个实体而影响每一个人,如果这个实体是不存在的,那么也就无所谓人类有原罪。(三)事物后共相(universalia post res),其代表人物为洛色林(1050—1125)。在他看来,世界上存在的只是个别事物,存在的只是苏格拉底、柏拉图这样的个别的人,而"人类"是不存在的。总之,只有个别事物是真实存在的,共相是存在于个别事物之后,由人们去命名出来的。当从这一唯名论的立场理解神学的"三位一体",那么"上帝"作为三个位格的共相是不存在的(那只是一个词),"圣父""圣子""圣灵"这三个位格才是真实的存在。这种解释,引发了当时索松主教会议谴责洛色林犯有"三神论"的错误。

式。托马斯没有采用"普遍先于个别"(universalia ante rem)这一典型的唯实论,而是采取"普遍存在于个别之中"的观点,并将这一观点与亚里士多德的所说相调和,借助形式-质料论作了巧妙的展开,重新使基督教神学体系化。黑格尔哲学确实有着与托马斯的哲学及亚里士多德的理论之间相通的因素。然而,经过近代哲学的中介的黑格尔,与古代-中世纪哲学之间绝不是线性关系。

确实,相对于唯名论,黑格尔采取了更为接近唯实论的观点。在某种意义上,说黑格尔是唯实论者或许是正确的。就暂且撇开与斯宾诺莎的实体的关系而言,可以说他通过将作为普遍实体的柏拉图的理念主体化,将作为"主体=实体"的绝对观念内在化于个体,描绘了一种泛神论的世界观。

但是对我们来说,上述着眼于前近代的黑格尔哲学体系,显然不能忽视由近代世界观所支撑的东西。其中最为关键的是他关于人的存在的根本理解。

黑格尔在《小逻辑》中明确指出如下关于人类中**类**和**个人**的关系。"普遍性,并非一种包含个体事物的外在纽带。""普遍性是个体事物的**实体**。譬如,我们试就卡尤斯、提图斯、森普罗尼乌斯以及一个城市或地区里别的居民来看,那么他们全体都是人,并不仅是因为他们有某些共同的东西,而且是因为他们同属一**类**或具有**共性**。要是这些个体的人没有类或共性,他们就会全都失掉其存在了。反之,那种只是表面的所谓普遍性,便与这里所讲的类或共性大不相同……个体的人之所以特别是一个人,是因为先于一切事物,**他本身**是一个人,一个具有人的普遍性的人。"①

这岂不完全是传统的构想?究竟从哪能看出黑格尔的新意?

为了正确理解黑格尔的人类观,不,黑格尔的整个哲学,必须了解他青年时代抱有的"伦理哲学"的思考。它有着与德国浪漫主义的基本

---

① 参见黑格尔:《小逻辑》,贺麟译,商务印书馆1980年版,第350-351页。

构想同源的根据。人之个人并非只是个人。如民族英雄的例子所确凿表明的，个人可以说是民族精神的体现者。民族精神寓于个人，民族精神体现于个人。个人之所以是个人，就在于体现了其民族精神，若是失去民族精神，个人也就不再作为该个人而存在。黑格尔是基于这种角度来展开构想，他绝不是从经院哲学的知识来展开构想的。

民族这一整体先于作为部分的个人——在此意义上，黑格尔是对亚里士多德的构想的复权。不过，需要对其中的逻辑作若干说明。黑格尔所谓的民族精神并非民族意识这种主观精神。而是独立于个人的主观意识，是先在于它，作为民族的宗教（注意，并非直接是基督教的!）、民族的艺术、政治和历史，客观地存在的"客观精神"。当然，虽说独立于个人的精神，却也并非与个人完全无关地存在，也并非与民族的宗教、民族的艺术、民族的政治和历史这些东西七零八落地独立自存。黑格尔认为，这些东西负载着个人及其行为，形成实体的统一性。这就是"民族"，就是"国家"——这里，他继承亚里士多德，主张"民族，在本性上先于个别者。因为个别者不是各自独立自存的，与一切部分一样，他必须与整体形成一种统一。缺乏共同存在的人，或因其独立性而有所匮乏的人，缺失民族的部分，他不是野兽，就是神祇。"

这里所说的民族，亦即先于个人而作为整体的共同体，这种被理念化、实体化的东西就是青年黑格尔所谓的伦理实体，用他的话来说，那就是作为"主体＝实体"的伦理精神。

可是，早期的黑格尔，这种伦理精神占据最高的位置，并未出现后期那种绝对精神（神）。早期的"伦理精神"可谓涵盖后期的客观精神及绝对精神。在此意义上，可以说黑格尔是从人（伦理）方面展开构想的，黑格尔的"绝对精神＝神"的原型是"人＝伦理"——不过黑格尔左派并不知道早期黑格尔的遗稿。

无论如何，黑格尔哲学原本是阐发这种人本主义的结构，构成黑格尔主义的体系化之枢纽的东西，无非是以上所指意义上的，伦理这种存在方式中的类—个体的关系。

（二）

黑格尔左派思想的展开，从第三者来看，始于将后期黑格尔的绝对精神恢复为作为其原型的伦理过程。构成其轴心的东西，是黑格尔的"神人"（Gottmensch）概念。

黑格尔认为，作为绝对实体的绝对者是在同时将自己外化为主体的运动的面貌中存在的，在这一点上表现精神之实——耶稣基督那里上帝的道成肉身象征性地告知了这一点。

从黑格尔的思想来看，左派的施特劳斯所理解的上帝并非在耶稣这一人格中一次性地予以呈现出来，而是必须通过人类的世界史的展开的整个过程将自己逐步呈现出来。上帝的道成肉身不是耶稣这一人格中的事件，而是一切人中的事实，基督应作为一种象征而被理解。可是，如果上帝是世界史的一切人，即在人类（Menschheit＝人性）中体现自己，上帝就成了这种"人性＝人类"的"总和＝人类"中的定在。并且，从"事物中的普遍"（universalia in rebus）这种构想来看，上帝并非离开人类而存在，上帝并非撇开人类而存在。这样，上帝和人性的总和，作为类的人应该是通过血液（Ichor）而联系起来的。并且，人的本质，人的类本质，也就如耶稣基督所象征性地告知的那样，不外是上帝！

这样，"人的类本质"就通过等号（equal）与"上帝"联系起来，通过置换主语和谓语，当然也就确立了所谓上帝即是人的类本质的命题。

那么，何谓人的类本质？在通常的思考中无非是将其理解为"神性"。但是，个人作为单个的个人不可能是全知全能的。作为类的总体性的人的谓语，所谓人的类本质不外是早期黑格尔所理解的伦理性（Sittlichkeit）。这种伦理共同体，用费尔巴哈的话来说，"人的相互作用的关系态＝共同体（Gemeinschaft）"才是人的类本质。

费尔巴哈说，"人的本质在于共同体（Gemeinschaft）"。继承这一思想,早期马克思认为"人的本质是人的真正的社会联系"①、"人的本质是人的真正的共同体(Gemeinwesen)"②。在费尔巴哈-马克思之间,虽然萌芽性地隐含着质的飞跃,但首先可以从中看到连续的因素。

当费尔巴哈将人定义为类存在时,其中,人不同于别的动物,而是含有能够对象性地自觉自己的类即人类的存在这一意义,这意味着"我只要进行思维,我就不是作为个人,而是作为类存在的人"。"在思维中,我自身之中有他人存在。我自身同时是我和你。而且,不是作为被限定的特定个人的你,而是作为'你'一般,即作为类的你。"人的个体的存在,被看作已不单是个体的存在而是同时作为类而存在。在思维中,个体这种处于与"你一般"即与类之间的内在对话这种相互作用的关系的思考——人作为思维的主体已不单是自我而是共同主观的主体的这种思考——被扩展为作为人的行为的爱,被推到作为邻人之爱、人类之爱的主体的人类性。(他认为,基督教的神性之所以被视为爱,不过是这一人的类本质的异化的投影。)

早期马克思并没有将费尔巴哈的类的共同体局限于思维和爱,而是将之扩展到社会生活的同构性一般来追寻把握其向度(Vektor),他很快提出"人的本质是团体(Sozietät)""人在其个人生活中过着类生活"的说法,实际上,这一构想的模型本身证实了早期黑格尔的伦理思想,即使后期黑格尔也同样强调"属于一个个体的具体存在的是他同他人和世界一般的种种本质的和特殊的经验性关系的总和。这种总体性构成他的现实性"③(《精神哲学》)。人们很容易看出,"人的本质是一切社会关系的总和"④这一《关于费尔巴哈的提纲》中的非常著名的马克思关于人的把握与黑格尔的理解出乎意料地接近。

---

① 《马克思恩格斯全集》第42卷,人民出版社1979年版,第24页。
② 参见《马克思恩格斯全集》第3卷,人民出版社2002年版,第394页。
③ 参见黑格尔:《精神哲学——哲学全书·第三部分》,杨祖陶译,人民出版社2006年版,第134页。
④ 参见《马克思恩格斯文集》第1卷,人民出版社2009年版,第501页。

作为思想史的事实过程,虽说倚赖黑格尔左派的中介,并且,虽说这一过程首先是人从神那里得到最终的解放,但在关于人类的存在方式的理解这一点上,黑格尔与马克思之间有着极为相近之处。

(三)

如前面所介绍的,黑格尔恢复了"人是天生的政治动物(Zoon Politikon)"①这一亚里士多德对于人的理解,马克思也——或许独立于黑格尔——对该命题进行了复权。

在《政治经济学批判》导言中,马克思写道:"人是最名副其实的政治动物(ζωονπολιτικον),不仅是一种合群(gesellig)的动物,而且是只有在社会中才能独立(成为个人)的动物"②。亚里士多德关于人的定义也为中世纪经院哲学所沿袭,经过古代到中世纪,成为欧洲思想界的通识,而在近代欧洲却又失权。确实,毋庸置疑,人是合群(gesellig)的动物。但是,在唯名论的构想及要素主义的构想这一近代思想的地平下,人们不得不排斥整体先于部分这一理解,社会契约论典型地反映了个人先于社会的理解。如在其他场合所指出的,即使近代社会有机体说也终究未能持守这一立场。

马克思意识到了他所复权的亚里士多德关于人的理解与近代思想的主流的对立。

马克思写道:"被斯密和李嘉图当作出发点的单个的孤立的猎人和渔夫,属于18世纪的缺乏想象力的虚构……同样,卢梭的通过契约来建立天生独立的主体之间的关系和联系的'社会契约',也不是以这种自然主义为基础的……这是对于16世纪以来就做了准备、而在18世纪大踏步走向成熟的'市民社会'的预感。"③

在此意义上,近代的社会思想所把捉的"个人先于集体"的构

---

① 参见亚里士多德:《政治学》,吴寿彭译,商务印书馆1965年版,1253a3。
② 参见《马克思恩格斯全集》第30卷,人民出版社1995年版,第25页。
③ 《马克思恩格斯全集》第30卷,人民出版社1995年版,第22页。

想——正如亚里士多德和托马斯的"集体先于个人"的思想是当时的历史的现实的自在追认——正是16世纪以来的历史的现实的自在反映。但是，无论怎样把近代社会的人的存在方式看作原子的，那只是表面之见，人毕竟作为政治动物（Zoon Politikon）而存在。马克思说："产生这种孤立个人的观点的时代，正是具有迄今为止最发达的社会关系的时代。"①

黑格尔和马克思从近代资产阶级社会的乍一看原子式的本在的根本，看到总体的现实性，建构了与此相关的理论。黑格尔从他所说的客观精神对精神的共同主观性及其物象化作了自己的把握，马克思也对个人生活的总体的现实性作了把握，超越了意识的单纯共同主观性的视域，阐明了意识一开始就是社会的产物，以及这种共同主观的形象（Gebilde）被物象化为黑格尔所谓的客观精神的原因及其机制。

我们现在没时间在这里深入了解德国浪漫主义的思想状况及其中存在的共同理解，我想特别提请注意这一点，即黑格尔-马克思的把捉，不同于笛卡儿作为"我思"（cogito）的主体的个体的实体性观点的理解，支撑黑格尔和马克思对社会契约论构想的批判的，不是事实学层次上的批判，而是更为根本的关于人的存在的理解。

这时，我想同时提请注意的是，马克思所理解（begreifen）的人的存在的本源性同构性，尽管是以内在于我的"神性＝类性"，内在于我的我即你、我即你一般、我即类这种费尔巴哈式的理解为中介，但是原本作为普遍的类是对通过"共相存在于对象之中（universalia in rebus）"的方法而寓于个体之中这一黑格尔的理解的"唯物论"的重新把握。单就结构而言，关键在于通过什么来重新把握"内在于个体的普遍"。

马克思可以说是从人的问题到社会的问题来接近问题，这种接近（approach）是通过人的本质的共同性（Gemeinschaft），人的本质的社会性的学问追求的深化之路而进行的，与孟德斯鸠和卢梭在语言上可谓

---

① 《马克思恩格斯全集》第30卷，人民出版社1995年版，第25页。

同样是从人的问题到社会的问题来推进问题有着完全不同的内容。对早期马克思而言,"社会"不是外在环境的条件,而是作为人的类本质之内容的性质(natura)。原本,马克思在这种接近的过程中开拓了扬弃这种黑格尔学派的视角和主题本身的新视界,虽然上述讨论必须始终限定在马克思早期,但是,无论如何不能忽视这一动因(motivation)。

以上,我们通过从黑格尔到施特劳斯和费尔巴哈,追认了其与早期马克思相连接的基本视角,关于社会思想中的黑格尔-马克思关系,从理论的具体内容来说也蕴含着值得重新注意的因素。我想重设一节一探其中的究竟。

第三节 社会概念的脉络

黑格尔如何观察作为社会的社会,如何把握其内在的组成原理?这里我想以黑格尔的狭义社会思想为视角,考察其与马克思主义的社会理论形成何种内在的脉络。

(一)

黑格尔自己引以为豪的,是明确区别了市民社会和国家为不同层次的东西。确实,作为语言上的区别,虽然也能举出几个思想家作为先例,但在黑格尔看来,以往的思想家们所谓的"国家"并没有超出市民社会的层次。若暂且撇开黑格尔特殊含义上的国家的层次,首先从市民社会的角度来探讨问题的话,如众所周知的,他所揭示的市民社会,是他定位于通过古典政治经济学而习得的英国社会的现实。

抽象地说,黑格尔哲学体系中的市民社会,是位于家庭和国家之间的乌托邦形态,是伦理共同体的自我异化态。这里,伦理共同体的类的统一性被解体,各人作为零散的原子而相互对立,出现一切人对一切人的战争。在此意义上,市民社会是原子论的体系,是原子论(Atomistik)

的体制。

但是,虽说市民社会是这种伦理共同体的自我异化态,但那毕竟是伦理同构性的一种存在方式,具有作为知性国家的统一性,通过相应的方法辩证地贯彻着普遍性的原理和特殊性的原理。

市民社会的成员,"就是私人,他们都把自身利益作为自己的目的"①。但是"如果他不同别人发生关系,他就不能达到他的全部目的"②。因此,在各人力图实现各自利己的目的中,可谓出乎预料地形成一种"全面的相互依存的体系"——在此意义上,类的共同体、伦理的统一性勉强得以自我矛盾地维持。

根据黑格尔的《法哲学原理》,"市民社会含有下列三个环节:第一,通过个人的劳动以及通过其他一切人的劳动与需要的满足,使需要得到中介,个人得到满足,即需要的体系。第二,包含在上列体系中的自由这一普遍物的现实性,即通过司法对所有权的保护。第三,通过警察和同业公会来预防遗留在上列两种体系中的偶然性,并把特殊利益作为共同利益予以关怀"③。

如上面所看到的,黑格尔所谓的市民社会,虽然不单是经济王国,而是包含司法活动和内务行政的"知性国家",但这种"知性国家"始终立足于经济的逻辑,这里的准同构性、准类的统一性也是基于经济的逻辑——需要和劳动的逻辑。

后面将研讨黑格尔是在何种具体面貌中考察市民社会的矛盾的统一的,目前我想提请注意的是他将市民社会理解为需要和劳动的体系这一点。

在黑格尔看来,需要在本源上是社会的,自然需要和精神要求这两个因素紧密联系在一起,"需要并不是直接从具有需要的人那里产生出

---

① 参见黑格尔:《法哲学原理》,范扬、张企泰译,商务印书馆 1961 年版,第 201 页。
② 黑格尔:《法哲学原理》,范扬、张企泰译,商务印书馆 1961 年版,第 197 页。
③ 黑格尔:《法哲学原理》,范扬、张企泰译,商务印书馆 1961 年版,第 203 页。

来的,它倒是那些企图从中获得利润的人所制造出来的"①,是市民社会的实情。这种"替特异化了的需要准备和获得适宜的,同样是特异化了的手段,其中介就是劳动。劳动通过各色各样的过程,加工于自然界所直接提供的物资,使合乎这些殊多的目的……但是劳动中普遍的和客观的东西存在于抽象化的过程中,抽象化引起手段和需要的细致化,从而也引起了生产的细致化,并产生了分工。个人的劳动通过分工而变得更加简单,结果他在其抽象的劳动中的技能提高了,他的生产量也增加了。同时,技能和手段的这种抽象化"②使个人的自给自足的生活成为不可能,"人们之间……的依赖性和相互关系得以完成,并使之成为一种完全必然性"③。基于必然性的知性国家的外在统一性的形成,无论如何,在于抽象劳动及其主体的相互中介性和相互依存性,个人的细致化的劳动具有普遍的意义,个人的具体劳动具有**这一意义上的**作为类活动的普遍性。

(二)

早期马克思通过某种曲折继承了需要和劳动的体系这种黑格尔市民社会论的视角。《1844年手稿》中的马克思说:"社会是市民社会,在这里任何个人都是各种需要的整体,并且就人人互为手段而言,个人只为别人而存在,别人也只为他而存在。"④"首先应当避免重新把'社会'当作抽象的东西同个体对立起来。个体是社会存在物。因此,他的生命表现,即使不采取共同的、同其他人一起完成的生命表现这种直接形式,也是社会生活的表现和确证。人的个体生活和类生活不是各不相

---

① 黑格尔:《法哲学原理》,范扬、张企泰译,商务印书馆1961年版,第206-207页。
② 黑格尔:《法哲学原理》,范扬、张企泰译,商务印书馆1961年版,第209-210页。
③ 黑格尔:《法哲学原理》,范扬、张企泰译,商务印书馆1961年版,第210页。
④ 《马克思恩格斯全集》第3卷,人民出版社2002年版,第353页。

同的。"①

马克思并不只是强调这一点,而是早就从与黑格尔相同的视角进一步指出,"分工提高劳动的生产力,增长社会的财富,促使社会精美完善,同时却使工人陷于贫困直到变为机器。劳动促进资本的积累,从而也促进社会福利的增长"②,"一方面随着分工的扩大,另一方面随着资本的积累,工人日益完全依赖于劳动,依赖于一定的、极其片面的、机器般的劳动"③。

但是,我们想要特别讨论的,并非各自的表述和观点的接近,而是市民社会的编成原理的视轴。

我们不想断定先于黑格尔-马克思的社会思想完全定位于交往的场面,连重视生产编制的亚当·斯密也有"分工一经完全确立……在一定程度上,一切人都成为商人,而社会本身,严格地说,也成为商业社会"④(《国富论》)这样的说法。与此相对,黑格尔则从他的哲学的人的规定,通过以需要和劳动的本源上的社会性为视角,拒斥斯密的社会观的颠倒的结构。用马克思的话来说,可谓自为地拒斥斯密之流,"把社会交往的异化形式作为最初的形式确定下来"(《穆勒笔记》)。这时不能忘了,以生产为视轴的马克思的社会观,其出发点并非基于社会科学的分析,而是哲学-人类学的省察。

"个人怎样表现自己的生命,他们自己就是怎样。因此,他们是什么样的,这同他们的生产是一致的——既和他们生产**什么**一致,又和他们**怎样**生产一致。"⑤这一《德意志意识形态》中的著名语句,无论如何也难以将其领会为关于**社会科学**的省察的**结果**。因此,应该看作基于他们的哲学-人类学理解的明证式洞见。并且这里,甚至可以说洞穿了

---

① 《马克思恩格斯全集》第 3 卷,人民出版社 2002 年版,第 302 页。
② 《马克思恩格斯全集》第 3 卷,人民出版社 2002 年版,第 231 页。
③ 《马克思恩格斯全集》第 3 卷,人民出版社 2002 年版,第 228 页。
④ 亚当·斯密:《国民财富的性质和原因的研究》上卷,郭大力、王亚南译,商务印书馆 1972 年版,第 20 页。
⑤ 《马克思恩格斯文集》第 1 卷,人民出版社 2009 年版,第 520 页。

构成个人的类本质的东西与被视为固有意义上的"民族精神"（Volksgeist）的现实性（energeia）和尔刚（ergon）的德国浪漫主义及早期黑格尔式的理解和构图的连续性。

马克思以生产为视轴而确立社会观的经过，确实掺杂了他的经济学研究，另外，也不能无视莫泽斯·赫斯和威廉·舒尔茨[①]等人的影响。但是，作为社会分工的社会分工以及基于社会分工的整个社会的自在性共同活动的统一性，关于这一点，当时的经济学鲜明地提出了何种论点？连可谓从这一维度展开讨论的经济学家之首的斯密，如前面所指出的，也只是从个人主义的视角来考察社会的共同活动，而没能从总体上加以把握。与此相反，早期马克思恩格斯及其周边的德国思想家们，包括赫斯和舒尔茨在内，则从"自在的社会分工＝共同活动的体系"来考察市民社会，即便不是受黑格尔的直接影响——基于形成德国浪漫主义的物质基础的落后国家德国的历史的现实——不也以关于人的存在的"德国理解"为基础？我们认为，与其单从黑格尔-马克思论出发，不如联系当时的德国思想界的"风土"，来对上述问题给予肯定的回答。

我们须臾也不可忘记，市民社会，虽说无论是黑格尔抑或马克思，都以英国这种近代的定在形式为模型（model）——黑格尔-早期马克思所谓的市民社会，并非限定于近代的市民社会，即使是异化态，那也与伦理实体（其形式是当时所表象的古希腊城邦的共同体）在根本上是相通的，与英法的社会理论所表象的共同体有着不同的旨趣。通过批判地继承颇为独特的黑格尔的市民社会论，马克思固有的社会理论才得以建构起来。

最直接地显示这当中的情况的，如下一小节所看到的，是黑格尔的市民社会与唯物史观中的经济基础的内在联系。

[①] 威廉·舒尔茨（Wilhelm Schulz，1797—1860），德国政论家，法兰克福国民议会左翼议员。代表作有《生产运动》（1843）。

（三）

　　《德意志意识形态》指出："市民社会包括各个人在生产力发展的一定阶段上的一切物质交往……'市民社会'这一用语是在18世纪产生的……真正的市民社会只是随同资产阶级发展起来的，但是市民社会这一名称始终标志着直接从生产和交往中发展起来的社会组织，**这种社会组织在一切时代都构成国家的基础以及任何其他的观念的上层建筑的基础**。"①

　　马克思在《政治经济学批判》序言中写道："这种物质的生活关系的总和，黑格尔按照18世纪的英国人和法国人的先例，概括为'市民社会'，而对市民社会的解剖。"②……黑格尔所说意义上的"市民社会"与唯物史观所说的"基础"即所谓"经济基础"基本相同。

　　当然，必须明确狭义的市民社会即近代市民社会与经济基础的区别；另外，也不能完全把黑格尔所说的广义市民社会称作经济基础。但是无论如何，马克思恩格斯将黑格尔所说的市民社会与他们所说的经济基础看作基本上等同，这一点，对于已了解黑格尔将市民社会设定为需要和劳动的体系的我们来说，已经不难理解。

　　马克思、恩格斯通过将黑格尔的市民社会重新理解为经济基础，结构性地重新规定他们所说的社会（社会构成体）。这时，关于被定位为上层建筑（的一部分）的国家，我们必须重新回忆在黑格尔那里市民社会与国家的关系。

　　黑格尔采取了家庭、市民社会和国家这三个辩证法的阶段的形式展开其伦理理论。但是，这三个阶段，始终是逻辑的过程，并不表示历史的继起。暂且不说家庭，作为事实问题，市民社会与国家有着怎样的关系？

---

① 《马克思恩格斯文集》第1卷，人民出版社2009年版，第582-583页。
② 《马克思恩格斯全集》第31卷，人民出版社1998年版，第412页。

关于市民社会与国家的关系,我们必须力戒愚蠢地将马克思理解为黑格尔。在黑格尔那里,国家通过扬弃市民社会而将其含摄在内,国家赋予仅仅具有"知性国家=外在国家"的统一性的市民社会以真正的统一性。这种论证,与马克思的思想有着完全不同的向度(Vektor)。在马克思那里,广义的市民社会**一般**的扬弃的问题不成问题。另外,马克思强调"市民社会……之间的现实的纽带是市民生活,而不是政治生活……把市民社会的原子联合起来的不是国家"①。

然而,不可忽视的是,黑格尔在广义和狭义两种意义上使用"市民(bourgeois)社会"这一概念,阐述讨论市民社会应被国家共同体所扬弃的图式,与被共产主义的共同体所扬弃的市民社会这一马克思的讨论有着相同的结构。关于这一点,将在下一小节进行专题性的讨论,这里我想着眼的共时性结构是,黑格尔关于由公务机构所承担的国内公法、对外主权和国际公法这些因素的讨论——确实,尽管这是观念的颠倒,并且缺失了国家的阶级性——所探讨的不过是市民社会的"政治、法律的上层建筑"。在此意义上,我们认为经济基础-上层建筑的图式已由黑格尔准备好了。

但是,对马克思而言,使他将国家置于上层建筑的地位的机缘岂非斯密之流的守夜人国家论?不仅斯密,所谓英国系的国家理论、德国系的国家理论岂非是一种障碍?我们不想就这一点展开积极的争论。至少,我们认为在确立社会科学的分析视角之后,这种守夜人国家论所理解的国家容易被理解为上层建筑。然而,这一分析视角是从哪里获得的?即使斯密为当时马克思所熟知的先行思想家们的讨论,成为关于国家本质论的统治机关的发生论的讨论,即使存在这种讨论,但果真是由社会结构体的结构性把握的视角所发现的?

同时应该思考的是,艺术、宗教、哲学的上层建筑,即所谓意识形态的上层建筑。英法的社会思想——至少就容易制度化的宗教而言——

---

① 《马克思恩格斯文集》第1卷,人民出版社2009年版,第322页。

果真作为社会结构体的结构性因素,而将这些因素纳入范围内?在这一点上,黑格尔的市民社会—国家论或许同样具有其意义。虽说在黑格尔的体系中,国家这一辩证法的阶段,被接下来由艺术、宗教和哲学这三段式构成的"绝对精神"所扬弃。在黑格尔那里,国家不仅是统括市民社会的意识形态的颠倒,还同时仰赖绝对精神及其存在性的意识形态的颠倒。这里,当纠正市民社会—国家之间的意识形态的颠倒时,国家与社会意识形态之间的意识形态的颠倒的关系也同时得以纠正,作为基础的市民社会之所以决定"艺术、宗教和哲学",是源于自然的过程。

回过头想,当马克思、恩格斯定义上层建筑(上层结构)之际,是用上层建筑的名称专指法律、政治的机构,再进而将意识形态的各种形式置于其上层地位的场合(在理解三层结构的场合),和将这两者一并称为上层建筑的场合(这二层结构可谓是他们的本意吧)明显地混杂在一起。何以产生这种"动摇"呢?

虽然我们不可能为上述一系列的问题给出确定的证据,但是至少当着眼于与黑格尔的体系——其中,市民社会之上竖立着国家,进而在国家之上竖立着"绝对精神"(艺术、宗教和哲学)——的对应关系及其颠倒时,毋庸赘言,可以得到极为自然(natural)的心证。

无论如何,唯物史观中的社会结构体的结构论的把捉,黑格尔的市民社会—国家的理论中的前一个因素重新被理解为经济基础——如前面所援引的,这一点已得以确证——是关键所在,在此意义上,可以追认黑格尔的市民社会—国家论是唯物史观中的社会结构的把捉的直接基础。

以上,我们以黑格尔市民社会论的视角为焦点追认了其与马克思的联系性,接下来,我想将本义的社会**思想**纳入范围中,使讨论稍微具体化。

第四节　市民社会的扬弃

对黑格尔来说，市民社会是应被辩证扬弃的与件。并且，这不光是通过逻辑展开的过程，而是通过对市民（bourgeois）社会的历史现实的现实性批判来予以证明。在 1820 年的时点，能够像黑格尔那样犀利地指出市民社会的根本矛盾的思想家没有第二人。至少，较之所谓的三大空想社会主义者，黑格尔确实在某种意义上更为根本地揭示了近代市民社会的矛盾，实际上马克思的市民社会的批判视角，较之先行的英法社会主义者，远为接近黑格尔的视角。

（一）

撇开守旧派不谈，对近代市民社会的矛盾的批判，在法国大革命之后，通过各种形式得以展开。但是，一般认为只有到了黑格尔的时代，才在市民社会的逻辑范围内使这一矛盾得到解决，自发地赶超市民社会的逻辑的若干理论，也没能超出以自由、平等、博爱这种启蒙主义的理念的教条主义式的贯彻为核心的批判和构想的范围。

我们原本不想断言黑格尔的市民社会批判超越了英法思想界的批判。在黑格尔的晚年，英法簇生了无政府主义、社会主义的理论，——在马克思的思想形成期它们得到了进一步的展开——公平地说，我们能够承认黑格尔的是，充其量停留于所谓的"后进国家的思想优位"。但是，这种德意志的后进性反而侥幸地通过活动，确实反倒隐含着近代市民社会的民族精神（ethos）和逻辑的新视角。在此意义上，我们必须承认黑格尔的市民社会批判的思想性甚至**在某种意义上凌驾于先行的社会主义**。

这里应该注意的是，"类"和"个体"的"伦理的统一性"这种根本理解。对近代市民社会的批判，如通常所指摘的那样，在英国，是从如何改善工人阶级所陷入的悲惨状况这一问题意识,从在此意义上的社会经济的场面出发的。在法国,是从自由、平等、博爱这一启蒙主义的宏大理想没能在市民社会得到实现的洞察——政治的自由通过大革命而暂且得到实现,因此——通过摸索能够实现社会的平等体制这一方向来使事件推进。与此相对,在德国的黑格尔学派,是从第三方向来接近问题的。规定这第三方向的东西,不外是那种伦理思想。

抽象地说,市民社会是伦理的沉沦的自我异化态,因而,由这种异化态自在自为地回归伦理也就成为主题,黑格尔学派自先师黑格尔以来,已决不再从事抽象的谈议,即使在哲学的思辨领域内,也都着眼于具有相应具体性的讨论。

黑格尔在《精神现象学》中——此时并不了解当时法国的社会主义,更不用说巴贝夫的共产主义的思想之类——甚至可谓已对法国社会主义、共产主义作了预先的批判。可以说这部著作含有法国大革命的哲学综合的地方,黑格尔由此伸展笔触,以其他一流的方式对法国革命思想的**应有**展开作了审视的"批判性超越",对私有财产的否定,财产的公有制问题也作了"哲学"的探讨。

作为启蒙主义的自律人格的个人——通过大革命而达到"保证"其为现实的存在——作为这种"实在的个人"的必然性展开的个人平等也就成为当然的要求。虽然这在当前法律层面上是成问题的,但是法律绝不是绝对的东西,它自身必须接受审定。审定法律的标准,根据黑格尔体系的展开所揭示的,归根结底是伦理的法则。可是,当审定私有财产(私人占有)时,那明显违反法则。那么,财产公有制怎么样?据此确实能够解决私有财产的矛盾。但这是最终的解决吗?所有(公有)不光是名目。实际上谁也不能离开使用(消费)而实现真正的所有。如果能够平等分配,与人格平等的概念也就一致。但是,各个个人的要求,哪怕作为人格也既是平等的也是多样的,而绝不是等同的(equal)。按需(即根据"需要")分配是真正意义上的平等,平均分配岂非坏的平等,实质上的不平等?因此如果根据需要讲平等,与人格平等这一启蒙的根本理念相矛盾。黑格尔的这个讨论在马克思的《哥达纲领批判》中作为共产主义第一阶段的矛盾而得以再现！这个矛盾在第一阶段的范围内不可能从原理上得到解决，马克思认为，在共产主义第二阶段，即伴随着生产力的飞跃发展这一条件，在诸个人的这种层次上的平等或不平等已不再是问题的共同社会中，这一矛盾将得到解决。黑格尔怎么看？

在黑格尔那里，在目前问题的自在伦理的层次上，这一矛盾不可能得到解决。因此，问题过渡到接下来的更高层次的"伦理世界"。黑格尔当然并不提倡共产主义的共同体，而是在目前所谓的高阶层次上，将作为并未迎来财产平等的法国社会主义的大问题的教养平等（当时，教育不平等，以及教养不平等，确实与社会不平等直接相关！）纳入讨论范围，进而探讨启蒙主义本身的真理性，并加以扬弃！并且，揭露了作为法国启蒙之个人的个人自由这一思想的致命局限性，"最高共同乃是最高自由"这一黑格尔的自由论的思想——人的真正的自由只有在伦理共同体中才能实现的思想——得以设定。

如上面所介绍的，黑格尔揭露了仅以启蒙主义的人类社会观为原理的近代的市民社会的根本矛盾，通过人的存在的真正伦理共同体的存在方式，对历史的现实进行"哲学"的批判。

马克思无疑继承了黑格尔的这一视角。相对于法国社会主义在启蒙主义的人类社会观的地平的内部，试着形成可谓将启蒙主义彻底化的理论，马克思完成了基于其异质性理解的社会批判，建构了超越启蒙主义构想的地平的固有的共产主义理论，我们知道确实在于对这一黑格尔主义的视角的继承。

（二）

黑格尔并非光是根据伦理共同体的原理对批判近代市民社会的启蒙主义的人—社会关系的原理——准确地说，启蒙主义的人类社会观是近代市民社会的原子式的社会（Gesellschaft）关系的反映——作思辨的批判。如从《法哲学》的市民社会论所看到的那样，他从市民社会的经济组织的机制本身,看到市民社会的扬弃如必然矛盾似的现实地起作用,并定位于这一点,说明市民社会应该予以扬弃的必然性。

关于黑格尔的这方面的讨论与《资本论》(以积累论为主的资本主义的综合性批判及其没落的必然性的阐明)有着惊人的图式上的一致,因为罗伯特·汉斯(Robert Heiss)(日译《辩证法的本质与形式》,加藤尚武译,未来社)等也曾指出,笔者也稍微从其他角度在别的机会作有论述,这里我想极为简单地谈一下其重点之处。

在黑格尔看来,作为需要和劳动的体系的市民社会,必然地一方面产生财富的过剩积累,另一方面产生贫困的过剩积累。市民社会无论如何也不能从原理上解决这种两极分化和对立,唯有陷入进退两难的境地。围绕英国工人的状态和济贫法的争论,黑格尔这样谈道:如果通过赈济事业救济失业穷人,那么"穷人用不着以劳动为中介就可保证得到生活资料"①,也就与"通过个人的劳动以及通过其他一切人的劳动与需要的满足,使需要得到中介,个人得到满足"②这一"市民社会的原则"③相违背。话说回来,如果中介性地结合过剩积累的财富(过剩资本)和过剩人口(失业工人)从事生产劳动,那么最终必定导致过剩生产(危机)。这样,市民社会最终无法解决穷人增加的问题,而不得不衰亡(untergehen)。

在当时的思想界,一般认为市民社会的经济矛盾能够从原理上予以解决,寄望于自由贸易、殖民的政策。但是,黑格尔提出通过殖民也不可能解决问题,并且甚至借助团体(corporation)——切什考夫斯基

---

① 黑格尔:《法哲学原理》,范扬、张企泰译,商务印书馆 1961 年版,第 245 页。
② 黑格尔:《法哲学原理》,范扬、张企泰译,商务印书馆 1961 年版,第 203 页。
③ 黑格尔:《法哲学原理》,范扬、张企泰译,商务印书馆 1961 年版,第 245 页。

(Cieszkowski)等将其比作傅立叶社会主义的理想共同体(phalange)①——也不可能得到解决。总之,黑格尔道破了需要和劳动的体系,这种竞争社会的原子体系,只要不从根本上扬弃知性国家的层次,即市民社会的原则本身,就绝不可能解决这一矛盾。

黑格尔的讨论,当然并不有着完全的社会科学的加工,我们现在没必要在这里特别强调其与《资本论》的联系。但是无论如何,需要特别注意的是市民社会必须通过其内在规律的必然性而辩证地扬弃的思想,以及只有在作为"伦理理念的现实态"的相互作用(Gemeinschaft)的国家共同体中才能够解决市民社会的根本矛盾的思想。

实际上属于黑格尔左派的卢格等人,很快地继承了贫富的两极分化和穷人的增加的论点,而阐发他特有的共和制国家中的穷人的解放,青年马克思也有着期望通过固有的民主制国家对市民社会的根本的扬弃,此后,进而探寻将这种民主制置换于共产主义共同体的道路的思想历程。

在此意义上,必须承认基于国家共同体的市民社会的扬弃这一黑格尔的路线,通过与相应的具体讨论内容相互作用,在由类和个人的伦理性统一的思考而触发马克思主义的共产主义的结果方面起了极大的中介作用——这时,作为我们来说,不仅要指出黑格尔所谓的国家没有超出将普鲁士的绝对主义国家理想化的范围的消极方面,还必须注意黑格尔于其中蕴含的积极因素。虽说"最高共同乃是最高自由",但这绝不是将个人埋没于整体之谓。个人埋没于整体,旧共同体的再现,不能辩证地扬弃"在自身中实在的个人"这一市民社会的原理。在真正的伦理共同体中,必须辩证地扬弃个人的自律的自由。我们认为,在黑格

---

① 傅立叶称自己的理想社会为"法朗吉"(phalange)。它是招股建设的,建筑物名为"法伦斯泰尔",中心区是食堂、商场、俱乐部、图书馆等,中心两侧分设工厂区和住宅区。成员大约由1600人组成,实行工农结合,男女平等,人人劳动,免费教育,没有城乡、脑力劳动和体力劳动的差别,按劳动、资本和才能分配。傅立叶幻想通过这种社会组织形式和分配方案,调和资本与劳动的矛盾,达到人人幸福的社会和谐。

尔的立宪君主制国家中,个体的自由性就是由君主所象征的一个方面。**单**从这一脉络来看,黑格尔左派拒斥黑格尔的僧侣主义的现状肯定主义,追求能够保证真正意义上的个体自由和伦理整体性的统一的体制的志向,作为志向本身已是黑格尔本人的东西。

（三）

由于从关于类和个人的关系的黑格尔的理解出发,马克思不仅拒斥作为典型的资产阶级意识形态的启蒙主义的人类社会观,而且拒斥处于这一地平的英法社会主义的构想。

英法社会主义与启蒙主义有着共同的人类社会观,并且由此形成的自由、平等、博爱的追求,没有超出近代市民社会的原子的理想化的藩篱,没有超出主张财产公有制的派别(fraction)——其中一部分是主张回归原始基督教团的共产生活的"反动的社会主义"——的产业理性主义团体的范围。马克思在早期已洞察到了这一点。

马克思甚至在标榜"人本主义＝自然主义""自然主义＝人本主义"时,也不讲法国的自由、平等、博爱。不,而是对其加以批判。总之,如黑格尔所教导的那样,人本来就是伦理的、类的存在而不是原子的存在,因为原子的个体的自由、平等之类的问题,与真正的自由、平等几乎无缘。原子的个人自由,可谓是恰如有机整体的各个分肢,手、脚、头脑和胴体等以散乱的自我运动为意向的状态,由于外在冲突和相互牵制,无论如何自律的自我活动(Selbstbetätigung)都是不可能的。真正的自由,各个分肢是通过在有机整体中得一位置作为其元素而存在(In-seinem-Elemente-sein)的,"最高共同乃是最高自由",自由并非原子的恣意放纵之谓。马克思在将其理解为唯物论的被抛性存在之前,就从黑格尔主义的视角有所了解。另外,关于平等——将其界定为这是"基于同等的商品所有者这一原则上的资格来进行交易的近代市民社会的人的存在方式"的意识形态的反映是后期的事情——也是作为与市民社会的原子论相联系的东西,马克思与黑格尔派也都对此予以拒斥。

446　多数读者能够想起马克思自早期以来，几乎不谈平等吧。法国启蒙的"博爱"（fraternité）——基督教的爱邻居的这一变形，那只不过是出于利己主义（egoism）的相互算计的原子的外在表现（äußere Baänder）！

　　对马克思来说，出自黑格尔左派的共产主义者无一不是那样，当初只是意在自在自为地实现"德国意义上的""人类解放"即类和个人的统一，而言说其具体的构想。这时，如何继承黑格尔的视角和所说已如指出的那样。

　　但是，为了使马克思主义确立为马克思主义，必须要有辩证法的飞跃。毋庸赘言，黑格尔的社会思想和马克思主义的社会思想，不可能是线性的连续。就目前的论点而言，那确实在于类和个人的关系。在黑格尔学派那里，人的类和个人的特权的一致是黯然默认的大前提，没有对二者最初的关系作积极的省察。从学说史来说，如通过其他机会所指出的，虽说关于这一点的讨论是以麦克斯·施蒂纳为中介的，但无论如何马克思已经达到了将问题点自为化的水平。

　　关于类和个人的黑格尔主义的理解，不管怎么说，归根结底，不得不将类唯实论地实体化。但是，原本，类是如何存在于每个人之中的？这种思维方式不是唯心论的颠倒吗？作为普遍的实体的类，与上帝一样，不是个体的社会的、现实的存在方式的意识形态的颠倒的表象吗？当想到这一点时，已不允许以类存在、类本质作为说明概念来使用，相反，类本质倒成为应该说明的与件。

447　如在《关于费尔巴哈的提纲》中所看到的，马克思通过将人的类本质、费尔巴哈的规定深化、具体化，很快踏上了将其理解为"社会性""社会关系的总和"的道路，以及立足社会经济的场面赋予其内容的方法，对其作了新的把握。在那里，已不光拒斥黑格尔主义的颠倒，还赋予了解开被唯实论地实体化的普遍（universalia）的存在论-认识论之秘密的钥匙。这是赫斯特有意义上的"共同活动"——这是源于交互主体的诸个人的存在方式的物象化（Versachlichung）或反对（Objektion）对象化（Vergegenständlichung）的洞察，马克思得以对其进行理论的自为化是在后期，无论如何在阐明物象化的秘密这一点上，马克思主义超越了传统的唯名论和唯实论的争论，以及关于类和个人的传统性对立的地平。

这里，马克思是如何从所开拓的地平将他的社会思想体系化的，马克思所谓的"经济史观"和"阶段发展史观"与黑格尔的理论有着何种联系，另外，马克思如何重新把握黑格尔的国家理论，这一系列问题将能够重新表象（vorstellen）。但是，将笔墨延伸至那里本文的范围。（关于这些问题，请参阅《情况》杂志正在连载的拙稿及另著《唯物史观的原像》。）

本文凸显了在理解马克思的社会思想之际有着种种误认（verkennen）倾向的黑格尔主义的构想的中介作用——当忽视这一点时，黑格尔左派意识形态与法国启蒙主义具有的奇特交错，马克思的社会思想将被"启蒙主义＝近代资产阶级意识形态"的社会观的地平这一普罗克拉斯提斯①的床所截断！——马克思的社会思想及共产主义的思想，是从与所谓英法型完全不同的视角出发，从黑格尔主义的"类"和"个体"的问题来展开讨论的。至此，我想暂且搁笔。

---

① 普罗克拉斯提斯（Procrustes），古希腊传说中阿提卡的一个强盗。他将被他抓到的人放在一张铁床上，比床长的人，被其砍去长出的部分；比床短的人，被其强行拉长。

第三部

国家—社会与历史规律的存在

第五章
"市民社会—国家体制"的视角

国家理论的再建构,以及现代国家的分析性把握的课题意识,最近看上去好像陡然高涨起来了。对国家理论的关心的高涨这一点,恐怕并不是日本才有的特殊现象,至少欧洲的一部分马克思主义者也在重新探讨国家理论的问题。虽然中国和苏联对此缺乏了解,但如果举出德国的雅各•布利奥、法国的尼科斯•普兰查斯①及英国的拉佛•米利班②等人的名字,应该有很多人予以首肯。

可是,暂且撇开美国的"政治过程论",20 世纪 30 年代之后,所谓"学院派没能提出那种程度的国家理论"这一点是一致公认的吧。虽然或许甚至可以说"资产阶级-学院派的生产力很久以前就枯竭了",但一般说来光这样讲是不够的。学院派在各方面都接连不断地推出"新"的意识形态体系。不过,无论怎么看也不成其为国家理论。

这应该有其存在的理由,其中可理解的理由之一是,近代欧洲的"市民社会—国家体制"这一观念的既有构架已成障碍且牵制国家理论的展开,近代的社会观、近代的国家观的根本机制也与这一问题有关。

---

① 尼科斯•普兰查斯(Nicos Poulantzas,1936—1979),法国当代著名思想家,著有《国家的危机》《国家、权利、社会主义》等。参见张一兵主编:《当代国外马克思主义哲学思潮》中卷,江苏人民出版社 2012 年版,第 125-159 页。
② 拉佛•米利班(Ralph Miliband,1924—1994),英国马克思主义政治理论家,著有《现代资本主义国家论》《阶级权力和国家权力》等。

451　　　我现在不想在这里对欧洲的社会-国家观进行主题性的分析，以及从正面指出之所以成为其构架之桎梏的原因所在这种高调的阐述。我只想就欧洲"资产阶级的国家理论"的机制问题，指出马克思、恩格斯的国家理论与它有着怎样的不同，举出与此相关的若干论点，以此提议"市民社会—国家体制"论的问题论机制的再建构。

　　一句话，说到近代欧洲的国家观，虽说不同国家，以及不同时代，由于存在很大的差异，性急地定式化是危险的，但联系时代的变化而提出如下看法，我想这不至于有什么大过。

　　近代资产阶级的国家理论，最初以"契约国家"论的形式登场，这属于常识性的事情，这里只是提请注意如下一点，即这种所谓的契约国家论、社会契约论——若一概而论，德国的情况比较复杂——是资产阶级革命的前夜，是针对旧的绝对主义君主制而出现的理论。并且，契约国家论即使与固有的重商主义相适应，也仍是产业资本主义以前的意识形态，因此，社会和国家尚未被分离开来思考，即不存在市民社会和国家体制的区别。

　　接着登场的是所谓"守夜人国家"论，这是终于成长壮大的产业资产阶级针对"固有的重商主义国家"而提出的理论。新兴时期的产业资产阶级尚未自觉意识到无产阶级与自我的矛盾，光是意识到与旧体制即大商人资本和地主贵族这一当时的统治者阶级的对立，国家就是统452　治阶级为了应对被统治阶级以保护自己的财产而产生的机关，在此意义上他们指出，国家是统治阶级的机关。这里需牢记的是，他们虽然也承认作为财产的值班人、巡夜人，即"守夜人"的国家是必要的恶，但是明确提出国家不应该介入市民社会的经济过程的意识形态，即所谓自由放任主义的意识形态，同时他们还明确提出市民社会与国家的区别。

　　此后，亚当·斯密和弗格森关于国家是统治阶级的"工具＝机关"

的论点以戈德温①为中介,只是继承了无政府主义和小资产阶级社会主义,虽然体制内的空想家们不讲国家的阶级性,但还是提出了由守夜人国家论所象征的产业资本主义的国家理论,奠定了欧美资产阶级国家理论的基本框架。

确实,法国大革命以后,虽然重新出现了社会有机体说和一体化国家论,而且这是基于古典的个人主义的自由、平等的意识形态的修正,但市民社会与国家的区别已成为前提。关于德国浪漫主义和黑格尔的国家理论,后面将通过与马克思的关系而有所涉及,若将话题推进一步,从19世纪末到20世纪初,性质稍有改变的国家理论已开始登场。

首先,在德国作为俾斯麦国家的意识形态,出现盖尔伯②、拉班德③的国家理论,在俾斯麦失败之后,经过耶里内克④,导向凯尔森⑤的国家理论。用一句话来说——当然,在耶里内克那里有着后述的国家社会学的一面——要言之,采取了国家即法律体系这种"国家＝法律规范的体系"的思维方式。毋庸赘言,以国家为法律主体,乃至毫不掩饰地将其视为法律的体系的这种国家理论,是在非常明确的形式中以市民社会与国家的区别为前提的。

众所周知,在英国、法国及美国,从19世纪末至20世纪,多元国家论开始登场。根据他们的主张,所谓国家,是与经济团体、职能团体或宗教团体等相并列的一个团体,诸个人具有其作为多元所属的团体之一的国家,这个叫作国家的团体以维持治安和防卫外国势力为目的。在这种多元国家论中,所谓国家,虽然确实并非立于市民社会的表面的

---

① 威廉·戈德温(William Godwin,1756—1836),英国社会哲学家和小说家,基于对人的理智善的信念和极端自由主义的信条,他提倡无政府主义的体制。

② 盖尔伯(Carl Friedrich Wilhelm von Gerber,1823—1891),德国法学家,著有《德国国法体系纲要》。

③ 拉班德(Paul Laband,1838—1918),德国法学家,著有《宪法修改与宪法变迁论》。

④ 耶里内克(Georg Jellinek,1851—1911),德国公法学家,著有《人权与公民权利宣言:现代宪法史论》。

⑤ 凯尔森(Hans Kelsen,1881—1973),奥地利法学家,著有《国际法原理》。

机关,但也并不至于指责经济秩序与政治秩序、市民社会与政治国家的区别。

另外,与美国的国家理论相适应的从本特利①到杜鲁门②的"政治过程论",能否称作固有的国家理论,抑或应推断为多元国家论之一。这好像还有讨论的余地,这也是以市民社会与国家有着不同的序列为前提的。

从以上的追溯来看,需重新铭记的是近代之后欧洲的国家理论,不同于最初的契约国家论,在守夜人国家论之后,采取了有机体国家论、规范国家论、多元国家论这几种类型,市民社会与国家体制的分离成为其前提性的理解。

但是,对我来说,并非想指出市民社会与国家的分离这一点本身。我之所以特意耗费笔墨,眼下有两个目的。第一,为了勾勒近代欧洲的国家观与日本人日常意识中所抱有的国家观念的不同;第二,为了厘定马克思、恩格斯的国家理论与近代欧洲国家理论的关系及其结构。

第一点,即关于日本人传统上抱有的国家观念,乃至今天仍牢固地规定其日常意识的国家观念,与近代欧洲人所持的国家观念的不同,似乎没必要在这里作定式化的考察。除了一部分知识分子,国家是通过社会契约而形成的,国家是行政机构(Government),即政府机关,国家是法律、法律体系,国家是与宗教团体等相并列的一种政治性社会团体,这种国家观完全与日本人的常识的国家观念不相容。从日本人的常识出发,无论如何不会产生那种国家理论。因为与那种国家理论相比,其对于国家观念的结构的把捉方法是不同的。

当然,或许可以指出黑格尔的国家理论是怎样,以及纳粹德国的国家理论和耶里内克的国家三要素说是怎样。但我只是附带地讨论这些

---

① 本特利(Arthur. F. Bentley,1870—1957),美国政治科学家,著有《政府过程:社会压力研究》。

② 杜鲁门(David Bicknell Truman,1913—2003),美国政治科学家,著有《政治过程》。

国家理论。耶里内克在20世纪初提出的"国家三要素说",即国家由国土、国民和统治权力这三个要素构成的观点,有着与日本人传统的国家观念相一致的地方。这是事实。另外,也不能否认纳粹的民族共同体理论与明治以来日本人的国家观念有着共同点。我并不想以耶里内克的三要素说和纳粹的国家观是欧洲的特殊例外这一说法来解释。但是,是这样的。在日本人的意识中,民族、国民和国家,虽然这些整个是重叠在一起的,德国人或纳粹德国(Reich)所说的国家(Staat)与民族国家(Nation)有着明确的区别,所谓民族共同体和国家共同体不仅在学问的概念上是不同的,而且在一般德国群众的意识中也是有区别的。我想不能忘记这一点。

但是,因为这个问题毕竟是次要的,也就不作更深入的讨论,这里只是兼作讨论马克思的开场白,我想就其谈到近代欧洲市民社会与国家体制的分离时的含义作若干说明。

近代市民社会的图景中形成的17—18世纪自由、平等的个人,作为其形式而黯然默认地思考的个人,作为实际问题,可以说给人的印象就是独立自营的农民、独立自营的手工业者及独立自营的商人这些人物像,所谓社会,也就是由这些人构成的结社。因此,社会这种东西在反思的层面,那些人在家庭中如何生活这种家庭内部的事,不外是社会层次上的问题,进而,无论独立自营的农民,还是独立自营的手工业者,他的生产活动,即农业上的作业或手工业上的作业,如何经营这种生产活动,是家族内部或家庭内部的事,即可以看作私事。社会的社会关系在市民社会所引发的问题,源于他们作为独立自营的生产者而拿着各自生产的产品,走向商品交换的市场、商场的场合。虽然谁也不会忘了生产活动或家庭内部的事,但在采取这种"架势"的市民社会论的场合,与那种事就产生脱节(dropout)。商品交换场合中的人与人的关系,随着作为商品所有者的个人进入商品经济的场合,社会这种东西作为现实的问题而被意识到;而在此之前,生产活动是在家庭中进行的,消费生活也是私事,是被搁在社会这一问题领域之外来思考的。加拿大学者麦克弗森①的"占有性市场社会(possessive market society)"这一巧妙的表述,就是在以商业贸易的场合为形式的那样一种商人社会的景象中形成的市民社会的表象。

关于这种社会景象及诸个人相互的社会关系的古典景象,随着资本主义的发展,不是已落后于时代了吗？在某种意义上可以说确实如此。市民社会的这种古典景象的形成,尽管只是在封建时代的前近代的共同体解体,自营的工商业者开始历史地登场的最初一个时期,但是,据实而言,此后资本主义的发达,也存在对市民社会的古典景象多少加以调整而使之得以保持的历史情况,因此,结果这种旧的古典景象就成为根深蒂固的意识形态而持续下来。其历史的要因是什么,可以区分地指出两点。

其一,马克思恩格斯反复指出,他们是在对其批判的基础上进行自身的理论建构的情况：雇佣工人,即已不再是工匠的工人,随着资本主义社会,特别是产业资本主义的发展,作为劳动力商品这种商品的所有者的现象。工人与资本家的关系,只要着眼于劳动力商品的买卖这种交易的场合,确实不是师徒关系,也不是统治者与被统治者的关系,而是表现为商品所有者之间同等的交易关系。并且,在工人携带工资即货币商品购买消费物资的场合——当然,在这种场合中不是直接从资本家那里购买而是通过各种中介项——无论如何,仍是采取基于同等的商品交易的关系的现象形态。因此,已不只是独立的小商品生产者,包括资本家、工人在内的社会全体成员不用说是作为同等的商品所有者,结成商品交易的关系,呈现好像存在一种作为关系的总联系的社会的东西似的景象。并且实际上即使在今天,也或多或少变换姿态作为概念结构的基本构架而根深蒂固地呈现着。

其二,与近代社会的社区性社会编制的实态相联系,近代社会,虽

---

① 麦克弗森(C. B. Macpherson,1911—1987),加拿大政治哲学家,代表作有《占有性个人主义的政治理论：从霍布斯到洛克》。

然在农村确实残留着各种古老的共同体关系,但是农村也为城市化浪潮所推动,总之,只要从都市来看,社区原本的血缘共同体,随着地缘共同体的崩溃,这里的"人"与"人"的关系确实以商人的商业贸易关系为中心。在作为社区居民而生活的场面,不管是资本家,还是工人、工匠或农民,都是在作为商品所有者的平等人格之间的商业贸易关系中结成相对他人的关系。这里,商人社会的图景,自由、平等的诸个人的同等的商业贸易关系,乃至经过意识形态折射的平等交换(Give and Take)关系,表现为社会的东西。

这样,既然在近代市民社会的图景中,富人与穷人的量差,即更多的商品,确实可以说,即使存在持有更多的货币商品者与只持有一点点货币商品者的量差,也已经废止了封建的身份特权,在质上都是平等的,具有自由地处理各自所有的商品的权利,形成这一意义上的"自由、平等的个人交往的社会"的意识形态。例如,滕尼斯①基于选择意志的结合这种定式化的社会(Gesellschaft)的概念,也确实终究可以归结于这种意识形态的逻辑机制。

这里,我想打住学说史的深入探究,逐渐将话题转移到马克思的场合。

在与上述事项的联系中,马克思的场合有何不同呢?我想大致可以联想到三点。对我来说,虽然这里联想到的问题并没有想要特别强调的地方,但作为谈话的顺序,我想首先从对谁都能联想起来的问题的重新确认开始。

第一,马克思、恩格斯在揭露"自由、平等的个人"这种意识形态的欺骗性,勘定近代社会存在俨然的阶级差别这一事实的基础上,进行了理论建构;第二,不是从诸个人的直接关系来规定社会的东西,因此,不是在与社会的直接联系中来进行讨论的,而是引入阶级这一中项来进

---

① 费迪南德·滕尼斯(Ferdinand Tönnies,1855—1936),德国社会学家,代表作为《共同体与社会》。

行更为具体的思考，并通过阶级斗争的动力（dynamism）外表，理论地把握社会和国家的问题；第三，接着从市民社会的秩序着眼市民社会、国家，具体地把握经济基础和上层建筑的结构。

在这些问题上，我想谁都能联想到马克思与古典的市民社会论和资产阶级国家论的场合的不同。我不想否定这些命题，也不想说不重要。但是，对我来说，是想着眼于更为根本的问题场面，想特别强调的是以下所述的三点。

第一，马克思不仅将人的存在理解为在本源上是社会的存在，而且从新的角度来理解其关系。将人理解为政治动物（Zoon Politikon）、社会动物（animal sociale）的思维方式，无须想起亚里士多德和托马斯·阿奎那，在前近代的理论中来说是普通的事情，与此相对，近代初期的社会思想家们，从社会契约论等着眼，将诸个人理解为具有实体性的第一性存在者，所谓社会和国家充其量具有第二性的存在性。然而，如众所周知的，黑格尔作为继承德国浪漫主义的先驱，以一种社会有机体论的思维方式，重新将人理解为政治动物。这一构想，在黑格尔左派中则有各种曲折，例如，费尔巴哈所达到的"类存在"（Gattungswesen）的概念，马克思批判地继承黑格尔和黑格尔学派的这种概念机制，但毕竟没有陷入社会有机体说这种社会的实体化，并且同时，开拓了拒斥将个人作坏的实体化的新地平。这实际上与我早就强调过的"物象化论的逻辑"有着紧密的联系，这里暂且不作展开。

第二，马克思规定社会关系的时候，是以物质生产的场面为视角的。在近代的市民社会论的逻辑机制中，如前所述，生产物质资料的生产活动的场面，被作为私事，从社会编制的基本结构抽离出去。虽然谁都不能否定生产活动的存在及其重要性，但作为市民社会的编制原理，生产场面中的关系被抽离出去。连亚当·斯密那种讨论分工或生产活动场面的理论家，一旦以市民社会论为论题，也是通过商人社会关系，"看不见的手"（invisible hand）的预定和谐的商人关系，来考察市民社会的编制原理。

与此相对,在马克思的场合,不是作为商品所有者的"商人的相对他人的关系"的场面,而是确实着眼于生产场面中的人们之间的关系。从当时的情况来说,在资本主义社会,资本下的生产活动以及资本家与雇佣工人的关系确实是第一性的问题。这里,只要考察劳动力商品的买卖,即使确实是人格上同等的交易关系,也被编组到资本框架下的生产活动的秩序之中,资本的逻辑确实成为束缚工人的结构。如《资本论》所雄辩地说明的那样,马克思明确把捉到这一点:不仅工人生产商品,而且人们被驱使着在该商品生产的机制中再生产雇佣劳动-资本关系这一结构本身。着眼于生产场面中的关系,使得能够不将资本家与工人的关系只是作为量的不同的市民与市民的关系,而是理解为阶级关系。

这一点,是保证马克思并非停留于正确把握近代市民社会的实情,并以此重新把握过去的历史时代的社会编制结构的视角。如其所述,任何历史时代的社会编制,都由生产场面中的人们之间的关系的编制方式决定其基本结构,无论是奴隶制的编制,还是日耳曼共同体的编制,总之,生产场面中的编制才是整个社会编制的基础,马克思对历史的贯通性把握由是成为可能。

这时,关于生产活动在马克思的世界观中占据何种意义,生产的存在论的意义,即对象性活动及在本源上作为共同活动(Zusammenwirkung)而进行的生产活动的存在论意义,我想在今日的话题中暂且省略,而再举出另一论点。

第三,马克思在"社会"这一概念规定中设定的新视角。马克思指出:"社会不是由个人构成。虽说如此,却又不能将社会视为独立自存的某种东西。"[①]乍一看这番话,我想难免使人产生一种马克思究竟怎样理解社会的疑问。但是,当从马克思之前的社会理论,他之前的社会的概念规定来看,谁都能够发现他通过这番话,极为象征性地表达了对

---

① 参见《马克思恩格斯全集》第30卷,人民出版社1995年版,第221页。

他之前的社会观的批判。

若不顾及严谨来说,"社会不是由个人构成"这前半部分,意味着对社会契约论以及将社会理解为实体的诸个人的集合的团体这种类型的社会观或社会概念的批判,"虽说如此却又不能将社会视为独立自存的某种东西"这后半部分,表明了对诸如社会有机体论之类那种将社会看作独立自存的实体的社会观、社会概念的否定态度。

那么,马克思本人具有何种积极的观察方法?倘若社会不是由个人构成的团体的存在,也不是独立自存的某种存在,那么它究竟作为什么而存在?马克思的看法是,"实际上,社会是诸个人的交往关系(Beziehungen),是各种关系(Verhältnisse)本身"。这时,我们如果认为马克思的思维方式岂不是与19世纪末到20世纪初登场的"形式社会学"的社会概念相接近,那未免从根本上误解了马克思的特质。包括形式社会学的大部分论客在内,近代社会思想家,一概难免将诸个人实体化的倾向,虽说也谈关系,但作为实际问题来说,是以实体的个人为前提的;与此相对,如众所周知的,马克思指出,"人的本质是一切社会关系的总和(ensemble)"①,站在拒斥近代哲学之流的人的实体化的立场,确实贯彻着"关系第一性"。这一点,虽说同样是辩证法的世界观,但不同于黑格尔的全体主义(Holism),我想这一文脉也是应予记住的。

虽然话题稍微有点离题,但与我在后面的讨论中想提出的不无关系,要而言之,马克思在将"社会"规定为"社会关系的总和"的同时,拒斥诸"个人"的实体化,从"关系第一性"的新视角,达到了从生产的场面定位"社会"和"个人"这两个项的新视角。

关于这种"社会"和"人"的新理解的结构,与那著名的"意识一开始就是社会的产物"②的命题,以及意识的形成与语言的形成是同时的命

---

① 参见《马克思恩格斯文集》第1卷,人民出版社2009年版,第501页。
② 《马克思恩格斯文集》第1卷,人民出版社2009年版,第533页。

题,这类——从近代哲学的常识来说颇难理解——马克思、恩格斯的阐述有着密不可分的关系,我想这里没必要展开深入的阐述。可能稍有点性急之感,我想还是往前推进话题。

那么,若作为涉及马克思的国家理论的特点的线索而谈一下黑格尔,黑格尔认为存在制约德国的历史的落后性的关系,不像英国的论客那样分析市民社会。当然,他不是立足于马克思的意义上的生产场面,而是将市民社会理解为需要和劳动的体系,通过诸个人被编入社会分工的协作网络,各人从事分工的某种部署的方法,形成社会关系的总体。一个一个的人只进行某种特定的劳动,无法自给自足。为了生存,不用说社会的全体成员不得不全面地相互依靠。正因为如此,虽然各人追求各自的特殊利害,但确实由于总体上相互依靠的关系,即使附带一定的限制也存在普遍的共同利益。正是这一意义上的共同利益,使得作为总体上相互依靠的关系的市民社会的知性国家得以存在。但是这种市民社会,虽说是总体上相互依靠的关系,却是通过对其特殊利害的追求而好歹得以保存的东西,还不是真正的共同体。因此,对黑格尔来说,知性国家只是市民社会的辩证的自我否定的环节,他倡导确立真正的共同体的理性国家。

如众所周知的,马克思批判地继承黑格尔的这种市民社会论及国家论而建构了他独特的国家理论,这里不能深入探讨其整个过程,我想只明确强调其中的两三点。

马克思、恩格斯的国家理论,一方面具有与黑格尔的知性国家论的系谱相联系的因素,另一方面,虽然不能说与斯密和弗格森的国家理论直接相关,但具有与把国家看作"统治阶级的机关=工具"的国家观的线索相联系的因素,这两个因素微妙地交织在一起。

在这两个因素中,关于后者,即将国家定义为统治阶级的机关的主题,由于读者们通过列宁的《国家与革命》已有所了解,这里也就无须重新阐述。

可是,另一个因素,即把国家理解为市民社会的一个综合,将其理解为虚幻的共同体(illusorische Gemeinschaft)的因素,我想这里或应插入若干说明。

作为虚幻的共同体的国家这一思维方式可以说是马克思、恩格斯极为独特的论点。当然,这一规定,必须放在与另一个因素的统一中来理解,另外,虽说是独特的,却也并非没有先驱思想的成分。黑格尔的知性国家论在某种意义上,可以说是一种虚幻的共同体思想,亚当·斯密和戈德温,本来是针对一架暴发户的机关的国家而给予一般民众某种一定的支持和论证的,在说明其意识形态的结构的逻辑中,或可以读出其着眼于虚幻的共同体。但是,从本质上说,虚幻的共同体的国家的把握,属于马克思、恩格斯,这应该是没有异议的。并且,这种虚幻的共同体的国家的把握方法,相对于近代欧洲的国家观本身,是异质的东西,关于这一点,若将其与前面谈到的从契约国家论到政治过程论的一系列论著相比较,我想是可予以直接承认的。

但是,今天我在这里想说的,不是马克思、恩格斯的这种思维方式的独特本身。我想强调的是,支撑这种思考的构想。目前,它与市民社会的把握方法有关。用一句话来说,与前面谈到的市场社会(market Society)——附带说一下,麦克弗森的"市场社会"包含马克思的"市民社会"——的图景是异质的,即与商人社会的人与人之间的关系是异质的,是定位于社会生产的场面的对市民社会的把握,要言之,马克思、恩格斯确立了与亚当·斯密和法国启蒙思想所抱持的市民社会相异质的社会概念。

马克思、恩格斯洞察到构成国家权力的基本结构的社会权力(soziale Macht)是由分工组成的诸个人的共同活动所产生的共同活动的合力,它是经过多重折射而映现的东西,从社会的生产活动的组织结构,开拓了阐明国家权力的控制力的道路。虽然在《德意志意识形态》的阶段,还只是抽象地讨论这一问题,但是到了《资本论》,而恩格斯是在《论权威》,则到达了从社会的生产活动的组织秩序,阐述权力控制的基本结构的水平。

对于这一点,或许有人提出如下异议。即我现在讨论的东西,属于市民社会的次序(order),不属于国家体制的次序。然而,所谓市民社会和国家体制是实体性的不同的东西吗?确实,"产业资本主义即自由主义"的时代出现了可称作商品经济的独立性的事态,产生了反映这一事态,对市民社会和国家体制进行实体性的分离的意识形态。并且,它规定着19世纪这种形式的资产阶级国家理论的框架。但是,在向国家形式过渡的市民社会的综合,虚幻的共同体的国家这一马克思、恩格斯的把握方面,情况是怎样的呢?作为支撑虚幻的共同体的基础,不能将市民社会的次序和国家体制的次序实体性地割裂开来,虽然两者可以有概念上的区别,另外,在某种文脉上无疑也有此必要,但将其作为实体性的不同的东西,那正是卷入自由主义的资产阶级的意识形态的原因所在。

不过,虽然马克思、恩格斯定位于社会的生产场面中的组织结构,来讨论虚幻的共同体的基础——"这种共同利益不是仅仅作为一种'普遍的东西'存在于观念之中,而首先是作为彼此有了分工的个人之间的相互依存关系存在于现实之中"①的表述,确实是从与黑格尔的知性国家论有着相同旨趣的逻辑而言的——但是并未作详细展开,不管怎么说还停留于卢梭的形式。总之,详细的展开及体系的叙述,也由此成为遗留的悬案。

对于这一悬案,我想将问题划分为两个方面来思考较为合适。其一,虚幻的共同体、共同体虚幻是如何形成的,存在于何种结构中,即对共同体虚幻的存在结构的阐明;其二,作为虚幻的共同体的国家,这种模拟的共同体有着相应的内部统一性的机制,即对秩序体系的存在方式的阐明。当然,虽然这两个因素不能零散地割裂开来,但在切入问题之际的权宜上,停留于方法论上的区别,大致可以这样另作处理。在这两点当中,今天,我想以第二方面的问题为焦点。在被称为国家垄断资

---

① 《马克思恩格斯文集》第1卷,人民出版社2009年版,第536页。

本主义的今天,资本主义国家已经与资产阶级国家理论的古典景象有着极大的断层(gap)。

对我来说,我想暂且从两个方面指出这一点。第一,市民社会与国家的实体性分离这一表象已经难以维持;第二,古典的市民社会的景象本身日渐露出破绽。

首先就第一点而言,在产业资本主义的确立期,即所谓自由主义的阶段,是以市民社会与国家体制的实体性分离这种意识形态为现实基础的。可是,在今天已经失去过去的自由放任主义、放任主义(laissez-faire)的经济这一表象的基础,国家权力,特别是庞大的经济官僚机构,非但控制产品的价格,甚至还介入生产计划的过程,市民社会的自律性不能再像过去那样发表意见。当然,资本的逻辑、商品经济的逻辑在基本上是贯彻的,在此意义上,在概念上可以说是市民社会的自律性。另一方面,国家权力机构确实具有较之社会经济机构的相对独特性,但是,在现实的国家的动态分析方面,已经无论如何也不具有产业资本主义时代的概念装置,这一点是非常明显的。

第二点,即市民社会的古典图景的破绽这一点,作为现实问题,虽然自由、平等的独立个人的社会(Gesellschaft)不再是实在的,但是如前所述,那种市民社会的图景及市民社会的意识形态所形成的基础确实曾经存在过。可是,在今天已无论如何不可能那样。

过去一直以来,尽管存在一部分颇为大规模的企业,但总的来说企业的规模从今天来看是极小的。为了简化话题,让我们以列宁在《帝国主义论》中列举的引证数字来说明这一点。作为如何进行垄断的证据,列宁列举了在发达国家德国"雇用工人 50 人以上的大企业……只占 0.9%……雇佣工人不超过 5 人的,占总数 91%"[①]的统计数字。请别笑。在列宁认定进入垄断资本主义即帝国主义阶段之后的德国,有 50 人以上工人的企业,不足 1%,5 人以下占 91%。

---

① 参见《列宁全集》第 27 卷,人民出版社 1990 年版,第 332 页。

虽然今天也还有很多小企业,但在发达资本主义国家,若以过去的标准来说,劳动人口的绝大部分处于大企业的雇佣之下。在今天的日本,以月薪的形式取得收入的人有 3 500 万人。包括小孩和老人在内的总人口的三分之一,即半数的大人是以工资(salary)的形式取得收入。当然,在中小企业工作的人数很多,不可能全体成员都在大企业工作。但是,在今天的日本,虽说是中小企业却大半被编组到大企业的系列之下,虽说是商店却发展为连锁化。这里,由过去独立自营的农民、自营的工商业者而形成的社会(Gesellschaft)景象,较之于"商人社会"形式,社会成员的大部分被编入巨型企业及其系列之下的社会,将这种社会编制理解为"企业体①社会"形式的景象也不失为一个好主意。

在今天的发达资本主义各国,国民的大多数被编入企业体或其系列中生活,并且这些企业体其等级(Hierarchie)以国家垄断资本主义的派头而受控制——眼前,与古典的市民社会论相对应,家庭妇女和小孩的问题,总之"家庭"的编制,我想将其纳入括号暂且不论——古典的即"商人社会"形式中的市民社会的景象,以及市民社会与国家体制的双重化分离的景象,作为实际问题已与现实完全分离。管控这一现实,国家社会的现状,国家统治的结构,分析、阐明支撑它的虚幻的共同体的国家体制的存在结构,这是现代国家理论的现实课题。

与这一课题相应,"国家和垄断资本的粘连"的实态的分析,以及将诸如加尔布雷斯②等所探讨的包括政府机关和企业体经营阵营之间的心理方面的复合体性质纳入分析范围,国家垄断资本主义的企业控制情况和机制的实证分析,这不用说是必要的。

但是,对我来说,我想这里应该讨论更为原理性的基本问题层面。较之于国家机关和经营首脑阵营的关系的层面,作为直接生产者的工人群众的体制内控制的机制,这才是应在现代国家论的原理论维度上

---

① 此处"企业体"一词,其用法是相对于"共同体"而言的。下同。
② 加尔布雷斯(John Kenneth Galbraith,1908—2006),美国经济学家,新制度学派的主要代表人物,著有《美国资本主义:抗衡力量的概念》等。

而作为第一性来规定的问题吧。

为了凸显问题论的机制，与前近代的国家体制的编制结构作对比性的考察或许较为便当。

构成近代以前的国家社会的编制基础的东西，是血缘共同体、地缘共同体，这种单位共同体，在第一性上是生产场面中的共同体，同时，也构成政治秩序的细胞单位。

与此相对，在近代资产阶级社会，生产场面中的资本主义企业的秩序与政治编制的秩序相分离。那不仅是逻辑上的概念的区别，不用说是实体的区别，生产场面与政治编制场面在一般空间上相分离。

当然，在资产阶级意识形态中，生产场面的秩序，例如大企业所属的工人的企业体内部的秩序，原本既不是本真意义上的国家秩序，也不能看作市民秩序，在此意义上，人们是以社区的形式而组成的。并且构成这种场合的社区的东西，乍一看，表现为似乎与古典的市民社会景象相适应。如前所述，在今天的社区这种消费生活的场面，不管工人还是资本家，不管医生还是僧侣，都是作为同等的货币商品的所有者，表现为消费商品和货币商品的交换当事人。并且，资产阶级国家的公民，作为公民（citoyen, Staatsbürger）的政治参与，即所谓行使主权的选举投票，履行公民（citoyen）的纳税义务——征收税金的秩序也是基于社区的编制来确定，在此意义上，资产阶级社会及其国家体制可以说完全被纳入了社区性的编制。

可是，什么是工人或"从业人员"所编入的生产场面的企业体的秩序？虽说工人夜晚居住于社区，白天存在于企业体的秩序中。确实，企业体的秩序不同于过去血缘或地缘的生产场面的共同体，其本身不是直接意义上的政治编制的秩序。可是，当企业体的生产场面的秩序发生崩溃时，最终资本主义社会的国家"秩序"会变得怎样？在概念上，或许那可称为市民社会层次上的秩序崩溃，不是国家体制层次上的秩序崩溃。但是，在这种场面中，将市民社会层次与国家体制层次作实体性的分离，不言而喻，岂非无论在理论上还是实践上都是荒谬的？

为了避免误解,我无论如何也不是说企业体的生产场面的秩序全然是政治国家的秩序。我当前说的是,立足于市民社会和国家体制的实体性分割是不可能的这一当然的事实,在国家的统治体制的存在结构中企业体的秩序有着怎样的地位,马克思恩格斯所说的社会权力(soziale Macht)及权威(Autorität)的问题,这是一个课题。附带说一下,对于现实地展望国家的消亡的革命论,应考虑的问题当就在于此,这一点可以说毋庸赘言吧。

这里,我们重新思考了市民社会和国家体制的双重化分离这一近代资产阶级的意识形态的基础。

在古典的近代市民社会论的图景中,商品经济的逻辑的顺利贯彻,预定和谐的秩序是其保证。因此,认为必须将经济之外的,即商品经济的逻辑之外的要因归到外部进行控制,由此维持物质生活的生产和再生产。这时的前提条件,即所谓商品经济的逻辑的贯彻,认为若能保证如下一件事就足够了。那就是,如果不遵守商品交换的规则就不能取得物质资料,用法律的表述来说,禁止侵害他人的财产权。并且,确实为了保证这一件事,顺理成章,形成守夜人国家是必要的这一逻辑。

资产阶级,确实从这一逻辑出发,不满工人的团结权。总而言之,理由是通过工会这种团结的力量对劳动力商品的交易施加经济之外的强制是违反规则的。嗯,总之这犹如附录的东西,产业资产阶级的意识形态,无论如何,基于商品经济的预定和谐的逻辑,使社会体制得以顺利维持的理解,而作为必要恶的国家被束之高阁。并且,作为这种前提条件的财产权之保证的"共同利益",只要是国家体制的意识形态的基础,国家的共同体性也就得到极小化的立论。

企业体内部的编制秩序,不能单是归结为商品经济的逻辑,它还有狭义的资本逻辑无法解决的东西。因为在那里,还夹杂着分工协作的技术编制的逻辑。但是,只要能维持以产业理性主义的逻辑的形式,即以利润法则为规则原理的形式的生产场面的秩序,这种广义的"资本逻辑"、生产功能的资本逻辑的贯彻,就没必要直接行使暴力(Gewalt)。作为实际问题,如马克思所说的,资本主义的商品生产,在于资本的逻辑,当中存在一种持续地再生产雇佣劳动-资本关系,以及雇佣劳动的秩序体系的机制。

这样,由社会经济的两个因素,即只要生产场面自我运动地贯彻资本的逻辑,并且,只要流通场面贯彻商品经济的逻辑,这使得形成资本主义的商品经济社会已没必要通过政治权力来对社会的生产、流通进行控制这一逻辑,形成作为在此意义上控制不服从这一逻辑的人的代理人(agent),即作为保证该逻辑边框的代理人的"国家=机关"。市民社会与国家的分离这一资产阶级思想的基础,——抽象地说,它通过市场经济的自我完结性等各种形式得以表现——无论如何曾经存在这种历史的现实事态,这是毋庸赘言的。

虽然过意不去内容上似乎存在的重复,但我想特别说明的是,资本主义社会及其国家体制,在生产、流通的场面,资本、商品的逻辑的贯彻好像基于自然形成的物象化的机制,对于从该逻辑来考察的人,归根究底,所谓政治权力的暴力(Gewalt)控制,固然是在此意义上负载政治暴力的维持秩序的功能,可是从根本上说,该秩序是内在于资本、商品的逻辑的权力(Macht)、社会权力(soziale Macht)的控制力,用后期马克思、恩格斯的表述来说,必须通过自为地把握维持生产场面的权威(Autorität)的这一秩序来建构国家理论,我们不能犯自身陷入资产阶级的市民社会—国家体制论的意识形态的概念装置的错误,因觉得应追认这当中的情况,故特意附言几句。

如前面所预先告知的,我不想说企业体的秩序等级(Hierarchie)全然是国家的权力统治的秩序,另外,也不想将列宁将银行和辛迪加规定为国家机关之一的讨论全然引入企业体的秩序的场面。毋庸赘言,对于社区及企业体的秩序,列宁是通过称之为国家机关的"另一方面"的狭义的暴力(Gewalt)装置来证实的。

眼下要记住的是,现代资本主义的国家体制的秩序机构,首先应注意一点，与社区中的个人与个人，乃至家庭与家庭，以及企业体这种法人与法人的横向关系——这不外是资产阶级国家理论以从前的图式来处理的各个方面——相并列，企业体的等级，其顶点是直接进行国家垄断资本主义的控制，生产活动的场面的这种纵向的秩序体系，生产点的这种编制结构，是以此为基础，必须这样来重新确立国家理论的问题式（Problematik）。

特别是今天高度化的企业体，简单的协作不是根据资本家的指令（command）来进行的，以日本式来说，确立了具有职员、班长、股长、科长、部长这些等级的管理体制，通过使从业者们保持"升迁志向"这种管理体制来进行自我约束的方法，由此编入到秩序体系中，这种管理体系的权威中的社会权力可以说是现实的整合力。忽视这一问题场面，而以市民社会和国家体制的实体性二元化的图式来处理，终究不可能做出现实的把握。

这里，我想省略复述马克思、恩格斯对将国家权力矮化为狭义的暴力机关的看法，他们对认为若是通过暴力加以粉碎就能基本解决问题的无政府主义的理解结构进行了批判。另外，也省略指出这种无政府主义的结构和议会主义者的理解结构，它们在图式上有着惊人的一致。不过，在将国家的消亡纳入讨论范围的革命理论中，即便以粉碎国家权力的中枢机关、组织和建立无产阶级权力为逻辑前提，但资产阶级的统治体制的实体性基础的生产点的编制结构才是需要变革的大纲（program），我想提请特别注意这一点。简单地说，即便建立革命的中央政权，废除资本家所有制，宣告所谓的"国有、人民管理"，但如果生产点的编制结构依然是旧式的，那还完全通向国家的消亡吗？即使建立了革命权力，例如八幡制铁所、日立制作所等生产现场的技术编制也不可能使情况马上发生变化。若是维持产业理性主义的原则，那么其中的官僚主义这种以前的社会管理的等级结构即使改变形式，但至少还存在使再生产得以维持的可能性结构。通过如何处理这一点，能够保证建立基于国家的消亡、社会管理体制的扬弃的真正共产主义的共同社会？当这样自问时，企业秩序的问题范围也就变得明朗起来。但是，就今天而言，应预先讨论夺取权力的事，作为实际问题，应首先打倒资产阶级国家权力。在这一场面中，生产点的斗争的存在方式，革命的激烈的过渡中生产点秩序的破坏与重建，即现场的群众叛乱与社会主义新秩序的确立，如何实现这一点，实际上若撇开这些问题，也就不具有打倒资产阶级权力和建立无产阶级权力的现实性。虽然在资产阶级革命的场合，政治革命和社会变革或许是相对分离的，但在无产阶级革命的场合，至少在反思概念上的区别，作为现实问题不能谈那种分离。

至此，我想读者已大致能够理解我的课题意识。作为理论问题，这里总算提示了基于古典的市民社会论的批判的市民社会的现实性编制结构的构图，消费生活的场面中社区的横向编组与企业体这种生产活动的场面中的纵向编组的关系，今天这种市民社会的秩序与国家体制的秩序的关系，进而相对企业体中的劳动的编组秩序的生产点的叛乱对于现代国家垄断资本主义的统治体制具有的特殊意义，它与狭义的暴力机关的关系，以及为现实地保证国家的消亡的生产点中的共同体编制的应有状态和固定化的分工的扬弃的问题，并且，特别是既是生产场面的编制也是政治的编制的苏维埃组织的理论和实践的意义，不得不涉及这一系列问题。——但是，这么短的时间终究难以说清楚，由于已超过预定的时间，我想在提问应答和讨论中尽可能做出解说，我这边例行的发言就暂且结束。

第六章
历史规律存在的问题论机制

今天,历史的逻辑这一主题之所以重新成为讨论的话题,这不单是观照的关心,显然还源自如何与历史趋势相契合(engage)的实践的态度。可是,当试着从这种主体实践的视角将历史的逻辑自为化时,我们马上遇到极为"麻烦"的问题。它表现为若干二律背反或相互影响(Wechselspiel),这一难题,恐怕从根本上说源自"近代"的历史观,以及"近代"的世界观,要想打开难题,重新追问当中的"历史的规律性"的存在结构是先决条件。

笔者认为,适应这一条件的作业,也就是阐明诸个人的共同活动的实践的共时性、历时性的物象化的结构的作业。在本文中,我想首先将历史规律论的基础性问题论的机制自为化来表达这方面的一些构想。

另外,"历史"一词有广义狭义之分,还具有"事实的历史"和"描述的历史"的二义性,再者对"自然界的历史"和"人事界的历史",以及"已做的事"(res gestae)和"对已做事的描述"(historia rerum gestarum)这些也不可能作机械的切割,以下我想将"历史"一词**大致**限定在"人事界的历史"及"事实的历史"的意义。

第一节　历史的主体

谁都知道,历史或历史规律,不能离开诸个人的日常持续的行为而独立自存。当思考人类世界的历史规律性的时候,谁都无法抹杀肉体的诸个人的主体行为。可是,一旦进入主题性地讨论历史规律性的阶段,诸个人的具体行为便后退为背景。另一方面,当着眼于诸个人的主体活动时,这次,历史规律性又总是从前景中消失。这里,表现出一种犹如"图形"(Figur)和"背景"(Grund)的反转的反向的事态。

确实,这种"反转",就其本身来说不存在任何悖理,也没什么不妥。确实,历史规律性和诸个人的主体行为,也许可以说是与不同的两种对象设定或两种视角相适应的两个投影。然而,这里蕴含着应预先确认的问题论。

让我们稍微记住具体的问题场面来推进讨论。当人们讨论诸如"日本农业的历史"或"日语的历史"的时候,那里宛如存在"日本农业"或"日语"这种东西,通常认为某物的自我展开是农业史或语言史。换句话说,只有通过将"日本农业"或"日语"这种东西看作犹如"自存的主体"的程序,才有可能阐述日本农业史或日语史的发展规律。

但是这时,对我们来说必须铭记的是,将"日本农业史"或"日语史",以及"日本的历史"这种东西理解为"历史"的理解结构本身,即使不能直接说是颇为近代的,多半也是"历史"的东西。实际上,古代和中世纪的东洋"历史学家＝史官",即使并非只把帝王和英雄人物的功绩看作历史,并且他们即使认识到农业和语言的历时性变迁,也并非将今天的我们所思考的那种意义上的历史理解为"历史"吧？在无名的多数个人行为的某种特种的综合(Synthese sui)中存在的产物(Gebilde)之作为历史条件的问题,进而,历史主体的概念设定、历史规律性和个人行为的"反转"之作为特殊问题,只存在于近代的历史理解的地平。

那么，我们这里关于"历史的主体"的概念的二义性设定，眼下应该确认两点。

第一，只要历史的概念与"变化"的概念不可分割，就需要在逻辑上设定变化的"主体＝基质"。为了变化的概念得以存在，某种实体性的自我同一的"变化的主体"就成了必要条件。（举一个浅显的例子，在树木生长变化及枯死的场合，以经历这种变化的面貌的是同一棵树为前提，各种状态面貌若是"实体性"的完全另样的东西就谈不上"变化"。）"变化"的概念，以它尽管推动变化的面貌，但**它本身是自我同一的某物**的"**存在**"为前提。暂且撇开这种自我同一的"主体＝实体"是客观实在，抑或不过是悬设，"事实的历史"要作为历史而成立，在逻辑上就必需那种变化的"主体＝实体"。并且，这种历史性变化的主体，毋庸赘言，与日常实践的历史上的诸主体（诸个人）有着逻辑上的位阶的不同。

第二，所谓历史地变化的"主体＝实体"，在日常意识中只是表现为逻辑悬设的某种实在的东西的事实。不论是"日本农业"还是"日语"，确实，是通过诸个人及其每次行为而进行"连续性的创造"，但是，它被作为在诸个人行为的总和以上的某物（etwas Mehr）而被意识。即便收集谁何时何地如何耕种，何时何地如何发话这些情况也不可能是"农业史"或"语言史"。一方面，个人行为的总和不可能被历史地收集，另一方面，"历史"在个人行为的总和之上，所以确实是"特殊＝自成一格"的综合，正如水的运动与氧气和氢气的原子的状态（behavior）有着不同的存在维度。

这样，在讨论"历史"或"历史规律性"的时候，人们通常将历史的东西表象为总之"超个人"的某种"主体＝实体"的规律性变化，而避免将诸个人的主体性作为特别的问题来设定问题论的机制。严格地说，演变为即使大致考虑到诸个人行为才是必要因素，该主体活动作为其本身来说已不再被主题性地研讨这种问题论的机制。那种"反转"正是基于这一点。

不过，果真，在与水这种化合物的实在相同的机制上"历史"的东西是实在的吗？若是如此，与水的存在规律与氧气和氢气的原子的状态完全可以设定为另一个对象领域一样，也许可以将历史规律和诸个人行为作为不同的对象性与件来处理。但是，即便如此，在主体的问题关系上，确实两者的关系才是问题，这种"特殊＝自成一格"的综合而形成的机制和结构的阐明由是成为课题。

可是，以往的问题设定的方式，由于陷入将历史或历史规律性物象化的误视的颠倒，谁都简直将"历史"的东西实体地自存化，而在问题论的机制上岂止单是"反转"，且陷入矛盾及进退两难的境地。

为了确认这当中的情况，重建问题论的机制，着眼于关于历史的**规律性**的问题式（Problematik）是合适的。

第二节　自由与必然的问题

历史具有一定的内在规律性，这可以说属于近代历史观的"常识"。"近代的知性"，认为无论是人事界还是自然界都服从基于线性的、前进的时间轴的历史**发展**的规律性。可是，即使暂且不问线性的、前进的时间观念本身的历史相对性，至少关于人事界，历史岂非通过人们诸个人的意愿行为而形成的东西？并且，如果该意愿行为是由**自由决断**所支撑的，那么历史界岂非不能形成规律的必然性？当这样自问时，我们马上站到了历史规律论的"问题学"的悬崖边上。

这里，读者也许会立刻想到决定论和非决定论的宿缘性对立。但是，关于历史的规律性的决定论的理解与关于诸个人的有意行动的非决定论的理解的二律背反，从规律的必然性与意志的自由这种抽象的一般的形式来讨论并不是具有建设性的。因此，对我们来说，要从历史的场面探讨该问题形成的经过。

历史规律性制约个人行为的念想——以及历史规律性通过个人行为得以贯彻的想法——可以说是完全继承了自古以来的某种世界观的

构图。当然,这种前近代的某种理解,在我们看来,是源于历史形象的物象化结构,它与近代的历史规律的拜物教化有着共同的根源。这里,我想首先以前近代的构图为线索来推进讨论。

人们往往想象古代人和中世纪人抱持宿命论的世界观,说是前近代决定论占统治地位。暂且不说这一见解妥当与否,当前首先必须承认这一点:古希腊人持有宿命论的世界观,希伯来教以先验神决定人事界为前提,并且这种看法流入近代欧洲思想。但是,当古代人和中世纪人描绘先验存在对人事界的"绝对"的决定性时,果真有着近代人所理解的意义上的决定论的构图? 在前近代的描绘中,人的命运是被结果所规定的,而抵达结果的过程不是未必看作一义性地被决定? 例如,俄狄浦斯王终究不得不上演命运上的定数,事件的结果或许确实是命中注定(vorherbestimmt)的。可是,该结果在实现过程中的行程却未必可看作是一义性地既定的。

在前近代世界观中,行进过程的历时性具体面貌原本就被推测为处于直接的关心之外的东西。即使成为关心的对象,在往时的观察中,无论如何也未必应视为行进过程的一义的必然性吧。确实,虽说天体运行的一义的既定性很久以来就被观察到了,确实基于这一理由,而将其理解为与地上界有着不同秩序的天上界。当然,在地上界,或许可以将有生命的东西必有死亡,坏事必遭报应视为"规律的归结"。另外,工艺制作中的技术过程的一定性的洞察,也许在某种程度上是发展的。但是,只要将其理解为先验的巫术规定力的东西,真正的一义的被决定性的念想反而难以形成。总之,前近代的历史观,充其量仅是关于"结果"的决定论。古希腊人思索的命运女神与人的关系,以及希伯来教的原型中神与民的关系,可以说是模仿牧人与家畜的关系来表现的。羊群,进而一只一只的羊,其行进方向是由牧人规定的。但是,羊时而吃路边的草,时而离开道路,有时甚至做出违背牧人的意志的事情,这都是有可能的,途中的经过并非一义性地被决定的,当中还留有过程的"自由"的余地。

与此相对,"近代"的世界理解充其量只许先验神的"最初发动"。若省略涉及造成这种理解的变化的前史及其社会经济基础的情况,仅就其构图而从结论来说,"近代"所把握的先验主宰者与被造物世界的关系,可以说类似钟表匠与钟表的关系。因此,进行了一次天地创造(钟表制作)之后,就像卷好发条的钟表带着一义性的必然性展开整个事态。近代的规律的统治的表象,总之经过的历时性展开是由因果必然性所决定的,结果的既定性是经过的微分连续的一义性的必然性的归结。这里,已没有"偶然"的余地,何况"自由"。

要言之,前近代的宿命论-命定论(Fatalismus-Vordeterminismus)在某种意义上也可与非决定论(途中经过的非决定论)并存,充其量仅具有**结果**的被决定性;与此相对,现在则表现为途中的运动过程具有一义的必然性,这种念想甚至被推及人的身心活动。哪怕听来是反论的,这里,确实只有在近代世界观的结构中,才开始形成真正的一义性的规律的必然性的观念,那种由拉普拉斯之魔的宇宙方程式所象征的决定论的逻辑机制。

人们在思考规律或规律性的时候,可以说意味着默认近代的上述构想和逻辑机制。撇开因果的一义的必然性的表象,"近代"之流所了解的规律性的观念,特别是一次性发生的历史事件的规律性的概念就难以维持。因此,如众所周知的,近代早期的科学家们以要解读包括天地创造在内的上帝的意图(那种钟表匠式的造物主的计划!)的姿态勤勉地探究自然规律,在这一点上被称为近代历史学之父的兰克[①]等亦完全如此。缘于这种经过,人们总爱将规律性的东西拜物教化。确实,在采取"规律的统治"的说法的场合,人们未必将"规律的东西"人格化。但是,规律与事件进展的关系,往往置于与过去基于先验主宰者的控制相同的构图中来表现,只要去掉神意,规律的东西随即自存化,仿佛是

[①] 利奥波德·冯·兰克(Leopold von Ranke,1795—1886),德国历史学家,近代客观主义历史学派之父,致力于缜密的史料辨析基础上的研究和客观描述。

制导导弹的电子束那样,事态的进展容易被表现为具有无法越出该路线似的一定的控制力。因此,"规律"可以说"外"在于诸个人的行为,以为它控制诸个人行为似的,并且,认为该规律的控制是一义的、必然的。

这样,当谈到"历史的规律性"时,一般已暗设了决定论的问题论机制。可是另一方面,从先验神的逐一控制中得到"解放"的"近代人",确实现在昂然地抵达了自己的行动是基于自由决断的**自由**的意志行动的理解。因此,近代世界观的地平,历史的规律性与人的主体性具有矛盾对立的逻辑机制。

现在,对历史的规律发展性与人的主体性实践进行统一的把握这一课题之所以成为难题的问题点,以及为了打破它在逻辑机制上何者是必要的,大概其情况已显而易见了吧。不过,为了使讨论具有实质性,这里必须追加另一议题。

第三节　规律的统治的机制

这里想要讨论的问题是关于"规律的统治"的存在结构。人们的一般看法是,历史的规律性的贯彻,控制着诸个人的日常不断的行为。但是,很难说是历史的规律性控制着诸个人的行为。这里,我们应区分历史的规律性存在的"客观事实"和规律的统治的机制,而这以视角的转换为契机。

规律的统治的表象,即规律的**存在**似乎表现为**控制**事件的行进过程,如上所述,是沿袭基于先验主宰者之干预的既定路线之强制这一思维图式,通过排除先验意志而形成的东西。当然,由于规律的物象化及其统治的拜物教化,在日常生活的场面中不断地再生产,对我们来说,并不想仅将其归结为思想史的经过。原本,从基于先验的主宰者的控制的表象来说,是源于日常生活场面的某种物象化的产物。但是这里,我想暂且将变样的先验的统治的构图纳入考虑范围而提出论点。

"规律"的东西,其本身并非实在物。规律,确实即使并非只是主观的幻影而是客观的存在,也并非物的存在(realitas)。它呈现特殊的存在性质。例如,物质的坠落规律,物质的坠落运动在开始之前就已经存在。这是因为,尽管它存在于未来的时间因而是尚未的未在,但在某种意义上是曾在的一样,是未在的曾在! 而且,它作为这种未在的曾在者,控制物质的坠落运动! 号称排除一切形而上学的近代科学,以这种"形而上学"的存在规律的"存在"为前提,形成从事这种存在者的规律的探索的结构。当依据相信未在的曾在的规律的存在,并且,相信它决定地上的事件的进行,对它的探究的行为,造物主的世界计划的解读这一近代科学家们的最初志向时,我们就可能有一大致的了解。然而,未在的-非实在的规律,究竟是如何控制实在的现象世界呢?

让我们从所谓的历史规律来考察。虽然诱导、制约人的主体性实践的"主观因素"及"客观因素"多种多样,但是,只要着眼于诸个人各自的决断性行动,"历史规律"就一般不作为那种决定因素之一而登场。首先,从诸个人的意识性动机来说,在革命家和大英雄的场合或许有目的有意识地关注"历史规律"——这时,撇开现实的历史规律与他们所意识的"历史规律"之间通常有着巨大的鸿沟这一点——一般的,很难说是作为历史规律的被形象化的东西其本身以成为诸个人的行动动机和制约条件的形式,控制诸个人的行为。例如,即使每个农民都有目的有意识地追求作物的培育,也并没有要创造日本农业的历史或志在贯彻历史规律,不能说历史的规律性直接成为主体的自我决定因素。那么,从客观角度来进行考察的场合是怎样的? 例如,农民的耕作行动,农田、农具、耕作方法等,有由过去**农业的历史**所决定的说法。但是,如果考察实态,那么由过去历史积累、继承下来的**现在与件**所决定的是内容,过去的"**历史规律**"并不直接决定农活。就关于从现在到未来的历史发展的规律而言,毋庸赘言,诸个人的行动非但不受这一未在的规律直接控制,相对于历史的未来诸个人的行动倒是决定的方面。这样,客观上"历史规律的东西"并不**直接**决定个人的行动。

在这种经过中,着眼于"历史规律"与诸个人行动的关系的场面,尽管他的主体活动的动机、目的、制约条件极为多种多样——并且,即使假设"精神物理学"(psycho-physical)的诸规律和"社会心理学"的诸规律以决定论的一义性起作用——但其中并不能发现"历史规律"的直接参与。只要过去的历史规律构成现在与件的形成条件,哪怕是夹杂的,从现在到未来的历史规律,就只是对于有目的有意识地参与的例外的少数人的制约条件,对大多数人来说在于总是通过追求个人目的的活动,创造可谓出乎预料的未来的历史这一关系。

　　因此,当贯彻历史规律统治、决定诸个人的行动这一构想时,势必不得不以为历史规律宛如曾经的先验神似的具有神秘的决定作用而制约诸个人的行动,因而,历史规律性成为形而上学的东西(etwas)。即使所谓历史规律性能够"经验地""实证",也可看出在"决定"诸个人的行动这一点上是毫无实证性的臆断。实际上,如前面所说的,当谈到存在历史**规律**的时候,那种"存在",不同于经验的事物的"存在＝实在"的层次,所谓规律的存在(subsistence)直接**控制**诸个人行为的存在(existence),原本是超出实证检验之范围的事情。

　　回过头看,关于过去的历史规律,终究是理念化(idealisieren)的缩写记述的东西,从现在到未来的历史及其规律能够立言的,不过是基于诸个人现在行为所呈现的种种状态的预计(Antizipation),以及在那种状态构成制约条件的场面中的人们进行的种种行为中呈现的状态……的方法的继起性预测(这里活用过去的历史经验)。可是,在将来的历史及其规律的展开这种样式中预见的形象,这种未在的某物被人们自存化,被当作宛如"曾在的某物＝存在的东西"而物象化。在此基础上,当以这种未来的"历史规律"一侧为视角时,诸个人行为应体现该历史规律,形成遵循该规律似的颠倒的表象。这种颠倒的表象产生**一个契机**,预见未来的历史的、规律的展开,乃至赞同他者的预见,以此进行自我约束的方法,在此意义上,确实可以举出这种现实的事实:遵循未来的历史及其规律以控制自我行为(自我控制)的人们是现实地存在的,他们预期他人也是通过同样的方法约束自我的行动。但是,历史的未来决定人们现在的行动,始终是通过上述那种拘束(engagement)①的主体的、决断的实践,并非历史规律性通过所谓"未来的遥控作用"统治诸个人的行动。虽然这在反思上是自明的道理,但由于人们将那种科学主义的规律统治的表象,将那种一义的、必然的规律性的统治性贯彻这一构想法作为默认的既有观念来接受,而陷入历史规律之类的拜物教,这是陷入"历史的客观规律性"与"人的主体决断性"的似是而非的矛盾的原因。

第四节　生态系统的社会编制

这里,我们必须主题性地探讨诸个人日常不断的行为,它们既表现为自成一格的综合,又以一定的合乎规律(gesetzmäßig)的面貌展开,其中呈现了历史规律性的机制。

毋庸赘言,虽说诸个人行为表现为综合的自成一格(synthese sui generis),但并非字面意义上所谓的形成化合物。化学的化合或热现象之类的比喻,只要原子或分子被表现为自存的实体,原本就不可能为我们所采用。我们在自为地拒斥将"历史"的东西实体化的同时,还必须超越诸个人的历史主体的实体化,当中开拓的地平可以避免已在第一小节追认的那种"反转"。当然,因为要一下子消除一开始就将个人实体化的近代既有观念是很困难的,我想还是首先从将历史形象虚假地表现为自存的"主体＝实体"似的物象化现象来展开考察。

历史地变化的"主体＝实体"之所以表现为超个人的某物,与将迪

---

① "拘束"(engagement)一词为法国存在主义哲学家萨特的用语,指人既受现实社会的约束,又作为主体存在作用于社会,对整个社会负有责任。

尔凯姆①所说的"社会事实"(fait social)归结为"物"(chose)这种现象是一致的。举例来说,个人每次的农活和语言活动要以既有的农业体系(农田、农具、耕作方法,等等)和既有的语言体系(音韵、语法、意义的体系)为前提才能够进行。对个人意识来说,农业体系和语言体系先在(曾在性)于行为的外部(外在性),它拘束(拘束性)自我的行为。这种"具有外在的曾在性拘束力"的与件,不会随着特定的任何人只要停止其活动就直接消失。虽说它只是体现在某人具体的行为中,并不能体现特定的一个人的整个体系。这里,这种条件被表现为自存的某物,由于这种外在性和拘束性,它被理解为具有一种物的存在性的东西。

但是,历史形象的存在性,决不具有所谓的物的自存性。确实,就上述农业、语言的例子而言,农田和农具、音韵和文字之类,其本身好像可以视为物的存在。可是,作为现成存在的土地和锄头,空气流动和墨水污迹,这种物的存在作为其本身来说并非历史形象。它只有作为上手存在的某种存在方式,才能够成为历史形象。而且,这时,对我们而言,不能停留于说海德格尔的"上手存在性"才是第一性的存在方式。确实,对我们来说,较之现成存在,上手存在是基始的存在方式。我们并不想否定这一点。问题在于,应进一步挖掘上手存在性,自为地把握那种存在的被中介性。

不限于历史形象的上手存在的对象,作为一般讨论是在海德格尔所说意义上的工具的整体性的关系态中存在,但我们应予重新理解以超越海德格尔的藩篱,上手存在的上手存在性只有在与人们的角色扮演(role-playing)的相关性中才能够存在,此乃实践的功能的关系性。只有通过自为地阐明这一点,才能够阐明包含上手存在的世界在内的物象化的秘密、物象化的存在结构,才能够拒斥海德格尔之流的"存在"拜物教。

---

① 埃米尔·迪尔凯姆(Émile Durkheim,1858—1917),又译杜尔凯姆、涂尔干等,法国犹太裔社会学家、人类学家,与卡尔·马克思、马克斯·韦伯并列为社会学三大奠基人,主要著作有《自杀论》《社会分工论》等。

详细的讨论见拙著《世界共同主观性的存在结构》(特别是第三章《历史世界的共同活动的存在结构》),例如,农具这种上手存在只有在与农活这种角色活动的功能的相关性中才作为农具而存在,并且该农活即使不是狭义的相互作用的行为,也是作为社会分工的部署之一的分担而存在这种意义上的与他者的共同活动,正如这种共同活动通过该农具控制其存在方式,上手存在的世界超越光与主体的实践有着相关性的范围,于交互主体性的共同活动(intersubjektives Zusammenwirken)的相互中介性中存在。并且,上述外在性和拘束性所意识到的正是这种共同活动关系的参与(Teil-nehmung,part-taking)这一实践的拘束(engagement)。

暂且撇开这种角色展开的存在结构不谈,就这一共同活动关系的物象化的展开面貌而言,我们可以援引马克思、恩格斯的如下说法:"历史的每一阶段都遇到一定的物质结果,一定的生产力总和,人对自然以及个人之间历史地形成的关系。"①这时,应考虑到这些生产力、环境条件、人与自然和人与人之间的关系,以及其中蕴含的精神文化的因素和精神文化的制度,无论如何,"一方面这些生产力、资金和环境为新的一代所改变,但另一方面,它们也预先规定新一代本身的生活条件,使它得到一定的发展和具有特殊的性质"②。总之,生态论的人-环境体系,这种关系态的总体性变化是现实存在的,以人这一项为视角来说,"人创造环境",从环境的整个体系为主体的动因的视角来说,"环境也创造人"③,实际上这不过是同一事态的两种投影。——话说,这是对人与自然-人与人的共同活动关系的动态,就能力(potency)而言称作"生产力",就共时关系而言称作"生产关系"的经过,"每个个人和每一代所遇到的现成的……生产力……的总和"④,其共同活动是自在的,对诸个

---

① 《马克思恩格斯文集》第1卷,人民出版社2009年版,第544-545页。
② 《马克思恩格斯文集》第1卷,人民出版社2009年版,第545页。
③ 《马克思恩格斯文集》第1卷,人民出版社2009年版,第545页。
④ 《马克思恩格斯文集》第1卷,人民出版社2009年版,第545页。

人呈现物象化的外表,"不仅不依赖于人们的意志和行为反而支配着人民的意志和行为的发展阶段"①。

这里,与观察者、预测者的观点相应的历史的合乎规律的展开面貌得以作为"条件"而被赋予。

因此,对于历史理论,自为地把握人们的共同活动的行为的物象化的存在结构,确实是奠定历史规律性的一把钥匙。

第五节　历史规律与物象化

在本文中,我想省略关于诸个人的共同活动的行为的物象化的存在结构,以及构成其结构性基础的参与(part-taking)的四肢性存在结构的主题性研讨,暂且修补上一节讨论中包括对物象化视界的妥协在内的若干论点,以期革新问题论的机制。

毋庸赘言,人们作为"需要吃喝"②的生物性存在,通过与环境条件之间的物质代谢(Stoffwechsel)的应有方式维持生存条件(Existenzbedingung)。作为事实问题,既然不能相当简单地采摘、摄食,就已如甚至在某种低等动物中所看到的那样,该生存条件必须进行一定的分工合作。然而,人们将自然条件转换为生活资料的该行为,即"人们在生产中不仅仅影响自然界,而且也互相影响。他们只有以一定的方式共同活动和互相交换其活动才能进行生产。为了进行生产,人们相互之间便发生一定的联系和关系;只有在这些社会联系和社会关系的范围内,才会有他们对自然界的影响,才会有生产"③(马克思)。

这一意义上的生产这种精神、肉体的行为,才是构成人们的共同存

---

① 广松涉编注:《文献学语境中的〈德意志意识形态〉》,彭曦译,南京大学出版社2009年版,第36页。
② 《马克思恩格斯文集》第1卷,人民出版社2009年版,第531页。
③ 《马克思恩格斯文集》第1卷,人民出版社2009年版,第724页。

在的组织结构的基础。生产的共同活动这种人与自然-人与人的动态关系,就其基于分工部署的分担而存在而言,作为角色分担的总和而现实地存在。这种角色的共同活动的进行,若仿照戏剧来说,是基于舞台、背景、道具这些既有的条件(即立足于以往年代及前人的成果),这也大致遵循既有的剧情、角色、演技的方式而展开。若不将这种角色展开的总和局限于狭义的物质生产的场面,而是将所谓精神文化的创造场面也纳入范围内,则可记述包括其中意识诸因素在内的特种的综合之面貌,以及若能发现其中的规律性,则应允许我们将其作为历史规律而加以陈述。这使得作为角色的共同活动的共时、历时的自成一格的结构论的记述得以展开。

为了能够展开这些记述,我们必须在拒斥将历史的、社会的形象从一开始就陷入实体化的物象的误视的同时,还必须拒斥将诸个人的"人格"或"本质"加以实体化的既有观念。因此,马克思一方面说"社会不是由个人构成,而是表示这些个人彼此发生的那些联系和关系的总和"①,另一方面讲"应当避免重新把'社会'当作抽象的东西同个体对立起来。个体是社会存在物"②。他也谈到"人的本质是社会关系的总和"③,可谓洞见了关系第一性,我们则是从角色展开的函数的、功能的动态来把握这一结构的执行方所发生(ereignen)的共同活动关系,一方面拒斥将历史的东西实体化的误视,另一方面拒斥将人格的诸个人的东西实体性地独立自存化。

那么,交互主体的角色展开的共同活动的结构体,对个人行为而言是曾在的在场,与每一种草木即便交替生长其森林景观也保持着同构的稳定性相类似,"演员",即便出现人格的换场也保持着形象(Gestalt)的"稳定性=同构性"(isomorphism)。因此,以与个人的变化和生死相对独立的形式,共同活动的经营组织结构保持稳定的持续性,作为实际

---

① 《马克思恩格斯全集》第 30 卷,人民出版社 1995 年版,第 221 页。
② 《马克思恩格斯全集》第 3 卷,人民出版社 2002 年版,第 302 页。
③ 参见《马克思恩格斯文集》第 1 卷,人民出版社 2009 年版,第 501 页。

问题,这种自成一格的综合体的固有变化,其合规律性也就作为如上所述的"历史规律性"而得以形象化。

但是,对我们来说,这时必须避免自己也陷入物象化的误视。只要共同活动关系态、共同活动具有自在性,如联系农业史和语言史所述的那样,对于日常意识来说总之犹如自存的某物(etwas)似的幻现。① 因此,人们往往以这种物象化的面貌言说历史的因果规律性,例如,灌溉农业犹如产生古代亚洲帝国的原因,商品经济的发展犹如封建制度崩溃的原因,表达这种实体性的相关。我们也权宜地承认这样的"说明",那绝非只是错觉。然而,必须铭记这种论证有着类似"需求和供给的关系由物价所决定"的逻辑机制,即抹杀了诸个人的主体行为,犹如断定为"需要"的**东西**和"供给"的**东西**,即"物"与"物"的关系的逻辑机制——那终究是物象化的假象、虚构。

我们一向拒斥将历史规律看作犹如开端的独立自存的东西,并且,拒斥仿佛它对事件的进程起控制作用这种形象的悖理,而在这里,我们必须更进一步。

我们,不仅拒斥认为规律和事件之间具有控制关系的谬见,也拒斥在合规律的变化的前件和后件这物象化的两者之间带进(hineinlesen)"吸引作用""因果关系"的误视。总之,因为在历史发展的现实态中,作为能动者的诸个人,即 part-takers 一般受制于最广义的规范拘束的"动因"功能,这种拘束,即使服从生理心理学意义上条件反射的"因果规律",该共同活动的行为也尤其受到"规范拘束"(只不过是在最广义的语义上)的控制,分析这种被拘束的行为参与(Teil-nehmung)的意识的、无意识的各种面貌及其根本条件"舞台、背景、道具"的各种因素,真

---

① 惠太海默曾做过一个著名的实验:用示速器先在黑色的背景上放映一条直线,时隔60毫秒再在直线的另一边放映另一条直线,两条直线就能够产生似动现象(霓虹灯、电影就利用了似动现象的原理)。《金刚经》云:"一切有为法,如梦幻泡影,如露亦如电,应作如是观。"从关系第一性的视角,广松认为日常意识眼中的历史的因果规律性恰如这种似动现象。

实地阐明这些特种的综合的机制和动态的展开面貌,确实应该是"历史规律的说明"的真谛之所在。对我们来说,在原理论的层次上始终定位于这一点,而对于只是第二性的被物象化的现象的"合乎规律的联系"的排序情况,这时,拒斥所谓因果规律的说明主义,采取函数关系的记述主义的态度。

当采取这种结构时,实际上不允许对所谓"事实的历史"和"记述的历史"进行二元论的割裂,这一点是容易察觉的吧。但是,为了对此作积极的讲述,认识论的预备性作业是必要的,而在我们这里,如一向所暗示的那样,对"历史的时间"的概念本身的存在论的重新探讨才是必要的前提条件。因此,关于这一课题,留待另稿,这里暂且省略。

另外,关于历史世界的决定论、非决定论的"矛盾",本文的立论虽然停留于指出这是一个似是而非的伪问题(Pseudoproblematik),在从我们的观点加以积极厘清之际,取代机械论的因果必然性的概念,彰显辩证法的规律概念才是先决条件。这一作业,由于在别的机会(《马克思主义的地平》第五章)有过不成熟的尝试,这里就不再浪费笔墨。

本文或有点不得要领,提议了转换沦为宿病的问题论的机制,重新阐明了一些持论,我想暂且搁笔。

附论一
为了近代理性主义的历史相对化

"现代哲学"对近代理性主义的地平作某种程度的历史相对化,开始对此进行对象化的批判,但是,我们"现代人"依然强烈采取的近代理性主义的构想法,没能真正超出其藩篱。什么是近代理性主义,要对其完全对象化是非常困难的,大概是与我们今天所处的历史情况相适应的东西吧。想象一下终于开始从过去的泛灵论(animism)摆脱出来的时代的人们,当其自问什么是泛灵论的景象,在与近代理性主义的关系这一点上,也许恰似现在我们遇到的状况。

非常遗憾,我们在将近代理性主义的构想与在此之前的构想的对比中未能超出多少严格相对化的范围。但是,我们不能像文艺复兴时期的人们那样,通过对祖父的复权来批判父亲;不能像一些"现代哲学家"那样,通过中世式构想的文艺复兴来"超克"近代的构想。对我们来说,不过是始终致力于从条件本身,将其历史的相对性和局限性自为化,获得发生(ereignen)超出它的视角。因此,确实要从自问自答开始。

当自问什么是近代理性主义时,作为其标志,随即浮现方法(Verfahren)论上的数量化(数学)的把握,态度上的实证主义,实践上的功利主义①这些规定。但是,根本问题在于主义(ism),"世界理解"。

---

① 功利主义(Utilitarianism),也译为"效益主义"(日文译为"效率主义"),提倡追求"最大幸福",认为人类行为的唯一目的是追求幸福,对幸福的促进是判断人的一切行为的标准。代表人物有边沁、密尔等。

通常认为,较之于中世纪生物态世界观,近代世界观具有机械论的结构。即相对于直到中世纪以生物的形式来理解世界的世界观,可以说近代世界观以机械的形式来观察万象。或许确实如此。可是,近代何以采取机械的形式?这不能用因为机械发达来回答。问题在于,究竟机械何以理解为"机械"。倘若中世纪的人们看到近代精巧的机械,他们无疑会视之为一种生物,灵妙的生物。那正如近代人视生物为精巧的机械。在采取机械的形式之前,在机械被理解为所谓"机械的东西"这一事实中,似乎表明了近代世界观的根本"结构的把捉方法"。

然而,机械性或机械论的构想,与所谓要素主义有着近亲关系,这种要素主义与原子论的构想有着密切的关系。若说机械论、要素主义或原子论这三种构想法扎根于同一基础,这应该没有大错误。那么,它们共同的基础是什么呢?眼下,让我们以这一问题为线索来探讨。

迪尔凯姆学派强调,我们的认识对象的基本范畴是以社会关系、社会制度的形式为基础的,因而,各时代的自然像可以仿照当代的社会制度来建构。即使这在事态上是正确的,但我们想要提议的是,"改正"从一开始就将自然和社会二元化,人们在"历史-之中-存在"的上手存在的世界(zuhandenseiende Welt)的存在结构决定人们的世界认识一般的根本图式(Grundschematismus)。

近代,上手存在的世界普遍地表现为商品世界。这里,社会关系基本上表现为商品交换者之间的关系,甚至资本家与工人的关系也表现为劳动力商品的买卖关系。人们是从封建共同体的埋没脱离出来的独立个人(individcum),作为商品交换者的平等而自律的人格而出现。个人主义(individualism)——这种近代特征的人类理解!——的个人(Individuum),是希腊语原子($\check{\alpha}\tau o\mu o\nu$)的拉丁语译词,个人主义(individualism)在语源上也与原子论(atomism)同义。并非基于前近代的有机共同体,而是基于诸个人的"机械"的结合而形成的近代社会,这种个人主义(individualism)的世界确实是机械论的原子论(atomism)的世界,不就是近代的世界观的原型?

但是,我们并非将这种社会关系的理解移入对象的世界一般的主张者。商品世界这种近代的上手存在的世界,现象(phenomenal)地呈现机械论、原子论、要素主义的存在结构。社会关系的移入之所以成为问题,在于这种现象的自在世界实际上是"物象化"的被中介的东西。

普遍的商品世界,所与的东西全都作为价值物而呈现,不管作为使用价值物如何多种多样,也是作为价值物而自在地同质化,并在价格上表现为数量化。奥托·鲍威尔①所谓"从质到量的分解,是货币经济的理论反映,数学方法源于将资本主义诸个人之间的社会关系归结为商品交换"②(Das Weltbild des Kapitalismus, *Festgabe zum 70. Geburtstage von K. Kautsky*, 1924, S. 433),且不说多少有点武断,就其旨趣而言

---

① 奥托·鲍威尔(Otto Bauer,1881—1938),奥地利马克思主义理论家。在《资本主义的世界观》一文中,他宣称要把马克思主义的历史观同新康德主义和马赫主义相结合,完成马克思主义的认识论。

② 参见奥托·鲍威尔:《鲍威尔文选》,人民出版社 2008 年版,第 71-72 页。此处引文的语境可参阅该书同页:"重农学派、古典学派和马克思按照数学的自然科学的榜样创立了就其全部方法而论是数学的国民经济学说……历史学派拒绝接受为自由主义和社会主义提供理论的数学方法。它宣称,国民经济学不应该把个别的收入表述为社会劳动的量,而应描写经济现象在性质上的多样性,并且分别阐明这些经济现象的发展。记述的历史的国民经济学说与推论的数学的国民经济学说是相对立的……从质到量的分解没有使我们像洛克和唯物主义一样去认识物体的第一性的、唯一真实的性质;这种分解只是我们的悟性加以利用的一种手段,以便用最经济的方式表述到处都存在质的规定性的物体世界,从而更加完全地掌握物体世界。对于新的认识论来说,数学并不像笛卡儿所认为的那样,是一种天赋观念体系,不像洛克所认为的那样,是对物体的第一性的、唯一真实的性质的认识,不像康德所认为的那样,是人类悟性的规律性,而是人为了达到他的技术上的目的而思考出来的一种适当的手段。对数学方法的这一比较恰如其分的评价最终上升成为对于不再把世界分解成量,而是从它的质的方面表述世界的一种世界观的需要。对于不劳动而享受的、游手好闲的富人,对于不是把劳动当成单纯谋生手段的、从事创作的艺术家或学者,对于笃信宗教的人(他反过来问道,如果我们赢得了世界上所有的财富,同时却失去了我们的灵魂,这有什么益处),对于厌恶地躲避重利盘剥者世界的、具有伦理感或美学感的社会主义者——对于所有这些人来说,我们的物品世界是由使用价值而不是由交换价值组成的,我们的社会不是由经营的主体和国家公民,而是由有个性的人组成的。他们用蔑视或怜悯的眼光看待把一切都还原成金钱数量的劳动群众。因此数学的自然科学的世界观永远不能使他们满足,这种世界观本身只是达到经济目的的一种手段,它按照资本主义货币经济的模式把整个世界分解为价值量——质量或能量。"

倒也可以认可。

实际上，在中世纪的世界观中，**万象**作数量化把握无论如何也不可能成为问题。作为近代理性主义的标志之一的数量化方法，数学处理的存在论基础，在于商品世界的价值同质化和价值计量性普遍成为近代上手存在世界的现象（phenomenal）的现实。

回过头看，支撑近代理性主义的态度的实证主义，与作为技术人（homo faber）的近代人的存在方式相联系，与理论的技术化可能性密不可分。理性主义（rationalism）本身，无论在古希腊哲学，还是中世纪经院哲学都能够发现。但是，希腊逻辑（logos）主义、中世纪理性（ratio）主义和近代理性主义，不管在逻辑形式的方法层面如何可以看作是相通的，关于"理"本身的存在论-认识论的理解却是完全不同的，结构方法亦迥然有异。

近代实证主义的理性主义，拒斥形而上学的"经院哲学说教"，真理终究是基于作为智人（homo sapiens）的人的认知能力范围内的理解，与其说相信理论的实证可能性，毋宁说只在相信实证可能性的范围内予以理论的认证。实证原本是不可能的学说，无论怎样进行逻辑整合的建构，都没有任何"意义＝价值"。

可是所谓"实证"，归根结底，是学说的理论活动（Betätigung），它的实现不可能撇开技术化。这里，可看出它与近代产业的技术过程之间完全具有结构的同一性。不是将对象巫术化，也不只是与技术的统治的近代技术人的态度（Einstellung）性适应，近代理性主义体现着与理论的技术化的实现的需要相适应的结构。

对于近代理性主义的被抛性存在，与近代社会的历史的相关性，我们必须联系上述因素进行追认。

毋庸赘言,理性主义是与所谓"思维经济"(Denkökonomie)①的要求相适应的东西,体现了力图尽可能耗费最少获得最大的计算的合理性。在此意义上,理性主义也与商人资本的原则(Maxime)相适应,在技术结构化的近代理性主义的体系中,如所谓产业理性主义所象征地体现的那样,贯彻着功利主义这一实践的结构。无主体的功利主义,在近代理性主义的这种实践的结构中,我们不得不再次承认近代资本主义及其世界观的辩证法的交替剧,即人类中心主义的主观主义(Subjektivismus)与科学主义的客体主义(Objektivismus)的相互作用(Wechselspiel)。

　　近代理性主义的逻辑思考,在于技术的实证,诸个人被理解为同构(isomorph)的个人(individuum)——不仅是上帝面前的平等者,也是同构的理智的主体——在此意义上,信奉各人的认识应该是同构的。因而,人们的认识对象或认识的对象世界,在原理上对一切人来说都是同构的。这里,相对于该对象世界,即与每个认识主体相关的"科学世界",主观认识变得无关紧要(gleichgültig)而被排除。当运用科学的效率时,诸个人确实只要是同构的那就可以编入技术体系,而排除个体的存在性。可是,科学世界,实际上并非真正独立于认识主体一般的东西,它不过是相对于科学认识的主体的主观认识一般的"现象",另外,

---

① 关于"思维经济",奥托·鲍威尔指出:"我们时代的法律是为了达到经济目的而日常运用的手段……自然规律对于我们也只不过是为了达到经济目的的一种手段。我们的知识只是我们劳动的一种手段;我们力求使这种手段最合乎目的、最简单、最经济,为此目的我们尽可能把许多个别的认识概括为一种规律,我们把这些规律叫作自然规律……我们所经验到的正是我们的感觉;如果我们把所经验的自然过程描述为物质运动的现象,那么我们这样做只是为了达到一个目的,即用对于我们来说最简单的方式整理这些自然过程,如果使用这种方法能够允许我们比不使用这种方法更加简单地、更加经济地整理我们所经验的现象,这种方法才是正确的……在现代自然科学研究者看来,原子不过是人们可以利用的一种思想的方法,它使人有可能简单地表述经验,但是它不再是真正的实体……因果性的自然规律只是用以达到我们目的的手段;因果性本身只是以目的论为论据的。因果律给我们提供的不是事物的本质的说明,而只是对我们的经验的经济的表述。"(奥托·鲍威尔:《鲍威尔文选》,人民出版社2008年版,第67—70页)

产业理性主义的"没人"的功利主义,实际上支撑着"人"的利益与关心。近代产业,不近代"世界",这一庞大的体系(mechanism),基于人的关心,是由人创造的东西,在此意义上是人类中心主义的系统(system)。用某些哲学家的话来说,机械论的世界观就是仿照机械这种人的制造品来观照万象的极端人类中心主义的观点(Einstellung)!可是,根据别的一些哲学家的话,当说到人类中心主义,人类本身原本不过是一种机械体系。人类中心主义的近代世界观,其本身是一种机械论的体系!这样,就出现两条蛇相互吞噬对方的尾部那种循环的圆圈。

近代理性主义或具有这一根基的近代世界观,**一方面**,拒斥前近代的社会关系的总和"异化"为意识地显现的"上帝",人类占据中心的位置。上帝死了。人类杀死上帝,篡夺了上帝的位置。但是,**另一方面**,这种人类诸个人,普遍的资本主义商品世界的关系的物象化,表明了这里所呈现的不过是机械论"必然王国"的一个段落的"历史的(geschichtlich)＝历史性(geschicklich)的"情况。

如果我们不能历史地超越近代的这一历史的地平,就不可能真正扬弃近代理性主义,要想直截摆脱那一循环的圆圈,只有通过超越该地平才能够实现。但是,问题作为问题而被意识,不可否认是该课题历史地"按时成熟"的征候之一。在此意义上,不能不说眼下的探路是历史赋予的。

为了那条通路,关于作为近代科学的理性主义之介词(Mittelwort)的"科学词汇"即数学的存在被拘束的历史性,也许可以求之于仿照新锐数学家畏友岩井洋而进行自为化。数学,只是抽象化,并不直接(straight)负载存在拘束性。虽说近代数学的展开轨迹,大致与"自由主义＝产业资本主义""帝国主义＝金融垄断资本主义"、国家垄断资本主义这种"近代社会"的阶段发展相适应,可谓描述了不连续的连续。确实,在近代社会中社会经济的各个阶段,工业技术的各个阶段,自然科学、社会科学和数学(以及艺术)的各个阶段之间可以发现一定的呼应关系吧!但是,这里我想仅仅围绕机械论的理解本身的改变这一轴心提出论点。

近代的机械论、要素主义、原子论的理解结构,在其一定的范围内取得了历史的改变。

机械论的理解被原型地提出来,是在对产业资本主义进行技术及思想准备的 17、18 世纪,那是以纤维工业为中心的时代,与人畜力相联系的水力成为动力的中心,力学能量(Energie)的传送机关成为工业技术体系的枢纽的时代,力学成为科学的基调的时代。在这里,机械确实被理解为构成要素(Bestandteile)的力学体系。

不过,蒸汽机时代,从热能量到力学能量的转换成为工业技术体系的中枢时代,那也是金属工业的时代,其所谓的**物理**(含古典无机化学和热力学等)取得科学的样式,这里,机械已不是解析几何学的微分连续体,而是作为包含不连续的截断的动力学体系,可谓作为函数论的全体,即被理解为不连续的连续的潜在性(dynamis)、现实性(energeia)之全体的关系体。在此意义上,机械现也被理解为能够与有机体相连接。

此后,在基于电磁动力(撇开水力、火力、原子能发电这种源头的变迁)的机械体系的时代,从别的观点来看迎来了合成工业的时代,结构学——从有机化学的层次到量子化学及分子结构、原子结构、核结构、时空结构——成为科学的精粹,这里,机械被理解为结构化的转换系的总和。

虽然我们现在没能在这里深入指出关于机械的理解的变迁与关于社会的理解的变迁等的相关性,但值得注意的是,甚至机械本身也并非朝着作为有着古典印象的"机械的东西"的理解的方向变化。

如上所述,被称为近代世界观的形式的机械本身,实际上并非只是被理解为机械论的存在,而是在被理解为黑格尔所说的辩证法的存在——而且,并非异化论的逻辑这种黑格尔的颠倒形式——的意义上对于我们(für uns)而变化。

通过自在自为(an und für sich)地把握辩证法的存在理解,不仅能够超越机械论的构想,而且真正扬弃近代理性主义的理解结构?

当然,当谈到辩证法时,若是从量到质的转化,是否定之否定这类的事情,作知性抽象的谈论,那终归是近代理性主义的地平,不是我们的含义。

那么,什么是辩证法?辩证法与近代理性主义有着何种关系?辩证法有着与形式逻辑这种近代理性主义的传统(conventional)逻辑相异质的逻辑——因此,形式逻辑之所以成为形式逻辑是与近代理性主义相即不离的,在古代和中世纪,逻辑绝不是形式规则,而是存在法则——这已无须重新想起来。辩证法将知性抽象的数量化方法的本质的局限性自为化,以及将实证论(Positivismus)的否定性(Negativität)自为化。(关于对功利主义的批判并非辩证法的直接归结,而是马克思主义的基本理解事项,请参阅拙文《共产主义的复权》,载《世界》1970年第4期。)但是,由于这里不是开始"辩证法讲座"的场所,我想只是臆断地提出如下论点。

如前所述,相对于近代世界观或近代的理性主义完全定位于普遍的商品世界的现象的存在方式——更准确地说,无视使用价值性,进行价值的同质化,并将其物在(Vorhandensein)化——黑格尔-马克思的辩证法,不过是将这种自在现象的被中介性结构自为化,上手存在的世界实际上是某一过程的中介关系的物象化的本在,对其作自在自为的把握的方法(meta-hodos)。

辩证法之所以处于真正异于分析理性的近代理性主义的地平,确实应该说就在于此。辩证法之所以是辩证法不在于正反合的三段式,或否定的逻辑这种层次,而确实在于将上手存在的世界的被中介的存在结构自在自为化的该结构状态(Verfassung)。只有通过辩证法的方法及其视角,立足存在论的可能赋予的地平的马克思的辩证法,才能超越近代理性主义的地平,用海德格尔之流的话来说,正如只有通过从"人"(das Man)的立场回归"本来"的立场才能超越"世界像的时代"。

但是,对我们来说,这种"本来"(eigentlich)的立场,绝不是内在于"世界"的实存或"始存",而是与无法撇开将内在于"历史"——在根本上是处于 Zusammenwirkend 的 intersubjektiv——的人的存在的"交互主体性＝共同主观性"自在自为地化为我的东西相适应（eignen）的立场。

并且，对于想到辩证法的我们，当然是在对现象的现象学（Phänomenologie der Phänomene）的积极展开中，定位作为辩证法的一个阶段的近代理性主义的构想或近代世界观，正因为如此，自己必须力戒从近代理性主义的分析理性的立场及其范围来界定、批判近代理性主义或近代世界观的愚蠢。

为这种自为化的消极性迂回（umgehen）打上休止符，现在有待从序奏（Präludien）过渡到本奏的"历史 - 之中 - 存在"的现象学（Phänomenologie）本身的展开。

附论二
全体主义意识形态的陷阱

法西斯主义的全体主义①思想，过去好像很少被作为理论、思想层次的问题加以认真探讨。⑴总之，"法西斯主义在理论、思想上不足取"这种默认的理解是主要原因。可是，法西斯主义，果真是低水平的思想吗？较之于与近代理性主义⑵及近代民主主义（democracy）并存的各种"思想"，它的思想水平不是反倒很高吗？并且，实际上人们近来不是在不知不觉间，暗地接受法西斯主义的全体主义思想的核心？我们相信今天面临应摆脱"所谓法西斯主义就是非理性的疯狂统治，是群众歇斯底里（Hysterie）的一种"之类固有观念的咒语束缚，虚心坦怀地探讨作为思想的法西斯主义，看清自己的足下并认真地对质的局面。

"法西斯主义"——我想在本文直接将欧洲的法西斯主义纳入范围，关于"日本型法西斯主义"暂不作主题的研讨——这种群众规模的运动，在一些论者眼里，有着疯狂的错乱的印象，这确实不无道理。但是，第一流的学者、思想家多数为法西斯主义所吸引。撇开自然科学家

---

① 全体主义（Totalitarianism），也译"极权主义"，本书根据日文译为"全体主义"。该词由意大利哲学家、新黑格尔主义者乔瓦尼·秦梯利（Giovanni Gentile, 1875—1944）发明。

不说，就有以意大利的罗科①和克罗齐②及德国的——虽然在学者、文化人当中犹太人占有很大比例——卡尔·施密特③为代表的社会科学家及哲学家，海德格尔④虽较为特殊，而聚集在"德国哲学学会"(3)的布鲁诺·鲍赫⑤、尼古拉·哈特曼⑥、汉斯·弗赖尔⑦、马克斯·冯特⑧、特奥多·李特⑨、哈林(Haring)、李凯尔特⑩、海姆塞特⑪、格洛克纳⑫及朱利叶斯·艾宾浩斯⑬等等，则不胜枚举。虽说这些学者中也有早早的告别者，他们原本并非全都全面赞成纳粹主义（Nazism）的思想，但无法掩盖多数学者将法西斯主义的思想性理解为"伟大的思想"这一历史

---

① 阿尔弗雷多·罗科（Alfredo Rocco，1875—1935），意大利政治家、法学家。代表作有《阿尔弗雷多·罗科政治演说及论文集》。

② 贝奈戴托·克罗齐（Benedetto Croce，1866—1952），意大利哲学家、历史学家、文艺批评家。著有《美学原理》《逻辑学》《历史学的理论和实际》和《实践活动的哲学》等。

③ 卡尔·施密特（Carl Schmitt，1888—1985），德国哲学家、法学家。著有《政治的概念》《政治浪漫主义》和《政治神学》等。

④ 马丁·海德格尔（Martin Heidegger，1889—1976），德国哲学家。著有《存在与时间》《形而上学导论》和《哲学论稿》等。参阅汉斯·斯鲁格：《海德格尔的危机：纳粹德国的哲学与政治》，赵剑译，北京出版社 2015 年版。

⑤ 布鲁诺·鲍赫（Bruno Bauch，1877—1942），德国哲学家，新康德主义者，1917 年创建德国哲学学会。

⑥ 尼古拉·哈特曼（Nicolai Hartmann，1882—1950），德国哲学家，新康德主义马堡学派代表人物。著有《伦理学》《自然哲学》和《美学》等。

⑦ 汉斯·弗赖尔（Hans Freyer，1887—1969），德国哲学家、社会学家和历史学家。著有《马基雅维里》《社会学概论》等。

⑧ 马克斯·冯特（Max Wundt，1879—1963），德国哲学家，心理学家威廉·冯特的儿子。著有《希腊哲学》《什么是民族主义》等。

⑨ 特奥多·李特（Theodor Litt，1880—1962），德国教育学家。著有《历史与生活》《德国古典的陶冶理想与现代的劳动市场》和《德意志民族的政治自我教育》等。

⑩ 海因里希·约翰·李凯尔特（Heinrich Rickert，1863—1936），德国哲学家，新康德主义弗赖堡学派代表人物。著有《认识的对象》《文化科学和自然科学》和《哲学体系》等。

⑪ 海因茨·海姆塞特（Heinz Heimsoeth，1886—1975），德国哲学家。著有《西方形而上学的六大问题》等。

⑫ 赫尔曼·格洛克纳（Hermann Glockner，1896—1979），德国哲学家。著有《黑格尔复兴与新黑格尔主义》《欧洲哲学史》等。

⑬ 朱利叶斯·艾宾浩斯（Julius Ebbinghaus，1885—1981），德国哲学家，心理学家赫尔曼·艾宾浩斯的儿子。著有《实践哲学》等。

事实。一般说来,受到法西斯主义"冷笑"的知识分子阶层,蜂拥而至地"重新认识"法西斯主义的思想性这一思想史的事件,不能简单地从社会心理学的分析来理解。知识分子阶层即使是陷入思想错乱的自我欺骗,当中也应夹杂着思想的自我理解的内在逻辑,忽略对此阐明而单凭社会心理学的分析称不上是法西斯主义论。

同时应注意的是,不能掩盖第三国际尤其是德国共产党的惨败,尽管有必要从战略、战术论的层次进行探讨,但在当时,法西斯主义和共产主义为群众的"思想获得"而进行激烈的交锋,并且在这种思想的群众获得战的竞争中法西斯主义一方取得一时的"胜利"这一事实。若说法西斯主义完全揭示了既有体制内的政治意识形态,而在群众的思想获得交战中使共产主义一时失败,这也并非夸张的说法。可是,作为事实问题,法西斯主义直接批判既有的议会制民主主义,而且甚至揭示了关于经济机构重组的一系列"社会主义"的要求,在夺取政权的过程中自下而上组织了"革命"的群众行动[4],法西斯主义运动似乎有着"新"理论"一经掌握群众,也会变成物质力量"①的内涵。在与共产主义的竞争中所进行的这种思想的群众运动的展开,作为思想史的一大事件,必须联系其内在逻辑予以探讨。也只有通过这一作业,才能开辟第三国际运动的历史性综合的完现之路,至少,忽略阐明法西斯主义的群众运动的思想性,不能不说离法西斯主义论的条件规定还远着呢。

可是,为了理解法西斯主义的思想性,必须从文脉上追溯其前史,不仅需要了解阿尔弗雷德·罗森堡②那种公认的理论家(ideologue)——罗森堡不过是一介建筑学士,作为思想家缺乏能够代表法西斯主义的

---

① 《马克思恩格斯文集》第1卷,人民出版社2009年版,第11页。
② 阿尔弗雷德·罗森堡(Alfred Rosenberg,1893—1946),纳粹德国政治家。著有《种族论》《二十世纪的神话》。

器量——还有必要将克拉格斯①、海德格尔、庞巴维克②和克里克③等，意大利的罗科、奥地利的施潘④，以及政治理论方面的施密特等纳入讨论范围，或许还应该了解尼采⑤的虚无主义，狄尔泰⑥的生命哲学，进而探讨德国浪漫主义的问题。但是，这里难以对如此广泛的内容进行详细阐述。

本文暂且将主题限定在其最核心的全体主义的思想结构，在考察法西斯主义如何"超越"近代资产阶级的个人主义的虚构（第一节），法西斯主义的"国家社会主义"志向及其始末（第二节）的基础上，追认全体主义意识形态的理论悖理和陷阱，试着将与之对质的视角自为化（第三节）。

（1）关于法西斯主义研究的状况，请参照畏友清水多吉的系列论文，特别是《作为意识形态的法西斯主义》（《情况》1970年第12期，法西斯主义论特辑）。

（2）本文不能深入近代理性主义批判的问题，譬如当克拉格斯谈到"作为心情的敌人的精神"（Der Geist als Widersacher der Seele），针对以逻格斯为中心的以往哲学而提出哲学的反题"以活力（bios）为中心"的时候，他绝不是倡导非理性主义。当他发出"源于堕落的技术的自然的破坏""源于功利主义的利润追逐所引发的动植物的灭绝趋势"的警告（用今天的话来说是"公害问题"！），批判以此为基础的近代理性主义时，他绝不是站在浪漫主义的心情主义的立场。关于海德格尔的"技术文明"批判等亦然。广义的纳粹理论家们进行的近代理性主义批判——

---

① 路德维希·克拉格斯（Ludwig Klages，1872—1956），德国哲学家、心理学家，活力论运动的领袖。
② 欧根·冯·庞巴维克（Eugen von Böhm-Bawerk，1851—1914），奥地利经济学家。代表作有《资本与利息》。
③ 恩斯特·克里克（Ernst Krieck，1882—1947），德国教育学家。著有《人格与教育》《教育哲学》和《全体主义教育原理》等。
④ 奥特马尔·施潘（Othmar Spann，1878—1950），奥地利哲学家、社会学家和经济学家。著有《全体主义原理》。
⑤ 弗里德里希·威廉·尼采（Friedrich Nietzsche，1844—1900），德国哲学家。著有《悲剧的诞生》《查拉图斯特拉如是说》《善恶的彼岸》和《道德的谱系》等。
⑥ 威廉·狄尔泰（Wilhelm Dilthey，1833—1911），德国哲学家，哲学解释学创始人之一。著有《精神科学引论》《历史中的意义》等。

法西斯主义**绝不仅仅是**非理性主义,可谓含有很多应作对质的再评价的论点。

(3) 关于德国哲学学会(Deutsche Philosophische Gesellschaft)的成立经过和性质,参见伊藤吉之助的《最近的德国哲学》。

(4) vgl. K. Heiden:*Geschichte des Nationalsozialismus*,*Die Karriere einer Idee*,1933.

一、近代个人主义的虚构与全体主义

纳粹主义所揭示的"全体主义"的原理,从历史脉络来看,尽管是对19世纪以来所谓的民族(Völkisch)[1]的继承,但从理论上的文脉来说,是与近代个人主义的原理相对立的。在与近代的自然法思想和17—18世纪的启蒙主义思想所典型地反映的"个人主义原理"相对立这一点上,可以说意大利法西斯主义也有着同一的思想结构。法西斯主义对构成资产阶级民主主义(democracy)的理论基础的近代个人主义的批判,绝不仅仅是排斥,而应是以一定的"学理"为衬里。

为了探讨法西斯主义提出的论点,认清其陷阱,让我们从一瞥近代的个人主义的虚构性开始。这时,无须预先交代,个人主义和全体主义这两种思想的结构不过是与哲学世界观的普遍相关[2]的个人和国家这种层次之一斑,这里聚焦于个人与社会国家这种层次就够了。

(一)

近代的社会思想,拒斥古代和中世纪的亚里士多德-托马斯的"国家(polis)社会先于个人"这种理解,实体的个人被看作先于社会国家,社会国家充其量是第二性的存在。虽然近代的社会思想并非全都采用社会契约论,但关于个人原本是自由、平等的主体的理解,社会国家在本源上是自律的诸个人谋求自我便利而形成的一种人为制度或集合的

—团体的理解,构成了其基础。

　　大致上,必须承认这种近代的人类—社会观曲折地反映了近代社会的历史现实。近代社会,诸个人从旧的共同体的藩篱中解放出来,确实作为自律的人格而出现。他们作为同等的商品交换者而缔结交往关系,甚至资本家与工人的关系,也不是作为身份不平等的隶从关系,而是表现为关于劳动力这一"商品"的同等的买卖关系。社会关系是独立人格之间的自发关系,在原理上,被理解可以任意约定的东西。如亚当·斯密所恰当表述的那样,一切人的社会关系成为一种商人社会关系,在那里,以相互算计为基础,以他人为工具,这种互为工具化通过分工和商品交换的原理而形成一种调和的统一。

　　个人才是第一性的存在的"主体＝实体",社会国家不过是第二性的存在这种个人主义的社会观,反映了近代的商品经济社会、近代的市民社会的上述存在方式,在此意义上,近代的历史性现实有着一定的根据。

　　尽管能够大致承认这一点,可是不用等法西斯分子(fascist)的指出,这无法掩盖个人主义社会观的虚构性。关于这个问题,作为进行"理论"研讨的法西斯分子的理论家,读者可能会马上想起意大利的罗科和奥地利的奥特马尔·施潘。他们相互独立,但几乎用同样的语言、同样的逻辑所象征的是,他们批评近代个人主义的社会观是"机械论的、原子论的",他们要恢复亚里士多德关于人是"国家(polis)社会的动物"的大命题,彰显"有机体的、历史的国家社会概念"。

　　近代社会的个人,确实可以说已脱离共同体的纽带,在职业上是自由的,能够作为独立的人格而流动。可是,他们不也正是通过这一点,已没法过自给自足的经济生活,而作为专门从事分工体系的一种部署的特殊的人(specialist),如果不将产品与他人相互交换就无法生存?在此意义上,个人被编入普遍的相互依存的体系,只有通过编入这种社会分工协作的体系才能够生存,社会的全体"先于"个人。——关于罗科的所说且留待后面引证,这里主要就施潘[3]的话而言——如施潘暗中以普遍(katholiek)的"普遍主义"为背景及以"双节化"(Gezweiung)的概念为逻辑的中心所巧妙地阐述的那样,实际上,社会并非原子的个人的机械论的总和,而是多数肢节(Glied)的统一,个人并非社会的基础,社会才是个人的基础,个人只有作为可谓有机体的社会的全体之分肢才能存在。

(二)

这当中的情况,到了19世纪末期,即使没有经过理论的反思,也在某种特殊具体的样态中触发深切的痛感。

那是与帝国主义列强、各民族国家的生死角逐相联系的历史的现实的直观追认,是作为民族国家这一"全体"的兴亡直接决定国民生活的情况反映而产生的"民族国家=命运共同体"的意识。民族国家在其内部孕育着各种利益的对立及阶级斗争,绝不是一元的统一体。但是,与帝国主义的竞争战是胜利还是失败,直接影响包括工人和下层农民在内的"国民"的生活。这里,只要停留于体制的内在意识水平,通过民族国家的存亡的危机意识,对外酿成国家主义(nationalism),对内酿成民族共同体意识,通过民族国家的形式,促进了具体而形象的"全体"先于个人的自在意识的形成。

纳粹主义的全体主义意识形态,从发生史的经过来说,这种自在意识,却是立足于第一次世界大战的失败、凡尔赛体制下的悲惨状态而强化传来的民族(Völkisch)意识的具体化这种事实的问题。[4] 即便说到意大利法西斯主义的时候,也可以指出以达尔马提亚①问题等为契机的类似情况。[5]

---

① 达尔马提亚(Dalmatia)是克罗地亚的一个区,风景优美,观光业为该地区主要经济来源。公元前10世纪伊利里亚人占领该地区,公元前4世纪起为希腊人殖民地,公元2—5世纪被罗马人控制。1420年受威尼斯人统治,拿破仑垮台后,落入奥地利手中。1920年大部分区域被划归南斯拉夫。第二次世界大战期间为意大利吞并,1947年归还南斯拉夫,成为克罗地亚共和国的一部分。

这时,同时想提请留意的是,与近代个人主义相适应的政治理念通过帝国主义的战时态势而空洞化,以及可谓近代个人主义理念的政治制度化的普通选举权制度的漫画般的现实——代议制民主主义制度并非由于法西斯主义而被形式化,在资本主义社会中,它原本就是"愚人的祭礼"!——这也构成直接的契机。

希特勒说:"当投票日结束,议员诸公的斗争变成为了称作'年费的面包'的斗争。并且……四年后,或一旦临近议会会社的解散,绅士们难以抑制的冲动又突然袭来。议会的毛虫们,扇动翅膀飞往亲爱的民众当中。他们再次对选民们发表演说,滔滔不绝地讲述相对于自己的业绩,他人是如何邪恶、顽固。可是,偶尔也要承受蒙昧无知的群众那充满粗暴、厌恶的语言。当这种民众的忘恩达到一定限度的程度时,只好使出最后的招数,即党的重新化装这张王牌,重新提炼纲领……骗子重新从头做起,而其效果则惊人地粗俗。受报纸的操纵,被魅惑的新纲领蒙蔽眼睛的'资产阶级'和'无产阶级',无主见的有选举权者,又被赶回原来的牲口棚,选举原来的骗子。这样候补者再次变为议会的毛虫,四年后又蜕变为华丽的蝴蝶,吸附于国家生活的树枝,吃得狼吞虎咽。"

墨索里尼说得更直接。"人们说是'希望投票'?那就玩投票游戏。不论谁都尽情地玩投票游戏!直到腻烦到呕吐,直到头晕目眩变成傻瓜!直到变成阿呆的投票好了。"[6]

我们不能忽视,和近代的个人主义相关的近代政治的各种原则与历史现实的裂缝,以法西斯主义的个人主义批判为契机。然而,对我们来说必须回到其理论的文脉来考察法西斯主义的全体主义思想。

(三)

针对近代的个人主义而提出全体主义的反题(antithesis),从经济学家出发的施潘,以个人并非实体的独立自存的东西,只有作为全体的肢节才能存在的论点为中心——关于这一点前面作了极为简略的叙述——法学家罗科,从生物学主义的实体化的方向来讨论法人格。即他直接主张国家社会的全体性绝不能归结为个人的总和,国家社会是有着固有目的、固有生命的独特存在体。

关于这一点,可以说罗科定位于与希特勒、罗森堡的观点相通的讨论结构。并且,他的讨论如"血与土"①的理论那样,尽管对全体主义的理念本身而言原本含有偶有的论点,恰好典型地表现了法西斯主义的全体主义的社会国家观。

因此,这里我想大致考察一下罗科的所说和讨论的气氛。作为资料,利于被墨索里尼评价为"我承认这当中的每一句话。您实际上以深得个中三昧的方法宣示了法西斯主义的教理"的 paruujia 讲演录(Bigongiari 英译,长崎太郎日译)。

"17—18 世纪自然法思想的理论统治下的近代政治思想……这些理论,至近来法西斯主义登场,19 世纪、20 世纪的一切社会理论、政治理论,以及以此为基础的一切实践方略留下了明显的痕迹。从以往的朗盖②和阿图修斯③,到马克思、威尔逊④,再到列宁,其共同基础是将社会及国家看作机械论或原子论的东西。在这种观点看来,社会不过是个人的总和。因此,社会的目的不过是构成社会的个人的目的,社会为了个人的目的而存在……社会和国家不过是个人为达到他们的目的的手段。自由主义、民主主义和社会主义的各学派,即便具有不同点和对立面,也是以如上思维方式为共同基础。"

我们知道,罗科的这种讨论是对马克思主义的极大诬告。如后面所引证的,马克思正面提出了近代资产阶级个人主义的原子的反题。

---

① 血与土(Blut und Boden),德国种族主义意识形态之一,指民族的生存依靠血统和土地。该词最初由奥古斯特·威尼希(August Winnig,1878—1956)发明;通过理查德·沃尔特·达里(Richard Walther Darré,1895—1953)的《源于血统与土地的新贵族》(*Neuadel aus Blut und Boden*)一书得以普及。

② 哈伯特·朗盖(Hubert Languet,1518—1581),法国外交家。

③ 约翰尼斯·阿图修斯(Johannes Althusius,1557—1638),德国法学家、政治学家。著有《政治学》。

④ 托马斯·伍德罗·威尔逊(Thomas Woodrow Wilson,1856—1924),美国第 28 任总统。

但是，我想再暂时沿着罗科的所说前行。

"只有法西斯主义的理论，才并非对自由主义、民主主义和社会主义的国家概念的各种表现，而是对该概念本身提出反题。关于国家和国民的目的，以及关于社会及其成员的关系的法西斯主义的概念是16—18世纪展开的自然法理论，其确实是拒斥自由主义、民主主义和社会主义的意识形态的基础"。

罗科就这样哗众取宠，在援引亚里士多德所谓人在本源上是国家社会的动物，人归属的社会团体是多种多样的基础上，特别是从种族团体与种族维持的倾向性的生物学主义的视角，断言"人类种族的目的，并非某一时间中生存的个人的目的。它甚至时常与每个人的目的相反。社会团体的目的，并非该团体中的个人的目的，它甚至可能与个人的目的相冲突。这在种族的保存、发展，要求个人的牺牲的场合，总是确切无疑"。这里，他将"社会团体"上升到民族国家的层次，论证社会集团不仅有其固有目的，而且是有着固有生命的存在体。

"法西斯主义，能够以有机体的历史概念取代自由民主主义的基础附着的旧的原子论、机械论的国家理论。我们并非完全照搬所谓国家有机体说者[7]，我们想表达的是，有超越个人目的、个人生命的固有生命，有固有目的的社会团体。"

关于法西斯主义的批判和全体主义国家观对近代个人主义所提的反题，其视角和逻辑还有若干应予探讨的论点，关于罗科的所说，对我们来说也还留有应予考虑的其余论点。但是，为了探讨涉及这些论点的法西斯主义的全体主义的陷阱，这里必须暂且将视线转到考察法西斯主义的思想性。

(1) 以泛德意志主义、反犹太国粹主义和反马克思主义等为内容的一种社会思潮。

(2) 法西斯主义理论家对近代理性主义的批判也与这一问题密切相关。例如 L. Klages：*Der Geist als* Widersacher der Seele, 3 Bde., 1929—32. 的论述。

(3) O. Spann：*Gesellschaftsphilosophie*, 1928；Der wahre Staat, 3.

Aufl. ,1931.

(4) 希特勒在《我的奋斗》中明言"民族社会主义德国工人党,从民族主义世界观的基本思想,提取本质的根本特质,创建政治的信条"。参照平野、将积译文。

(5) 参照重冈保郎、北原敦:《意大利法西斯主义》,载岩波讲座《世界历史》第26卷。

(6) 墨索里尼演说的引用,根据下位春吉战前(1929年)编译的《墨索里尼的狮子吼》。

(7) 在这一点上,德国的社会集团(clique)之类也倡导"政治共同体",却未必是倡导有机体的共同体。vgl. E. Krieck: *Völkisch politische Anthropologie*, 1936; *Leben als Prinzip der Weltanschauung und Problem der Wissenschaft*, 1938.

二、自在的全体与国家社会主义的始末

法西斯主义的全体主义思想,虽然不具有完整的体系性,但当从近代社会思想的思想史的展开文脉中的地位来看,它确实与国家垄断资本主义的历史阶段相适应,这是无须详述的。然而,不管意大利的法西斯主义还是纳粹的全体主义,并无有目的、有意识地确立国家垄断资本主义制度的志向,这可谓是一个出乎预料的结果,从法西斯分子自身的意图来说,他们对全体主义的理想社会的追求,为资本逻辑捕获,而不得不招来国家**社会主义**的国家垄断资本主义。背负这种"历史的狡计",法西斯主义思想,当国家垄断资本主义确立之后而对其作现实的追认并予以理论比较时,其面貌就有点差异。

我们并不打算在此尝试法西斯主义与此后的国家垄断资本主义意识形态的比较,以及详细分析法西斯主义的社会主义志向在现实中为资本逻辑所捕获的经过,只想回顾为考察全体主义的思想性而被看作最低要求的若干事实。

（一）

墨索里尼原本是社会党左派的论客——他是党的中央机关报总编辑[1]——众所周知，他与革命的工团主义者（syndicaliste）一同下定决心持参战论时，也是立足于第一次世界大战的参战本来就是促进资本主义社会的解体，引起群众之间的革命的叛乱这一认识。希特勒也同样，正如从纳粹的党名"国家社会主义工人党"及其纲领所了解的那样，可看出其向往一种社会主义。[2] 无论是墨索里尼还是希特勒，在他们最初的意识中，并非将社会主义作为一种策略，而是大致上发自真心的希望。

与全体主义的理念相适应的社会体制，与构成阶级对立及其基础的私有财产制不相容。纳粹的党纲所提出的"将一切形成为公司的企业（托拉斯）收归国有"（第十三条），"为了公益而无偿没收土地"（第十七条），[3] 尽管是从小资产阶级的思维方式（mentality）出发，但在理论上乃理所当然。

但是，当开始接近政权的宝座，墨索里尼、希特勒也就"修正"纲领的路线。在这一点上，依循与第二国际的社会主义诸党随着接近政权的宝座，便采取体制内改良主义、修正资本主义的路线相同的轨迹。

在墨索里尼著名的"革命演说"之一，1922年10月5日的米兰演说中，以"正如现在意大利全国存在腐败堕落的无产阶级，更存在愈发堕落腐败的有产阶级。存在如蛇蝎般憎恨我们的有产阶级，谋求在我们的队伍中引发混乱的有产阶级。存在直到昨天还匍匐于非国民的野兽脚下，唯唯诺诺，渺小而颤抖的有产阶级……存在当我们一旦崛起，就应将其一举打倒并予践踏，不断往其脸上吐唾沫的有产阶级！"这种话锋指向资产阶级。

但是，这个时候，意大利已经处于双重权力状态，墨索里尼在努力将全部权力集于掌中。眼下争夺权力的墨索里尼，面临以掌握军队统帅权的国王维托里奥·伊曼纽尔三世①为顶点的保守势力，以教皇庇护十一世②为精神支柱的天主教人民党、乔利蒂③派等中间势力，以社会党为指导部的工人总罢工态势这种势力配置，9月20日谈及"法西斯主义革命必须避免不惜一切卷入革新的混乱。我们的事业在于如何击溃名曰伪社会民主主义的丑陋肮脏的残骸"，提出了如下劳资协调路线。

"我们绝对不允许公共事业中的任何动机、任何理由的联合罢工。我们也不主张阶级斗争，而是主张阶级的协力一致的作业。尤其像现在，在努力摆脱极其严峻的经济危机的局面之际，需要一切阶级的绝对协同的作业。因此，我们努力在咱们工会的头脑里，交互而彻底地渗透这一真理和这一意识。但是另一方面，也有同样必须率直而露骨地说清楚的事。它不是别的。就是实业家、工薪劳动者别想以此获得我们利用的武器。实业家自身、工薪劳动者，一言以蔽之是有产阶级，一，国民当中有劳动群众。二，当劳动群众感到不安，以及懒惰的时候，无法指望国家强大。三，法西斯主义的使命，是使群众与国民成为独一无二的有机体，将来的国民为了完成那一鸿业，在于必须滴水不漏地整合群众的力量。这三件事是他们应深刻反省的地方。只有使群众忽视国民生活、国民历史之外的事，使之参与其中，我们才能断然实行真正强有力的外交"云云。

如这个演说所暗示的，通过国家权力自上而下的指导和控制下的劳资协调——当初的社会主义志向被这种领导人国家的"修正"资本主义所改变，正是通过这一点才委任墨索里尼组阁。

我们没必要在这里追溯意大利法西斯主义运动通过何种政治力学的过程使社会主义的需要空洞化的经过。对我们来说，预定稍后考察罗科如何对其"正当化"，作为顺序，下面我想着眼于在纳粹那里，容易

---

① 维托里奥·伊曼纽尔三世（Vittorio Emanuele，1869—1947），意大利国王。
② 庇护十一世（Pope Pius XI，1857—1939），第257任教皇。
③ 乔瓦尼·乔利蒂（Giovanni Giolitti，1842—1928），意大利首相。

被忽视的两三件史实。

（二）

如上所述，纳粹的党纲提出了社会主义的要求，相对于以希特勒为中心的南部派因与军部相结合而早就存在使纲领空洞化的倾向，北西部的组织，特别是以 1928 年至 1930 年的大跃进期间地位仅次于希特勒的第二领导人格雷戈尔·施特拉塞①为顶点的纳粹党左派，直到最后都具有社会主义的志向和政策。

纳粹党左派⁽⁴⁾，坚持与志在打破凡尔赛体制的苏联合作，至于没收王室财产的问题则考虑与德国社民党和共产党合作，另外，也未必是固定不变的种族主义和民族主义，而是志在反对德国国家主义的帝国主义政策的斗争，坚持被压迫民族的国际联合。他们否定与中产阶级政党的联合和合法路线，强调革命的两院外部的群众斗争。并且，以施特拉塞兄弟为中心的左派创立的柏林"综合（comprehensive layout）社"发行的数种日报、周刊，质量也优于纳粹的机关报《民族观察家报》（Völkischer Beobachter），法西斯主义能渗透到知识分子阶层和左翼工人当中，他们的左派起了极大的作用。

当然，虽说是"左派"社会主义，那也只是详述纳粹的党纲，不能与马克思主义的社会主义相提并论——可是，较之于第二国际马克思主义的口号，不能否认它更为激进——在鹿毛达雄⁽⁵⁾看来，他们的社会改革方案，归根结底是类似"如果马克思活着的话肯定会称之为'小资产阶级的社会主义'"的东西。

很遗憾，我们不知道近年来关于纳粹党左派思想的研究进展的详情。但是，总之，假如左派掌握了领导权（Hegemonie），纳粹就不可能在与右翼势力的合作剧中取得政权，那是不难推测的。因为纳粹左派

---

① 格雷戈尔·施特拉塞（Gregor Strasser，1892—1934），德国政治家，纳粹党知名人物。曾创办《柏林工人日报》及双周刊《国社党通讯》，前者由其兄弟奥托·施特拉塞任主编，后者由戈培尔任主编。

采取支持1930年4月的萨克森(Sachsen)金属工人罢工,反对1929年时由纳粹大量进入州邦议会而带来的入阁州邦政府(与资产阶级政党的联合)的问题这种态度,只要纳粹采取这种态度,反动势力的政治代表部,巴本①内阁和施莱谢尔②内阁,以及兴登堡③总统的纳粹安置就完全不同。可以说,1933年时的经济界对纳粹的公然支持,确实是以纳粹党内斗争中左派的败退,希特勒的胜利为前提才成为可能。

关于纳粹在使党纲的社会主义志向空洞化的希特勒领导权之下占有何种权力位置,"纳粹革命"——如所谓的"罗姆④政变"已不过是插曲——虽然一般说来在某种意义上与社会主义无关,但是,必须记住以为纳粹只是资产阶级的侍女是过于头脑简单的想法。在目前希特勒及其一派掌握政权的时点,确实有着被以规则为中心的大资产阶级"收买"的经过。纳粹政权与墨索里尼政权一样,成为对无产阶级实行资产阶级的铁血独裁的执行部。但是,希特勒一派绝不是听凭资产阶级颐指气使,他们在主观上认为"资本是国家的仆人",从现象来看,希特勒政权"凌驾"于资产阶级之上,但其财政经济政策与以往的资产阶级政权有着完全不同的样态。

掌握政权之后马上着手的纳粹经济政策,看似与巴本计划有着相同旨趣,与巴本政策"根据个别企业的积累活动谋求回归生产"的传统相对,纳粹政策则谋求"直接通过国家之手人为地创造市场"[6],此乃终

---

① 弗朗茨·冯·巴本(Franz von Papen,1879—1969),德国政治家。1932年6月—11月担任德国总理。

② 库尔特·冯·施莱谢尔(Kurt von Schleicher,1882—1934),德国政治家。1932年12月—1933年1月担任德国总理。

③ 保罗·冯·兴登堡(Paul Ludwig Hans Anton von Beneckendorff und von Hindenburg,1847—1934),德国陆军元帅,政治家,军事家。1925年—1934年担任魏玛共和国第二任总统,1933年任命希特勒为总理。兴登堡逝世后,希特勒立刻颁布法律,将总统和总理职位集于一身,成为德国元首。

④ 恩斯特·罗姆(Ernst Julius Günther Röhm,1887—1934),德国纳粹党知名人物,冲锋队参谋长。1934年,希特勒以罗姆密谋政变为由,借"长刀之夜"秘密逮捕并处决了以罗姆为首的纳粹冲锋队头目及其他政敌数百人。

究不可能从当时体制内主流派的经济政策论的"常识"得出的东西。尽管那恐怕是由当时情况所决定的政策,如从1934年的《德国经济有机建设法》所看到的,纳粹之所以推行正式的国家垄断资本主义政策,应该说正是源于他们志于国家社会主义的意识形态。

(三)

法西斯主义,从一种反映社会主义要求的来自下层的群众运动,组织化的群众叛乱出发,不论意大利还是德国,就结果而言为何皆以国家垄断资本主义制度的确立为归宿?这在有必要联系历史经纬进行实证分析的同时,还必须作为理论问题、思想性问题予以探讨。实证史学的研究只有倚赖那方面的专家,幸运的是,近年可以看到相关研究的迅速发展。对我们来说,我想暂且探讨全体主义意识形态的思想性及其内在逻辑的陷阱。

这里,作为致力于这一作业的前提,我想首先考察法西斯主义是非国家社会主义的国家垄断资本主义——目前,着重厘清其如何奠定允许资本存在的计划控制经济的基础及意识形态的理由。

国家控制的计划经济,对于社会主义来说是理所当然的事情,对于全体主义的理想来说则不过是"手段",对于产业资本主义时代这种形式的产业自由主义的观念来说构成正面的对立。确实,自进入古典的帝国主义阶段以来,自由放任(laisser-faire)、高效政府(cheap government)这种观念在现实中难免被空洞化,可是,那是作为战时态势这一"非常规"的理解,作为资产阶级意识形态的资产阶级意识形态依然以"产业自由主义"为原则。这一点,只要想起罗斯福①新政(New

---

① 富兰克林·德拉诺·罗斯福(Franklin Delano Roosevelt,1882—1945),美国第32任总统。其新政以救济(Relief)、复兴(Recovery)和改革(Reform)为核心,也称"三R新政"。

Deal)遇到的抵抗,抑或接受凯恩斯①理论的曲折就能推知。国家控制经济的积极主张,完全与各种社会主义的名字相联系,何况是侵犯私有财产制的主体。

法西斯主义之所以自认为自己的意识形态是一种社会主义,大概正是基于上述情况吧。而且,从全体主义的民族统一体的理念来看,如上所述,产生阶级对立及其基础的私有财产制,确实应该予以否定。为了保全民族国家的全体性的固有生命和目的,必须扬弃基于个人主义原理的营业自由,扬弃为了私利私欲的自由放任经济。经济活动必须只能作为全体性的手段而运营。为此,基于废除私有财产制的产业公有化应是上策。这里,接近政权的法西斯主义为了肯定私有财产制的存续,若只是一时的、过渡性的处置的话则另当别论,若是理念上也加以肯定,需要应有的理由。可是,其理由,总之,在理念上是低格调的东西,不难预想不得不是贬义上的现实主义的东西。暂且撇开预测性的批判,为确切起见,这里我想引用罗科的话。"法西斯主义否认经济自由的原则是绝对的定论。"用墨索里尼的修辞来说,"纵然这种'自由'的要求,源自蹒跚的学者先生们列举的卷在破旧斑驳的纸片内的永恒不灭的学理学说!"并且,"法西斯主义不想将经济问题托付于个人的需要,以及个人的行为"。

"法西斯主义理论,明确承认关于资本与劳动的关系,是社会主义提出的极为重大的问题,它恐怕是近代生活的中心问题。法西斯主义不承认的是,社会主义提倡的集体主义的解决手段。社会主义手段的主要缺陷已通过(罗科好像将苏维埃的新经济政策的过渡放在心上——广松)最近几年的经验明确地显示出来。由于社会主义没有将人性考虑进去,而脱离了现实。社会主义不理解,促进人类活动最有效的力量是个人的自我利益,如果从经济界排除这种自我利益,那么经济

---

① 约翰·梅纳德·凯恩斯(John Maynard Keynes, 1883—1946),英国经济学家,宏观经济学之父。代表作《就业、利息和货币通论》。

界将完全陷入瘫痪。严禁资本的私有,同时亦即消除资本本身。总之,资本这种东西是通过储蓄而产生的,如果不能储存劳动的成果,不能将其留给子孙,那当然谁都不会储蓄,人们就会将全部所得用于消费。消除资本意味着停止生产。这是因为,尽管谁都占有,但资本是生产不可或缺的工具……社会主义,如经验所显示的,消除资本,终将带来贫穷。即便是比今天更加正确地分配财富的机构,倘若该机构破坏财富本身,那也不起任何作用。虽然社会主义将私有财产的问题作为社会正义的问题来处理,但实际上,私有财产的问题是实际利益的问题。承认私有财产权是法西斯主义理论的一部分。它不是从个人的地位,而是从社会全体的效用承认私有财产。"

如我们所看到的,罗科的讨论是极为肤浅的。所谓"人性论""资本储蓄说"及"资本消除说",都不过是陈腐庸俗的论点。这个元法学教授,没有社会主义者的经历,又由于不懂经济学,才会特意提出这种讨论。

按照这种俗话,法西斯主义的私有财产制承认论岂不定式化? 可是,大多数论客满足于以为私有财产制当然是体制内的常识,并不特意考察其理由。依我的管见,罗科的上述讨论,在法西斯主义的意识形态"理论"的展开的私有财产制承认论中,这可以说是最突出的东西!

现在,问题在于,具有一种社会主义志向的法西斯主义,究竟为什么能够公认粗陋的私有财产肯定论。这个问题,简直激活了重问将国家社会主义的志向归结于国家垄断资本主义的法西斯主义的思想性,其理论所蕴含的陷阱的课题。

(1) 关于社会党党员时期的墨索里尼的面貌,请参阅A. 芭拉芭诺夫①:《我的叛逆生涯》(久保英雄译)。

(2) 希特勒的"社会主义"最初难免完全给人一种浅薄之感。但是,也不能因

---

① 安杰利卡·芭拉芭诺夫(Angelica Balabanoff,1878—1965),俄国革命家。著有回忆录《我的叛逆生涯》(My Life as a Rebel,1938)。

为他在《我的奋斗》中总是强调"国家主义与社会主义的结合",以及最早将纳粹党纲发表、解说于群众面前的也是他,就完全肯定"希特勒从一开始就是反社会主义者"这一说法。

(3) 参照 W. Hofer: *Der Nationalsozialismus*, 1957.《纳粹文献》(救仁乡繁译)。

(4) 关于纳粹左派,参照 R. Kühnl: *Die nationalsozialistische Linke* 1925—1930, 1966.

(5) 鹿毛达雄:《纳粹主义的抬头》,载岩波讲座《世界历史》第27卷。

(6) 下条寿郎:《纳粹经济论》,另,参照塚本健:《纳粹经济》。

三、个人主义的扬弃与伦理的共同社会

为了从资本逻辑探究法西斯主义的思想和运动的经过,不用说应该历史地追踪法西斯主义的产生、扩张和定型的时代背景,第一次世界大战后的政治、经济和思想的状况,尤其应该了解1929年经济危机引发的欧洲的具体形势,法西斯主义运动面临的诸课题和政权确立的过程。但是,我想从思想问题的维度对此作暂定的讨论,也并非一概毫无意义。这是因为,法西斯主义以近代的个人主义为反题的全体主义,具有源于其形成的特殊具体的历史状况的相对独立性,即使今天也依然作为一种有力的思想而现存。

与作为思想的法西斯主义的对质——虽然现如今像过去那种"来自下层"的群众法西斯主义运动并不极为猖獗,但体制的意识形态基础浸润着全体主义思想的构想和逻辑——在此意义上,相信尤其构成现在的理论课题。

(一)

我们并不主张法西斯主义充满罪障的轨迹,在根本上源自全体主

义意识形态的"理论缺陷"。但是,这里我想首先从法西斯主义的全体主义的理论维度确认其悖理开始。

如法西斯分子们所指出的,近代的个人主义是虚构。可是,我们必须指出,他们与之相对立的全体主义的内容,也是一种虚构。为了考察这当中的情况,可以将同是建立在近代个人主义的批判之上的马克思的所论作为方便的线索。

法西斯主义的意识形态,不管是罗科还是施潘抑或施密特,都是统一口径似的,评论马克思主义也是一种机械论、原子论的个人主义。但是,即使第二国际的"马克思主义"也存在以这一"误解"为因素的构想,马克思本人用明确的语言批判近代个人主义及其思想(ideologisch)基础。

马克思在《政治经济学批判》导言中写道:"被斯密和李嘉图当作出发点的单个的孤立的猎人和渔夫,属于18世纪的缺乏想象力的虚构……同样,卢梭的通过契约来建立天生独立的主体之间的关系和联系的'社会契约',也不是以这种自然主义为基础的……这是对于16世纪以来就作了准备、而在18世纪大踏步走向成熟的'市民社会'的预感。在这个自由竞争的社会里,单个的人表现为摆脱了自然联系等等,而在过去的历史时代,自然联系等使他成为一定的狭隘人群的附属物。这种18世纪的个人,一方面是封建社会形式解体的产物,另一方面是16世纪以来新兴生产力的产物,而在18世纪的预言家看来(斯密和李嘉图还完全以这些预言家为依据),这种个人是曾在过去存在过的理想。"① 但是,"产生这种孤立个人的观点的时代,正是具有迄今为止最发达的社会关系的时代"②。从通史上说,"人是最名副其实的政治动物。不仅是一种合群的动物,而且是只有在社会中才能独立的动物"③。

---

① 《马克思恩格斯全集》第30卷,人民出版社1995年版,第22-25页。
② 参见《马克思恩格斯全集》第30卷,人民出版社1995年版,第25页。
③ 《马克思恩格斯全集》第30卷,人民出版社1995年版,第25页。

这样，马克思确实拒斥近代个人主义的社会观，是对亚里士多德的复权。但是，他——这是不同于法西斯主义的全体主义的地方，并且，这种不同也许会使法西斯分子的理论家们认为马克思也归根结底处于个人主义的范围——并不是将社会实体化。

《1844年手稿》时点的马克思写道："首先应当避免重新把'社会'当作抽象的东西同个体对立起来。个体是社会存在物……人的个体生活和类生活不是各不相同的。"①他在《政治经济学批判大纲》中也总是强调："社会不是由个人构成，而是表示这些个人彼此发生的那些联系和关系的总和。"②

即便法西斯主义的全体主义在主张社会是诸个人的总和这一点上是正确的，但是若援引马克思的话来说，其不从诸个人的现实联系和关系的总和来把握社会，而陷入将之作为独立自存的实体的物象化的误视。我想这一与马克思的社会理解的不同点，源自全体主义意识形态的社会（国家）观具有的根本缺陷。

我们本来就没有"因为与马克思的观点不同所以是错误的"这种图式的想法。我们是以马克思的所说为线索指出法西斯主义所谓的民族国家的全体，它具有固有的生命、固有的目的这种论证作为事实问题是错误的。

民族国家的总和，是成员行为的特种综合，因其物象化地虚假呈现之故，确实在自在的意识中，它表现为区别于诸个人的目的、行为和生命的具有另外的固有实在性的某物。这里，作为方法论的悬设，将民族国家作为宛如固有的存在体来对待，在自觉处理的意义上，也并非一概不允许。但是，照字面将从过去到将来的民族有机体予以"实体＝主体"化，进行具有构成民族国家的固有目的的有机生命体的个人必须为之服务之类的论证，应该说确实是"拜物教化"（fetisch）的颠倒。

---

① 《马克思恩格斯全集》第3卷，人民出版社2002年版，第302页。
② 《马克思恩格斯全集》第30卷，人民出版社1995年版，第221页。

我们看到——暂且撇开缺乏国际主义这一层次——相对于近代个人主义的社会观陷入对成员的交互主体（intersubjektiv）的相互关系的"项"作实体化的误视，法西斯主义的全体主义的社会、国家观，陷入对该关系的总和加以实体化的物象化的误视，这一点确实是全体主义意识形态的根本错误所在。

（二）

人们的交互主体的行为的总和，确实不能归结为诸个人及其行为的总和，可是，由于缺乏该交互主体的行为毕竟是功能、函数的关系，构成有机整体的固有生命体不是实体的独立自存的东西这一点的自为的把握，进而由于未能把握交互主体的共同活动关系的存在结构，将民族或民族国家错误地形象化，派生出盲从资本的逻辑的一系列问题，绽开法西斯主义的全体主义意识形态这一不结果实的花。

为了对这当中的情况进行现实表现，以及对陷入今天体制的意识形态的欺骗逻辑的了解有一点帮助，我想冒昧引用我国"宪法调查会"的"报告"中的若干文字。

"18世纪的民主主义，在最低限度地抑制国家权力的同时，坚持最大限度地扩充个人的自由、人权的方向。将个人、基本人权放在比全体、公共福祉更重要的位置是18—19世纪民主主义的精髓。""古典的民主主义强调特殊的个人，有其相应的正当性和历史必然性，起了很大作用"，"可是，由于人们在作为个人而生活的同时，过着社会生活……即使多么最大限度地承认个人的自由、人权……其也处于与他人之间，以及与社会（国家）的关系中，而不能完全没有限制"。我们必须立足于与和18—19世纪"相比有着无可比拟的变化的20世纪后半期的现代人类社会的存在方式相适应"的新原理。"个人的自由、人权与社会的福祉这两种东西，或许是相互矛盾相互排斥的"，"这里，产生**个人与全体**（国家、社会）**的对立关系**，个人的自由、人权与国家（社会）的福祉的紧张关系"。"要言之，既然人们要过社会生活，就不能不承认个人的自由、人权具有很大的社会制约。因而,如果希望在人类社会中有和平的秩序,就必须每个人对社会(国家)奉献共同的忠诚、服从和服务的精神"①云云。

上述那种貌似当然的流利言说的意识形态,相对于为了获得公民权的18—19世纪民主主义的个人主义的观念,法西斯分子的理论家们曾经必须付出怎样的努力!"宪法调查会"的多数派原本并非狭义的法西斯分子。现在体制方面的意识形态,即使原则上还遗留着个人主义的残渣,也曾经在主要旨趣上接受继承了法西斯分子以血路所开拓的全体主义。确实,全体主义的意识形态,正好被看作与国家垄断资本主义阶段相适应的思想形态。

附带说一下,纳粹的宣传部长戈培尔②讲"相对于自由主义以个人为出发点,以每个人为万事的中心,我们改为以民族代替个人,以国家共同体代替每个人",这时"当个人自由与国家自由相矛盾的时候,不用说必须限制个人自由。这不是自由概念本身的限制。过度扩大为了个人的自由概念将使民族自由濒临危险……个人的自由概念的界限与民族的自由概念一致",能够高声宣布这一理念,是在掌握政权之后,而且,戈培尔将这一观念的实践的确立称作"新世界观的显现",号称"我们完成的革命是全体的东西。那是从根本上改造公共生活的全部,使人们的相互关系以及与国家的关系为之一新,那确实是彻底的革命"。今昔有多大的不同!

我们也许有点引用过多。但是,与特意进行大段的引用相并列的,确实不过是为了揭示全体主义的意识形态的核心。

全体主义思想的中心论点绝不在于独裁的领导人元首(der Führer)的存在或他与被领导人的一体性,另外,如领土扩张后的纳粹所辩说的那样,也未必在于民族排外主义。希特勒一派以犹太民族为

---

① 战后初期,日本"宪法调查会"的"报告"(1956—1965)。
② 约瑟夫·保罗·戈培尔(Joseph Paul Goebbels,1897—1945),德国政治家,纳粹德国宣传部长。

替罪羊（scapegoat），这并非全体主义思想的逻辑必然性因素，甚至在原有种族主义的民族有机体论中也并不构成本质必然的论点。事情的关键在于将"国家共同体"这种东西拜物教式地形象化，寻求全体国民朝它皈依地归入。

通过对外的紧张关系而自在地意识到的民族国家这种"共同体"，实际上具有阶级的组织结构，在以资本的逻辑为中心而存在的场合，这种对模拟的"共同体"的灭私奉公，并不能带来强化阶级统治-被统治的现实结构及维持资本的逻辑之外的结果。

确实，在纳粹的经济方面，也许如 G. 斯托尔珀①（1）所说的"企业家应通过什么生产方法生产，分配多少原料，使用什么材料，以什么价格买入，以什么价格卖出，接受谁的订单，通过谁卖给谁，满足需要的顺序是怎样"，这全都"根据国家的命令、规则来决定"。但是，纳粹德国连完全的国家资本主义都不是，即使其贯彻方式是变相的，也是在根本上贯彻了资本主义商品经济的逻辑，资本的逻辑，当中依然存续着以雇佣劳动-资本关系为轴心的社会体制。

这样，并非是构成全体的东西的"实体＝主体化"这种逻辑上的悖理，而确实是在于被称作"全体"的拜物教化的这一现实，其以往国民的生产活动关系态的组织结构本身，是为资本主义商品经济的逻辑所制约的利益社会（Gesellschaft）——诚然，或许由强大的国家权力的介入而贯彻的资本逻辑的现象形态变得更为温和（mild），因而被社会地意识，基于民族意识的兴起的共同体意识来作为共同幻想而得到牢固确立——这应该说是其思想（ideologisch）的错误和欺骗性的根本原因。

当寻求将社会编组的社会原理完全按私有财产制所公认的方式而拜物教化地奉公于"全体"时，势必为资本逻辑所捆绑，充其量自始至终是国家垄断资本主义的确立与维持，并且实际上这是法西斯主义的逻

---

① 古斯塔夫·斯托尔珀（Gustav Stolper，1888—1947），奥地利经济学家。著有《近代德国经济史：1870—1940》。其长子沃尔夫冈·斯托尔珀（Wolfgang Stolper，1912—2002）与美国经济学家萨缪尔森提出"斯托尔珀—萨缪尔森定理"。

辑必然性的归结。

（三）

人类社会,即使像是由阶级组成的,也不是如近代个人主义错视的那种机械论、原子论的体系,而是确实构成有机的共同活动关系态,以此作为真正的社会重组正成为当今人类史的课题。我想这是世界史的现实结构。这里,现在的社会体制呈现何种矛盾结构,另外,该矛盾本身如何定向社会性重组,这种社会科学层次的分析一概省略,只作明显真正的伦理共同体的存在论层次的讨论,探索从实践上、理论上超越产生全体主义的意识形态,否则,将无法把握个人主义与全体主义的对立和交替剧的地平本身的方向性。

若预先作一点既述论点的整理和图式的提示,看起来从前欧洲的"人类—社会观"可以归纳为三种类型或三极。即① 机械论的个人主义,② 有机体的全体主义,③ 关系论的全体主义。①是近代欧洲典型的人类—社会观,②是古代中世纪的主流,在近代则以法西斯主义为典型,③可以说马克思主义是典型(黑格尔与其说介于②和③之间,不如说动摇于两者之间)。①是通过将社会生活的自在的共同活动关系的交互主体关系的"项"误视为独立自存的实体而形成的,②是通过把该关系的"总和"作为独立自存的实体而形成的,从原理上说,③处于作为两极的异型的投影的位置。

个人主义原理与全体主义原理的对立中,个人才是首要的价值立场与全体才是首要的价值立场的对立,归根结底是产生①与②的对立的地平,反映对此真正超越之志向的是马克思主义的"个人即类"①的命题。总之,正是对这个命题的继承、展开,才真正形成扬弃个人主义与全体主义的对立和交替剧的钥匙——回过头看,在对社会

---

① 参阅"任何个别都是一般,任何一般都是个别"《列宁全集》第 36 卷,人民出版社 1959 年版,第 368 页)。

(Gesellschaft)作共同体(Gemeinschaft)的批判性对置之际,从前往往采取用②与①对立的构图。早期社会主义的若干东西就是那样,法西斯主义也是那样。但是,我们为了在实践上赋予志于它的实现的共同体(Gemeinschaft)以理论基础,必须超越产生①与②的对立的地平本身。因此说起来,以全体主义的②与个人主义的①相对立使得法西斯主义不可能实现思想上的超越。可是,人民战线时代的第三国际则以古典民主主义的①的观点应对法西斯主义的全体主义思想,这当然必然导致"思想上的失败"。可是,这时,我们应该注意的是"个人"与"全体"的对立,虽说两者的超越,但现实地存在的只是个人行为的交互主体的关系态,无论个人的**东西**还是全体的**东西**都不是作为实体而相对立的两个东西。若遗忘这当中的事情,"个人即类"的命题在理论上就完全成为神秘主义的命题,在实践上,基于个人与全体是相互背离的这一大前提,而陷入光以如何调整、如何调和每个人与全体的方法来设想理想社会的存在方式的境地。

"个人即类"——其以完全的形式自在自为的实现当然只存在于真正的伦理共同体中。然而,马克思也说过,"人的个体生活和类生活不是各不相同的"①,所谓类的全体在其真实态上不外是"诸个人的联系和关系的总和"②,另外,诸个人并非实体的本质,"人的本质是社会关系的总和"③,这是通史的现实。在此意义上,可以说以"个人即类"为可能的基础结构,或者使之模拟地存在的结构是通史的。

在任何社会编组中,自在的共同活动关系的相互依存性构成人们的基本生活条件,由于这种交互主体的关系态是高分子、超分子地形成的,在部分上,"个人即类"得以近似地形成,得以存在模拟的"个人即类"的结构。并且,这构成一定限度内的共同主观性的基础,真正的伦理共同体得以在理论上证明(rechtfertigen)其权利亦定位于该事实的

---

① 《马克思恩格斯全集》第3卷,人民出版社2002年版,第302页。
② 参见《马克思恩格斯全集》第30卷,人民出版社1995年版,第221页。
③ 参见《马克思恩格斯文集》第1卷,人民出版社2009年版,第501页。

可能性结构。

如通过上述立言而隐含(implicit)地设定的那样，真正的伦理共同体的实践的实现，取决于经过将从前自在的共同活动自在自为(an und für sich)地组织化之"个人即类"的"将可能的结构自在自为化"。所谓共同活动的自在自为化，可以说是与人们基于总体的意向性的自为把握之肢节的参与—进取(part-take, teil-nehmen, role-take)的事态相联系。

为此，物质生活财富的生产与分配不可能根据商品经济的逻辑，因此，废除商品经济，进而实行私人占有制，以及固定化的分工是必要条件。但是，这终究是必要条件，绝不是充分条件。共同活动的真正自在自为化，以往以"爱邻居"或"慈悲"的形式而被宗教、伦理性地形象化了的精神结构(Gesinnung)必须成为现实的东西，既然它是不会自动形成的东西，伦理共同体的建设如果撇开人类的自我变革的过程也就不可能取得进步。我们必须同时牢记这一点。

这样，与在理论上、实践上扬弃以全体主义意识形态作为个人主义的补充物的课题一起重新提出了**人论**的问题。而且这一问题层次停留于复述"人的本质是社会关系的总和"的命题几乎毫无意义，需要更为具体的讨论。与这种需要相应，必须进而严格审查希伯来-希腊的人类观的基本构图——直到存在主义依然处于这一范围的基督教的人类理解的构图——本身对其进行超越。这时，我想恩格斯赞之为辩证法的体现的佛教哲学的某种构想①对于从人论上详述"个人即类"的命题不失为方便的活动索具。但是，这一作业是足够独立的主题，当委之于今后的另稿。(关于这一主题，笔者此后写有《人类存在论备忘录——在有我论与无我论之间》，载《现代思想》杂志 1973 年第 6 期，再录于《事

---

① 辩证的思维——正因为它是以概念本身的本性的研究为前提——只对于人才是可能的，并且只对于已处于较高发展阶段上的人(佛教徒和希腊人)才是可能的，而其充分的发展还要晚得多，通过现代哲学才达到。《马克思恩格斯文集》第9卷，人民出版社 2009 年版，第 485 页)

的世界观的前哨》①〔劲草书房〕。）

本文，暂且追认全体主义意识形态的个人主义批判及其陷阱，试着将对其进行批判性超越的马克思主义的视角自为化，我想就此搁笔。

(1) G. Stolper: *Deutsche Wirtschaft* 1870—1940, 1940.

---

① 参见广松涉：《事的世界观的前哨》，赵仲明、李斌译，南京大学出版社2009年版，第249-265页。

名词索引[1]

A

阿奎那 92 93 384 422 458 492

爱利亚学派 305 308 309 311

奥古斯丁 92 186

B

巴本 519 520

巴门尼德 304 309

柏拉图 36 37 93 104 308 311 316 319 322 331 345 382 391 423

拜物教 66 198 201-207 210 212 213 225 227 228 232-234 246 282 339 369 413 480 482 483 486 488 526 529 530

鲍威尔 15 16 18-20 22 23 25 28 29 48 50 101 104 106 110 214 279 282 389 397-399 411

背景 476 490 492 510

悖论 304 308 313 314 318 319 321

被抛的谋划 73 141 182

被抛性 35 45 71-73 121 124 125 133 193 254 445 499

本体 51 302 349 350 369 391

本在 255 261 266 274 306 307 340 342 429 503

本质 39 75 123 130 134 140 357-359 364 383 384 491

必然(性) 16-18 22 52 57 65 73 77 82 90 95 97 100 103 122 131 141 142 144-155 148 150-155 157-161 165 166 168 169 171 173 174 179 180 188-190 192 193 205 207 214 216 217 222 240 242 256 265

---

[1] 由译者根据《广松涉著作集》第10卷(岩波书店1996年版)编撰,数字为本书两侧的原书页码。

304 306 310 314 319 321 322 355 356 361 363 397 401 404 406 432 441-443 479 480-482 486 493 527-530 531

必然王国 127 179 181 183 224 500

毕达哥拉斯 42 64

辩证法 14 17 23 24 41 44-46 49 51 79 80 84 97 99 105 107 112 114 117 125 145 150 151 158 165 169 171 173 184 186 187 192 198-201 215 223 226 233 250 252 262 273 282 290 294 295 298-301 308-314 316 317 319-322 325 326 328-334 337 338 340-344 346 347 351 353-360 362-367 370 374 409 415 416 436 437 442 446 461 493 499 502 503 533

博爱 439 440 445 446

布哈林 86 145 151

C

参与 121 122 125-127 488 490 492 532

城邦 89 93 97 99 100 435

抽象(化) 19 22 26 28-30 32 33 41 45 81 83 86 91 92 96 99 101 102 104 105 107 112 113 117 119-124 126 133 139 141 144 146 163 180 185 190 203 205-212 232 240 246 248 251 281 310 311 318 344

-48 350-352 355 356 362 364 366 371 373 374 392 403 419 431 -433 440 464 471 479 491 500 502 526

抽象的普遍 101 117 119-121 126 351

抽象劳动 207 209 210 246 432

抽象物 28 96 122 208 310

从抽象到具体 351 364 374

存在论 68 74 111 131 192 261 268 290 298-301 304 306 314 315 319 320 322-324 326 329 330 332-334 338-343 351 353 359 371 374 387 404 421 447 460 493 498 503 530 533

存在者一般 178 193

存在主义 54 55 118 128-130 134-140 142 533

D

德意志意识形态 8 29 30 33 35 39 49 59 72 110-114 123 189 193 199 224-226 231 249 282 290 340 394 395 414 434 435 464

等级 416 467 472 473

迪尔凯姆 487 496

笛卡儿 43 48-50 54-57 65 66 75 85 139 345 350 351 365 429

地平 9 10 14 15 34 35 42 44 45 47 48 49 51-56 58 59 62 64 66 67 69 73 74-77 79 82 83-86 88 130 133

134 138 140 142 144 146 151 212
-235 238 240 243 245 248 250
251 256 261 271 282 290 293 294
298-300 302 304 307 320 321
328 334 337 341 343 346 348 353
363 367 370 371 373 374 404 412
413 415 420 421 428 442 445 447
458 477 482 487 495 500 501 503
530 531

帝国主义 467 500 510 511 516 518
520 521 523 528 530

第三种东西 204 205 208

定在 19 20 85 86 93 105 137 190 191
207 211 213-215 218 220 247
254 255 261 340 342 366 370 371
389 391 398 401 405 407 410 419
420 425 430 435 475 507

动因 141 162 164 185 194 195 319 430
489

对象化 19 20 23 33 105 112 124 134
179 199 203 206-208 210-212
217 220-222 230 247 321 340
363 406 447 495

对象性 23 34 35 44 45 61 71 78 86 103
112 199 201 205 206 209-211
213 220 245-247 250 254 255
259 261 337 338 363 372 426
460 478

对于我们 273 372 502

E

二律背反 313 314 475 479

二项图式 321

二义性 59 61 86 165 475 477

二元论 259 493

F

发生学的方法 364-366

法西斯主义 290 505-508 511-518
520-527 530 531

反思规定 104 360

泛灵论 495

泛神论 18 21 49 63 76 220 367 368
381-385 390 410 423

方法论 10 84 186-188 214 258 298
339 343-346 364-367 371
465 526

费尔巴哈 8 15 16 21-33 36-38 51 70
95 96 98 102-116 120 122 132
133 136 137 139 141 155 194 199
213-215 217-221 223 241 247
248 252 255 278-282 337 378
386 389-392 394 396 398-400
402 403 406-408 411 426 427
429 430 446 458

费希特 25 26 146 153 255 279 282 378-
380 385-388 393 399 400

否定之否定 201 342 360 363 373 502

弗格森 100 452 462

G

感性确定性 317 326
戈德温 452 463
格洛克纳 353 379 506
格式塔 411 412
个别(性) 19 26 27 32 40 91 99 103 104 106 108 109 120 - 122 141 149 154 156 157 160 175 185 194 195 210 227 381 - 384 387 391 397 402 404 - 408 410 412 413 422 424 520
个人即类 531 - 533
个人主义 50 88 90 - 93 95 97 100 101 119 434 452 497 507 - 514 521 524 - 526 528 530 531 533
公民 123 152 419 468 469 528
公设 147 148
功利主义 496 499 502 507
共产主义 64 74 107 132 181 191 192 214 215 218 223 226 242 247 282 396 398 399 406 419 436 440 - 442 444 446 447 473 502 506
共同活动 45 86 96 97 105 109 111 113 - 116 124 125 127 177 180 181 190 224 226 234 281 282 413 434 447 460 464 475 488 489 - 492 527 530 531 532
共同体 49 73 108 116 141 181 182 224 248 250 398 419 424 426 427 431 435 436 441 - 444 454 - 456 460 462 - 465 467 - 470 474 497 509 - 511 515 528 - 533
共同性 24 28 69 89 92 103 - 105 109 117 - 119 186 187 222 327 429
共同主观性 34 35 45 46 48 69 73 84 86 115 260 274 284 327 341 342 374 429 488 503 532
共相 384 407 422 429
关系 250 356 357 370 372
关系的第一性 284 408 409 411 - 413 461 491
关系主义 96 - 98
观念论 15 22 24 27
观想 71 255 256
规律的存在 155 291 483 - 485
规律的统治 157 158 164 481 - 483
规律性 40 65 144 148 152 155 - 157 160 - 162 164 165 170 174 - 177 179 - 181 224 231 243 259 300 322 341 360 363 475 - 479 482 - 487 489 491 492
国家 28 49 50 89 92 98 - 100 105 195 224 229 249 290 291 344 370 392 - 394 396 410 412 415 - 419 424 430 - 436

H

海德格尔 54 55 67 - 69 71 - 77 119 134 138 488 503 506 - 508

函数关系 121 125 359 493

合群 93 249 428 517 525

赫拉克利特 308 310-312 316

赫斯 8 24 27-29 32 96 97 105 107 109 110 112 114 120 133-215 277-283 394 398 403 411 434 447

黑格尔 8 14-18 20 22-25 28 29 31 32 36-38 40 42 43 46-51 54 63 71 82 93 98-106 108 110 112 115 117-123 126 130-135 140 146 151 153 154 160-162 166 173 174 184 186 200 201 208 211 212 214 215 218-220 223 229 233 234 241 243 244 251 252 262 269 273 274 279 282 283 291 294-296 298 308-317 319-334 336-338 340 341 343 346 349-351 353 355-358 361-371 373 374 377-381 383-397 399-412 415-420 422-427 429-447 453 454 458 461-463 465 502 503 531

后天 117 260 327

胡塞尔 54 55

霍布斯 90 92 99 108 121 377 379

J

基督教 21 22 36 76 102 104 136 146 147 219 358 378 379 381-383 386 387 390 393 405 420-422 424 427 445 446 533

集体主义 88 92 93 95-98 100 102 110 119 522

记述的历史 74 493

技术人 90 111 119 498

价值对象性 205 209 210 211 247

交互主体 125 180 181 234 328 339 341 371 413 447 488 491 503 526 527 531 532

交互主体的共同活动 97 114 116 124 127 180 460 487

交往关系 227 461 509

阶级 9 26 47 49 53 59 73 74 88 100 118 123-127 139 141 150 155 179 182-188 190-192 194 195 198-200 226 227 229 238 240 244 248-250 254 255 257 270 345 368 369 393 416 417 429 435 437 440 445 447 450-452 457-459 462 464 465 468-473 507 508 511-513 516-521 529 530

结构说 43 46 47 252 256 257 342

结节 121

近代世界观 9 52 56 58 59 62 66 68 69 72 76 77 83 88 93 138 250 302 303 305 420 421 423 480-482 496 500 502 503

经济基础 125 164 184 191 193 195 198 233 435-438 458 481

经验主义 39 307 336 341

精神 38 40 56-58 102 119 166 215

367 368 381 388 390 397

精神哲学 99 120 311 322 331 332 408 427

拘束 33 235 487-489 492 500

具体(化) 19 20 22 29 50 62 74 77 91 92 99 102 105 108 110 113 118 120 121 126 127 136 163 164 184 190 198 203 206 208 210 211 215 217 223 242 265 311 345-349 351 352 359 360 363-366 369 371 373 374 377 384 390 396 401-403 408 410 427 433 440 446 457 458 476 480 487 510 511 524

具体的普遍 101 110 116 118-123 126 128 397 410

具体劳动 211 433

决定论 90 144-151 153 155 160 164 165 168-173 175 177 182 184 479-482 485 493

绝对精神 17 18 20 23 25 32 49 50 99 101 102 131 219 269 324-328 386 388-390 392 397 399-401 405 411 425 437 438

绝对理念 18 137 153 154 324 326 390 391

绝对知识 274 317 326

角色 121 127 413 488 489-491

K

开端 171 263 273 313 344 346 350-352 364 366-374 492

看不见的手 459

康德 16 32 40 43 46 47 54 82 83 99 100 108 117 118 131 142 146 147 152-154 161 165 188 260 261 262 269 312-317 320-325 327 333 336 337 365 385 386 387 393 401 404

科学主义 14 32 47 53-56 64-66 71 75-86 93 149-151 175 177 346 364 365 374 413 486 499

克尔凯郭尔 16 17 117-119 130

客观主义 24 30 43 48 52 62 67 71 78 81 238-240 250 251 306 307 386 387 413

客体(化) 37 43-45 51 58 61 64-66 71 105 112 117 201 215 225 226 234 271 294 305 322 369 413

客体性 19 22

客体主义 305 499

L

拉尔修 311 322

拉普拉斯 152 171 481

类 31 32 39 103-109 116 118 420 422 440 447

类本质 24 28 29 33 63 71 96 98 102-105 107-109 114 118 120 123 132 133 212 213 219 220 222 224 226 328 386 388 389 391 392 396

398 – 400 402 403 405 407 408
411 412 419 426 427 430 434
446 458
类行为 122
李嘉图 94 241 – 243 248 249 428 525
理路 290 294 298 328
理论活动 498
理念 18 19 21 27 31 36 37 39 99 137
185 274 306 308 311 315 325 326
366 367 379 382 383 387 390 391
423 424 439 441 443 485 511 512
516 521 528
理念主义 37 – 39 132
理性的狡计 153 160 – 164 171 174 179
401
理性主义 49 79 299 300 302 304 305
307 315 320 321 323 – 325 328
334 337 341 343 445 470 473 495
496 498 – 500 502 503 505 507
508 514
历史规律 127 144 152 153 155 – 158
159 161 163 – 179 224 231 291
475 – 480 484 – 487 489 490 – 492
历史性 33 44 45 52 71 72 74 75 77 83
86 97 105 107 114 116 125 127
135 140 167 181 189 191 224 227
254 256 259 260 262 337 351 352
366 367 377 500 507 509
历史哲学 162 184 186 331 392 394
398 401

历史-之中-存在 34 35 42 – 44 51 52
67 71 72 74 77 – 79 81 – 83 85 86
133 141 175 497 504
利益社会 530
列宁 253 256 329 463 466 472 513
卢德主义 233
卢格 22 23 108 444
卢卡奇 198 – 200 241
伦理 99 100 – 102 104 105 123 125 311
316 319 322 327 331 386 396 411
419 423 – 425 426 428 431 436
440 – 445 524 530 532 533
罗科 505 510 512 – 514 518 521 –
523 525
罗森堡 507 512
逻格斯 381 382 507
逻辑学 261 300 303 313 319 – 324 326
329 – 334 341 342 350 358 362
390 397 416 423
逻辑主义 305 307 341 498
洛克 42 54 121 333 354

M

马赫 42 44 51 271
马塞尔 134 138
麦克弗森 455 464
矛盾律 300 – 302 315 342
米利都学派 349 367
民主制 28 107 132 419 444
民主主义 505 506 508 511 513 514

517 527 528 531

民族 99 100 102 154 195 344 386 401 410 424 454 508 510 511 514 515 518 521 526-530

民族精神 328 402 410 424 434 440

摹写说 39 40 43 47 252 253 256 257

模型 427 435

N

你一般 427 429

O

偶然(性) 69 148 149-151 154 158-162 165 168 169 171 173 174 179 191 259 323 355 404 417 432 481

P

排中律 342

培根 47 57 90 345 350 351 354 365

平等 89 90 117 224 248 317 391 339-441 445 452 454 456 457 466 497 499 509

朴素现象主义 263 264 267 272

普遍(性) 19 20 22 24 26-28 39 40 81 89 96 99-103 106 109 117 118 120 132 152 157 203 210 219 269 272 275 300 306 327 332 339 346 347 348 350 351 360 362 364 366 367 381-384 387 391 397 402 404-410 412 413 420-423 425 429 431-433 446 462 465 497 498 500 503 510

普遍意志 108

普列汉诺夫 145 151 252

Q

启蒙主义 108 117 123 185 412 439-442 445 447 508

前意识 46 63

潜在性 501

全体主义 290 409 411 413 461 505 507 508 511-516 520 521 524-531 533

权威 305 393 464 469

R

让渡 229 230 377

人本主义 14 35 47 50 51 53-56 63 64 66 67 71 72 75 76 78 85 86 129 138 386 389 413 425 445

人的本质 23 26 27 28 71 92 96 103-105 108 109 112 113 117 118 122-124 132-134 153 215 221 222 224 392 393 406 426 427 429 491 532 533

人格(化) 17 29 89 90 92 109 117 121 120 122 125 127 155-157 163 219 224 381 384 390 440 441 456 459 482 491 497 509 510 512

人格神 17 18 76 382 387

人格性 116 119

人格主义 101

人类观 68 88-90 94 95 98 99 106 108-
  110 115-119 121 123 127 139
  248 249 415 419 420 422 423 533

人类中心主义 499 500

人权 527 528

人性 90 94 117 425 426 522

认识论 31 37 39 40 45 51 62 63 66 133
  137 138 192 252-263 265 268
  269 273 278 290 298-301 304
  306 312 315 316 319-323 325
  326 329 332-334 338-343 351
  353 354 361 371 374 447 493 498

S

萨特 14 53 54 55 75 85 119 134 138
  142 178 198

事实的历史 475 477 493

三段式 360 437 503

三位一体 104 221 308 320 322 323
  328 329 332-334 337 340 341
  383 384 391 405 406 420

三项图式 303 304 306 321 325 327
  334 336 338

商品体 205 338

商品一般 230

上层建筑 191 193 198 255 435-
  438 458

上帝 17 22 26 28 36 37 39 57 58 61 63
  75 76 78 85 93 97 101 104 105
  109 129 131 133-137 139 146
  148 154 156 169 185 213 214 218-
  221 269 324-326 379 381-384
  386-389 391 394 400-402 421
  425 426 446 482 499 500

上升法 290 298 333 338 343-346 351
  353 363-367 371 374

上手存在 34 67 68 69 72 74 75 488
  497 498 503

舍勒 56 119

社会 88 89 117 122 127 281 369 370
  430 436 442 457 460 461 466 467
  526-528 531

社会编制 456 459 460 467 487

社会动物 93 95 100 458

社会关系 28 71 73 77 95-97 105 108
  109 113 114 121-124 126 133
  139 141 161 187 190 202 209 210
  212 226-228 230 233 234 247-
  250 255 281 370 408 411 427 429
  442 446 455 459 461 462 490 491
  496 497 500 509 525 532 533

社会契约 92 94 377 410 411 428 429
  451 454 458 460 509 525

社会权力 161 464 469 471 472

社会性 34 44-46 48 86 97 109 111
  125 133 135 189 209 210 227 233
  234 246 247 250 254 256 257
  258-261 340 329 433 446 530

神格 104 383 386 388 405

神人 384 390 391 405 425

生产关系 125 188 190 191 211 227 230 232 489

生产关系一般 190 191

生产力 34 94 111 190 191 227 231 232 284 433 435 450 489 525

生态系统 487

施蒂纳 26-29 32 33 50 96 104 110 111 120 129 133 400 403 407 411 446

施密特 505 507 525

施潘 507 510 512 525

施特劳斯 15 16 18 21 25 101 390 399 411 425 430

实存 74 75 130 166 383

实践 34 53 71 72 77 83 97 113-115 124-126 150 175 178 179 181 185 198 199 221 255-267 280-282 315 338 386 469 474 475 477 482 484 486 488 496 499 513 528 530-533

实体 16 20 22 25 26 29 48 51 56 57 60 61 63-67 71 81 86 89 90 103 105 117-121 132 135 137 148 166 178 188 205 206 211 215 232 250 251 306 311 314 348 354 357-360 364 367 368 370-384 386-392 399 401 403-413 420-425 429 435-458 460 461 464-466 468 469 472 473 477-479 487 491 492 509 512 526 527 529 531 532

实体化 32 92 104 106 107 116 125 207 327 354 371 373 411 412 446 447 458 461 487 491 525 527 528

实体即主体 20 26 32 71 101 131 311 327 328 381 384

实体主义 232

实在 268 269 271 273

实在论 15 22 24 27 61 64 89 137 263 267 269-272 421

实在物 254 372 483

实证主义 39 304 307 420 496 498

使用价值 203-206 210 230 244 246 238 497 503

世界史 18 21 23 28 35 74 75 425 530

世界-之中-存在 43 67 68 69 72-74

市场社会 455 464

市民社会 28 94 95 105 109 248 370 396 428 430-440 442-445 450-455 457-459 462-472 474 509 525

事实 31 202 372

事态 31 32 62 121 206 244 269 298 301 335 339-341 356 361 363 372 377 393 397 399 400 419 464 471 476 481 482 489 496 532

事物化 217 222 226

守夜人国家 437 451-453 471

疏离 77 229

思维 17 36-38 40-42 44 47 79 82 83 86 102 103 106 115 137 139 149 173 193 228 280 304 306 309 312 313 315 322 324 326 329-333 351 355 358 362 363 371 374 383 426 427

思维方式 166 186 228 244 304 305 330 334 335 337 354 384 386 409 410 420 446 452 458 461 463 513 516

思维规定 173 316

思维经济 499

思维形式 47 233 304 313 324

斯宾诺莎 25 26 150 154 384 423

斯密 94 248 249 428 432 434 437 452 459 462-464 509 525

四肢结构 86 274

苏格拉底 55 77 93 311

苏联马克思主义 14 39 42 47 137 144 150 151 168 344

所与 70 73 91 171 270 273 274 338 354 359 361 397

宿命论 145 151 480 481

T

他为-自为 413

特种的综合 477 491 492

同一律 300 342

图式 43 51 59 63 69 72 74 83 85 86 123 135 138 141 155 162 163 164 171 174 184 234 250 263 295 302 306 317 318 322 332 334-337 380 382-394 400 404 421 422 436 437 442 472 473 497 526 530

图形 85 476

团体 369 418 427 443 445 453 454 460 461 509 514

推理 267 312 340

W

外化 23 112 211 212 216-225 246 247 378-380 384 387 389-391 397 402 404-408 410 425

唯理论 304-307 314 315 325 365

唯灵论 22 25 81

唯名论 27 40 89 257 367 370 373 384 407 410 413 420-423 428 447

唯实论 257 367 370 373 384 413 420-423 446 447

唯我论 60 133 269

唯物辩证法 29 35 77 184 201

唯物论 14 15 19 21 22-25 27 32 35 36 38 40-46 48 50-52 65 70 78 81 83 84 104 110 116 122 132 135-137 162 164 184 200 215 233 249 252 253 258 270 272 273 280 281 298 308 328 343 348 349 374 402 407 429 445

唯物史观 35 77 88 93 98 110 115 116

119 120 122 124 - 127 131 136
140 144 149 155 163 164 184
191 - 193 196 199 200 231 282
290 370 435 438 447

唯物主义 22 24 25 30 36 37 39 40 42
48 81 108 113 132 137 149 - 151
162 169 173 191 192 194 275 281
329 337 362 382 389 410

唯心论 15 16 18 - 20 22 24 25 27 32 36
- 38 47 49 - 51 60 63 81 104 132
136 137 152 154 164 200 215 253
255 265 268 - 270 272 294 295
298 306 317 320 - 323 326 327
333 337 338 340 361 385 - 387
389 401 446

唯心主义 19 21 24 31 36 - 39 137 191
337 389 397

伪问题 493

问题式 144 148 151 326 344 472 479

我思 45 75 119 139 429

无产阶级 49 73 74 141 150 182 183
187 191 199 200 244 451 473 512
516 519

无限者 17 28 387 391 405

物的异化 221 222

物化 8 18 20 176 202 203 206 211 212
217 227 - 230 247 324 372 - 374

物神 202 213

物象化 7 18 20 31 32 45 125 164 175 -
177 197 - 202 211 - 213 217 218

224 227 230 231 233 - 235 238
239 245 - 247 250 251 284 295
339 - 342 363 364 368 369 371 -
373 376 377 395 404 408 412 429
447 458 471 475 478 480 483
486 - 493 497 500 503 526 527

物质 19 20 31 37 39 - 45 47 48 51 56 -
58 61 63 65 72 76 82 83 111 - 113
115 116 132 163 176 178 181 184
188 - 190 193 203 - 205 207 - 210
225 226 255 256 271 272 275 305
306 334 335 339 347 - 350 368
381 382 387 434 435 459 470 483
489 490 506 532

物自体 43 44 62 82 83 321 322 324
325 327 334 - 337 367 370

误认 327 363 367 447

X

先验 39 69 147 260 261 305 313 320
321 324 325 327 386 387 391 401
402 413 480 - 483 485

显现 361 362

现成存在 34 67 69 75 78 134 338 488

现实性 17 96 105 122 215 427 429 431
434 439 473 474 501

现象体 302 336 367 370

现象学 23 55 115 215 270 - 273 317
326 338 377 381 440 503 504

相互关系 58 92 124 200 355 398 408

411 432 526 528

相互影响 47 48 50 52 62 66 125 475

向度 108 116 117 120 128 181 251 427 436

项 44 45 48 55 60 61 86 97 121 168 171 172 174 178 215 250 272 303 306 318 319 359 362 456 457 461 489 526 531

谢林 16-18 21 28 99 106 117 130-132 146 153 154 165 387

新教 101 125

形而上学 25 30 35 42 60 62 77 81 83 85 118-120 133 151 152 160 173 182 188 193 203-205 208-210 220 221 263 273 281 300 302 303 305 306 312 314 323 333 354 356 357 372 381 420 421 484 485 498

形式 15 19 20 22 27 31 37 40 47-9 51 56 58 59 63 71 75 80 81 94-96 112 124 132 137 139 140 146-148 153 158 161 167 169 170 174 177 178 185 186 191 193-195 199-203 206-210 224-227 230 232-234 240 243 247-257 259 260 263 274 280 300 309 312 313 319 322 324 326 327 330 331 333-335 338 345 347 350 360 366 374 377 378 381-384 387 393 397 401 404-407 410 412-414 417 421-36 438 442 454 461 464 467 468 470-472 479 484 491 496 498 502 511 521 525 532

形式逻辑 79 145 295 299 300 302 304 306 307 315 320 329 342

虚幻的共同体 181 463 465 467

Y

雅斯贝尔斯 134 138

亚里士多德 56 57 89 91-97 99 100 131 171 173 205 300-323 349 382 409 422-424 427 428 458 509 510 514 525

扬弃 9 15 22-24 53-55 77 80 85 98-101 105 107 110 112 124 126 133 141 146 151 153 169 171 173 200 214 217 218 223 243 244 247 251 252 256 257 260 262 294 302 309 312 319 321-324 326 332 340 342 351 352 354 355 358 362 363 365 366 370 385 387 404 406 413 430 436 439 441-444 473 474 500 502 521 524 531 533

要素主义 93 356 365 382 409 411 413 428 496 497 501

耶里内克 452 454

一般主体 94 101 125

一义性 61 157 158 160 164-167 170-173 421 480 481 485

伊壁鸠鲁 19 20 37 94

以上的某物 478

异化 23 24 28 29 33 49 54 104 105 107 135 140 198-201 212-229 233-235 238 239 241-247 251 281 282 295 324-326 328 340 376-382 384 387-390 392-395 397-401 403-408 412-414 427 431-433 435 440 500 502

异化劳动 216 217 222 242-245 398

意识 17 18 19 23 31-34 42-6 48 51 52 57 58 60 61 63 69 71-75 82 83 88 103 105 107 114-116 119 138-141 149 155 158 159 161 166 177 179 181 185 189 191-194 199 200 203 211 215 220 227 234 249 250 255 261-270 272-275 303 304 306 312 317 321 324-328 334 336 337 340 361 363 368 372 381 424 429 453-455 461 477 478 484 485 487 488 491 492 500 510 511 515-517 526 530

意识形态 8 9 15 29 30 33 35 39 42 47-56 59 62-67 69 70 72 77 85 86 97 110 111 113 114 123-125 133 135 139-141 189 193 195 199 224-227 231 232 238 240 248 249 254 259 282 290 303 307 326 340 345 393-395 413 417 434 435 437 438 445-447 450-452 456 457 463-466 468 470 471 505-507 511 514 515 520 521 523-530 533

意志自由 152 179 180

因果规律 57 65 492 493

庸俗唯物论 14 38 41 83 135 258 348

与件 273 303 338 339 363-365 369 439 446 478 485 487

元素 263 349-351 360 364-366 445

原生生物 350 370

原像 7 37 39 266 335 447

原子论 19 93 94 409 431 445-497 501 510 513 514 525 530

Z

占有 101 127 182 187 219 229 255 290 369 388 441 455 505 519 522 532

政治动物 93 115 122 249 427-429 458 525

芝诺 304 305 308-311 313 314 316

质变 342 358

质料 137 324 334 335 349 368 370 381 382 397 404-407 410 412 422

智人 90 114 115 119 249 498

种 357 358 420

主观主义 24 30 43 48 50-52 62 63 67 71 72 75-78 81 131-135 238 240 250 251 305 306 321 387 413 499

主客图式 44 62 63 66 251 294 303 325 326 422

主体(化) 22-24 29 32 34 43 48 50 51

58 59 63 66 67 71 73 77 81 89 90
92 94 101 102 105 107 112－114
116 118 124－127 129 131 132
134 135 139 142 154 158－181
185 198 199 203 213－215 219
220 222 225 226 229 230 233 234
239 241 244 247 249 250 254 271
272 280 294 310－322 325 327
328 334－337 339－341 361 362
367 369 371 373 374 381－383
385－390 392 396 398－402 404－
413 423－425 427－429 432 447
452 475－478 482 484－489 491
492 499 509 526 529

主体即实体 18 20 23 28 29 32 50 62
71 91 131 133 215 209 311 327
328 371 372

主体间性 181 247 340 341

主体性 22 105 118 125 127 129 135
139 198 199 219 234 328 337 371
374 401 402 413 478 482 484
488 503

资本逻辑 470 471 515 516 524 530

资产阶级 9 26 47 49 53 59 88 100 118
123－125 139 150 187 190 192
199 238 240 248－250 257 270
345 369 393 416 417 429 435 445
447 450－452 458 454 465 468－
473 507 508 512 513 516 517
519－521

自存的某物 487 491

自然 33 44 45 58 77 116 117 347 438

自然学 316 319 322 331

自然哲学 19 51 57 80 309 311 312
322－332 347 350 390 397

自然主义 24 50 82 94 428 445 525

自为（化）9 10 22 24 28 44 45 65 73 74
85 88 97 107 113 117 123 124 126
127 130 132 140 141 146 154 170
174 181 184 226 232 273 294 304
310 317 322 325－327 332 339－
341 346 350 353－356 360 363
366 371－374 410 412 413 415
419 422 432 440 446 447 472 475
487－489 495 500 502－504 507
527 532 533

自为存在 366

自我 22－24 27－29 32 33 35 49 50 53
62 63 65 66 68 71 73－76 84 90
100 102 104 105 107 108 110 112
119 120 122 126 127 131 133－
135 139－141 151 166 173 174
180 181 185 189－200 214 215
217 226 229 233 241 243 246 260
261 274 280 281 306 309 311 314
318 327 336 355 357 365 366 368
373 374 377 385 386 387 390 397－
400 403 406 408 412 427 431 445
451 462 471 472 476 477 484 486
487 506 509 522 533

自我反思 93 316 317 319 323 326 332 339

自我回归 23 28 33 49 107

自我异化 23 24 28 29 33 49 104 105 107 135 200 201 214 215 218 - 225 229 247 326 - 389 392 397 - 401 405 - 407 431 440

自我意识 16 18 - 23 214 215 241 387

自由 19 22 41 90 94 102 125 127 142 144 - 148 152 - 155 159 - 161 165 - 171 174 - 183 185 195 228 249 314 393 397 404 406 431 439 440 442 - 445 452 454 457 466 479 481 482 509 510 514 521 525 527 528

自由王国 127 179 183

自由主义 417 464 - 466 500 513 521 528

自在（化） 32 33 44 45 65 95 97 113 114 119 132 153 157 177 181 205 247 250 263 264 338 340 356 358 361 363 364 366 373 374 419 428 434 440 441 489 491 497 503 511 515 526 529 531 532

自在存在 32 103 247 366

自在之物 82

自在自为（化） 28 44 74 97 107 123 126 132 140 141 181 232 273 340 341 373 374 419 440 446 502 503 532

译后记

广松哲学与关系思维

保罗·利科在其主编的《哲学主要趋势》一书中设有《现代印度和日本思想中的逻辑和本体论》一节，专门介绍了印度和日本学界对排中律和矛盾律的研究。关于前者，印度哲学家卡利达斯发现，"非排他性的'或者'仅是 16 个可能的二项逻辑算子中出现的逻辑连词之一，这些逻辑算子可存在于二值真值函项逻辑中……如果选替项之一被断定为真，那么其他选替项既可真亦可假"①。日本哲学家大江精三质疑"把排中律用于不能截然二分化的领域"，"不仅在亚原子层次上，就是在知觉层次上我们也未能发现这种截然分明的二分现象。但是如果情况是这样，那么运用具有这类二分性的逻辑思想去了解并非二分性的经验，就会导致混乱"②。关于后者，今道友信指出："如果我们接受矛盾律的话，就不可能思考全体或整体，因为理解整体的企图总要导致悖论……然而如果要研究任何真正的形而上学，就必须思考它——那么，我们就不得不放弃矛盾律，并把悖论看作是不自相矛盾的。"③此外，克里施纳引入类似"一切以条件、地点和时间为转移"④的观点，主张"将矛盾律

---

① 保罗·利科：《哲学主要趋势》，商务印书馆 1988 年版，第 43 页。
② 保罗·利科：《哲学主要趋势》，商务印书馆 1988 年版，第 44 页。
③ 保罗·利科：《哲学主要趋势》，商务印书馆 1988 年版，第 44 页。
④ 《斯大林文集》(1934—1952)，人民出版社 1985 年版，第 206 页；参见《列宁全集》第 31 卷，人民出版社 1985 年版，第 54、172 页。

应用于经验现实……要以对那类被施用矛盾律的对象进行'点-时-刻'分析为前提……因为每一时刻都可以当作一个新的时刻,这样就使矛盾律与人们打算将矛盾律运用于其上的任何对象没有关系了"①。我们知道,排中律被表述为"A 是 B 或不是 B",矛盾律表述为"A 不能既是 B 又不是 B"。可是,这类古老的逻辑定律无法解释现代物理学中光的波粒二象性,以及量子力学和广义相对论的不相容现象。凡此种种,如保罗·利科那本书的书名所显示的,当代哲学涌现一股由 19 世纪的克尔凯郭尔的作品《非此即彼》所表征的隘路到由 20 世纪物理学的"亦此亦彼"所表征的通路的趋势,日本广松哲学即是这一趋势中具有代表性的一种。在 1994 年 3 月 16 日发表的《以东北亚为历史的主角——建立以中日(关系)为轴心的"东亚"新体制》一文中,广松涉指认自东欧剧变和苏联解体以后,自哥伦布以来的五百年间的以欧美为中心的产业主义时代一去不复返了。新的世界格局需要新的世界观、新的价值观。新的世界观和新的价值观将产生于亚洲,并席卷世界。那么,这种新的世界观的底基是什么呢?广松预言"除了欧洲的,不,大乘佛教的一部分极少的例子外,'关系主义'将取代过去占主流的'实体主义'而成为基调"②。从广松的全部著述来看,可以说他的整个生涯都是围绕"关系"③二字来批判西方哲学、诠释马克思主义哲学以及建构自己的哲学。

一、广松哲学与古代东方哲学的关系思维

恩格斯在《路德维希费尔巴哈和德国古典哲学的终结》中提出:"全

---

① 保罗·利科:《哲学主要趋势》,商务印书馆 1988 年版,第 44-45 页。
② 《广松涉著作集》第 14 卷,东京:岩波书店 1997 年版,第 498 页。
③ 参阅张一兵:《马克思哲学初始地平线中的关系本体论》,载《马克思主义与现实》1994 年第 4 期。

部哲学,特别是近代哲学的重大的基本问题,是思维和存在的关系问题。"①他确实抓住了哲学思维中一个谁都永远无法绕开的问题,即"心与物"的关系。前面,广松先生提到"新的世界观和价值观……将产生于亚洲"。那么,相对于西方哲学,处于亚洲的东方哲学具有什么特点呢?它是否具有广松所主张的关系主义的基调呢?为了说明这一点,我们不妨从作为"哲学与宗教最相一致"②的印度宗教哲学谈起。

在哲学教科书中,人们常说西方哲学的源头在古希腊,第一个哲学家泰勒斯称"万物的本原是水"。可是实际上,在比泰勒斯早1000多年的时候,东方印度的婆罗门教经典《奥义书》之第一书《梨俱吠陀》中,就已提出"地、水、火、风、空"③为构成世界万物的五大元素,并试着以"自我"为世界太初(开端)的创造者。④ 此后,从强调"吠陀至上、祭祀万能"的梵书时代以降,"自我"被视为与"梵天"是同一的,此即后人所谓的"梵我一如"说,作为创造主的人格神色彩逐渐被淡化,"梵天"始得作为世界之原理而存在。在今天的印度教信仰中,梵天、毗湿奴和湿婆被视为分别主管"创造""维护"和"毁灭"的神灵。

关于"梵天"一说,我想眼下有三点值得我们重视。第一,梵文中的"音"与"义"所体现的基始性关系。据记载,"梵天"创造"梵文"。在今天的印度,人们相信梵文的每个字母都代表了一种力量源泉,因此人们在修炼"瑜珈"的时候总会冥想着梵文字母。由此亦不难理解后世佛教在诵读佛教"真言"的时候,之所以要求发音正确,是因为梵文单词拼写与读音之间有着绝对的规则,用梵文字母拼写的真言,既能保持真言的纯正梵音,又能做到所说即所写。作为例证,诸位随便翻开一部今天的佛教经典,可以发现里面的音译词比比皆是。比如著名的《心经》,其全称为《摩诃般若波罗蜜多心经》,其中"般若"(prajñā)意译是智慧,"波

---

① 《马克思恩格斯选集》第21卷,人民出版社1965年版,第315页。
② 西田几多郎:《善的研究》,何倩译,商务印书馆1965年版,第35页。
③ 《五十奥义书》,徐澄梵译,中国社会科学出版社1995年版,第29页。
④ 参见《五十奥义书》,徐澄梵译,中国社会科学出版社1995年版,第20页。

罗蜜"(pāramitā)意译是"到彼岸"。玄奘为何不意译为"智慧到彼岸"呢？根据前述"所说"即"所写"的原理，显然若是间接意译的话，或许担心智慧无法直接到达彼岸吧。譬如梵文的三个根本咒音，"唵（ōng）"意为"永恒常住，不生不灭，不垢不净，不增不减，遍满法界"，"阿（ā）"意为"无量无边，无际无尽，生生不息，开发光明"，"吽（hōng）"①意为"无边威德，无漏果圆，无上成就，迅速成就"，"说与写""音与义"都是直接对应的，所谓"歪嘴和尚——没正经"，其本义就在于此。② 而此处的"所说"和"所写"，读者当中或许有人会想到结构主义语言学家索绪尔的"所指"和"能指"的概念吧？第二，梵天造人过程中所体现的质能转换关系。据说，"梵天"从他的精神而非肉体创造了被称为"心灵之子"的七位圣哲，以协助自己创造宇宙。在古代，究竟能否从意识创造物质，或许并非一个容易证明的问题。进入现代之后，随着爱因斯坦质能方程的提出，至少已从科学原理上对这一问题作了肯定的回答。第三，在"梵天"思想的基础上，后人如何具象地呈现"心与物"的统一？在较《梨俱吠陀》晚500多年的《薄伽梵歌》中，阿周那称赞克里希那"您是最初的创造者，甚至比梵天更伟大"③。而克里希那也不吝对其承认"阿周那啊，要知道，我是一切创造物的创造主"④。可是，何以见得呢？在第11章《宇宙形象的显现》中，"阿周那看见了主的宇宙形象，它有无数的嘴巴和眼睛，无数奇异的相貌，佩有无数神圣的饰物，持有无数神圣的武器，穿着神圣的衣服，戴着神圣的花环，抹有天上香料和油膏，充满了一切奇观——无数的神面向各方"⑤。依笔者浅见，这段文字为我所

---

① 镇守寺院大门两侧的石狮子，其中一只狮子是口发"阿"音，另一只狮子则口发"吽"音。狮子的脚下有一圈符咒，原本是针对盗贼的符咒，后来人们为了寻找失物，也使用这一符咒。

② 这三个咒音，后被扩展为佛家六字真言"唵（ōng）嘛（mā）呢（nī）叭（bēi）咪（mēi）吽（hōng）"，道教可能受其影响，亦有"临兵斗者，皆阵列前行"的"九字咒"。《抱朴子·内篇卷十七·登涉》）

③ 毗耶娑：《薄伽梵歌》，王志成、灵海译，四川人民出版社2015年版，第227页。

④ 毗耶娑：《薄伽梵歌》，王志成、灵海译，四川人民出版社2015年版，第251页。

⑤ 毗耶娑：《薄伽梵歌》，王志成、灵海译，四川人民出版社2015年版，第217页。

见过的古代经典中最为形象地描绘了"物质与意识""思维与存在"相统一的语句。

上述第三点,其泛神论的通感式描述,则对后世佛教的影响尤为突出。佛教将眼睛分成肉眼、天眼、慧眼、法眼和佛眼五种境界。在前四种眼界中,总有一个主体和一个客体。譬如,就肉眼而言,人是主体,世间现象是客体;就慧眼而言,阿罗汉是主体,"空"是客体;就法眼而言,菩萨是主体,宇宙万象是客体。然而,当谈到佛眼时,若说佛是主体,宇宙是客体,那就大错特错了。因为在佛眼看来,佛与宇宙之间已了无区别,佛即一切,一切即佛。总之,对于佛眼而言,那是绝对待(没有相对概念),绝空间(没有空间概念),绝时间(没有时间概念)。用龙树《中论》中的"八不"思想来说,就是"不生亦不灭,不常亦不断,不一亦不异,不来亦不出"。作为例子,我们还可以举出大家耳熟能详的"千手观音"及《西游记》中关于"孙悟空逃不出如来佛的手掌心"的描述,这都有助于说明什么是佛,限于篇幅,这里就不展开了。

以上三点,大体上是就事物的空间性而言的。在今天,我们知道空间与时间密不可分。关于时间,古印度也有非常深入的思考。印度北部的一座名为贝拿勒斯的神庙里,一块黄铜板上插着三根宝石针,传说梵天在创造世界的时候,在其中一根针上自下而上穿有由大到小的 64 块金片[①],此即所谓的汉诺塔。该庙总是派有一名僧侣不分昼夜地按照"一次只移动一片,不管在哪根针上,小片必须在大片上面由大到小"的规则,移动这些金片。僧侣们预言,当将梵天穿好的那根针上的所有金片移到另一根针上时,世界、梵塔、庙宇和众生都将在一声霹雳中毁灭。乍一看,这也许有点夸张,其实一点也不。根据计算,按规则移完这 64 块金片,需要移动 18 446 744 073 709 551 615 次,按每秒移动一次计算,一年为 31 536 926 秒,等到移完这些金片,共需 5 800 多亿年。不得

---

① 据《易传·系辞上传》记载,伏羲发明了八卦,提出"易有太极,是生两仪,两仪生四象,四象生八卦",并将八卦推演为六十四卦。

不说,古印度关于"时间与空间"的关系的理解,确实让人叹为观止。

经常有人说,中国是一个人情社会,在今天所谓的"法治社会"中,这似乎是颇为让人遗憾的缺陷。但是,在"力与情""法与情"的关系问题上,诚如钱穆先生所言,在东西方的文化演进类型中,"西方史常表见为'力量',而东方史则常表见为'情感'"①;"西方之一型,于破碎中为分立,为并存,故常务于'力'的战争,而竟为四围之战。东方之一型,于整块中为围聚,为相协,故常务于'情'的融和,而专为中心之翕"②。通过"情"与"力"的对比,钱先生从一个重要的侧面为我们解开了为什么作为四大文明古国的中国、古埃及、古巴比伦和古印度都出现在东方的谜团。

为了进一步说明"情"之神奇,我们不妨通过一个故事来了解中国的圣哲孔子是如何理解与运用"情"的。有一天,孔子的得意门生颜回去赶集,见一家布店前围满了人,他好奇地上前一问,才知道布店的老板与顾客发生了纠纷。买布的大嚷大叫:"一尺布三块钱,八尺布应该是二十三块钱,为什么要我付二十四元?"于是颜回对买布的解释:"这位仁兄,你错了,三八是二十四,你应该付给店家二十四元才对。"谁知买布的并不买他的账,指着颜回的鼻子说:"你有什么资格说话,三八是二十三还是二十四,只有孔夫子有资格评断,咱们找他评理去!"颜回说:"很好,孔子是我的老师,如果他说是你错了,怎么办?"买布的说:"如果我错了,我就把头给你,但如果是你错了呢?"颜回说:"如果是我错了,我就把头上的冠输给你。"于是,二人就来到了孔子面前,孔子问明了情况,笑着对颜回说:"颜回,你输啦,三八就是二十三!你把冠取下来给人家吧!"听孔子批评自己错了,颜回只好老老实实将帽子摘下交给买布的。这下可好,颜回不服,闹情绪要请假回家。孔子也不挑破,点头准其回去。第二天回来后,颜回还是忍不住问道:"老师,三八到底是二十三,还是二十四呢?"孔子反问:"那么你说,到底是生命重

---

① 钱穆:《国史大纲》上册,商务印书馆,1994年,第24页。
② 钱穆:《国史大纲》上册,商务印书馆,1994年,第23页。

要？还是帽冠重要呢？""当然是生命重要了。"孔子说："这就对了,我说三八是二十三,你输的只不过是一顶冠;如果我说三八是二十四,他输的可是一条人命呢!"①这个故事,亦很好地凸显了"力与情""法与情"的拿捏问题。按理(法)来说,买布的人好像是一个无赖,然而在孔子看来,其罪尚不足以去仁(情)。故根据《金刚经》所言"不应取法,不应取非法"之原理,对于这类现象应抱持既不著相(认真),也不不著相(不认真)的态度。因为从根本上讲,小到一个家庭,大到一个国家,一方面固然需要外在性的"力"或"法"的强制,但另一方面更离不开内在性的"情"(包括道德情感)的自觉。

最近几年,人们经常围绕西医、中医的存废展开争论。实际上,"西医与中医"的区别集中在两点,其一,前者是被动治疗,后者是主动预防。其二,前者重在后"治",后者旨在先"养"。从哲学上来说,前者是工具,是"末",后者是目的,是"本"。因此,"废除中医"说无异于"舍本逐末"。个中缘由,用钱穆先生的话来说,是"力"与"情"的关系,用大森庄藏先生的一部书名来说,是"物"与"心"②的关系。

以上,我想大体上已勾勒出东方哲学中"关系思维"的基本轮廓,其中蕴含的关系主义的基调,成为广松哲学的"新的世界观和价值观"的理论基石。

二、广松哲学与现当代日本哲学的关系思维

说起日本哲学,正如前些年在中国也有过"中国哲学的合法性"的讨论,众所周知,中江兆民说过一句很有名的话,那就是"日本没有哲

---

① 参见星云大师:《三八二十三》,上海书店出版社2009年版,第1页。
② 大森庄藏:《物与心》,筑摩书房2015年版。

学"①。我想这除了与"哲学"一词的语源及理解有关,主要原因还在于中江未曾接触过亲鸾、道元等人的本土思想,同时也是与他的所处年代略早于京都学派的创始人西田几多郎有关。要深入理解西田哲学,读者必须具备解释学中特别强调的一种"前见",那就是德国古典哲学的基本了解,尤其是费希特关于"自我"的"三部曲",即"自我设定自身""自我设定非我""自我设定自我和非我"。

(一)西田的"场所逻辑"

西田哲学的哲学归宿在后期著作《从动者到见者》中的"场所逻辑",而哲学开端则是早期著作《善的研究》中的"纯粹经验"。正是围绕如下"纯粹经验""实在"和"场所"这三大问题,西田展开了他持续二十多年的哲学运思,分别阐明应如何理解"自然""精神"和"神"及三者之间的关系。

1. 纯粹经验

西田认为:"所谓经验,就是照事实原样而感知的意思。也就是完全去掉自己的加工,按照事实来感知。一般所说的经验,实际上总夹杂着某种思想,因此所谓纯粹的,实指丝毫未加思虑辨别的、真正经验的本来状态而言……纯粹经验与直接经验是同一的。当人们直接地经验到自己的意识状态时,还没有主客之分,知识和它的对象是完全合一的。这是最纯的经验。"②我们知道,明治启蒙家在引进西学过程中,尤为重视实证主义哲学。西田此处关于"纯粹经验"的看法,系源自实用主义者詹姆士。后者在其《心理学原理》中强调:"我把直接的生活之流叫作'纯粹经验',这种直接的生活之流供给我们后来的反思与其概念性的范畴以物质材料。"③主客关系,其实一直也是西方哲学思考的一

---

① 参见中江兆民:《一年有半,续一年有半》,吴藻溪译,商务印书馆1979年版,第15页。
② 西田几多郎:《善的研究》,何倩译,商务印书馆1965年版,第7页。
③ 刘放桐等:《新编现代西方哲学》,人民出版社2000年版,第200页。

大问题,这里我们只需列举黑格尔关于"实体即主体",胡塞尔所谓"面向事情本身"(其学生海德格尔则提出"面向思的事情")的理论,亦可见一斑。事实上,主客两者的关系,我通常喜欢将其比喻为蛇的"头尾相缠"。因为在黑格尔那里,"实体即主体"只有借助"面向事情本身"才能获得实现;而在胡塞尔这里,"面向事情本身"也只有从"实体即主体"出发才能自圆其说。我想,这不管西方还是东方,都存在这一问题,在西田哲学中亦莫能例外。西田说:"所谓主客合一,既是在主词方面所见之自己同一,更应是在宾词方面所见之自己同一。前者是单纯的同一,真正的同一反而在于后者。所谓直观,是一个场所方面同其所处之另一场所方面的合一,这两个方面的合一,不单纯是主词方面的合一,而且是主词方面深深地落入宾词方面底层的过程。"[①]从这段说明来看,西田独特的地方,在于他引入了"主词"和"宾词"的概念。若不妨预先说出谜底,这个"宾词"就是西田后期哲学中提出的"绝对的无"。

2. 实在

说起来,"实在"一词可谓源远流长。在古希腊,亚里士多德起初强调只有"个体事物"才是真实的实体,而类似柏拉图的所谓"理念"是虚假的,充其量为实体的属性。后来,亚氏又把个体事物之所以存在的根据称为"是其所是",即个体事物的本质或形式。在中世纪,邓斯·司各脱认为"实在"与"存在"(being)同义,它们与"实存"(existence)并无明确的区别。在德国古典哲学中,康德将"实在"视为"(先天)形式"与"经验材料"相符合;费希特认为"实在"即是由"自我"所确立的"非我";黑格尔则坚持"实在"是"本质"与"实存"的统一。后面我们将会看到,西田关于"实在"的理解,其实与上述论点既有联系,更有区别。不管怎样,眼下就"实在"的定义而言,西田强调"不分主客的、知情意合一的意识状态就是真正的实在"[②]。这一观点,似乎又回到了前面关于"纯粹

---

① 中村雄二郎:《西田几多郎》,卞崇道、刘文柱译,北京三联书店1993年版,第66-67页。
② 西田几多郎:《善的研究》,何倩译,商务印书馆1965年版,第47页。

经验"的定义,好像仍是一个"头尾相缠"的逻辑循环或死结。但是,一旦要在恩格斯关于哲学基本问题的高度对"纯粹经验"与"实在"做出抉择时,西田则坚持"对于我们最直接的原始事实是意识现象,而不是物体现象。我们的身体也只是自己的意识的一部分。不是意识存在于身体之中,反而是身体存在于自己的意识之中"①。在《逻辑的理解和数理的理解》一文中,西田勾勒了这一"真正的实在"的"逻辑结构":"动的一般者的发展过程,首先是整体含蓄地(implicit)出现,接着其内容由此分化发展,然后在这个分化发展终结时,实在的整体便实现和完成了。一句话,就是一个东西它独自自己进行发展和完成。就像黑格尔所说的,从自在(an sich)过渡到自为(für sich),接着化成自在自为(an und für sich)。"②由此,西田将"自在—自为—自在自为"的逻辑结构衍化为"直观—反省—自觉";正如自在自为是自在和自为的统一,自觉是直观和反省的统一。③ 在"实在"的环节中,事物实现了"一般者的自我限定"。

3. 场所

西田场所逻辑的核心思想是:"有必须内存于某处,否则有将无法与无区别。"按照这一思路,西田将场所区分为三个层次:"有的场所""相对无的场所"和"绝对无的场所"。在形式逻辑中,特殊主词(S)与一般谓词(P)有着被包含与包含的关系。比如,在"这匹马(S)是动物(P)"的涵摄关系中,若对照中国哲学中"至大无外,至小无内"④的说法,这匹马(S)必由个体事物如细胞(S′)所构成,而动物(P)也必为更大的结构如理念(P′)所涵盖。这种思维,显然已是不同于形式逻辑的辩证逻辑,二者有着科学之于哲学、知识之于智慧的明显差异,体现了辩证思维对线性思维的克服、辩证逻辑对形式逻辑的超越。这样,西田

---

① 西田几多郎:《善的研究》,何倩译,商务印书馆1965年版,第40页。
② 上山春平编:《日本的名著47·西田几多郎》,东京:中央公论社1965年版,第260页。
③ 上山春平编:《日本的名著47·西田几多郎》,东京:中央公论社1965年版,第60页。
④ 参见《庄子》杂篇,天下第三十三。

就由主词(S)推出"个体事物(S′)",即"主词的基体";由谓词(P)推出"无的场所(P′)",即"超验的谓词"①。

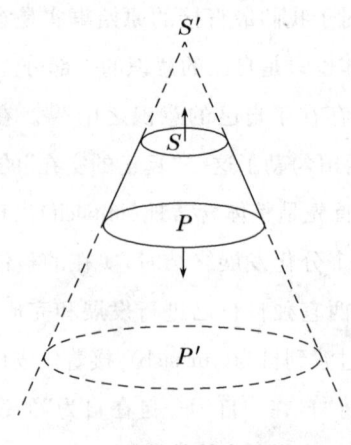

场所逻辑的基本结构

换句话说,西田很可能读过《庄子》,而把庄子话语中的"内"和"外"统称为"无",并将之与柏拉图《蒂迈欧》篇中的"场所"一词联结起来,衍变为"无的场所"。通俗地讲,这种"无的场所",有似格式塔心理学中的"背景",若推而广之,实则万事万物都有其"背景"。西田认为,他提出的"场所逻辑",既克服了前述在亚里士多德与柏拉图之间关于"个体事物"(通过"直观")和"理念"(通过"反省")孰是孰非的争论,也避免了费希特的极端"唯我论",还为黑格尔那封闭的"绝对精神"提供了一道真切而寥廓的"神"的"背景"。在"场所"的环节中,事物实现了"绝对矛盾的自我同一"。

4. 广松哲学与西田哲学的联系性

可以从两个方面来看。第一,就二者各自的哲学体系而言,具有某种对应关系。如前所述,西田的整个哲学体系都是围绕"纯粹经验""实在"和"无的场所"而展开的。广松独创的哲学体系则集中表现在他后

---

① 上山春平编:《日本的名著47·西田几多郎》,东京:中央公论社1965年版,第75页。

期的《存在与意义》两卷本中。从探讨的内容来看,《存在与意义》第 1 卷《认识世界的存在结构》,大致对应于对于"纯粹经验"(自然)的讨论。《存在与意义》第 2 卷《实践世界的存在结构》,大致对应于关于"实在"(精神)的讨论。广松原本打算创作《存在与意义》第 3 卷《文化世界的存在结构》,但非常遗憾的是,他生前没来得及实现这一愿望,因此也就无从知道他所要讨论的内容,我想第 3 卷也不会与"无的场所"(神)毫不相关吧。① 第二,就二者各自的某些核心概念来说,具有一定的相似性。比如,"事的世界观"与"纯粹经验"的相似性②,"事"(こと)与"无"的相似性,等等。

(二)大森庄藏的"当下显现的一元论"

作为一种通俗化的"街头哲学",大森哲学可分为三个时期:前期"非还原主义的现象主义"、中期"当下显现的一元论"和后期"时间非实在论"。据说,大森先生说过"哲学就是额头流汗深入思考",若用汉语来说,即"哲学就是体力活"。我想这句话本身就表现了大森思维"直接性"的特点,同时我们还可以从他的"重叠描述说""当下显现的一元论"看出这一点。

1. 当下显现的一元论

要理解大森先生的"当下显现的一元论"(立ち現れ一元論),必须先了解他的"重叠描述(重ね描き)说"。通常,当桌子上有一只杯子的时候,若问"杯子在哪里?"通常会指着桌子说"在那里"。但是,在二元论者看来,杯子是一种知觉,而并非产生这种知觉的物质,即"物自体"。大森反驳说,就像当电视播放着山野的时候,有人问"山在哪里?"我指

---

① 从话语体系来看,西田关于自然(纯粹经验)、精神(实在)和神(场所)的划分,遵循的是德国古典哲学(尤其是费希特、黑格尔)的传统;广松关于认识世界、文化世界和文化世界的区分,所遵循的是马克思主义哲学的传统。考察二者的联系性,主要应该注重内在内容,而不是外在形式。

② 桧垣立哉:《日本哲学原论序说——扩散的京都学派》,京都:人文书院 2015 年版,第 152 页。

着电视说"在那里"。大森解释说,追问自己的内在和外在的位置关系是毫无意义的,他理解的空间位置,是内在的位置。至于产生内在的原因源于外在的何处,这种外在与我的内在具有怎样的位置关系,虽说并不是不可知的,但毫无意义。针对哲学史上的"唯实论"和"唯名论"之争,大森指出,现实中固然只存在"个别的猫",不存在"一般(普遍)的猫"。但是关于"个别的猫"是如何与其他动物相区别,这种区别是基于什么,是通过什么纳入"猫"的概念结构的,大森认为,为了这类问题的解决,可以运用经验主义的"无限集合"的概念。例如,所谓"猫",就是猫的"样子"的"无限集合"。换句话说,在这个世界逻辑上可能存在所有猫之集合"猫"的意义。回到前面杯子的例子,当我们说"桌子上有一只杯子",实际上这是一种"物理语言",当我看到桌上的杯子而产生一种映像的知觉时则是一种"知觉语言"。我们可以把"物理语言"看作无数"知觉语言"的集合而形成的语言。但是,这种无限集合不是我们所能完成的,我们所能做的充其量只是某个特定的视点。

"当下显现"与"无限集合"的关系,就像我在房间里说"富士山"一词时,我头脑中立马浮现富士山的印象。"富士山"一词,就是通过基于"知觉的当下显现"而生成的"思维的当下显现"的无限集合。这样,"知觉描写"加上"物理描写",构成大森所主张的"重叠描述说",其与广松"四肢结构论"中的"二肢二重结构"颇为契合。就其在本体论意义上超越了"唯实论"和"唯名论"的争论而言,"重叠描述说"亦即大森哲学的"当下显现[①]的一元论"。总之,作为东京大学教养学部的同事,大森与广松的思想有着相互影响的关系。如果说"四肢结构论"(关系本体论)是广松哲学的理论基石,那么"重叠描述说"(当下显现的一元论)则为

[①] 熊野纯彦:《日本哲学小史——近代 100 年的 20 篇》,东京:中央公论新社 2009 年版,第 155 页。与"当下显现"(立ち现れ)相类似的表述,汉语有"妍蚩立现"(陆机《文赋》:"混妍媸而成体,累良质而为瑕")一词,意为"美的和丑的立刻就分辨出来了";以及佛门关于"放下屠刀,立地成佛"(宋·释普济:《五灯会元》卷五十三)的典故。

大森哲学的理论基石。

"重叠描述说"并非无本之木,而是有其自然科学的基础。量子力学表明,物质具有粒子和波的二象性。通常,物质以波的叠加态的形式而存在,可是一旦人的意识参与到观测行为中,它们立刻呈现为粒子。因此,微观物理真正的实在性是量子态,其真实状态分解为隐态和显态(经典物理学所谓的实在)。量子力学不允许把世界看作由彼此独立的部分组成,而是把研究对象及其所处的环境看作一个整体。两个处于纠缠态的粒子无论分开多远,如果对其中一个粒子施加作用,那么另一个粒子就会瞬间发生变化。正如"薛定谔的猫"所揭示的,由处于纠缠态的两个粒子所构成的整个系统犹如处于毒药瓶是否破了和猫的生死的叠加态,即"毒药瓶破了⊗猫死了+毒药瓶没破⊗猫活着"。这正应了哈姆雷特那句话:"生存还是死亡,这是一个问题。"

2. 时间观

大森先生曾说:"过去通过回忆的方式被经验。"读者也许可以看出,其将"当下显现的一元论"运用于时间观。在二元论者眼里,当想起去年的山的时候,那已是山的"表象",并非去年的山本身,而现在已是过去的存在。而在大森所主张的"当下显现的一元论"的构图中,去年的山本身现在直接在思维中当下显现,而未来是预期的事情在现在的思维中当下显现。无论过去还是未来都存在于"现在"。因为从根本上说,触闻、回忆、期待、思考、想象等等,凡此种种,都不过是事物当下显现的形式之一。我们将以某种方式存在的事物称作"在",将以别的某种方式存在的事物称作"不在",仅此而已。在大森看来,"过去是语言的产物",所谓"过去",就是在"现在"中通过过去形而言说的语言命题;"未来"亦然。总之,"时间"是人为的产物,是自然科学的工具,其形式是以"过去""现在"和"未来"这一直线表现的线性时间。

由此,大森区分了两种时间观:一种是以古希腊芝诺为代表的有着"过去"和"未来"之边界的"境界现在"(图A),另一种是与过去和未来没有任何异质性差别的"现在经验"(图 B)。①

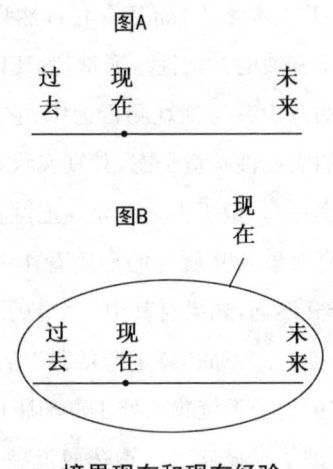

境界现在和现在经验

这与奥古斯丁所说"说时间分过去、现在和将来三类是不确当的。或许说,时间分过去的现在、现在的现在和将来的现在三类,比较确当……过去事物的现在便是记忆,现在事物的现在便是直接感觉,将来事物的现在便是期望",在思考路径上是一致的,是对"死亡"与"无"的终极超越。

三、作为广松哲学内核的"四肢结构"

"四肢结构"是广松用于论证其事的世界观的一个独创性术语,是广松函数式地对认识世界和实践世界的四个存在契机的精到把握,旨在论证"主-客""心-物"的不可分性。在《存在与意义》两卷本中,广松系统地论证了认识世界和实践世界的"四肢结构"。具体而言,所谓认识世界的四肢结构,即"现象的所知的二肢二重性(现象的所与-意义的

---

① 大森庄藏:《流动与沉淀》,东京:青土社 1996 年版,第 100-101 页。中文版见《流动与沉淀——哲学断章》,潘哲毅译,田山令史审校,北京大学出版社 2011 年版。

所识)和能知的主体的二肢二重性(能知的个人-能识的人类)不是彼此独立的,而是以一种独特的方式相互关联,共同形成四肢性的连环结构"①。实践世界的四肢结构,即"用在的财物态的二肢二重性(实在的所与-意义的价值)和能为的主体的二肢二重性(能为的个人-职位的人类)不是彼此独立的,而是以一种独特的方式相互关联,共同形成四肢性的连环结构"②。

四肢结构(二肢二重结构)

	存在性格	现实的东西	理念-理想的东西
认识世界	客观(二肢)	现象的所与	意义的所识
	主观(二重)	能知的个人	能识的人类
实践世界	客观(二肢)	实在的所与	意义的价值
	主观(二重)	能为的个人	职位的人类

广松反复强调现实的东西有两个(二肢),理念-理想的东西有两个

---

① 《广松涉著作集》第15卷,东京:岩波书店1997年版,第181页。
② 《广松涉著作集》第16卷,东京:岩波书店1997年版,第181页。在中国哲学史上,关于能所问题的讨论,可以追溯到先秦时代。管子最早阐述了"所以知"与"所知"的区别。他说:"人皆欲知,而莫索其所以知,其所知,彼也;其所以知,此也。不修之此,焉能知彼。"(《管子·心术上》)这里,探讨的焦点是主体与客体的关系问题,认为"所以知"即人的认识作用,"所知"即认识的对象。荀子也强调,"凡以知,人之性也;可以知,物之理也"(《荀子·解蔽》)。其表述上虽有所不同,但不难看出"以知"即"所以知"之意,"可以知"即"所知"之意。随着佛教传入中国,禅林及学界中普遍形成了以识为"能知"、以境为"所知"的境识之说,宣扬离识无境的唯心论(唯识宗)。对此,王夫之则从唯物论的立场分析说:"境之俟用者曰所,用之加乎境而有功者曰能,能所之分,夫固有之,释氏为分授之名,亦非诬也。乃以俟用者为所,则必实有其体;以用乎俟用而可以有功者为能,则必实有其用。体俟用,则因所以发能;用用乎体,则能必副其所。"(《尚书引义》卷五)强调境(客体)通过中介—用(主体)而与所(所知)相连,用(主体)通过中介—境(客体)而与能(能知)相系。客体(境、所知)是主体认识(用、能知)的根源,正如塞拉斯所强调的,世界的存在不依赖于感觉器官和大脑,但又必须借助它们反映世界。就"能"(能知)而言,根据佛教唯识宗,人有眼、耳、鼻、舌、身、意、末那、阿赖耶这"八识"。"八识"是人特有的认识能力,其中前五识是感性认识,认识具体的对象,属于"能知"的范围,意为"能感受";后三识是理性认识,认识超感性、超现实的对象,属于"能识"的范围,意即"能分辨"。就"所"(所知)而言,因唯识宗第八识的"阿赖耶识",蕴藏生长万有之种子,因此亦称"种子识"。从哲学本体论来说,这是唯识宗关于万物起源的一种宗教解释。在"阿赖耶识"的"能藏""所藏""执藏"这三种含义中,已经既包含"能"(主观方面)的萌芽,也蕴含"所"(客观方面)的最终归宿。

（二重），这四个契机中的任何一个都不能独立自存。并非首先存在四个分肢要素，然后各要素之间结成关系，而是作为总体的关系从根本上先于要素而存在。欧洲哲学中的诸如"个体""自我""普遍""超越论的主观"的基本概念，都是"物象化的误视"的产物。广松解释说，之所以借用传统哲学的"主客二分"的表述方式，把四个契机区分为客观与主观，主要是为了叙述方便，或者说为了照顾近代范畴背景下的思维定式。"现象的所与-意义的所识""实在的所与-意义的价值"属于世界存在结构的客观层面，是现实的东西，具有场所的、个别的、易变的存在性格；"能知的个人-能识的人类""能为的个人-职位的人类"属于世界存在结构的主观层面，是理念-理想的东西，具有超场所的、普遍的、不变的存在性格。"四肢结构"也可称作"二肢二重结构"，其中的每一肢仅是函数中的一个变数，每个"项"都是一个"开放系统"，是关系性的"反照的结节"。

"四肢结构"的逻辑起点是"作为"。在黑格尔逻辑学中，作为逻辑起点的"纯有"是一个最简单、最抽象的规定，它不以任何东西为前提，不以任何东西为中介，它揭示了对象最本质的规定，其逻辑学的整个理论体系的全部发展都包含在这个萌芽中。哲学作为一门古老的科学，其存在论的逻辑机制是，通过"是"规定作为"是者"的"存在"（Being）。广松不同意"是"的实体性规定，因为这意味着"是者"必须满足两个相应的条件，第一，能够思想或表达，由此划清"是"与"不是"的界限，把"不是"（"非存在"）排除于意义之外。第二，是"善"的，由此反映了一种内在的价值论设定。其言下之意，无非是我们前面已经了解过的"现象的所与-意义的所识"或"实在的所与-意义的价值"的另一种说法。"所与"类似能指的声音与形象，如"玫瑰"的字形与声音；"所识"类似所指的意义，如玫瑰代表的意义"爱"。通过"作为"，把"所与"与"所识"，"能指"与"所指"无缝隙地链接起来，如"玫瑰""作为""爱"，"留基波和德谟克里特说感觉和思想都是身体的变形"①之类，即是"等值化的统一"。广松则"把'现象的所与'作为它之外的'意义的所识'而被感知的这个'作为'关系，称为'**等值化的统一**'"②。他强调，现象的所与和意义的所识的"作为"结合或"等值化的统一"，并非现实的现象之间的实际结合，而是现实的契机与理念-理想的契机的"结合"。"等值化的统一"的标志性用语是"**作为**"（として、als）。这是"一种独特的'异和同的统一'，用黑格尔式的话来说，是'区别性和同一性的同一性'，是'现实与理想的区别化的统一'"③。在广松看来，所谓等值化的统一，就是"'异（差异性）'和'同（同一性）'的原基的统一态"④，是一种比"系词的存在性（是）"更为深层的根源性规定。说"作为"是比"是"更深层的规定，已不再停留于"a 是 a，b 是 b"这种线性的、实体性、"同语反复"式的探讨方式，而是转移到"a 作为 a 之外的 b，b 作为 b 之外的 a"这种函数的、关系性的探究方式，思维质点发生了根本的变化。"作为"犹如一座桥梁，一个台阶，或一架梯子。"作为"的作用，在于过渡，在于趋同，在于契合。"作为"的机制与隐喻有关。利科认为，隐喻的功能是"看起来好像……""……是像……"⑤正在隐喻中，发生了所与与所识之间微妙的"作为"关系及其相互转换，一如后期维特根斯坦在其《哲学研究》一书中引用贾斯特罗《心理学中的事实与虚构》这本书中那张既像兔子又像鸭子的"兔鸭图"。"四肢结构"的旨趣，是以中介性的"作为"取代直接性的"是"，以关系性的"**作为鸭的兔**"或"**作为兔的鸭**"代替实体性的"**是兔**"或"**是鸭**"，以关系性的"作为波粒统一性的光"代替"光是波"或"光是粒"，"作为""主观"的"客观"或"作为""客观"的"主观"，拒斥实体性的"非此即彼"的回答。

---

① 北京大学哲学系外国哲学史教研室编译：《西方哲学原著选读》上册，商务印书馆 1981 年版，第 50 页。
② 《广松涉著作集》第 15 卷，东京：岩波书店 1997 年版，第 30 页。
③ 《广松涉著作集》第 15 卷，东京：岩波书店 1997 年版，第 31 页。
④ 《广松涉著作集》第 15 卷，东京：岩波书店 1997 年版，第 149 页。
⑤ 高宣扬：《当代法国哲学》上卷，同济大学出版社 2004 年版，第 254 页。

在《世界的主体间性的存在结构》一书中,广松从胡塞尔的"主体间性"概念入手,对近代哲学的"主客二分"的认知图式进行条分缕析的批判与扬弃。广松指出,作为近代认识论的根本前提的"主观-客观"图式的特点是,(1)主观的"各自性",(2)认识的"三项性",(3)条件的"内在性"。其基本理路是,认识归根结底是"同型"的各种个人的意识,个人在"意识作用-意识内容-意识对象"的三项图式中把捉对象,而直接出现于主观面前的条件,不是客体本身,而是内在于意识的内容即表象或观念。这一根本前提引发了近代哲学中"外界存在"或"他我认识"的难题,进而使得意识内容与客体本身的对应即认识的客观有效性,在原理上成为不可能。为了走出这一认识论的隘路,打破这种认识论的闭塞状况,20世纪前半期发生的所谓"语言学的转向",就是试图消解这一问题本身。在广松看来,分析哲学试图在语言的层面阐明与消解认识的问题,这无异于是在回避问题。在这一哲学背景下,广松的解决之道是:第一步,以"主体间性"的概念,拒斥或取代主观的"各自性"。"主体间性",也译为"共同主观性",这是现象学为克服他我问题的难题而使用的一个概念装置,胡塞尔试图以此重新确立复数的超验论的自我。胡塞尔的错误在于,与笛卡儿一样,首先确信有一个确切无疑的主体,然后各个主体之间才形成主体间性的关系。广松坚持,把这种单元性的超验论的主观性"实体化",恰恰是一种物象化的误视。换句话说,所谓"主体间性",并非如胡塞尔所设想的那样,首先存在各种"主观",尔后通过对"主观"之间的感情移置等操作,而事后形成相互关系。实际上,"主体间性"指的是历史地、社会地形成的共同性或共同关系本身。"马克思恩格斯早就主张,意识的主体间性,是感觉或感情的历史的、社会的共同主观化,并基于这一观点而构筑了唯物史观。"[①]这样,"主体间性"就不是一个"实体概念",而是一个"过程性""功能性"的形容词或副词的概念,是基于社会交往而形成的"我"及"我们"的"同型化"。第

---

① 《广松涉著作集》第1卷,东京:岩波书店1997年版,第21页。

二步,用"四肢结构联系"拒斥或取代"三项图式"及其"内在性"。具体而言,是把"意识对象-意识内容"这二项改造为"现象的所与-意义的所识"(现象的对象的二肢性),剩下一项"意识作用",则继续引进胡塞尔的"主体间性"概念,亦即将"意识作用-主体间性"这两项改造为"能知的个人-能识的人类"(能为的主体的二重性)。这样,"意识对象-意识内容-意识作用"的三项图式最终被置换为一种"四肢结构关系"。这种双关性对应或四肢结构关系即广松所谓的"反照的关系规定性"或"**事的世界观**",广松试图由此克服并超越传统哲学以实体性的"主客二分"为特点的"**物的世界观**"。在仅仅是意识内容之间的一致性(主观内部的一致,而不是主客的一致)的意义上,广松的"四肢结构"的确实现了对胡塞尔"三项图式"的超越。

如果存在一条对西方哲学的终极超越之路,那么这条道路或许应将"实体"本身作为"关系"的一个"结节"。

四、广松哲学与马克思主义

作为东京大学名誉教授、日本新左翼运动旗手和日本新马克思主义哲学家[①],广松涉在小学五、六年级时就通读了改造社版《马克思恩格斯全集》,高中时加入日本共产党。1964 年考入东京大学人文科学研究科攻读哲学博士学位,1982 年 4 月任东京大学文化学院科学史、科学哲学教授。广松涉兼容了新科学观、当代西方哲学和马克思的批判精神,以及带有浓郁东方文化色彩的哲学,其思想博大而精深。他以恢复马克思主义的本来面目为己任,并在继承发展马克思主义的基础上建构起自己独自的哲学体系。其于 20 世纪 60—70 年代出版的《马

---

① 参见张一兵:《广松涉:日本新马克思主义的奠基者》,《马克思主义研究》2009 年第 11 期。

克思主义的形成过程》《马克思主义的地平》和《马克思主义的理路》,被学界称作"马克思主义三部曲"。20世纪60年代,围绕马克思是"从什么时候开始",以及"具有怎样的构图",而成为"本真的马克思"或"马克思主义的马克思",日本思想界展开了马克思从唯心主义到唯物主义,从民主主义到共产主义的转变,与德国古典哲学的关系,与英国古典政治经济学的关系,与法国社会主义的关系的讨论。这种讨论,一方面固然是马克思解释的丰富化,另一方面也不免陷入究竟如何理解马克思的理论困境。要摆脱后一种状况,客观上要求走出既有的研究框架,探寻新的解释模式。广松的"马克思主义三部曲",就是在这一理论背景下产生的。关于第一个问题,即"从什么时候开始"的问题,广松通过《马克思主义的形成过程》①、《恩格斯论——其思想形成过程》②作了哲学史的爬梳剔抉;关于第二个问题,即"具有怎样的构图"的问题,广松则在《马克思主义的地平》和《马克思主义的理路》③这两部著作中就马克思的新地平、人论、拜物教和物象化、辩证法等问题作了主题性的理论探讨。④

第一,关于马克思主义的新地平,广松涉指认了马克思主义拒斥并超越了唯物主义与唯心主义的对立,确立了"能知-能动"与"所知-所动"这一主客统一的马克思主义哲学的新地平。

"(一)与中世纪将万物看作一种生物——灵魂与肉体不可分割的统一体——的生态的世界观相对,笛卡儿通过精神与物质的二元区分使心物分离。(如前所述,恩格斯拒斥这种以二元分裂为前提的构想!)

"(二)自然界成为没有灵魂的机械物质,精神成为优越的'我的意识'、个性的、个人的意识。('历史的自然'以及'意识的本原性的社会性、共同主观性'是与之相对的反题!)

---

① 《广松涉著作集》第8卷,东京:岩波书店1997年版。
② 《广松涉著作集》第9卷,东京:岩波书店1997年版。
③ 《广松涉著作集》第10卷,东京:岩波书店1997年版。
④ 参阅《广松涉著作集》第10卷,东京:岩波书店1997年版,今村仁司:"解说"。

"(三)这里,精神与物质的关系,不是以往那种'形式与质料'(附带说一下,'灵魂作为肉体的形式')的关系,而形成能知—能动的主体与所知—所动的客体的关系。这样,才确实形成近代的主客关系的地平。

"(四)这种主体—客体关系,在与'意识的命题'的紧密联系中,形成两项中的一方夺取另一方的实体性的自存性而使之归属于己方的两极性对立运动,产生将主体理解为一般主体的主观主义,与将客体理解为一般主体的客观主义这种对抗性分裂。

"(五)近代的主体,原本是个性的、人称性的,通过将其作为一般主体,使形成承认主体是本质和存在、类和个体的**高度统一**的观点成为可能,并产生将这种'大主体'理解为一般主体的'人本主义'的典型。(其极致是黑格尔左派意识形态的某种存在方式!)

"(六)另一方,近代的客体,是通过撤除过去作为运动与质的差异之原理的灵魂、形式,不光使之机械化,并且使之单质化(量化)。这里,产生客观的唯物主义者采取中立态度的客观主义的**分野**,形成将数量化的客体的规律联系与结构理解为对象的'科学主义'。(18世纪唯物论是其古典形式!)

"我们的观点是,马克思主义通过拒斥(五)这种作为典型人本主义的黑格尔主义和(六)这种作为古典形式的18世纪的唯物论,拒斥(一)(二)的大前提本身,正式确立了(三)的地平,直接超越了(四)的一般相互影响。"①

第二,关于人论。从人的存在结构来说,不同于海德格尔哲学的"世界—之中—存在"的存在结构,马克思主义"唯物史观建构的'历史—之中—存在'这一视角的根本结构,绝不是将作为唯物辩证法的第一哲学'适用'于历史的东西,也不只是关于历史的(与自然并列的宇宙的半面)一个方面的部分知识。那的确是马克思主义的整个世界观的

---

① 参见本书边码第48页。

地平"①；就人格而言，"这种意义上的'人格'，不是抽象的实体，而是与地位和作用相适应，总是'向来属于我'，在由包含'历史的自然'的社会关系所现实赋予的场面中，我的行为总是'向来属于我'的参与，作为历史的社会关系的功能'项'而参与的具体的、现实的生命表现，这种拟人、人格的个别性不过是该人的个性"②。正因为如此，"在以往的历史中，'某一阶级的各个人所结成的、受他们的与另一阶级相对立的那种共同利益所制约的共同关系，总是这样一种共同体，这些个人只是作为一般化的个人隶属于这种共同体，只是由于他们还处在本阶级的生存条件下才隶属于这种共同体，他们不是作为个人而是作为阶级的成员处于这种共同关系中的'。无产阶级的阶级意识，基于对所与历史条件的自为把握，现在正是计划'共同参加的集体'的建设（共产主义革命），在实行它的过程中，自在自为地实现共同主观的此在。这决定了无产阶级应在'历史—之中—存在'中实现它"③。

第三，关于拜物教和物象化。拜物教与"所谓物神（Fetisch），原本是表现被看作具有超自然的巫术能力、性质的事物的词语，例如，身上佩戴它就可以避免交通事故的'护身符'，身体佩戴它就能够赌博不输的'墓石碎片'等，总之都可以说是一种物神"④有关，这类原始崇拜使后人习惯性地滋生"金币正因为它是金币而具有货币的通用性这种拜物教，以及'资本先生和土地太太'自行滋生利润、地租这类的拜物教"⑤的观念。在《德意志意识形态》中，马克思已经放弃"异化论"，而代之以异化起源史（资本主义起源史）的研究，代之以"物象化论"。首先，促使马克思发生从异化论到物象化论转变的一个契机，是施蒂纳的社会唯名论。施蒂纳在其《唯一者及其所有物》中主张，应该明确区分

---

① 本书边码第 77 页。
② 参见本书边码第 121 页。
③ 本书边码第 73-74 页。
④ 参见本书边码第 202 页。
⑤ 参见本书边码第 203 页。

由叙述的本质规定的"他是什么(谓语)"与指称存在的个体的"他(主语)是谁"。施蒂纳指出,当费尔巴哈说"神学的秘密是人学""神被异化成了人"的时候,此处所谓的"人",与"神"一样,只是并不存在的观念的东西而已。施蒂纳认为,实际存在的只有存在的个体,实际存在的诸个体才是历史的主体,而社会唯实论所谓作为类本质的人是不存在的。这种观点让马克思注意到将作为"类本质存在"的"人"视为自我运动的"实体—主体"构图的难点。恩格斯在1844年11月给马克思的信中亦对此评价说:"施蒂纳摈弃费尔巴哈的'人',摈弃起码是《基督教的本质》里的'人'时,是正确的。"①次年春天,马克思在其《关于费尔巴哈的提纲》中即明确强调:"费尔巴哈把宗教的本质归结于人的本质。但是,人的本质并不是单个人所固有的抽象物,实际上,它是一切社会关系的总和。"②其次,马克思开始怀疑用异化的逻辑来说明历史的科学性,摈弃了黑格尔之流视人类史为自我异化和自我复归的方法本身,揭示了这种方法所固有的根本缺陷,最终扬弃了异化史观。"他们总是把后来阶段的一般化的个人强加于先前阶段的个人,并且把后来的意识强加于先前的个人。借助于这种从一开始就撇开现实条件的本末倒置的做法,他们就可以把整个历史变成意识的发展过程了。"③这种"异化论的逻辑"是三段式的,即(a)未被异化的本真态时代,(b)被异化的非本真态时代,(c)扬弃被异化的非本真态实现不被异化的本真态时代。用神学图式来说,就是"乐园(神)—失乐园(人)—复乐园(神)"。广松就此反驳说,即便把现状规定为异化态(b),它也并不具有朝更高层次(c)复归的必然性,因为我们不能说"被打坏的茶碗属于非本真形态,因此被打坏的茶碗具有自我复归到没被打坏的状态的内在必然性"④。

---

① 《马克思恩格斯全集》第47卷,人民出版社2004年版,第329页。
② 《马克思恩格斯文集》第1卷,人民出版社2009年版,第501页。
③ 《马克思恩格斯文集》第1卷,人民出版社2009年版,第582页。
④ 广松涉:《物象化论的构图》,彭曦、庄倩译,南京大学出版社2002年版,第55页。

况且作为理想的本真态的(a),本来就是后人把自我愿望作为"客观的"价值标准而替前人设定的。然而价值标准的意识形态性,使这种价值标准的普遍效力性受到怀疑。最后,马克思还发现,虽然不能将作为"类本质存在"的"人"视为自我异化、自我复归的大循环中的"实体—主体",但是即便把"实体—主体"从本质的人改变为存在的个人,也同样避免不了难点。因为"社会不是由个人构成,而是表示这些个人彼此发生的那些联系和关系的总和"①。仅仅是存在的个人,不足以成为那个大循环中的"实体—主体"。因此我们需特别注意,在马克思恩格斯的历史唯物主义中,不论是社会唯名论的"个人"还是社会唯实论的"社会",都不是自在的实体,而是扬弃了二者的对立,将它们视为两个不同层面的关系的"项",两个关系"项"共同作为一个关系的整体。因此,"应当避免重新把'社会'当作抽象的东西同个体对立起来。个体是社会存在物"②。广松指出:"完成了从异化的逻辑到物象化的逻辑的转换的马克思,在随后所写的经济学著作《哲学的贫困》中明确指出:'货币不是物,而是一种社会关系……货币所表现的关系也像任何其他经济关系如分工等一样,是一种生产关系。'③在横跨19世纪50年代的一系列论稿中,就是要说明'资本是一种社会关系'。"④那么,什么是物象化? 以广松之见,马克思所谓的物象化,"是对人与人之间的主体际关系被错误地理解为'物的性质'……以及人与人之间的主体际社会关系被错误地理解为'物与物之间的关系'这类现象……的称呼。"⑤简单地说,"物象化"就是把关系看作"物"。"物象化"(Versachlichung),德文意为"使……具体化而成为某事",广松特意用这个词区别于黑格尔、马克思和青年卢卡奇使用的"使……具体化而成为某物"的"物化"

---

① 《马克思恩格斯全集》第30卷,人民出版社1995年版,第221页。
② 《马克思恩格斯全集》第3卷,人民出版社2002年版,第302页。
③ 参见《马克思恩格斯全集》第4卷,人民出版社1958年版,第119页。
④ 参见本书边码第227页。
⑤ 广松涉:《物象化论的构图》,彭曦、庄倩译,南京大学出版社2002年版,第65页。

(Verdinglichung,或译"异化")。一个指"物"(もの),一个指"事"(こと),这两个词的含义,隐含了广松所揭示的关系主义和实体主义的显著差异。

第四,关于辩证法。广松揭示了辩证法的主客关系有着类似考古地层学的层级。"对象,虽说是感性确定性的对象,但已是被认识了的对象,这种认识**对象**的探讨,其维度不同于关于这种对象**认识**的探讨,用今天的话来说,前者位于对象—层次,后者位于高维—层次。若先用图式一言以蔽之,黑格尔采取了首先将对象—层次的对象的矛盾自为化,以此为中介而将高维—层次的内在的矛盾自为化,并且,由此将这种高维—层次的对象认识推进到对象—层次的高阶高维—层次,即高维—高维—层次的反思这种逐次重层的程序。"①

五、四肢结构与生态文明

研究一种思想,必须从历史、社会与哲学的特定语境出发,只有这样,才能够弄清作者说了什么,想表达什么。广松哲学旨在通过以龙树为代表的东方哲学的主客统一的关系性思维方式,超越西方哲学的主客二分的实体性思维方式,以此实现"从脱亚入欧到脱欧入亚""从消费主义到生态主义"和"从实体主义到关系主义"的三大转换。"认识"与"实践"是马克思主义认识论中的两个重要范畴。如何理解生态文明,这是生态文明的认识问题;如何建设生态文明,这是生态文明的实践问题。②

(一)认识世界的"现象的所与-意义的所识"-"能知的个人-能识的人类"的四肢结构,当有助于我们深入理解生态文明"是什么"。

---

① 参见本书边码第 317—318 页。
② 参见邓习议:《四肢结构论——关系主义还有可能》,中国社会科学出版社 2015 年版,第 278 页。

(1) 根据"现象的所与-意义的所识"的二肢性原理,现象与意义相互交织。这种状态,在《德意志意识形态》中,马克思使用"关系"一词来描述它,他说:"我对我的环境的关系是我的意识……人还具有'意识'。但是这种意识并非开始就是'纯粹的'意识。'精神'从一开始就很倒霉,受到物质的'纠缠',物质在这里表现为振动着的空气层、声音,简言之,即语言。"①这是马克思关于物质(现象)与意识(意义)的交互关系的经典表述。人是自然界长期发展的产物,意识的产生经历了无生命物质的反应特性、低等生物的刺激感应性、动物的感觉与心理,最终形成人的意识。何谓生态?恩斯特·海克尔指出,生态就是"生物体与其周围环境相互关系"。至于文明,按孔颖达在其《尚书》注疏中的解释,"经天纬地曰文,照临四方曰明"。前一句为改造自然,属物质文明,具有"现象的所与"的含义;后一句为驱走愚昧,属精神文明,含有"意义的所识"的意思。人类文明总的趋势是由原始文明、农业文明、工业文明向生态文明发展。由于工业文明对自然的改造是通过高能耗、高污染及低产出的方式进行,20世纪60年代,生物学家蕾切尔·卡森在其《寂静的春天》一书中预言,因农药的滥用而出现的环境危害,可能将使人类面临一个没有鸟、蜜蜂和蝴蝶的世界。以此为契机,世界各国不得不重新审视人、自然、社会之间的关系,拉开了从工业文明向生态文明转型的序幕。可以说,在任何一种现象的背后,它都隐含有对人、对事和对物而言的意义,是否愿意透视它、保护它或扬弃它,着实是衡量人类文明程度的重要向度。

(2) 根据"能知的个人-能识的人类"的二重性原理,个人与人类密不可分。这种关系,如前述约翰·堂恩的诗句"谁都不是一座岛屿"所言,个人的生命、知识和利益,包孕在集体、民族、国家和人类之中,反过来说,集体、民族、国家和人类的存在、文化和功能,映衬着个人的生命、知识和利益,二者着实是唇亡齿寒的关系。在管理学中,有一著名的

---

① 《马克思恩格斯文集》第1卷,人民出版社2009年版,第533页。

"水桶定律",即一只水桶要盛满水,每块木板必须一样平齐且无破损,若木板中有一块不齐或某块木板底下有漏洞,木桶就无法盛满水。在"个人"与"人类"的关系中,如果说可以把木桶理解为"大我",那么木板显然可看作"小我"。同理,一个社会的文明程度,也就取决于作为木板的小我这一最低尺度。我想,这一点可以很好地解释共产主义的必要性和合理性:"代替那存在着阶级和阶级对立的资产阶级旧社会的,将是这样一个联合体,在那里,每个人的自由发展是一切人的自由发展的条件。"①此处,个人与人类的关系,恰如木板与木桶的关系。共产主义就是要缩小木板与木桶的差距,实现小我与大我的统一。而这种统一,至少包含物质和精神两个层面。这样,我们关于生态文明的理解,就从"能知的个人—能识的人类"的二重性,又回到前述"现象的所与—意义的所识"的二肢性,此二肢二重共同构成认识世界的四肢结构。

(二)实践世界的"实在的所与—意义的价值"—"能为的个人—职位的人类"的四肢结构,当有益于我们明确生态文明"怎么做"。

(1)从"实在的所与—意义的价值"的二肢性原理来看,实在与价值交相辉映。过去,人们对价值的理解很大程度上局限于经济价值或顶多只看到文化价值,而忽视了实践世界的生态价值,即自然的内在价值。在人与自然的关系问题上,《圣经》堪为人类中心主义的历史源头,在"创世纪"中,上帝造出亚当和夏娃并吩咐说,你们"要生养众多,遍满地面,治理这地;也要管理海里的鱼、空中的鸟,和地上各样行动的活物"。自然是人认识、改造和征服的对象,人是世界万物的主宰,由此拉开了人与自然的紧张和冲突关系的帷幕。早在古希腊,普罗泰戈拉曾提出"人是万物的尺度"的经典命题,这可谓人类早期主体意识的滥觞。从文艺复兴开始,上帝至高无上的地位终被人取代,无论是笛卡儿的理性主义还是培根的经验主义,就强调人能认识和控制自然,二者具有高度的一致性。此后,康德不满意休谟对人类认识能力所抱持的怀疑论

---

① 《马克思恩格斯文集》第2卷,人民出版社2009年版,第53页。

态度,"独断"地提出"人为自然立法""人是目的"和"绝对价值"等论点,发动了一场认识论领域的"哥白尼式革命",重申人是主宰自然的主人,将人类中心主义观念推进到主体主义观念的层面。在此意义上,人类中心主义亦可称作"生态唯意志主义",其特点是过分夸大人类征服自然的力量,把自然看作客体,人是主体,是一切价值的尺度,是世界万物的出发点和归宿。恩格斯曾告诫我们:"我们不要过分陶醉于我们人类对自然界的胜利。对于每一次这样的胜利,自然界都对我们进行报复。"①这是恩格斯关于人与自然关系的经典论断。自然界如此,社会领域亦然。最近几十年,随着生态的持续恶化,环境问题越来越引起人们的广泛关注,"非人类中心主义"的观念逐渐成为一股不可忽视的生态思想潜流,其主要流派有以澳大利亚的辛格、美国的雷根为代表的动物解放与权利论,以法国的施怀泽、美国的泰勒为代表的生物中心论,以及以美国的利昂波德、挪威的阿恩·纳斯、美国的罗尔斯顿为代表的生态中心论。他们的共同点都是反对"人类中心主义",强调"人不仅对人负有直接的道德义务,对自然物也负有直接的道德义务,并且后一种义务并不是前一种义务的间接表现"②,认为应将道德共同体的范围从人扩展到自然界。西班牙裔美国哲学家桑塔亚纳更是主张人只是这个宇宙的过客,而不是主宰,人们在价值观上应"化主为客",对自然心存虔敬,"进步的关键远不在于变化,而是依赖持存"③。从彻底的唯物主义的立场着眼,人类并非一切自然物之价值的来源,相反,自然界作为一切价值的源泉,具有切己的内在价值。不过,我们也应避免从一个极端走向另一个极端即"生态唯自然主义",大可不必矫枉过正地要求人类对自然被动适应而回归原始状态。根据"实在的所与-意义的价值"观念,生态对象的存在本身就表达了人类意义的价值取向,人作为对象性存在物是以生态对象为自己的本质的,因此人类作为绝对主体将生

---

① 《马克思恩格斯全集》第 26 卷,人民出版社 2014 年版,第 769 页。
② 卢风、肖巍:《应用伦理学导论》,当代中国出版社 2002 年版,第 107 页。
③ 乔治·桑塔亚纳:《常识中的理性》,北京大学出版社 2008 年版,第 212 页。

态作为自己的"另一个主体",这就是一个"主体间性关系",即人把自然看作与人类平等的对象或主体。要言之,我们应该超越二元对立的价值取向,"我们能够且必须同时坚持人类中心主义与非人类中心主义"①。根据古人"执两用中"之说,以及在撇开黑格尔"实体即主体"的客观唯心主义成分的意义上,实在与价值的关系的应有之意是,把自然看作是与人类平等的生存对象或主体。

(2) 从"能为的个人-职位的人类"的二重性原理来看,个人与职位互为表里。列宁认为,国家是阶级矛盾不可调和的产物,是阶级社会特有的现象。在柏拉图看来,国家是大写的人,它由领导者、护卫者和生产者三大阶层组成,分工之所以必要,目的是满足人们生产与生活的需要,城邦才出现裁缝、鞋匠及建筑工人等职业的分工。既然分工是阶级社会的产物,那么它也必将随着阶级的消亡而不复存在,如恩格斯所预言的,"在共产主义社会里,任何人都没有特殊的活动范围,而是都可以在任何部门内发展,社会调节着整个生产,因而使我有可能随自己的兴趣今天干这事,明天干那事,上午打猎,下午捕鱼,傍晚从事畜牧,晚饭后从事批判,这样就不会使我老是一个猎人、渔夫、牧人或批判者"②。恩格斯的这番话,为人类未来每个人自由而全面的发展道路指明了方向。古希腊的《希波克拉底誓言》是西方最早的医生职业道德文献。在当代,由于个人无不具有一定的职业角色,因此无论是工人、农民与公务员,还是教师、医生和科技工作者,至关重要的是必须恪守基本的职业道德底线,这也是广松所谓"职位的人类"的应有内涵。当今与职业道德密切相关的议题,既有转基因技术、克隆技术、安乐死及核泄漏等新问题,也不乏毒奶粉、地沟油之类假冒伪劣产品的遗留问题。要正确处理好个人与职业的关系,关键应坚持开发与保护相结合,走可持续发展的道路,绝不可"竭泽而渔""焚林而猎"。开发的目的,在于满足当代

---

① 汉斯·约纳斯:《诺斯替宗教》,张新樟译,上海三联书店2006年版,"中译本导言"第22页。
② 《马克思恩格斯文集》第1卷,人民出版社2009年版,第537页。

人的内在需要,其重点在代内平等,即"一部分人的发展不应损害另一部分人的利益";保护的目的,在于尊重自然的内在价值,其重点在代际平等,即"既满足现代人的需求,又不损害后代人满足需求的能力的发展"。为此,我们必须大力推进循环经济增长模式,努力提高可再生能源比重。总之,个人与职位的关系的协调,是一个涉及人生观和价值观的问题。除了继续在青少年当中树立牢固的共产主义理想和信念,当务之急,就是我们每个人要在自己的工作岗位上,把个人命运与国家命运联系起来,把个人利益与集体利益、国家利益统一起来,把实现个人理想与实现中华民族伟大复兴的"中国梦"结合起来,做践行社会主义核心价值观的表率。至此,我们关于生态文明建设的思考,就从"能为的个人-职位的人类"的二重性,又回到前述"实在的所与-意义的价值"的二肢性,此二肢二重共同构成实践世界的四肢结构。是为广松涉"四肢结构论"在生态文明的认识与实践方面对我们的有益启示。

*

作为翻译本书的契机,除了十年前师从张一兵老师所学专业就是马克思主义哲学,还有重要的一点就是理论兴趣。在此,我想尤应感谢张老师二十多年前对广松哲学的引介及奠定的学术平台①,让国内读者有机会一睹广松哲学的堂奥。还要感谢广松先生的弟子一之濑正树教授在我去年到东京大学访学期间所给予的有关"广松涉与日本哲学"②的专业指导,以及我的学生沈佩翔对译稿的细心校阅。

邓习议

2016 年 8 月 12 日于湖州师范学院

2021 年 1 月 26 日于湖州师范学院

---

① 关于最近的研究动态,参见徐瑜霞:《第五届"广松涉与马克思主义哲学"国际学术研讨会会议综述》,《现代哲学》2015 年第 6 期。

② 邓习议:《"广松涉与日本哲学"的研究》,东京大学哲学研究室《论集》第 34 期,2015 年。

《当代学术棱镜译丛》
已出书目

媒介文化系列

第二媒介时代 [美]马克·波斯特
电视与社会 [英]尼古拉斯·阿伯克龙比
思想无羁 [美]保罗·莱文森
媒介建构：流行文化中的大众媒介 [美]劳伦斯·格罗斯伯格 等
揣测与媒介：媒介现象学 [德]鲍里斯·格罗伊斯
媒介学宣言 [法]雷吉斯·德布雷
媒介研究批评术语集 [美]W. J. T. 米歇尔　马克·B. N. 汉森
解码广告：广告的意识形态与含义 [英]朱迪斯·威廉森

全球文化系列

认同的空间——全球媒介、电子世界景观与文化边界 [英]戴维·莫利
全球化的文化 [美]弗雷德里克·杰姆逊　三好将夫
全球化与文化 [英]约翰·汤姆林森
后现代转向 [美]斯蒂芬·贝斯特　道格拉斯·科尔纳
文化地理学 [英]迈克·克朗
文化的观念 [英]特瑞·伊格尔顿
主体的退隐 [德]彼得·毕尔格
反"日语论" [日]莲实重彦
酷的征服——商业文化、反主流文化与嬉皮消费主义的兴起 [美]托马斯·弗兰克
超越文化转向 [美]理查德·比尔纳其 等
全球现代性：全球资本主义时代的现代性 [美]阿里夫·德里克

文化政策　[澳]托比·米勒　[美]乔治·尤迪思

通俗文化系列

解读大众文化　[美]约翰·菲斯克
文化理论与通俗文化导论（第二版）　[英]约翰·斯道雷
通俗文化、媒介和日常生活中的叙事　[美]阿瑟·阿萨·伯格
文化民粹主义　[英]吉姆·麦克盖根
詹姆斯·邦德：时代精神的特工　[德]维尔纳·格雷夫

消费文化系列

消费社会　[法]让·鲍德里亚
消费文化——20世纪后期英国男性气质和社会空间　[英]弗兰克·莫特
消费文化　[英]西莉娅·卢瑞

大师精粹系列

麦克卢汉精粹　[加]埃里克·麦克卢汉　弗兰克·秦格龙
卡尔·曼海姆精粹　[德]卡尔·曼海姆
沃勒斯坦精粹　[美]伊曼纽尔·沃勒斯坦
哈贝马斯精粹　[德]尤尔根·哈贝马斯
赫斯精粹　[德]莫泽斯·赫斯
九鬼周造著作精粹　[日]九鬼周造

社会学系列

孤独的人群　[美]大卫·理斯曼
世界风险社会　[德]乌尔里希·贝克
权力精英　[美]查尔斯·赖特·米尔斯
科学的社会用途——写给科学场的临床社会学　[法]皮埃尔·布尔迪厄

文化社会学——浮现中的理论视野 [美]戴安娜·克兰
白领：美国的中产阶级 [美]C.莱特·米尔斯
论文明、权力与知识 [德]诺贝特·埃利亚斯
解析社会：分析社会学原理 [瑞典]彼得·赫斯特洛姆
局外人：越轨的社会学研究 [美]霍华德·S.贝克尔
社会的构建 [美]爱德华·希尔斯

新学科系列

后殖民理论——语境 实践 政治 [英]巴特·穆尔-吉尔伯特
趣味社会学 [芬]尤卡·格罗瑙
跨越边界——知识学科 学科互涉 [美]朱丽·汤普森·克莱恩
人文地理学导论：21世纪的议题 [英]彼得·丹尼尔斯 等
文化学研究导论：理论基础·方法思路·研究视角 [德]安斯加·纽宁 [德]维拉·纽宁主编

世纪学术论争系列

"索卡尔事件"与科学大战 [美]艾伦·索卡尔 [法]雅克·德里达 等
沙滩上的房子 [美]诺里塔·克瑞杰
被困的普罗米修斯 [美]诺曼·列维特
科学知识：一种社会学的分析 [英]巴里·巴恩斯 大卫·布鲁尔 约翰·亨利
实践的冲撞——时间、力量与科学 [美]安德鲁·皮克林
爱因斯坦、历史与其他激情——20世纪末对科学的反叛 [美]杰拉尔德·霍尔顿
真理的代价：金钱如何影响科学规范 [美]戴维·雷斯尼克
科学的转型：有关"跨时代断裂论题"的争论 [德]艾尔弗拉德·诺德曼 [荷]汉斯·拉德 [德]格雷戈·希尔曼

广松哲学系列

物象化论的构图 [日]广松涉

事的世界观的前哨 ［日］广松涉

文献学语境中的《德意志意识形态》 ［日］广松涉

存在与意义（第一卷） ［日］广松涉

存在与意义（第二卷） ［日］广松涉

唯物史观的原像 ［日］广松涉

哲学家广松涉的自白式回忆录 ［日］广松涉

资本论的哲学 ［日］广松涉

马克思主义的哲学 ［日］广松涉

世界交互主体的存在结构 ［日］广松涉

国外马克思主义与后马克思思潮系列

图绘意识形态 ［斯洛文尼亚］斯拉沃热·齐泽克 等

自然的理由——生态学马克思主义研究 ［美］詹姆斯·奥康纳

希望的空间 ［美］大卫·哈维

甜蜜的暴力——悲剧的观念 ［英］特里·伊格尔顿

晚期马克思主义 ［美］弗雷德里克·杰姆逊

符号政治经济学批判 ［法］让·鲍德里亚

世纪 ［法］阿兰·巴迪欧

列宁、黑格尔和西方马克思主义：一种批判性研究 ［美］凯文·安德森

列宁主义 ［英］尼尔·哈丁

福柯、马克思主义与历史：生产方式与信息方式 ［美］马克·波斯特

战后法国的存在主义马克思主义：从萨特到阿尔都塞 ［美］马克·波斯特

反映 ［德］汉斯·海因茨·霍尔茨

为什么是阿甘本？ ［英］亚历克斯·默里

未来思想导论：关于马克思和海德格尔 ［法］科斯塔斯·阿克塞洛斯

无尽的焦虑之梦：梦的记录（1941—1967）附《一桩两人共谋的凶杀案》（1985） ［法］路易·阿尔都塞

经典补遗系列

卢卡奇早期文选 [匈]格奥尔格·卢卡奇
胡塞尔《几何学的起源》引论 [法]雅克·德里达
黑格尔的幽灵——政治哲学论文集[Ⅰ] [法]路易·阿尔都塞
语言与生命 [法]沙尔·巴依
意识的奥秘 [美]约翰·塞尔
论现象学流派 [法]保罗·利科
脑力劳动与体力劳动:西方历史的认识论 [德]阿尔弗雷德·索恩-雷特尔
黑格尔 [德]马丁·海德格尔
黑格尔的精神现象学 [德]马丁·海德格尔
生产运动:从历史统计学方面论国家和社会的一种新科学的基础的建立 [德]弗里德里希·威廉·舒尔茨

先锋派系列

先锋派散论——现代主义、表现主义和后现代性问题 [英]理查德·墨菲
诗歌的先锋派:博尔赫斯、奥登和布列东团体 [美]贝雷泰·E.斯特朗

情境主义国际系列

日常生活实践 1.实践的艺术 [法]米歇尔·德·塞托
日常生活实践 2.居住与烹饪 [法]米歇尔·德·塞托 吕斯·贾尔 皮埃尔·梅约尔
日常生活的革命 [法]鲁尔·瓦纳格姆
居伊·德波——诗歌革命 [法]樊尚·考夫曼
景观社会 [法]居伊·德波

当代文学理论系列

怎样做理论 [德]沃尔夫冈·伊瑟尔

21世纪批评述介　[英]朱利安·沃尔弗雷斯
后现代主义诗学：历史·理论·小说　[加]琳达·哈琴
大分野之后：现代主义、大众文化、后现代主义　[美]安德列亚斯·胡伊森
理论的幽灵：文学与常识　[法]安托万·孔帕尼翁
反抗的文化：拒绝表征　[美]贝尔·胡克斯
戏仿：古代、现代与后现代　[英]玛格丽特·A. 罗斯
理论入门　[英]彼得·巴里
现代主义　[英]蒂姆·阿姆斯特朗
叙事的本质　[美]罗伯特·斯科尔斯　詹姆斯·费伦　罗伯特·凯洛格
文学制度　[美]杰弗里·J. 威廉斯
新批评之后　[美]弗兰克·伦特里奇亚
文学批评史：从柏拉图到现在　[美]M. A. R. 哈比布
德国浪漫主义文学理论　[美]恩斯特·贝勒尔
萌在他乡：米勒中国演讲集　[美]J. 希利斯·米勒
文学的类别：文类和模态理论导论　[英]阿拉斯泰尔·福勒
思想絮语：文学批评自选集（1958—2002）　[英]弗兰克·克默德
叙事的虚构性：有关历史、文学和理论的论文（1957—2007）　[美]海登·怀特
21世纪的文学批评：理论的复兴　[美]文森特·B. 里奇

核心概念系列

文化　[英]弗雷德·英格利斯
风险　[澳大利亚]狄波拉·勒普顿

学术研究指南系列

美学指南　[美]彼得·基维
文化研究指南　[美]托比·米勒
文化社会学指南　[美]马克·D. 雅各布斯　南希·韦斯·汉拉恩

艺术理论指南　[英]保罗·史密斯　卡罗琳·瓦尔德

《德意志意识形态》与文献学系列

梁赞诺夫版《德意志意识形态·费尔巴哈》[苏]大卫·鲍里索维奇·梁赞诺夫
《德意志意识形态》与 MEGA 文献研究　[韩]郑文吉
巴加图利亚版《德意志意识形态·费尔巴哈》[俄]巴加图利亚
MEGA：陶伯特版《德意志意识形态·费尔巴哈》　[德]英格·陶伯特

当代美学理论系列

今日艺术理论　[美]诺埃尔·卡罗尔
艺术与社会理论——美学中的社会学论争　[英]奥斯汀·哈灵顿
艺术哲学：当代分析美学导论　[美]诺埃尔·卡罗尔
美的六种命名　[美]克里斯平·萨特韦尔
文化的政治及其他　[英]罗杰·斯克鲁登
意大利美学精粹　周　宪　[意]蒂齐亚娜·安迪娜

现代日本学术系列

带你踏上知识之旅　[日]中村雄二郎　山口昌男
反·哲学入门　[日]高桥哲哉
作为事件的阅读　[日]小森阳一
超越民族与历史　[日]小森阳一　高桥哲哉

现代思想史系列

现代主义的先驱：20 世纪思潮里的群英谱　[美]威廉·R. 埃弗德尔
现代哲学简史　[英]罗杰·斯克拉顿
美国人对哲学的逃避：实用主义的谱系　[美]康乃尔·韦斯特

视觉文化与艺术史系列

可见的签名　[美]弗雷德里克·詹姆逊

摄影与电影 [英]戴维·卡帕尼
艺术史向导 [意]朱利奥·卡洛·阿尔甘 毛里齐奥·法焦洛
电影的虚拟生命 [美]D. N. 罗德维克
绘画中的世界观 [美]迈耶·夏皮罗
缪斯之艺:泛美学研究 [美]丹尼尔·奥尔布赖特
视觉艺术的现象学 [英]保罗·克劳瑟
总体屏幕:从电影到智能手机 [法]吉尔·利波维茨基 [法]让·塞鲁瓦
艺术史批评术语 [美]罗伯特·S. 纳尔逊 [美]理查德·希夫
设计美学 [加拿大]简·福希
工艺理论:功能和美学表达 [美]霍华德·里萨蒂

当代逻辑理论与应用研究系列

重塑实在论:关于因果、目的和心智的精密理论 [美]罗伯特·C. 孔斯
情境与态度 [美]乔恩·巴威斯 约翰·佩里
逻辑与社会:矛盾与可能世界 [美]乔恩·埃尔斯特
指称与意向性 [挪威]奥拉夫·阿斯海姆
说谎者悖论:真与循环 [美]乔恩·巴威斯 约翰·埃切曼迪

波兰尼意会哲学系列

认知与存在:迈克尔·波兰尼文集 [英]迈克尔·波兰尼
科学、信仰与社会 [英]迈克尔·波兰尼

现象学系列

伦理与无限:与菲利普·尼莫的对话 [法]伊曼努尔·列维纳斯

新马克思阅读系列

政治经济学批判:马克思《资本论》导论 [德]米夏埃尔·海因里希

图书在版编目(CIP)数据

马克思主义的哲学 /(日)广松涉著；邓习议译
. 一 南京：南京大学出版社，2019.5(2023.4 重印)
(当代学术棱镜译丛 / 张一兵主编)
ISBN 978-7-305-21273-4

Ⅰ. ①马… Ⅱ. ①广… ②邓… Ⅲ. ①马克思主义哲学 Ⅳ. ①B0-0

中国版本图书馆 CIP 数据核字(2018)第 265323 号

MARUKUSU SHUGI NO TETSUGAKU
by Wataru Hiromatsu
© 1996 by Kuniko Hiromatsu
Originally published in 1996 by Iwanami Shoten, Publishers, Tokyo.
This simplified Chinese edition published 2019
by Nanjing University Press, Nanjing
by arrangement with Iwanami Shoten, Publishers, Tokyo

江苏省版权局著作权合同登记　图字：10-2018-077 号

出版发行	南京大学出版社	
社　　址	南京市汉口路 22 号　邮　编 210093	
出 版 人	金鑫荣	
丛 书 名	当代学术棱镜译丛	
书　　名	马克思主义的哲学	
著　　者	[日]广松涉	
译　　者	邓习议	
审　　订	张一兵	
责任编辑	李振权　张　静	
照　　排	南京南琳图文制作有限公司	
印　　刷	江苏凤凰扬州鑫华印刷有限公司	
开　　本	635×965　1/16　印张 34　字数 460 千	
版　　次	2019 年 5 月第 1 版　2023 年 4 月第 5 次印刷	
ISBN 978-7-305-21273-4		
定　　价	88.00 元	
网　　址	http://njupco.com	
官方微博	http://weibo.com/njupco	
官方微信	njupress	
销售热线	025-83594756	

＊版权所有，侵权必究
＊凡购买南大版图书，如有印装质量问题，请与所购
　图书销售部门联系调换